ORGANIZATIONAL BEHAVIOR

조직행동의 이해

권혁기 한나영

도서출판 청람

머리말 preface

우리가 사는 사회는 과거의 산업사회로부터 정보화시대로 발전되어 왔고, 최근에는 지식기반사회의 특징들이 나타나고 있다. 지식기반사회에서는 지식과 정보가 가장 중요한 생산요소로 인식된다. 또한 지식을 창조하고 공유하며 활용하는 과정 및 활동들이 사회 전반에서 일반화되는 특징을 보인다. 이에 따라 인적자원에 내재되어 있는 지식과 기술 및 태도, 행동 등의 구성요소들도 그 가치 및 중요성이 증대되고 있다. 최근 인적자원의 중요성이 한층 강조되고 있는 이때, 조직 내 구성원들의 능력을 배양하고 동기부여시키기 위하여 체계적인 조직행동의 연구는 필수적이라 할 수 있다.

조직행동은 조직 내 인간의 태도 및 행동을 연구하여 개인과 집단의 성과를 높이고 조직의 유효성을 제고시키고자 연구하는 학문으로서 경영학의 기초이론과목이다. 이 학문은 종합과학적인 성격을 띠면서 다양한 분야의 학문적 성과를 토대로 조직행동을 과학적으로 규명하려는 시도를 하는 점에 있어 학문적 특성이 있다.

하지만 조직행동론의 경우 주로 추상적인 개념들을 많이 다루기에 학생들이 이해하기 어렵다는 평가가 대부분이다. 그래서 본서는 가능하면 분명하고 쉬운 표현을 사용하여 가독성을 높이고자 하였으며 조직행동론 주제 중에서 중요하게 인식되는 내용들은 신문기사 스크랩을 활용하여 소개하였다.

조직행동론의 연구차원은 개인차원, 집단차원, 조직차원의 세 가지로 나누어진다. 따라서 본서는 기본개념을 포함한 네 가지 큰 주제를 다루면서 총 13장으로 구성하였다.

제1부에서는 조직과 조직행동의 기초로서 조직과 조직행동의 기본개념을 다룬다.

제2부에서는 개인차원 연구로서 개인의 성격과 가치관, 감정과 태도, 지각과 의사결정, 동기부여에 대하여 다룬다.

제3부에서는 집단차원 연구로서 집단행동과 팀조직, 권력과 리더십, 의사소통, 갈등과 협상에 대하여 다룬다.

제4부에서는 조직차원 연구로서 조직문화, 조직학습, 조직개발과 변화에 대하여 다룬다.

본서를 집필하면서 기존 책들과는 달리 많은 부분을 차별화하고자 하였으나 그 목표에 비해 내용에 있어서 미흡한 점이 많으리라 생각된다. 앞으로 부족한 부분은 계속적으로 보완하고 발전시켜 나갈 계획이다.

끝으로 이 책을 출판하는 데 관심과 지원을 아끼지 않고 도와주신 도서출판 청람 이수영 사장님과 편집 작업을 위해 수고한 편집부 직원 여러분에게도 깊은 감사의 마음을 전한다.

2019년 1월

저자 일동

차 례 contents

CHAPTER 06 | 동기부여

PART 03 | 조직행동의 이해 : 집단차원

CHAPTER 07 | 집단행동과 팀조직

CHAPTER 10 | 갈등과 협상

PART 04 | 조직행동의 이해 : 조직차원

PART 01

조직과 조직행동의 기초

Organizational Behavior

Organizational Behavior

CHAPTER

01 조직의 기본개념

여는 이야기 SK그룹 최태원 회장의 신사업 영토확장 '3박자 전략'

SK그룹은 최근 신사업 분야에서 과감한 M&A(기업 인수 · 합병)와 투자, 인재영입 작업을 병행하고 있다. 최태원 회장의 신사업 '영토 확장'의 새 전략이 서서히 모습을 드러내고 있는 모습이다. 최 회장은 최근 △적극적인 국내외 M&A △인재영입 △'적과의 동침'도 불사하는 콜라보레이션 등 '3박자 전략'을 통해 신사업 영토 확장에 나서고 있다.

SK그룹은 최근 미래 먹거리인 신사업 강화를 위해 해외 M&A와 인재영입에 심혈을 기울이고 있다. 이는 최근 신사업 발굴과 관련 검증된 인재영입에 공을 들이고 있는 최 회장의 의중과 의지가 적극 반영된 것으로 분석된다. 그 결실로 SK그룹은 최근 금융, 항공 분야에서 검증된 전문경영인인 최규남 전 제주항공 대표를 전격 영입해 '신사업 영토 확장'이라는 '특명'을 내렸다. SK그룹이 수펙스추구협의회 글로벌사업개발담당 총괄 부사장으로 최규남 전 제주항공 대표를 선임한 것이다.

최 부사장은 앞으로 그룹의 신사업 발굴과 해외기업 인수 · 합병(M&A) 등을 전담하며 SK그룹 신사업의 영토를 해외로까지 확장하는 작업에 선봉에 설 것으로 보인다.

이번에 SK그룹에 영입된 최 부사장은 제주항공 재임 시절 회사를 'LCC(저비용항공사) 업계 1위' 반열에 올려놓은 데 이어 지난 2015년에는 상장을 진두지휘한 바 있다. 이 같은 최 부사장의 이력과 SK그룹이 최근 금호타이어 인수 물망에 올랐었다는 점에 비춰 투자업계 일각에선 향후 잠재적 M&A 가능성이 점쳐지는 진에어, 아시아나항공 등을 염두에 둔 포석이 아니냐는 추측을 내놓고 있다.

특히 SK그룹은 최근 AI(인공지능)와 자율주행 등 4차 산업혁명과 미래 먹거리 발굴에 힘을 보탤 글로벌 핵심인재를 확보하기 위해 총력전을 펼치고 있는 상황이다.

이에 김준 · 박정호 사장 등 SK그룹 간판급 전문경영인들은 최근 미국 등지의 에너지 · 화학, ICT, 반도체, 바이오 등 SK 핵심 성장동력 분야 리더들을 초청해 '2018 SK 글로벌 포럼'을 연 바 있다. 이때 주요 화두는 SK이노베이션이 추진 중인 배터리 및 에너지 · 화학 분야 R&D전략, SK케미칼의 고성능 친환경화학소재, SK바이오팜의 신약개발 등 그룹의 미래 먹거리사업 강화다.

이를 위해 SK그룹은 이미 핵심 계열사인 SK텔레콤의 기존 7개 부문 등으로 이루어진 조직을 기존 이동통신(MNO)에 사물인터넷(IoT)과 미디어, 서비스플랫폼 등 신사업 중심으로 재편, 정비하는 한편

'AI리서치센터'를 새로 만들어 4차 산업혁명에 대비토록 했다. 이는 최 회장이 그룹의 미래 먹거리로 지목한 반도체를 중심으로 바이오, 에너지 등에 대한 사업 경쟁력 강화와 신성장동력 확보를 위한 '글로벌 파트너링' 및 M&A 강화 의지와 무관치 않다. 미래 성장을 담보할 신사업 발굴 및 육성 등을 위한 사업구조 혁신이다.

그 결과, 최 회장이 지난 1998년부터 신사업으로 키우고 있는 바이오사업이 일취월장 중이다. 최 회장은 그룹의 미래 먹거리인 비이오 및 신약사업 등 신성장사업을 직접 챙겨오고 있다. 특히 SK그룹의 지주회사인 SK(주)는 지난 12일 미국 바이오 · 제약 CDMO(위탁개발 및 생산업체)인 엠팩사의 지분을 100% 인수하는 등 최근 들어 바이오사업과 관련 대규모 투자를 통해 영토를 확장하고 있다.

지난해 유럽의 고부가가치 원료의약품 생산시설을 통째로 인수했던 SK가 고성장 중인 미국업체 인수를 통해 미국시장에 본격 진출함으로써 글로벌 바이오업체에 성큼 다가서게 됐다. 이는 SK(주)의 100% 자회사이자 생물학적 제재 연구개발(R&D) 분야에서 강점이 있는 SK바이오텍, 합성의약품 SK바이오팜과 시너지효과가 기대되고 있다. SK바이오텍은 지난해 6월 미국계 글로벌 제약사 브리스톨마이어스스큅(BMS)의 아일랜드 스워즈공장을 약 1,700억 원에 인수했다. SK바이오텍은 연간 8만1,000ℓ 규모의 원료의약품을 생산할 수 있는 유럽 바이오 전초기지를 확보해 2020년까지 세계 상위 10위 안에 드는 위탁생산(CMO)업체로 도약한다는 계획이다. 여기에 최 회장은 자신이 주창하고 있는 기업의 사회적 가치철학이 담긴 공유경제 등 신사업 분야에서도 과감한 시도를 하고 있다. SK에너지는 업계 라이벌인 GS칼텍스와 지난 4월부터 양사의 핵심 자산인 주유소 네트워크 및 보유자산을 결합해 C2C(소비자 간 전자상거래)기반 택배서비스를 선보이기도 했다.

재계 관계자는 "SK그룹이 최근 어느 기업보다 경영안정화를 꾀하면서 신사업 발굴과 육성을 위한 전략 등 플랜 수립과 이행과정이 매끄러운 모습"이라며 "결국 신사업의 성패는 오너의 의지와 투자가 핵심인데, 이런 면에서는 SK그룹이 선도적 역량을 펼치고 있는 것 같다"고 말했다.

자료 : 브릿지경제, 2018.7.17.

1.1 조직과 조직화

1. 조직

1) 조직의 정의

"인간은 사회적 동물이다"라는 아리스토텔레스(Aristoteles)의 말과 같이 인간은 사회라는 울타리 안에서 어울려 살 때 비로소 삶의 만족과 기쁨을 느끼게 된다. 고대사회에서부터 조직은 인간사회의 기본 구성요소로서 인간의 중요한 생활수단이 되어왔다. 조직은 단순히 여러 사람들이 모인 집합체를 의미하는 것이 아니라 조직구성원의 복합적인 행동과 의사결정체계를 의미하는 포괄적인 개념으로서 사회 속의 인간은 집단 또는 조직과 무의식적으로 동기화되어 있다.

조직의 정의는 학자들의 견해에 따라 다양하지만 대표적인 정의를 살펴보면 다음과 같다. 사회학자로서 관료적 조직이론을 제시한 베버(Weber)는 조직을 "특정한 목적을 가지고 그 목적을 달성하기 위하여 조직구성원 간에 상호작용하는 인간의 협동집단"이라고 정의하였다.[01] 또한 조직에는 경계가 있고 조직 내에는 권한의 계층과 분업이 있다. 그리고 조직의 행동을 규정하는 제도와 절차는 조직의 질서를 유지하게 하고, 조직구성원의 생애나 변화를 초월하여 조직이 존재할 수 있도록 하는 역할을 한다고 보았다.

조직이론을 정립한 바나드(C. I. Barnard)는 조직을 구성하는 개인의 활동에 관심을 두고 조직을 정의하였다. 그는 조직을 "공동의 목적을 달성하기 위해 공헌할 의욕을 가진 2인 이상의 인간이 상호 의사전달하는 집합체"라고 정의하였다.[02] 특히 구성원들이 의욕을 가지고 조직의 공동목표를 위해 헌신하게 하기 위해서는 그 무엇보다도 조직 전체에 존재하는 효과적인 가치체계가 필수불가결한 요소가 된다고 제시하여, 최근에 부각이 되고 있는 가치경영의 중요성을 간파하고 있다.

점차 사회가 복잡해지고 조직이 외부환경의 영향을 많이 받으면서 좀 더 거시적인 차원에서 조직을 바라보기 시작했다. 카츠와 칸(D. Katz & R. Kahn)은 조직은 "공동목표 달성을 위해 구성원들이 상호작용하는 집단으로서 내부적으로 서로의 관계를 규정하고 조정하는 장치가 필요하지만, 다른 한편으로는 살아 있는 개방시스템으로서 변화하는 환경에 적응하는 구조도 갖추고 있다"고 하였다. 따라서 이들은 조직과 환경이 접해 있는 경계선에 속한 조직구성원들이 변하는 환경과 교류도 하고 적응도 하는 활동이 중요하다고 강조하면서 이러한 경계활동을 위해 만든 하부구조들이 조직의 중요한 구성체들이라고 하였다. 그러한 하부구조들은 예를 들면 직접 재화와 용역을 생산하는 시스템, 이를 지원해 주는 보조시스템, 이들을 운영하는 유지시스템 등이 있다.

이상에서 살펴본 학자들의 다양한 견해를 통합하여 보면 조직은 ① 공동의 목표를 가지고 있으며, ② 이를 달성하기 위하여 의도적으로 정립한 체계화된 구조에 따라 구성원들이 상호작용하며, ③ 경계를 가지고, ④ 외부환경에 적응하는, ⑤ 인간의 사회집단이라고 정의할 수 있다.[03]

2) 유기체로서의 조직

조직이라는 용어는 라틴어인 '오르가논'(organon)에서 유래한 것으로 '기관'이라는 뜻을 가지고 있다. 사람의 몸은 여러 기관으로 구성되어 있다. 그 기관들이 각기 기능을 다하며 서로 어우러질 때 하나의 온전한 생명체를 이루며 살아 있는 모습을 보여줄 수 있다. 조직도 마찬가지다. 조직은 여러 부서로 구성되어 있고, 각 부서들이 자기존재의 중요성을 인식하고 그 역할을 다할 때 그 조직은 살아남을 수 있다. 살아 있다는 것은 다른 말로 유기체라는 뜻을 가지고 있다. 따라서 조직은 유기체여야 하고 유기체적이어야 한다. 조직을 'Organization'이라고 하는데 이것은 '유기체화', 곧 살아 있지 않다면, 그리고 유기체적으로 활동하지 않는다면 그것은 더 이상 조직이 아니라는 의미이다. 조직은 유기체적 생명성을 가지고 있다.

조직은 기업만 해당되는 것이 아니다. 가정, 학교, 교회, 사회, 국가에까지 확대시킬 수 있다. 그 조직이 살아 있기 위해서 많은 노력이 필요하다. 예를 들면 경영자가 계획을 세우고, 조직화하며, 동기부여를 하며, 리더십을 발휘하고, 통제하는 그 모든 행위는 조직을 살아 있는 유기체로 만들기 위한 노력이다. 조직을 살아 있는 유기체로 만들기 위해서는 다음과 같은 생명체의 특징을 살펴보아야 한다.[04]

① 환경적응 : 유기체는 생명을 유지 · 발전시키기 위해 환경변화에 적절히 대응한다. 불리한 환경에는 이를 피하거나 극복할 수 있는 조치를 취하고, 유리한 환경은 최대한 활용한다. 환경변화에 적응하지 못하는 생명체는 멸종하고 만다.

② 활발한 신진대사 : 생명체는 생명을 보존하고 성장하기 위해 신진대사를 활발히 한다. 신진대사는 생명활동이 지속되는 한 계속된다. 기업이 생존 및 발전을 위해 과감한 투자, 설비의 현대화, 기술혁신, 새로운 상품개발, 인력충원, 새로운 지식과 사고의 도입을 통해 새로운 영양을 공급하며 노후화된 것을 끊임없이 대체해 나가야 한다.

③ 종의 보존 : 생명체는 태어나서 성장기, 성숙기, 쇠퇴기를 거쳐 사멸하지만 종족보존을 위해 종을 번식한다. 특히 적응력이 뛰어난 종의 보존을 위해 노력한다. 오늘날 기술혁신의 가속화와 경쟁의 격화로 제품이나 기술의 생명은 단축되고, 기업의 평균수명도 점차 짧아지고 있다. 그러므로 신제품 · 신기술의 개발은 기업의 계속적인 보존을 위해 생명체의 신진대사와 함께 끊임없이 진행되어야 한다.

④ 경쟁 : 생명체는 생존을 위해 경쟁을 한다. 생명체는 경쟁을 통해 살아남고 이길 수 있는 체질을 강화한다. 경쟁이나 경계심이 필요 없는 안일한 환경에서 자라는 생물은 무력해지며 기능이 퇴화한다.

⑤ 협조 · 공생 : 유기체는 협조하면서 공생한다. 유기체는 전체적으로 볼 때 생태계를 형성하며 생물체가 살아갈 수 있는 환경을 조성한다. 기업도 선의의 경쟁과 협조를 하면서 함께 살아남고 번영해야 한다. 글로벌시대의 경쟁을 위해서 기업 간에 새로운 협조문화의 형성이 필요하다.

⑥ 부분과 전체의 일체성 : 생명체는 부분과 전체가 일체이다. 생명체는 세포로 구성되어 있고, 그 개개의 세포는 전체가 가지는 특성을 가지고 있다. 유기체를 구성하는 각 부분은 부분 상호 간, 부분과 전체 간에 아주 긴밀한 상관관계, 곧 상호의존과 협력관계를 유지하고 있다. 기업의 조직도 이런 관계를 유지해야 한다. 부분은 곧 전체이고 전체는 곧 부분이다. 이것을 조직에서는 시스템적 사고, 총체적 사고라 한다. 유기체를 구성하는 각 기업의 구성원은 각자 자기가 속해 있는 기업의 이념이나 특성을 내재화되고, 기업의 목표를 위해 긴밀히 협조하고 서로 보완해야 한다.

⑦ 완벽한 정보전달체계 : 유기체는 정보전달체계가 완벽하다. 유기체의 여러 부문에서 수집한 정보는 의사결정기관에 신속히 전달되고, 의사결정기관의 결정에 따라 각 부문은 상호협조적으로 적절한 조치를 취한다. 생명체적 움직임, 곧 환경변화에 대한 대응, 생존경쟁, 부문 간의 협조, 전체와 부문 간의 시스템적 움직임 등은 정보의 공유와 정보네트워크의 형성 등 정보전달체계의 완벽에서 온다. 유기체 내에 이 같은 정보전달기능에 고장이 나면 생명체에 위험이 온다. 생명체가 노쇠하면 정보전달작용이 느려져 변화에 즉각 대응할 수 없다.

3) 공식조직과 비공식조직

조직을 분류하는 일반적 방법으로 조직의 구조화 정도에 따라서 공식조직과 비공식조직이 있다. 공식과 비공식은 극단적인 경우이므로 실제 조직에서 완전한 공식조직 또는 비공식조직은 찾아볼 수 없다. 따라서 모든 조직은 공식조직이며 동시에 비공식조직을 갖고 있다.

(1) 공식조직

공식조직(formal organization)은 과업수행을 위해서 관리자들에게 부과된 직무, 권한, 그리고 의무체계이다. 공식구조는 과업을 수행하기 위해 생겨난 것이다. 이것은 작업행위의 틀을 제공한다. 공식조직은 상대적으로 고정된 영역을 사람들에게 제공해 주며, 이 영역 안에서 사람들은 전체로서의 기업이 수행하고자 하는 보다 큰 과업의 일부가 된다. 공식조직은 조직도에 나타나 있다. 그러나 비공식조직은 그렇지 않다.

조직에 있어서의 중요한 기본변수는 공식조직을 설계할 때 반드시 고려해야 할 점이다. 이러한 기본변수들은 정책, 권한, 책임, 의무, 위양, 그리고 조정이며 각각의 내용은 다음과 같다.

① 정책(policy)은 의사결정을 위한 일반적인 지침의 기능을 담당하는 문서화된 또는 구두로 된 진술(statement)을 의미한다. 중요한 정책들은 최고경영층에서 결정되는 것이 사실이지만 그러한 정책을 수행하는 사람들은 보다 낮은 계층에 있는 관리자들이다. 예를 들면 2년 이상을 근무한 사람에게 2주간의 휴가를 준다는 것도 회사의 한 가지 정책이 될 수 있다. 조퇴, 승진, 퇴직, 휴가 등과 같은 구체적인 상황과 관련되어 여러 가지 정책이 수립된다.

② 권한(authority)은 할당된 임무를 수행하는 데 있어서 의사결정과 행동을 취할 수 있는 권력이다. 주식회사에서 권한은 주주들로부터 나오며, 이것은 이사들에게 위양된다. 위양을 받은 이사들은 이 권한을 최고경영자에게 위양하며 이때 최고경영자는 중간관리자들에게 권한의 일부를 전달할 수 있다. 어떤 사람은 지식으로 권한을 갖기도 하지만, 다른 사람들은 카리스마적인 자질에 따라서 권한을 획득할 수 있다.

③ 책임(responsibility)은 할당된 임무를 수행해야 하는 의무이다. 업무활동을 분담하거나 위양할 때 관리자는 부하에게 그 과업을 수행할 책임도 부여해 준다. 책임과 권한은 동일한 것이다. 또한 부하는 책임을 수행하기 위해서 권한을 가져야 한다. 권한과 책임의 흐름의 방향은 일반적으로 하향적이다.

④ 의무(accountability)는 부하에게 위양된 책임과 권한에 관해서 부하가 어느 정도의 책임을 지니고 있는 것이다. 조직에서의 의무의 방향은 항상 상향적이다. 그것은 과업을 위임한 상사에게 책임이 있기 때문이다. 이때 구성원은

그에게 주어진 책임과 권한의 범위 내에서 책임질 의무가 있다.

⑤ 위양(delegation)은 다른 사람에게 행동할 권한과 책임을 부여하는 것이다. 위양은 일종의 관리기술로 고려된다. 그러나 이것은 일반적으로 잘 실행되지 못하고 있다. 몇몇 연구에서는 이러한 실패의 원인으로 관리자가 권한을 위양하는 데 있어서 무능하거나 권한위양을 꺼리는 데 기인한다고 보고 있다. 조직이 성장함에 따라 관리자는 관리적 기능을 수행하기 위한 시간을 얻기 위해서라도 부하들에게 권한과 책임을 기꺼이 나누어 주어야만 한다.

⑥ 조정(coordination)은 공통의 목표를 위하여 모든 개인적인 노력들을 일치시키는 것이다. 조정의 목표는 조직 내에서 적절한 시간에 적절한 장소에서 올바른 순서로 과업이 이루어지도록 하는 것이다. 개인적인 접촉이 조정을 달성하는 가장 효과적인 수단이지만, 다른 방법도 사용될 수 있다. 여기에는 게시판, 편지, 그리고 매뉴얼 등과 같은 문서화된 커뮤니케이션 형식들이 포함되며, 그룹미팅 또한 유용한 방법이 될 수 있다.

(2) 비공식조직

비공식조직(informal organization)은 모든 조직에 존재한다. 이것은 계획되어 있지 않다. 단지 직무수행 시나 그 이외의 시간에서 동료들과의 우정과 접촉에 기초해서 발생한다. 따라서 비공식조직이란 공식적인 권한관계와 아무런 관련성이 없는 개인적이고 사회적인 관계의 네트워크이다.

비공식조직은 사람들의 상호작용이 일어나는 경우에 존재하기 때문에 사람들이 항상 타인들과 상호작용하고 우정을 형성한다고 본다면 비공식조직은 모든 조직에서 존재한다고 볼 수 있다. 경영자들은 간혹 이러한 비공식조직을 제거하고 싶어 한다. 왜냐하면 비공식조직은 공식적인 질서에 저항하고 작업의 수행에 있어서 수용하기 어려운 방식을 사용하며, 변화의 실행을 저지할 수 있기 때문이다.

그레이프바인(grapevine)은 비공식조직의 커뮤니케이션시스템이다. 이러한 커뮤니케이션시스템에서는 구두로 정보가 빨리 전달된다. 이때 전달되는 정보는 분명한 정보도 있지만 루머나 거짓말도 있을 수 있다. 그러나 그레이프바인은 공식적 커뮤니케이션시스템을 지원해 줄 수 있다. 이러한 비공식조직과 그레이프바인 모두에서 중요한 점은 이들이 결코 소멸될 수 없다는 점이다. 이것은 언제나 존재할 것이며, 따라서 경영자들은 이들과 함께 작업하는 것을 배워야 할 것이다.

작업조직에 있어서 비공식조직의 예는 [도표 1-1]에 나타나 있다. 작업조직에는 세 가지 종류의 집단이 존재하는데 내부집단(inner group) 성원, 주변집단(fringe group) 성원, 외부집단(out group) 성원이 그것이다. Hay, Small, Jones, Jackson은 내부집단에 속한다. 이들은 모두 유사한 일을 수행하며, 전체 집단을 위해 일을 한다. Ryan, Ricks, Lee는 주변집단 성원으로서 내부집단에 의해 완전하게 승인받지 못하고 있다. Lane과 White는 어느 집단에도 소속되지 않고 있으며, 동일한 부서에서 일한다 하더라도 고립된 사람(loners)이지만, 결국 이들은 주변집단 성원이 될 것이다. 비공식조직이 반드시 낮은 성과를 유발시키지 않는다. 때때로 비공식조직은 직무성과에 필요한 정보를 얻는 데 최선의 방법이 될 수 있다.

| 도표 1-1 | 비공식조직

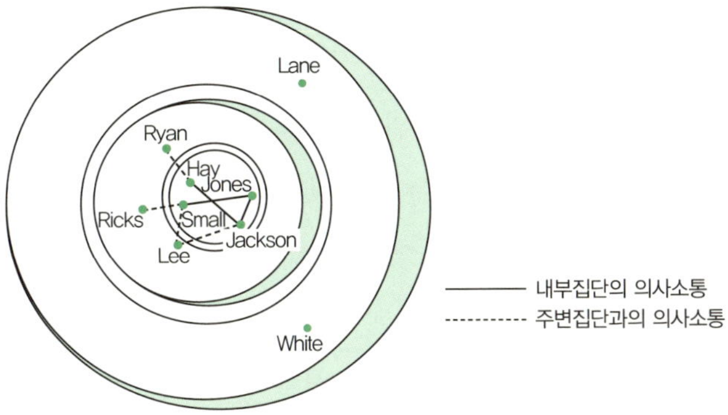

자료 : Koontz, H., Koontz, H., O'Donnell, C., and H. Weihrich(1982), *Essentials of Management*, p.117.

2. 조직화

조직화(organizing)는 관리과정의 하나로서 수립한 계획을 실행으로 옮기는 기능을 말한다. 경영자는 목표를 달성하기 위하여 조직 내의 인적자원과 물적 자원을 적절하게 조직화해야 한다. 조직화는 "구성원들이 기업의 목표를 효과적으로 달성하기 위하여 필요한 직무의 내용을 명확하게 편성하고, 그 직무수행에 필요한 권한과 직위 및 책임을 부여하고 아울러 이것을 조정하여 상호관계를 설정하는 과정"이다. 즉 조직화는 조직을 구성해가는 과정이다.

조직화활동을 위해서 먼저 조직설계를 구상해야 한다. 조직설계(organization design)는 조직화과정에서 조직의 틀을 어떻게 구성할 것인가를 결정하는 것이다. 경영자는 새로운 조직을 만들거나 환경이 변화해서 조직을 변경할 필요가 있을 때 조직설계를 하게 된다. 이러한 조직설계의 결과로서 어떤 모양과 특색을 갖춘 짜임새 있는 조직이 태어나게 된다. 이때의 짜임새와 관련하여 조직의 틀을 나타내는 것을 조직구조(organization structure)라고 한다. 조직설계는 조직을 구성해가는 과정(process)이므로 동태적(dynamic)인 특성을 갖게 되며 조직구조는 설계에 의해 완성된 구조(structure)라는 정태적(static) 특성을 갖게 된다.[05]

조직화는 기업의 목표를 달성하기 위해 자원과 업무를 적절하게 배분하고 조정해 나가는 과정이다. 이러한 조직화는 3단계로 이루어진다.

첫째, 구성원들이 무엇을 해야 할 것인지 업무를 결정해야 한다. 이를 위해 목표달성에 필요한 일(works)을 파악해서 과업(task)으로 세분화하는 일의 세분화 단계가 필요하다. 이때 분업의 원칙과 전문성을 고려하여 세분화해야 하는데, 이 일들을 담당하기에 적합한 능력을 갖춘 구성원들에게 일을 할당해 주어야 한다.

둘째, 누가 누구에게 권한을 배분하고 책임을 얼마만큼 져야 하는지 부서별 · 계층별로 명확히 하면서 업무수행에 필요한 자원을 할당하고 지원을 해야 한다. 이때 자원배분과 지원은 전체 조직유효성과 자원의 효율성을 고려해서 결정해야 한다.

셋째, 조직의 목표달성을 위해서 각 구성원들과 부문에 할당된 과업을 수행하는 과정에서 발생되는 의견대립이나 문제들을 해결하는 조정노력이 필요하다.

조직화는 기본적으로 조직 내 여러 구성요소들 간의 분화(differentiation)와 통합(integration)의 문제를 적절하게 해결할 수 있어야 한다. 즉 조직의 목표달성을 효율적으로 수행하기 위해 전문화를 통한 분업이 필요하며, 과업의 분화는 동시에 통합을 전제로 하기 때문이다.

3. 조직의 성격

조직을 이해하기 위해서 성격을 살펴볼 필요가 있다. 주요한 조직의 성격은 다음과 같다.

1) 사회적 실체(social entity)

조직은 여러 사람들과 집단들로 구성된 하나의 사회적 실체이다. 조직은 인간의 구성체로서 개인과 집단을 포괄하고 있다. 조직구성원은 조직 속에서 본질적 기능을 수행하기 위하여 상호작용을 하는데, 이때 구성원의 협조와 참여가 필요하다. 조직은 또한 사회적 실체로서 다른 체계와 연관관계를 가지고 있다.

2) 목적지향성(goal-directed)

조직은 목적을 달성하고자 한다. 조직의 형태에 따라서 또는 조직이 처한 상황에 따라서 목적은 달라질 수도 있다. 그것이 이윤추구라는 경제적 목표일 수 있고, 교육이나 자선 등 문화적 목표일 수 있으며, 질서를 유지하기 위한 목표일 수도 있다. 목표가 하나 이상일 수도 있다. 그러나 모든 조직의 공통점은 그 목적을 능률적 · 효과적으로 달성하고자 한다는 것이다. 기업조직의 규모가 커지면 이윤의 추구라는 단일목표 이외에 종업원의 만족이나 사기, 사회적 책임 수행과 같은 목표가 추가됨으로써 다원적인 목적을 갖게 된다. 이와 같이 조직의 목표는 고정적인 것이 아니고 환경의 영향을 받아 변화되기도 한다.

3) 구조적 활동체계(structured activity system)

조직은 구조라는 틀과 특정 임무를 수행하기 위한 활동체계를 가지고 있다. 구조란 조직의 목표를 달성하기 위해 전문화된 활동을 논리적인 유형에 따라 공식화시키고, 지위와 책임을 부여하여 조직을 비교적 안정적이고 지속적인 형태로 유지하도록 만드는 것이다. 조직구조는 복잡성(complexity), 공식화(formalization) 그리고 집권화(centralization) 개념을 통해 이해할 수 있다.[06] 복잡성은 조직 내 분화의 정도를 의미하며 전문화의 정도나 분업의 정도, 계층의 수, 단위부서의 지리적 분산 정도를 포함하는 것이다. 공식화는 조직이 구성원의 행동을 지휘 · 통솔하기 위해서 규칙이나 절차에 의존하고 있는 정도를 의미한다. 집권화는 의사결정권한이 어디에 집중되고 분산되어 있는지에 관한 것으로 분권화와 연속체상의 양극단을 나타내는 개념이다.

조직의 복잡성, 공식화의 정도 그리고 집권화 또는 분권화는 조직의 구조를 결정하거나 파악하는 데 매우 중요한 요인에 속한다. 조직은 그 목적을 효율적으로 달성하기 위해 여러 부서를 두고 서열에 따른 권한체계를 유지하며 지위에 따라 의사결정권과 책임을 갖도록 한다.

조직은 또한 조직이 가지고 있는 특정 목적을 수행하기 위해 지식 · 기술 · 사람 등을 투입하여 조직의 산물로 만들어내는 활동체계를 유지하고 있다. 공식조직의 경우 조직의 권한 및 책임의 관계가 비공식조직보다 더 구조화되어 있고, 정보의 흐름도 엄격하게 통제되고 있다. 비공식조직은 자발적으로 조직화되기는 하지만 그 조직의 목표나 구성원의 관계가 구체적으로 나타나 있지 않고 매우 유동적인 성격을 띤다.

4) 계획된 조정체계(planned coordination)

조직의 활동은 미리 생각하여 짜인 것으로 계획된 활동들이다. 관리활동은 계획을 그 출발점으로 하며 조직의 여러 요소들을 상호조정하는 통제와 조직의 모든 요소들을 전체로 연결시키는 의사결정 그리고 조직에서의 정보전달과정인 의사소통에 필요한 여러 관리기법들을 개발하는 것까지 포함하고 있다. 조직은 여러 사람들로 구성되어 있기 때문에 과업 및 역할의 중복을 피하고 각 구성원의 활동이 균형과 조화를 이루도록 조정할 필요가 있다. 또한 조직의 규모가 커지고 환경이 복잡해짐에 따라 조직을 보다 효율적으로 관리하기 위한 조정체계가 요구되고 있다.

5) 계속성(continuity)

계속성은 조직의 장기적 속성을 나타낸다. 구성원이 비록 바뀐다 할지라도 조직은 적정 구성원을 계속 유지하면서 조직의 목표를 수행해 나간다. 조직의 계속성에서 중요한 것은 사람이 바뀌어도 조직은 살아 있다는 점이다. 일반적으로 규칙적인 출근과 업무시간의 준수를 통해서 조직과 구성원의 관계가 지속된다.

6) 경계 구분 및 외부환경과의 상호작용

조직은 내부에 조직구성원, 구조, 관리 등 여러 자체 요인들을 가짐으로써 조직 외부와의 경계(boundary)가 구분되어 있다. 그러나 조직이 외부환경과 단절되어 있는 것은 아니다. 과거 생산자 위주의 시대에는 환경에 대한 고려가 크게 문제되지 않았지만 지금은 외부환경과의 합리적이고 능동적인 상호작용 없이 조직의 존속 · 성장 · 발전을 기대할 수 없다. 조직을 하나의 사회체계(social system) 안에서의 부문체계로 이해하고 부문체계들 사이의 상호작용 및 부문체계와 사회체계 사이의 연관성을 강조하여 개방체계(open system)로 인식해야 한다.

1.2 조직의 목표

1. 조직목표의 정의

조직은 궁극적으로 목표를 추구하며, 목표달성 여부에 따라 조직의 유효성이 높아지게 된다. 그러므로 조직은 그 목표를 얼마나 효율적으로 달성하느냐 하는 데 관심이 있다. 조직목표(organization goals)는 조직분석에 있어서 중요한 개념이지만 명확하게 정의하기 어렵다. 따라서 조직목표에 대한 학자들의 개념정의를 살펴보면 다음과 같다.

1) 에치오니(A. Etzioni)

조직의 목표는 조직이 실현하고자 하는 과업에 대한 바람직한 미래상태이다. 과업에 대한 바람직한 상태는 어느 하나의 특정 목표만을 추구할 수 있으나 경우에 따라서는 여러 목표들을 가질 수도 있다. 이때 목표들 사이의 중요성 또는 강조하는 점이 달라서 목표들 사이에 갈등이 발생하기도 한다.

2) 파슨스(T. Parsons)

조직은 사회체계의 존속을 위해 필요한 기능적 역할을 수행하기 때문에 조직의 목표는 사회적 기능과 밀접하게 연관되어 있다. 사회적 기능이란 사회체계의 존속을 위해 조직이 수행하는 것으로 적응기능(A) · 목표달성기능(G) · 통합기능(I) · 문화적 가치를 유지하는 잠재기능(L) 등을 말한다. 이 기능들이 각각 조직이 수행하는 목표가 될 수 있다. 사회 전체적으로 볼 때 각 기능들이 여러 조직에 의하여 수행됨으로써 사회는 균형을 유지하고 발전하게 된다.

3) 사이먼(H. A. Simon)

조직목표는 하나 또는 여러 가지가 존재하며, 조직구성원들 간의 상호작용의 결과로 설정되며, 개인목표보다 상위목표가 된다. 조직은 대내외적으로 당면한 제약조건에 따라서 최적의 의사결정을 내림으로써 목표를 달성하게 된다. 사이먼은 조직 내 의사결정에 초점을 맞추어 목표를 의사결정과정에서의 제약과 유사한 것으로 보기도 했다.

이상의 내용을 정리해보면 에치오니는 조직의 목표를 조직이 달성하고자 하는 바람직한 상태라고 정의함으로써 조직의 의도 · 목적 · 이상이 바로 목표임을 부각시켰다. 이것은 조직이 의도적 행동을 한다는 것을 보여주는 것이다.

반면에 사회학적으로 볼 때 파슨스의 조직목표관은 의미가 있다. 파슨스는 조직의 사회적 기능에 따라 특정 목표달성에 대한 지향이 다른 사회적 기능을 지닌 사회체계(social system)와 구별되는 결정적 특성이라고 주장하였다. 그의 접근방법은 기본적으로 조직이 보다 큰 전체의 하위체계(subsystem)이고 조직의 목적은 보다 큰 체계로의 투입형태가 된다는 시스템 접근이라는 특징을 가지고 있다.

이와는 달리 사이먼은 조직구성원과 조직 간의 가치전제(value premise)에 입각한 상호작용과정에서 나타나는 여러 제약조건들 아래서 최적 의사결정을 하는 입장에서 조직목표를 파악하고 있다.

2. 조직목표의 계층

목표는 일반적으로 "개인이나 조직이 달성하고자 하는 바"를 뜻한다. objectives, goal, target, purpose, mission 등은 모두 목표와 관련된 용어들이다. purpose는 조직이 존재하는 이유와 연관되어 있고, mission은 사업계획의 목적을 나타낼 때 흔히 사용한다. objectives는 관리프로그램의 궁극적 최종점(end point)을 나타낼 때 사용한다. goal이나 target은 추구하는 바가 구체적인 것을 의미한다. 이러한 용어들을 명백하게 구분하여 사용하는 학자들도 있지만 사실상 혼용되는 경우도 많다.

칼라일(Carlisle)은 [도표 1-2]와 같이 여섯 가지로 계층화되는 조직목표의 계층성을 제시하고 있다.[07]

| 도표 1-2 | 조직목표의 계층

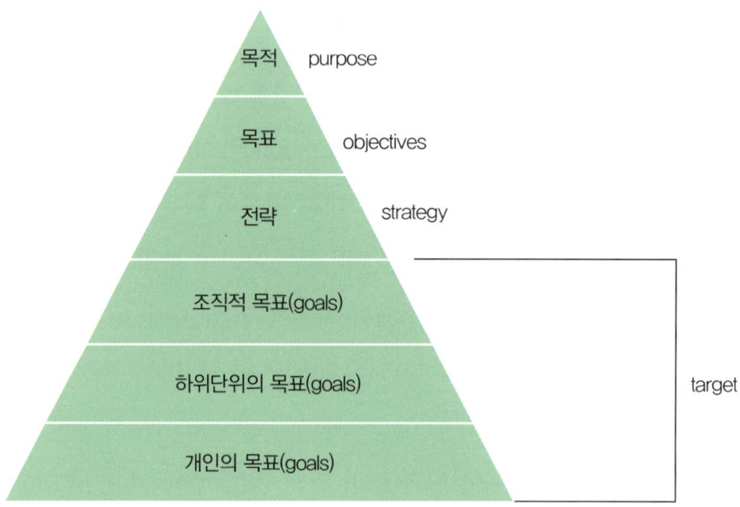

자료 : Carlisle, H. M.(1979), *Management Essentials*, p.165.

쿤츠와 웨이리치(Koontz & Weihrich)는 조직의 목표를 사회경제적 목표(socioeconomic purpose), 사명(mission), 조직의 전반목표(overall objectives of the organization), 더욱 구체화된 전반목표(more specific overall objectives), 부문목표(division objectives), 부서 및 단위목표(department and unit objectives) 그리고 개인별 목표(individual objectives) 등 일곱 가지 위계 순서로 보여주고 있다([도표 1-3]).[08]

예를 들어 한 자동차회사의 사회경제적 목적이 가격이 저렴하고 편리한 교통수단을 소비자들에게 제공하는 것이라면, 그 기업의 사명은 자동차를 생산하고 판매하며 서비스하는 것이 된다. 조직의 전반적인 목표는 회사에 이익을 주면서 자동차를 제작 · 판매하는 데 있으며, 더욱 구체적으로는 그에 맞는 특정 자동차를 만드는 것이다. 부문에서는 특정 자동차의 모형을 만들어 생산하며, 각 부서단위에서는 그 모형에 맞는 부품을 생산하고, 각 개인은 각 부품에 대한 세부작업을 수행한다. 이와 같이 조직의 목표는 위계적으로 구성되어 있고 각 업무는 조직의 전반목표와 연관되어 있어서 목표달성에 기여하도록 되어 있다.

| 도표 1-3 | 목표의 위계

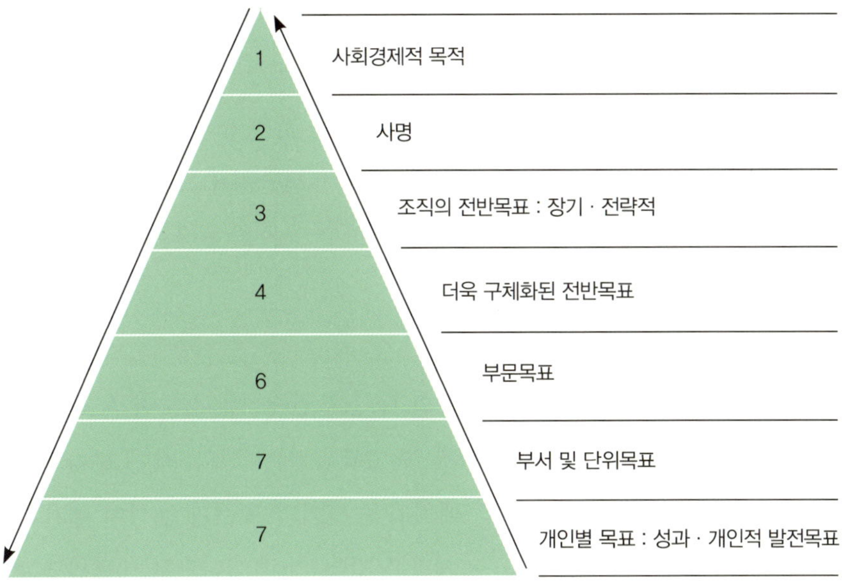

자료 : Weihrich, H., and J. Mendleson(1978), *Management : An MBO Approach*, Dubuque, Iowa: William C. Brown Co, xi ; Koontz, H., O'Donnell, C., and H. Weihrich(1982), *Essentials of Management*, p.91.

3. 조직목표의 성격과 기능

1) 조직목표의 성격

조직목표는 여러 가지 특성을 가지고 있다. 그 대표적인 성격으로 목표수행의 확인가능성, 계층성, 상호연결성, 다양성 그리고 기간성을 들 수 있다.

(1) 목표수행의 확인가능성(verifiability)

조직의 목표는 측정가능(measurability)하고, 계획된 목표가 성취되었는지 그 여부를 확인가능해야 한다. 조직운영의 효율성과 경제성을 높이기 위해서 목표는 측정가능하며, 확인이 가능한 성과의 단위로 표시되어야 한다.

(2) 계층성(hierarchy)

조직목표가 계층성을 띠고 있다는 것은 이미 언급한 바 있다. 조직의 목표가 목적 · 사명 · 전반목표 · 부문목표 · 개별목표 등으로, 또는 전반목표 · 주요목표 · 중간목표 · 부문목표 · 개별목표 등으로 계층화되는 것은 조직목표가 체계적이고 논리적인 순서로 이어져 있으며, 각 계층의 목표가 전반목표 또는 최종목표와 일치하거나 이에 기여한다는 일관된 논리를 유지하고 있음을 보여준다.

(3) 상호연결성(interlocking network)

관리자는 목표나 기획프로그램을 작성할 때 상호연관성을 검토하고, 모든 목표들이나 프로그램들이 전체목표에 기여할 수 있도록 해야 한다. 즉 부문목표나 프로그램들이 적절히 조화를 이루도록 네트워크 사이의 조정과 협력이 필요하다. 목표나 계획은 결코 선형적(linear) 관계만을 갖는 것이 아니므로 네트워크 유형에서의 상호연결성을 고려해야 한다.

(4) 다양성(multiplicity)

조직은 하나의 목표를 가지고 있는 것처럼 보이지만 실제로는 다양한 목표를 가지고 있다. 기업의 목표는 이윤극대화 이외에도 제품개발, 주주를 유지하는 일, 재무상태의 균형, 시장개척, 경쟁력 확보, 산업에서 주도적 위치 확보 및 유지, 안전성, 소비자보호, 환경과의 유기적 관계유지 그리고 사회적 가치공유 등 다양하다. 목표의 다양성 및 복합성은 조직 전체수준뿐 아니라 각 계층별로 또는 기능별로 달리 나타난다. 예를 들면 마케팅부서는 판매 및 유통활동을 할 때 제품, 광고, 판매촉진 등으로 세분하여 목표를 수행하고 있다. 즉 목표가 기능별로 다양해진다는 것을 알 수 있다.

(5) 기간성(range)

목표를 효과적으로 달성하기 위하여 단기 · 중기 · 장기 등으로 나누고 있다. 일반적으로 단기는 1년, 중기는 2~4년, 장기는 5년 이상으로 기간이 설정된다. 단기로 갈수록 목표가 보다 구체화되고, 장기로 갈수록 보다 추상성을 띤다. 목표가 비록 기간별로 다르다 해도 단기목표와 중기목표 그리고 장기목표는 서로 밀접하게 연관되어야 조직의 목표를 일관성 있게 유지할 수 있다.

2) 조직목표의 기능

조직의 목표는 조직활동의 지침을 제공하고, 조직 및 그 활동에 합법성을 제공하며, 조직의 성공 또는 그 효과성 판단의 척도가 되기도 한다. 목표의 이러한 기능을 보다 자세히 살펴보면 아래와 같다.[09]

(1) 활동지침(guides to action)

목표는 조직활동에 지침을 제공함으로써 조직이 원하는 상태로 나아가도록 한다. 즉 조직의 미래를 설계하면서 목표를 설정하고, 그 목표는 장래활동의 지침이 되어 조직의 사고와 행동에 영향을 준다.

(2) 동기부여 및 몰입(source of motivation and commitment)

목표는 구성원들로 하여금 조직의 목적에 부합하도록 한다. 목표는 구성원들이 성취해야 할 바를 말해줌으로써 불확실성을 감소시키고, 바람직한 목표에 도달했을 때 보상 등 인센티브를 제공함으로써 동기를 부여한다.

(3) 정당성(legitimacy)

목표는 조직의 활동 내지 그 존재 자체를 정당화하는 정당성의 근거를 이룬다. 또한 환경변화에 따라 목표를 수정함으로써 정당성을 유지하기도 한다. 이것은 목표가 환경의 영향을 크게 받을 뿐 아니라 정당성도 환경에 따라 영향을 받는다는 것을 의미한다. 조직목표는 환경과의 갈등해결과정에서 산출을 효과적으로 높일 수 있는 방향으로 정당성을 향상시켜 나간다. 조직목표에 대한 완전한 합의를 기대할 수 없지만 조직은 조직의 생존과 번영에 지장을 주지 않는 범위 안에서 가능한 한 목표에 대한 합의도를 높여 나간다.

(4) 성과측정(standard of performance)

조직의 목표는 조직의 구성원이나 국외자가 조직의 성공 여부, 곧 조직의 효과성(effectiveness)을 측정할 수 있도록 척도를 제공한다. 조직의 목표달성 정도를 효과성이라 한다. 따라서 조직의 업적이 높을수록 목표달성도가 높고 효과성도 높다. 이에 비해 능률(efficiency)이란 일정한 단위생산을 함에 있어서 투입원가를 적게 하거나 투입원가에 비해 더 많은 생산을 할 때 높다고 본다. 일반적으로 능률이 높을수록 효과성도 높아지지만 반드시 그런 것은 아니다. 능률을 높이면서 효과성도 높이는 것이 가장 바람직하다.

(5) 조직구조 및 의사결정과정(rationale for organizational structure and decision processes)

목표는 조직이 합당한 구조를 갖는 데 도움을 준다. 급격하게 변화하는 환경에 처한 경우 경영자는 유연성 있는 목표를 채택한다. 목표는 의사결정과정과 가이드라인에도 영향을 준다. 뿐만 아니라 모든 조직행동은 목표에 의해 구속을 받는다.

경영자는 조직목표의 이러한 기능을 인식하여 조직 내에서 조직목표를 합의에 이르도록 할 책임이 있고, 그 결정에 최종적 책임을 져야 한다. 경영자는 목표를 정립하고, 해석하고, 관리하고, 달성함으로써 조직이 계속 생존하고 발전할 수 있도록 해야 한다.

토 | 의 | 문 | 제

01 조직의 성격은 무엇인가?

02 공식조직과 비공식조직의 차이는 무엇인가?

03 조직목표의 기능은 무엇인가?

참 | 고 | 문 | 헌

01 Weber, M.(1947), *The Theory of Social and Economic Organization*, translated by Henderson, A. M., and T. Parsons, New York : Free Press.

02 Barnard, C. I.(1938), *Functions of the Executive*, Cambridge, M.A. : Harvard University Press.

03 Daft, R. L.(1995), *Organization Theory and Design*, St. Paul, M.N. : West Publishing Co.

04 양창삼(2007), 조직행동, 법문사.

05 지호준(2000), 21세기 경영학, 법문사.

06 Robbins, S. P.(1983), *Organizational Theory : The Structure and Design of Organizations*, Englewood Cliffs, N.J. : Prentice-Hall.

07 Carlisle, H. M.(1979), *Management Essentials*.

08 Weihrich, H., and J. Mendelson(1978), *Management : An MBO Approach*, Dubuque, Iowa : William Co. ; Koontz, H., O'Donnell, C., and H. Weihrich(1982), *Essentials of Management*, p.91.

09 Daft, R. L., and R. M. Steers(1980), *Organizations : A Micro/Macro Approach*, Glenview, I.L. : Scott, Foreman and Co., pp.320-321.

CHAPTER

02 조직행동의 기본개념

여는 이야기 이상적인 팀 플레이어 모델의 응용법

삼촌의 심장수술로 갑자기 건설회사 VB의 CEO를 맡게 된 제프는 예기치 않은 위기를 맞는다. 지금까지 회사가 진행해본 적 없는 대규모 공사 두 건을 동시에 수주하게 된 것이다. 꼬여버린 현금흐름 때문에 무조건 진행해야만 하는 상황이다.

그러나 새로운 인력을 다수 채용해야 하는 상황에서 현장감독들은 서로 반목하고 있다. 회사의 주축인 두 임원과 토론을 거듭한 제프는 갖가지 난제를 해결할 포인트로 팀워크에 주목하고, 팀워크를 만들어내는 이상적인 팀 플레이어를 어떻게 규정할 것인가에 대해 고민한다.

제프는 직접 실무진을 만나보고, 팀을 이끄는 리더를 뽑는 과정에서 이상적인 팀 플레이어는 '겸손, 갈망, 영리함' 세 가지 자질에 있다는 것을 발견한다. 그는 세 가지 자질의 개념을 명확히 아는 것이 좋은 팀 플레이어를 찾아낼 수 있는 방법이라고 생각하고 다음과 같이 개념을 정의한다.

'겸손'은 말 그대로 겸손한 사람이다. 훌륭한 팀 플레이어는 이기심을 과도하게 드러내지 않는다. 아무리 능력이 좋다고 하더라도 조직에 기여한 바를 과장하고 자신의 이득을 챙기는 사람은 팀워크에 악영향을 끼친다.

'갈망'은 '배고픈 사람'이다. 배고픈 사람이 항상 더 많은 것을 갈구한다. 리더는 갈망하는 사람에게 더 열심히 하라고 채근할 필요가 없다. 스스로 동기부여가 된 사람이기 때문이다.

'영리함'은 가장 오해받기 쉬운 자질이다. 이 책에서 말하는 영리함은 단순히 똑똑함을 의미하지 않는다. 대인관계를 잘할 줄 알고 자신이 말하는 바를 다른 사람들이 어떻게 느끼는지 아는 감성지능을 뜻한다.

제프는 이 세 가지 자질이 동시에 있는 사람을 이상적인 팀 플레이어라고 규명하고 새로운 직원을 뽑을 때 세 가지 자질을 지표로 삼았다. 또 기존 직원에게도 세 가지 자질을 지표로 하여 상대적으로 약한 부분을 성장하도록 도왔다. 그 후 VB는 두 건의 프로젝트를 잘 진행하며 혁신의 길을 걷기 시작했다.

또한 현장에서 바로 적용할 수 있는 이상적인 팀 플레이어 모델의 응용법을 통해 좀 더 실무적이고 다양한 노하우를 풍부하게 제시한다. 다음과 같이 응용할 수 있는 네 가지 경우를 소개한다.

첫 번째, 신규 직원 채용

직무별, 직급별, 직군별로 상이하고 복잡한 역량 모델에서 탈피한 명확하고 간단한 역량 모델을 소개한다. 이것은 겸손, 갈망, 영리함으로 이루어져 있는 벤다이어그램으로 가운데 세 가지가 일치하는 사람일수록 훌륭한 팀 플레이어로 판단할 수 있다.

또 사람을 뽑을 때 세 가지 자질을 갖춘 사람인지 아닌지 알 수 있는 실무적인 면접 질문을 소개한다. 예를 들어 겸손을 파악하기 위해서는 "직장에서 이룬 가장 중요한 성취에 대해 이야기해보시오"와 같은 질문을 던진다. 이때 팀의 구성원으로서가 아닌 개인적 성취를 더 많이 언급한다면 겸손한 사람이라고 할 수 없다.

또 갈망을 파악하기 위해서는 "일하지 않는 시간에는 어떤 것을 즐겨합니까?"와 같은 질문을 물을 수 있다. 이때 시간을 많이 들여야 하는 취미활동을 말한다면 그 지원자는 직업을 "다른 것을 즐기기 위한 수단"으로 본다고 추정할 수 있다.

영리함을 파악하기 위한 질문에는 "당신의 성격이 어떻다고 생각합니까?"와 같은 것이 있다. 관계 면에서 영리한 사람은 자기행동의 강점과 단점이 무엇인지 말하는 것을 흥미롭게 생각한다. 지원자가 이 질문에 답하는 것을 쩔쩔 맨다면 관계 면에서 다소 서투른 사람이라는 단서가 된다.

두 번째, 기존 직원 평가

관리자의 평가와 직원의 자기평가 두 가지 형태로 진행하라고 제시한다. 동료 평가의 경우 오해와 갈등의 빌미를 제공할 수 있어 서로 솔직하게 얘기하는 편이 낫다고 조언한다.

관리자의 평가와 자기평가를 할 때는 "언제나 그렇다", "때때로 그렇다", "거의 그렇지 않다" 3단계 척도로 겸손, 갈망, 영리함을 평가하라고 알려주며 이상적인 팀 플레이어의 경우 "언제나 그렇다"보다 낮게 평가받는 경우는 거의 없고 "때때로 그렇다"보다 낮게 나오는 경우는 결코 없다고 설명한다.

세 번째, 직원 교육과 훈련

누구나 다른 두 가지 자질에 비해 상대적으로 부족한 자질이 있다. 상대적으로 부족한 자질을 향상시키는 것이 직원 교육의 목표라고 말하며, 이를 위한 구체적인 방법을 소개한다.

예를 들어 겸손이 부족한 것의 원인은 불안이며 훈련법으로 노출 치료를 제시한다. 자신의 실수와 약점을 인정하게 하고 겸손한 행동을 습관화하는 방법이다. 또 갈망은 가장 변화하기 힘든 요소라고 말하며 리더가 강하게 채근하기, 기대하는 행동을 명확하게 알려주기, 격려 등의 훈련법을 소개한다. 마지막으로 영리함은 잘못된 행동을 했을 때 즉시 주의를 주어 그들이 의도치 않게 갈등을 빚은 행동을 인지하게 하는 것으로 시정하게 할 수 있다고 말한다.

네 번째, 조직문화 정립

겸손, 갈망, 영리함 모델을 조직문화에 정착시키면 언제나 훌륭한 팀워크를 발휘할 수 있다는 것은 말하지 않아도 누구나 아는 사실이다. 다만 조직문화를 만드는 것은 이상적인 팀 플레이어를 뽑는 것보다 더 어려운데 이 책에서는 이를 위해 리더들에게 세 가지 지침을 제시한다.

"솔직하고 대담하게 나아가라, 발견하고 칭찬하라, 문제를 감지하고 일러줘라"가 그것이다.

저자 패트릭 렌시오니는 "지난 20년 동안 지켜본 바에 따르면 겸손, 갈망, 영리함이 직장생활 외의 영역에서도 연관 있는 것이 분명하다. 겸손하고 갈망하고 영리한 배우자, 부모, 친구, 이웃은 다른 사람을 끌어당긴다. 더 뛰어나고, 더 영감을 주고, 더 매력적인 사람임이 분명하다."고 말했다.

어떤 일이든 이런 덕목을 가지고 임하면 결코 실패하는 일이 없을 것이다. 설사 실패한다고 해도 겸손한 마음을 가지고 다시 갈망하여 영리하게 주위 사람들과 상호작용한다면 틀림없이 좋은 결과를 얻을 수 있을 것이다.

자료 : 패트릭 렌시오니의『최고의 팀은 왜 기본에 충실한가 : 조직을 성장시키는 팀 플레이어의 3가지 비밀』에서 일부 발췌

2.1 조직행동의 의의

현대인은 누구나 여러 개인 또는 사회조직과 관계를 맺고, 직장이라는 경제조직에 종사하면서 조직의 발전을 위하여 일하며, 나아가서는 사회와 경제발전에 직·간접적으로 기여하고 있다. 따라서 사회를 구성하고 있는 조직을 연구하여 조직을 운영하는 메커니즘과 조정방식에 대한 이해도를 높이고 조직의 효율성을 높이는 것은 기업과 같은 경영조직의 경우에 매우 중요한 과제이다.

경제와 산업이 발달함에 따라 고도의 과학기술이 개발되고 사회와 경제구조를 비롯한 여러 조직들이 다양해지게 되었다. 이에 따라 조직에 대한 연구도 조직을 구성하고 있는 개인과 집단 및 외부의 환경 등 다각적인 측면에서 상호연관관계에 대한 과학적이고 체계적인 연구를 필요로 하게 되었고, 조직행동연구의 중요성은 더욱 높아지고 있다.

조직행동론(Organizational Behavior theory : OB)은 조직행동에 관한 지식을 얻기 위해 조직행동을 연구하는 학문이다. 즉 조직구성원들의 행동이나 태도를 체계적으로 연구하는 학문으로서 보다 정확한 결론을 도출해내기 위한 목적으로 통제된 상황에서 과학적인 방법으로 실증자료를 수집 및 측정하고 그것을 엄밀한 방법으로 해석함으로써 인과관계를 규명하려고 노력한다.

조직행동론에 대한 지식이 필요한 이유를 살펴보면 다음과 같다.

첫째, 조직행동론은 하나의 학문으로서 규범적 성격을 갖고 있다. 우리의 일상생활이 조직과 불가분의 관계에 있으므로 조직의 현상을 파악하여 인간에게 조금이라도 더 도움이 되는 효율적 조직으로 개선해 나아가는 데 공헌할 수 있다.

둘째, 우리는 자신의 지식을 바탕으로 하여 자신을 포함한 타인의 행동을 관찰하여 왜 그렇게 행동했는지 이유를 제시하기도 하고 어떻게 행동할 것이라고 추측하기도 한다. 문제는 우리가 알고 있는 지식이 직감이나 상식에 불과한 것이지 정확한 사실에 입각한 과학적 지식이 아니라는 데 있는 것이다. 그러므로 체계적이고 과학적으로 조직에서의 인간행동을 관찰하고 연구한다면 좀 더 정확한 해석과 예측을 할 수 있는 지식을 얻을 수 있을 것이다.

셋째, 조직 내 구성원의 행동에 영향을 주는 요인을 파악하여 여기서 얻은 과학적 지식으로 조직목표달성에 좀 더 효율적으로 이바지할 수 있도록 도와준다.

넷째, 조직행동을 연구하고 배우는 목적은 인간관계 개선에 필요하기 때문이다. 친구관계뿐만 아니라 공식적으로 다른 사람과 만날 때에도 조직행동에서 배운 지식은 유용하게 적용할 수 있다.

2.2 조직행동론의 연구대상

1. 조직행동론과 조직이론

조직행동론의 연구대상을 살펴보기 위하여 조직행동론과 인접 학문영역을 비교할 필요가 있다([도표 2-1] 참조).

도표 2-1 조직행위론의 영역

	거시적 관점	미시적 관점
이론적	조직이론 (organization theory)	조직행동 (organizational behavior)
실용적	조직개발 (organizational development)	인적자원관리 (personnel / human resources management)

조직을 대상으로 연구하는 조직론은 관점에 따라 크게 거시적 관점과 미시적 관점으로 구분되는데, 거시적 관점은 다시 '조직이론'에 대하여 연구하는 이론적 관점과 '조직개발'에 대해 연구하는 실용적 관점으로 나뉜다. 그리고 미시적인 관점 역시 '조직행동'을 연구하는 이론적 관점과 '인적자원관리'를 다루는 실용적 관점으로 나뉜다.

미시조직론은 조직 내의 인간활동에 대한 연구로서 조직행동론이라고 하여 개인의 행동이나 소집단의 행동을 연구한다. 따라서 조직행동론(Organizational Behavioral theory : OB)은 엄밀한 의미에서 조직의 행동이 아니라 조직 속의 개인의 행동을 연구하는 것이다. 이에 반해 거시조직론은 조직이 환경 속에서 적응하면서 지내는 조직 자체를 연구대상으로 삼는다. 조직마다 성격도 다르고 신시장을 개척하고 다른 조직과 연대하면서 다양한 행동을 한다. 이러한 조직 자체의 성격과 행동을 연구하는 것이므로 조직이론(Organization Theory : OT)이라고 한다. 물론 조직의 행동도 그 구성원이 하는 행동의 결과이기 때문에 개인의 행동과 조직의 행동은 상호불가분의 관계에 있다.

조직행위를 제대로 이해하기 위해서는 조직특성 그 자체뿐만 아니라 조직외부의 환경과 조직을 구성하고 있는 집단이나 부서도 연구하지 않으면 안 된다. 조직이론은 사람들의 집합체인 부서와 조직 그리고 조직수준에서의 구조와 행동에 주목한다. 조직을 이루는 것은 사람이지만 조직이론의 직접적인 분석대상은 사람이 아닌 것이다. 대신에 조직이론은 일반구성원보다는 최고 및 중간경영자를 대상으로 하여, 이들로 하여금 조직과 환경과의 관계에 주목하도록 하고, 조직의 목표 및 전략의 수립과 이를 추진할 조직구조를 설계하고 실천에 옮기는 데 도움을 주고자 한다.

인적자원관리(Human Resources Management : HRM)는 인적자원의 효율적 활용을 위해서 조직 내 개인에 관계되는 정책, 절차, 방법, 프로그램 등을 개발하고 이를 응용 · 평가하는 학문이다. 이 학문 분야는 전통적으로 인사관리(personnel management)라고 불려왔으나, 최근에는 인간을 하나의 자원으로 보고 이에 대한 투자와 개발이라는 측면을 강조하는 의미에서 인적자원관리로 바

꿔어 불리고 있다. 그에 따라 조직행동론에서 연구개발된 인간행동에 관한 이론들이 인적자원관리에 주요 기초를 제공하고 있다.

조직이론의 응용적 측면을 다루는 학문으로 조직개발(Organizational Development : OD)이 있다. 조직개발은 조직의 유효성을 증대시키기 위하여 최고경영자에 의해 주도되는 조직 전체수준의 계획적인 변화노력에 대한 조언과 실천을 위해 마련된 분야이다.

이 책에서 주로 다룰 것은 조직행동에 관한 내용이다. 조직은 인간의 모임이며 항상 인간의 행동이 존재하는데, 이러한 조직 내의 인간행동을 연구하고 설명하는 학문이 조직행동론이다. 조직 안에 무슨 일이 일어나고 있는지 이해하려면 그 구성원의 행동을 이해해야 한다. 즉 조직행동론이란 조직 내 개인과 집단의 행동을 체계적으로 연구하여 조직 내의 인간행동에 관한 지식을 쌓는 학문이다.

2. 조직행동론 연구대상의 수준

조직행동론의 연구대상인 조직 내 인간의 행동은 너무나 많고 다양하다. 하지만 조직행동을 몇 개의 범주로 나눌 때 주로 쓰이는 방법은 개인차원, 집단차원, 조직차원의 세 가지 차원으로 나누는 것이다. [도표 2-2]는 조직행동론에서 전통적으로 하고 있는 분석수준과 주제를 정리한 것이다.

도표 2-2 조직행동론의 분석수준과 주제

분석수준	내용
개인	능력, 가치관, 태도, 감정, 지각, 성격, 학습, 동기부여, 스트레스
집단	역할, 규범, 지위, 집단응집성, 팀관리, 의사소통, 의사결정, 갈등과 협상, 리더십
조직	직무 및 조직구조, 조직변화와 혁신, 조직문화

3. 조직행동론의 특징

조직행동이란 학문은 다음과 같은 특징을 가진다.[01]

첫째, 조직행동론은 실천(응용)학문이다. 조직행동론은 조직 내 인간의 행동이 왜, 어떻게 일어난다고 설명하는 것 이외에도, 그 지식을 실제로 적용하여 조직의 목표를 효과적으로 달성시키는 데 공헌하는 학문이다.

둘째, 조직행동론은 종합학문이다. 조직행동은 조직이 아니라 조직 내 사람이 하는 행동임에 주의해야 한다. 따라서 조직행동론은 인간에 대한 연구인 사회과학 분야의 심리학, 사회학, 문화인류학, 사회심리학 등과 깊은 관련이 있다.

셋째, 조직행동론은 인간존중의 학문이다. 인간은 조직 속에서 의존하여 살고 있기 때문에 조직의 성과가 향상되면 인간행복이라는 궁극적 목표를 달성하게 된다. 그리고 인간관계가 개선된다면 조직구성원이 행복한 조직생활을 할 수 있다. 즉 조직행동의 연구결과는 구성원의 욕구를 효과적으로 충족시키면서 그들의 자아실현, 노동생활의 질(Quality of Working Life : QWL)을 향상시키는 데 도움이 될 것이다. 무엇보다도 조직행동연구 시에는 인간을 부정적으로 보지 않고 긍정적 관점에서 자아실현을 추구하는 자율적 인간이라는 전제를 가지고 있다.

2.3 조직행동연구의 발전과정

1. 전통적 경영이론

1) 테일러의 과학적 관리론

과학적 관리론(scientific management)은 미국의 테일러(F. W. Taylor,

1856~1915)가 만든 관리에 관한 최초의 과학적 이론이다. 그의 이론은 각 종업원의 과업(task)이 과학적 결정에 바탕을 이루고 있어서 '과업관리론'이라 한다.

테일러는 작업자의 과업(task)은 과학적으로 분석될 수 있는 것으로 보았으며, 작업자의 업무에 대해 구체적 지침을 제공하는 것이 경영자의 책임이라고 여겼다. 이런 생각이 후에 논리적으로 발전되어 ① 작업자들이 자신에게 할당된 과업을 효율적으로 수행하도록 최선의 업무수행방법을 개발하고, ② 시간과 동작연구(time & motion study)를 통하여 이 방법을 표준화하며, ③ 구체적 과업을 수행하는 데 최적임자를 선발하고, ④ 가장 효율적 방법으로 작업자들을 훈련시켜 나갔다. 그 외에도 기획과 작업의 분리 등을 통해 공장내부의 능률과 생산량을 높이는 데 주안점을 두었다.

과학적 관리론에서는 작업자를 화폐적 수입의 극대화만을 추구하는 '경제인'(economic man)으로 가정하였고, 또한 인간적 요소를 무시한 '기계인'(mechanistic man)으로 보았다. 따라서 작업자의 직무를 시간연구나 동작연구와 같은 과학적 방법으로 연구하여 적절한 표준과업을 결정하고, 이의 달성 여부에 따라 차별성과급을 적용함으로써 작업자의 생산량을 극대화할 수 있다고 주장한다. 그러나 인간에 대한 지식이 결여되어 있는 과학적 관리론은 기대했던 성과를 달성하지 못했을 뿐만 아니라, 많은 역기능 및 부작용이 노출되어 이러한 문제점들은 곧 과학적 관리론에 대한 비판으로 제기되었다.

인간에 대한 무지 외에도 과학적 관리론을 비롯한 초기의 경영이론은 인간보다는 조직의 능률을 강조하였기 때문에 '인간 없는 조직'(organization without people)이론이라는 평가까지도 받고 있다. 또한 과학적 관리론은 작업과 작업자 사이의 관계만을 중시하고 있기 때문에, 조직과 관련하여서도 작업의 배분관계를 중심으로 한 합리적인 편성과 운영에 초점을 맞추고 있어서 오직 공식적 조직만이 중요하다는 입장을 취하고 있다. 따라서 조직행위에 대한 일반적인 이해보다는 경영자가 규범적으로 해야 하는 것들에 대해 더 많은 관심을 두고 있다.[02]

2) 페이욜의 관리론적 경영이론

테일러의 과학적 관리는 공장내부수준의 능률향상에 관심을 둔 반면에, 페이욜(Henri Fayol, 1841~1925)의 관리론적 경영이론(administrative management theory)에서는 관리의 순환(management cycle)과정인 계획, 조직, 지휘, 조정, 통제를 통한 기업조직 전체수준의 관리에 주안점을 두고 있다. 그는 ① 분업, ② 권한과 책임, ③ 규칙준수, ④ 명령일원화, ⑤ 집단지휘의 일원화, ⑥ 개인이익의 공동이익에의 종속, ⑦ 공정한 보수, ⑧ 적정수준의 집권화, ⑨ 권한계열의 계층연쇄, ⑩ 질서, ⑪ 형평성, ⑫ 고용안정, ⑬ 자율, ⑭ 팀 정신 등을 포함하는 관리의 일반원칙 14가지를 제시한 바 있다.

페이욜의 관리론적 경영이론은 공식적 조직구조와 관리의 일반원칙들을 만들어 나가는 데 초점을 맞추었기 때문에 심리적 · 사회적 요인들을 무시하고 있다는 비판도 있었다. 그렇지만 14가지 원칙 중 상당수가 조직설계에서 지금도 유효하게 적용되고 있을 만큼 경영에 관한 깊은 통찰력을 제공하고 있다.[03]

3) 베버의 관료제론

베버(Max Weber, 1864~1920)는 독일에서 정부조직을 연구한 사회학자로서 거대한 조직을 합리적이고 능률적으로 운영하기 위한 이상적 관료제(bureaucracy)의 특성으로 ① 문서에 의한 공식적 규칙과 규제, ② 개인적 연고가 배제된 객관적 기준에 의한 작업관계, ③ 전문능력 습득자에 의한 분업, ④ 권한수준에 따른 직위의 계층구조, ⑤ 계층상의 직위에 의한 의사결정 권한구조, ⑥ 평생고용 약속, ⑦ 최고효율 달성을 위한 합리성 등을 들고 있다.[04]

비록 과학적 관리운동을 일으킨 테일러와 동시대를 살았지만 베버는 단일조직의 관리뿐만 아니라 광범위한 경제적 · 정치적 사회구조에도 관심을 가지고 있었다. 그러므로 그는 관료제론을 전반적 사회이론으로서 제시하였고, 이를 기업뿐만 아니라 정부나 군대와 같은 다양한 형태의 복합조직에 효과적으로 사용될 수 있는 일반관리제도로 보았다.

그의 관료제는 당시에 독일사회에 만연했던 연고주의, 정치적 정실주의, 의사결정의 변덕을 방지할 목적으로 강력한 비인격화(depersonalization)를 내용으로 하고 있다. 즉 조직원들 사이의 관계는 공식적인 일 사이의 관계로, 감정적인 인간 사이의 관계는 배제해야 한다는 것이다. 그 결과 현재 관료주의 병폐로 많이 지적되고 있는 과도한 형식주의(red tape)와 그에 따르는 비효율성을 낳게 되었지만, 관료제의 원래 목적은 조직의 효율성을 최대로 끌어올릴 수 있는 이상형(ideal type)으로서 제시되었던 것이다.[05]

2. 인간관계론

과학적 관리론이 경영에 있어서 인간문제에 대한 인식이 결여되어 있음에 반하여 인간관계론(human relations)은 인간을 중시하는 이론이다. 인간관계론 발전의 직접적인 계기를 마련한 것은 호손(Hawthorne)연구이다. 즉 호손실험에서 비롯된 과학적 관리론에 대한 비판은 메이요(E. Mayo) 등에 의해 인간관계론으로 발전되었고, 이후에 그 관심영역을 점차 확대시켜 행동과학으로 발전하였다.

호손실험의 결과 인간은 단순히 돈만을 위해서 일하는 경제인이 아니라 감정을 지니고 남과 어울리고자 하는 사회적 인간이라는 사실과 작업장이 하나의 사회적 장(場)이라는 것을 인식하게 되었다. 그러므로 인간관계론은 인간은 경제적인 측면 외에도 사회적 · 심리적 측면을 지닌 복합적 존재이며 종업원의 태도는 경제적 요인 외에도 자신의 심리상태나 직장상황 등의 요인에 의해 결정된다고 보았다. 뿐만 아니라 종업원의 태도에 영향을 미치는 정도는 공식조직보다 비공식조직이 훨씬 크기 때문에 비공식조직을 중요시해야 한다고 주장한다. 이와 같이 호손실험은 인간에 대한 중시와 깊은 이해를 가져다준 획기적인 전기를 마련하였다. 인간관계론으로 인해 인간중심적 경영의 토대가 마련되었으며, 그 기본이념과 원리들은 조직행동론의 성립에 크게 공헌하였다.

그러나 인간관계론은 지나치게 인간적 요소만을 강조하여 상대적으로 조직의 논리가 무시되어 '조직 없는 인간'(people without organization)이론이라는 비판을 받기도 한다. 또한 경영에 있어서 인간의 중요성에 대한 인식만 있었을 뿐 인간에 대한 체계적 지식의 바탕이 없었으므로 이를 경영성과로 연결시키지 못했다. 따라서 인간관계론의 시행과정에서 나타난 문제점들은 보다 과학적이고 정교한 지식체계를 요구하게 되었으며, 이러한 입장에서 인간관계론이나 행동과학에서는 인간의 본질을 파악하고, 그들에게 동기부여를 할 수 있는 방법과 효과적인 리더십의 유형으로 찾아내는 데 초점을 맞추고 있다.[06]

3. 현대적 관점

1) 개방시스템의 관점

조직을 보는 현대적 관점은 조직을 내부적으로는 서로 의존적인 부분들이 상호작용하고 있으면서, 동시에 이들이 다시 외부환경과도 상호작용을 하는 개방시스템(open system)으로 보는 것이다.

시스템은 전체가 여러 개의 구성요소로 이루어져 있으며, 이들 구성요소들 사이에 상호관련성으로 어떤 목적이나 기능을 수행하는 것을 의미한다. 이러한 시스템의 개념을 조직에 적용하면서, 조직행동론은 전체와 부분을 한 테두리 안에서 다룰 수 있는 도구를 가지게 되었다. 조직을 구성하는 하부요소들인 구조나 기술, 인적자원들 사이의 관계에 대해서도 관심을 가지면서 조직을 전체 입장에서도 바라보는 시각을 잃지 않는 시스템적 안목을 가지게 된 것이다. 시스템을 환경에 열려 있는지 아니면 닫혀 있는지에 따라 개방시스템과 폐쇄시스템으로 나누고, 조직을 환경에 열려 있는 개방시스템이라는 관점에서 보기 시작한 것이다.

조직의 내부 요소를 이념, 구조, 기술, 사람 등의 하부시스템으로 볼 때, 개방시스템에 근거한 조직은 [도표 2-3]과 같다.[07] 조직구성원들은 조직의 이념과 목표가 지향하는 바에 따라 다른 사람들과 함께 기술을 사용하여 조직구조를 통해 주어진 과업을 수행하고 그 과정에서 조정과 통제를 받게 된다. 개방시스템 관점에서는 조직 내에서 이루어지는 이러한 하부시스템들 사이에 이루어지는 개방적인 상호작용이 조직의 효과적 기능에 필수적이다.

| 도표 2-3 | 개방시스템으로 본 조직

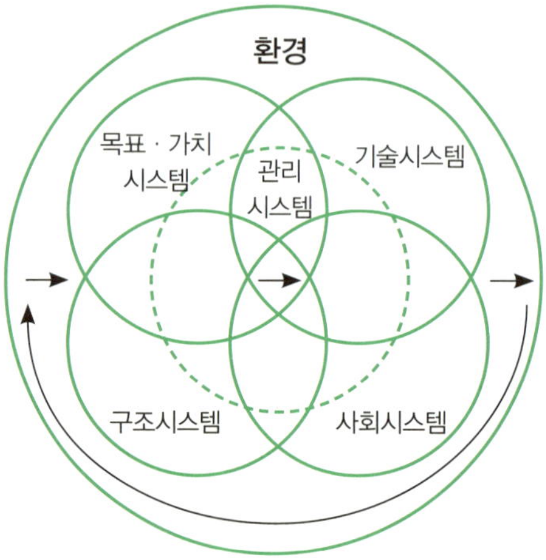

자료 : Kast, F. E., & J. E. Rosenzweig(1979), *Organization and Management : A Systems and Contingency Approach*, 3rd ed., New York : McGraw-Hill, p.19.

개방시스템 관점에서 본 조직의 두드러진 특징은 조직과 외부환경 사이의 개방적 상호작용에 주목한다는 점이다. 조직은 진공관 속에서 존재하는 것이 아니라 그 조직을 둘러싼 사회적 · 경제적 · 정치적 · 문화적 환경에 의해 크게 영향을 받게 된다. 기업을 개방시스템 관점에서 보는 시스템모형은 [도표 2-4]에서 보는 바와 같이 환경으로부터 원자재, 인적자원, 정보, 기술, 금융자원들을 들여와서 이들을 관리시스템을 통해 서비스로 전환한 다음, 이를 시장이라는 외부환경에 내어놓고 피드백을 받아서 다시 필요한 여러 자원을 획득하는 과정을 되풀이한다. 이와 같이 조직은 생존하기 위해서 외부로부터 지속적으로 에너지원인 자원을 획득하여야 하고, 외부환경에 내놓은 제품과 서비스를 가능하면 효과적이고 효율적으로 필요한 자원으로 치환할 수 있어야 한다.

❙ 도표 2-4 ❙ 기업 : 개방시스템모형

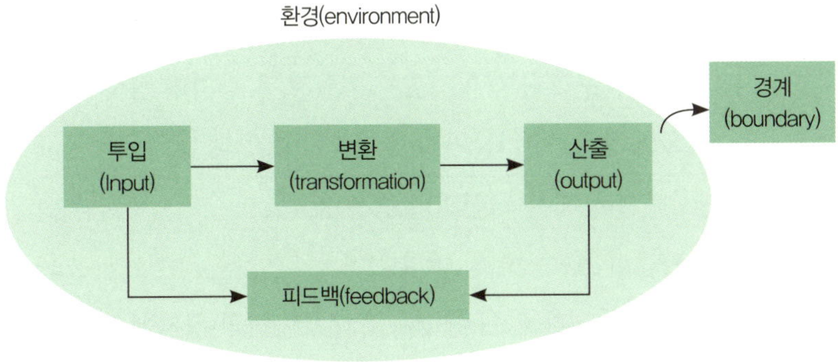

시스템적 사고방식은 조직 속에서의 인간의 행위에 영향을 미치는 요인이 한 가지가 아니고 복수이며(multiple causation), 또한 상호의존적이고 복잡한 관계를 가지며(complex interrelationship), 한 인간의 행위는 타인이나 타 집단의 행위에 필연적으로 영향을 받으며 상호작용을 하고 있다고 믿는다. 한 조직체 내에는 업무흐름, 보상체계, 커뮤니케이션 네트워크, 역할구조 같은 하위시스템(subsystem)이 존재한다. 이 모든 것이 함께 기능할 때 조직이 운영되는 것이다. 인간의 행동을 어느 일부분으로 보지 않고 전체적인 맥락 속에서 파악하려고 한 점에 있어서 시스템이론은 조직행동론의 '전체적인 관점'(holistic perspective)의 발전에 공헌하였다.

2) 상황적합이론

조직을 개방시스템으로 보려는 관점은 공식조직구조, 과업, 개인, 비공식조직과 같은 조직내부 요소들 사이에 합치하는 정도가 높을수록 조직유효성이 더 높을 것이라는 합치모형(congruence model)[08] 설정의 기반이 되었다. 나아가서 환경과 조직구조와의 적합도(fitness)가 높을수록 조직유효성이 높아진다는 구조적 상황적합이론(structural contingency theory)을 위한 발판을 마련하였다.

구조적 상황적합이론에 따르면 동태적인 환경과 유기적 조직구조(organic structure)의 적합도가 높고, 정태적인 환경은 기계적 조직구조(mechanistic structure)와 적합도가 높기 때문에, 정태적 환경에 속한 조직은 기계적 조직구조를 취함이 더 효과적이라고 제안한다.[09]

이와 같은 합치모형과 구조적 상황적합이론은 모두 광의의 상황적합이론에 포함되는데, 이는 다음의 세 가지 기본가정에 기반하고 있다.[10]

① 어느 상황에서나 적용되는 최선의 방법은 없다.

② 어떤 방법도 똑같이 효과적이지 않다.

③ 최선의 방법은 조직이 관계하는 외부 및 내부환경의 성격에 의존한다.

토 | 의 | 문 | 제

01 조직행동론의 개념은 무엇인가?

02 과학적 관리론과 인간관계론의 차이점은 무엇인가?

03 상황적합이론은 무엇인가?

참 | 고 | 문 | 헌

01 Greenberg, J., and R. A. Baron(2003), *Behavior in Organizations*, 8th ed., Pearson Education Inc., N.J. : Upper Saddle River.

02 김성국(2008), 조직과 인간행동, 명경사, p.12.

03 Fayol, H.(1916), *Administration Industrielle et Générale*, Paris : Dunod ; Fayol, H.(1949), *Industrial and General Administration*, London : Pitman & Sons, Ltd.

04 Weber, M.(1947), *The Theory of Social & Economic Organization*, New York : Free Press.

05 김주엽 외(2013), 조직행위론, 경문사, p.20.

06 김성국(2008), 조직과 인간행동, 명경사, p.13.

07 Kast, F. E., and J. E. Rosenzweig(1979), *Organization and Management : A Systems and Contingency Approach*, 3rd ed., New York : McGraw-Hill, p.19.

08 Nadler, D. A., and M. L. Tushman(1977), "A Congruence Model for Diagnosing Organizational Behavior," In Hackman, J. R., Lawler, E. E., and L. W. Porter, *Perspectives on Behavior in Organizations*, New York : McGraw-Hill, pp.83-100.

09 Burns, T., and G. M. Stalker(1961), *The Management of Innovation*, London : Tavistock.

10 Scott, W. R.(1981), *Organizations : Rational, Natural, and Open Systems*, Englewood Cliffs, N.J. : Prentice-Hall.

PART 02

조직행동의 이해 : 개인차원

Organizational Behavior

Organizational Behavior

CHAPTER

03 성격과 가치관

여는 이야기 좀비형 직장인이 되는 법

여러 사람을 만나 상담을 하면 별별 사람을 본다. 각자 나름의 문제를 갖고 있지만, 그걸 직장생활 처음 시작 때부터 갖고 있는 경우도 있고, 반대로 직장을 다니면서 생겨난 경우도 있다. 무엇이 더 위험한지는 모르지만, 중요한 것은 모두들 안고 있는 문제로부터 탈출하고 싶어 한다는 사실이다.

물론 그 문제로부터 탈출하는 방법은 수백 가지가 넘을 것이다. 더 큰 문제는 당사자에게 그럴만한 의지가 있는가이다. 대부분 그렇다고 한다. 그들 스스로 문제라고 하고, 잠시나마 상담 동안에는 대부분 '자기객관화'를 통해 제3인칭 화법으로 자신의 행동 등의 과정과 결과 등을 설명한다. 그리고 간혹 스스로가 해법도 제시한다.

하지만 대부분 그 문제 자체를 잘못 짚거나, 자신을 객관화했지만, 발견하기 쉬운 부분 또는 누군가로부터 한 번쯤 들어본 이야기만 잡아낸 경우가 대부분이다. 결국 자신의 현재 모습에서 마음에 들지 않는 부분을 골라내고 그에 대한 원인을 찾기보다는 표면적으로 나타난 흠집을 재차 짚는 오류를 범한다.

현상에 속아 진짜 문제를 보지 못하고, 그 현상을 덮어버리는 것만으로 문제가 해결됐다고 믿거나 다시는 그 문제를 문제 삼지 않는 것으로 문제해결을 했다고 믿는다. 좀비형 직장인의 대표적 모습이다. 이들은 계속 그렇게 살아남았다. 당장 눈에 보이는 문제를 덮거나, 그보다 더 큰 문제를 만들어서 해결하는 것으로부터 문제를 해결 또는 탈피하거나 실마리를 찾는다. 그것이 곧 '좀비형 직장인'의 생존방법이다.

'좀비형 직장인'은 일을 할 때 보이는 몇 가지 특징이 있다. 내 주변에도 혹시 이런 이들이 있는지 살펴보거나, 나는 혹시 그럴 때가 있었는지를 되돌아보자.

첫째, 단순 체리피커(cherry picker, 자신의 실속만 차리는 소비자)가 아니다. 선천적 또는 후천적 혹은 종합적인지 원인은 알 수 없지만, 이들은 '유체이탈식의 업무처리'를 좋아한다. 그들이 직접 하기보다는 남을 시키는 것, 그 시키는 누군가의 옆에서 기생하면서 감 놔라 배 놔라 참견을 좋아한다. 심지어 그 시키는 대상이 본인이 되어도 태도는 변하지 않는다.

당연히 어떤 일을 하는 것에서 '자신의 일'보다는 남의 일이 더욱 크게 보인다. 흠을 찾고, 그 흠을 간혹 더 크게 만들어 주변 사람들을 당황하게 한다. 이른바 트러블 메이커로 조직 안에서 진짜 좀비처럼 문제만을 쫓아다니면서 문제를 크게 만든다.

둘째, 특정 기능을 메우는 것으로 자신의 할 일을 다 했다고 믿는다. 물론 선천적으로는 소극적 · 수동적인 성격일 수도 있고, 태생적으로 모든 일을 귀찮게 받아들이는 것일 수도 있다. 이들은 스스로가 어떤 일을 만들어서 하는 것에 익숙하지 않은 타입이다. 당연히 조직에서도 이런 태도를 계속해서 유지하며, 자신의 입지를 다지기보다는 동료로부터 신뢰를 얻을 수 있는 기회를 잃는다.

후천적으로는 조직 또는 리더가 정해놓은 최소한의 역할과 책임의 가이드라인이 너무나 타이트하게 만들어져 자신의 자율성이 철저하게 통제당했을 경우이다. 특히 연차가 낮은 주니어 혹은 상사로부터 Micro Management를 당했을 경우에 나타나며, 만성이 되면 마치 선천적으로 소극적이고 수동적이었던 사람으로 일한다. 분명 일상에서는 그런 모습이 보이지 않는데 일터로만 들어가면 그런 모습이 보이는 것이다.

셋째, 일을 굉장히 열심히 하긴 하지만 결과가 좋지 못하다. 이들은 놀랍도록 성실하다. 그래서 약속 자체를 어기는 일이 거의 없다. 하지만 그에 비해서는 성과가 높지 않다. 물론 순수하게 자신의 일을 묵묵히 하지만 운이 없게도 일시적으로 좋지 못한 결과를 안을 수 있지만, 거의 대부분 일 머리가 없는 타입이다.

주변 동료들과 박자를 맞추지 못하는 과도한 성실함으로 동료들의 눈 밖에 나거나, 조직의 리듬 자체를 망쳐서 함께 일하는 시스템보다는 자신의 리듬 자체가 우선인 경우가 많다. 성실함이 분명 무기이지만, 함께 일을 만들어가야 하는 조직에서는 그 사람이 가진 성실함이 흉기가 되어 조직 전체성과 또는 분위기에 악영향을 미치기도 한다.

물론 조직의 리듬과 방향을 좌우하는 리더라면 구성원 모두가 따를 수 있겠지만, 그 반대라면 조직의 입장에서는 골치가 아플 수밖에 없다. 어느 부서로 가도 자신이 가진 좁디좁은 대인민감도로 거꾸로 그들이 가진 리듬 자체를 무너뜨린다.

넷째, 일을 굉장히 열심히 하는 것처럼 보이는 데 뛰어나다. 앞선 성실함이 약간의 순수함과 일에서 보이는 백치미였다면, 이번에는 스스로가 그런 '척'을 하면서 거의 아무런 일도 하지 않는 타입이다. 일로서 사람으로서 둘 다 주변으로부터 인정을 받지 못하는 타입이다.

이들은 당연히 일은 굉장히 열심히 하는 것처럼 보인다. 엉덩이만 붙이고 앉아서 일하는 척만 하거나, 정말 일을 열심히 하지만, 특별히 중요하지 않은 일들만 찾아서 하는 경우가 대부분이다. 쉽게 말해 조직이 바라는 일을 하기보다는 그냥 내가 바라는 일을 한다.

그리고 심지어 적반하장 격으로 개인을 위해 한 일을 조직을 위해 일을 했고, 인정받으려고 한다. 당당히 조직에 요구하여 자신의 요구가 받아들여지도록 하는 것이다. 이때 조직이 나를 인정해 주지 않으면 여지없이 서운함을 드러내면서 주변 동료들의 눈살을 찌푸리게 한다.

이외에도 이기적이고, 자신이 만드는 일 그리고 그에 따른 성과가 조직의 성과를 앞서야 하거나 누군가를 앞세워 일을 하고 공은 자신이 다 가져가 버리는 등 조직 속에는 여러 유형의 좀비형 직장인이 도사리고 있다.

혹시 위와 같은 내용과 유사한 증상을 겪고 있는 사람을 봤거나, 위와 같은 모습을 주변 동료들에게 보여준 적이 있다면, 증상을 완화하거나 제대로 된 직장인으로 거듭나기 위해서는 어떤 노력을 해야 하는지 스스로를 되돌아봐야 한다.

요즘 한참 방송되고 있는 '골목식당'에서도 이런 부류의 사람들을 자주 볼 수 있다. 자기인지 또는 대인민감도 자체가 높지 않은 이들이 직접 손님을 상대로 장사를 하고, 그 장사가 자신의 독선이나 꽉 막힌 생각과 행동이 원인인지를 모르는 이들이 많다.

장사를 하는 식당도 직장도 마찬가지다. 누군가를 배려하지 않고 자기주장만 하는 이들, 심지어 그게 가장 옳다고 믿는 것, 반대로 나와 다른 이야기를 하는 이들을 틀렸다고 호도하는 이들이 곧 좀비형 직장인이다.

이들이 가장 먼저 해야 할 것은 스스로를 제대로 되돌아볼 수 있는 노력을 해보는 것이다. 물론 스스로 회생하고 직장생명을 연장하려는 마음이 있어야만 가능할 것이다. 어떤 문제든지 그 문제를 해결하려는 의지가 충만해야만 제대로 된 문제 진단도 솔루션 도출도 가능하며, 당연히 세운 계획을 실행하여 이전보다 성장해야 하는 뚜렷한 목적의식이 있어야만 가능하다.

자료 : INSIDE, 〈김영학의 직장에서 살아남기〉, 2018.8.19.

3.1 성격의 개념

1. 성격의 정의 및 형성

1) 성격의 정의

성격(personality)이란 인성, 성질, 성품 등으로 다양하게 불리고 있는데, 원래는 '페르소나'(persona), 즉 배우들이 연극을 할 때 쓰는 탈에서 유래된 말이다. 따라서 성격은 처음에는 사람들의 겉으로 드러나는 신분상의 특징을 의미했으나 지금은 포괄적으로 사용되며, 개인의 내면적인 속성 또는 타인과 구별할 수 있는 개인의 독특한 자질을 의미하는 것으로 이해할 수 있다.

성격은 사람들의 행동에 중요한 영향을 미친다. 성격은 보이지는 않지만 우리는 누구의 성격이 어떻다고 얘기한다. 그 사람의 행동을 보고 성격을 평할 수 있는 것이다. 인간의 정신세계는 남에게 드러내 보인 부분과 속에 내재된 부분이 있는데 이러한 내재된 성질, 즉 고정적인 특성을 성질(characteristics)이라고 하며 이들의 총체가 성격이다.[01] 이러한 성격은 타인을 대하거나 타인에게 반응할 때 나타난다.

올포트(G. W. Allport)는 성격을 "개인이 환경에 적응하는 독자적인 방식을 결정해 주는 심리적 · 신체적 체계들의 동태적 조직"이라고 정의하고 있다. 보다 구체적으로 "한 개인이 타인에게 영향을 미치는 방식과 자신을 보고 이해하는 방식 및 측정가능한 내적 · 외적 특성의 패턴"이라고 정의되기도 한다. 여기서 첫째, 한 개인이 타인에 대해 영향을 미치는 방식이란 곧 개인의 외모와 행동을 나타낸다. 둘째, 자신을 보고 이해하는 방식이란 우리들 각자가 태도와 가치관을 가진 독특한 존재로서, 환경과의 계속적인 상호작용을 통해 형성된 나름대로의 자기이미지(self-image)를 가지고 있다는 점을 깨닫는 것이다. 셋째, 측정가능한 특성의 패턴이란 그 사람이 밖으로 내보이는 일련의 특징들, 예를 들어 화를 잘 낸다

거나 처음 보는 사람과도 이야기를 잘 한다거나, 목소리가 크다거나 하는 것 등을 가리킨다.[02]

이상에서 살펴본 바와 같이 성격이란 개인의 행동성향들을 설명해 주는 비교적 안정적인 행동 유형들과 가치관이나 생각과 같이 일관성을 보여주는 내적 상태를 포함한다. 이와 같은 개념 정의로부터 성격이 갖는 속성을 정리하면 다음과 같다.

(1) 총체성

성격은 인간의 행동을 결정하는 심리적 요소들이 상호작용하는 관련성 있는 전체이다. 이런 속성 때문에 우리는 타인과 구분된다. 성격은 타인과 구분되는 특성의 총합체이다.

(2) 안정성

장기적으로 성격은 변화할 수 있는 것이지만 짧은 시간 내에는 변화하지 않는 안정성을 가지고 있다.

(3) 개인차

성격에서 가장 중요한 것은 개인차이다. 조직행동론에서는 다양한 개인을 활용하여 조직의 성과를 향상시키려는 시도를 하기 때문에 개인차에 적합한 과업을 할당하는 것이 매우 중요하다.

2) 성격의 형성

성격의 형성 원인을 둘러싸고 유전인가, 아니면 상황인가를 놓고 논쟁이 지속되어 왔다. 초기의 논쟁에서는 상황 쪽이 지배적인 위치를 점하였으나, 그 후로 유전인자가 같은 일란성 쌍둥이에 대한 연구가 많아지면서 유전 쪽으로 기울어지기도 했다. 즉 태어나자마자 다른 상황에서 양육된 쌍둥이라고 하더라도 그들이 보여주는 동질성이 같은 환경 속에서 자란 형제들보다 더 높다는 사실이 발견되면서, 유전의 영향이 생각보다 훨씬 크다는 주장이 힘을 얻게 되었다.

그러나 최근에 뇌에 대한 연구가 큰 진전을 보이면서 사정이 바뀌고 있다. 뇌가 처음에 유전적으로 형성되기는 하지만, 사람이 환경과 상호작용하는 과정을 거치면서 뇌 자체가 상당한 변화를 경험한다는 것이다. 우리가 하는 사고와 행동 대부분이 모두 뇌의 지배를 받아서 이루어진다는 점을 생각할 때, 뇌가 환경과 상호작용하는 과정을 통해서 변한다는 사실은 성격형성 또한 환경의 영향을 받을 수밖에 없다는 점을 의미한다.[03]

2. 성격결정에 관한 이론

성격결정에 대한 이론은 특성이론, 정신역동이론, 행위학습이론으로 크게 구분할 수 있는데 요약한 내용은 [도표 3-1]에서 보는 바와 같다.

도표 3-1 성격결정의 세 가지 이론

특성이론 (type-trait theory)	정신역동이론 (psychodynamic theory)	행위학습이론 (behavior learning theory)
개인의 성격을 구성하는 기본적인 특성을 찾아내거나, 범주 내에 포함되는 특성들을 집단화하려는 이론(성격을 타고난 것으로 본다)	성격의 동태적 측면을 강조한 이론, 즉 인간의 행위는 무의식에 의해 지배되는데 충동을 처리하는 방식에 따라 개인의 성격에 차이가 난다는 이론(성격은 무의식적인 것으로 본다)	개인의 성격은 개인이 환경과 상호작용하는 과정에서 사회적 학습을 통해 형성된다는 이론(성격은 후천적으로 획득되는 것으로 본다)
W. H. Sheldon, R. B. Cattell	S. Freud, C. Jung, K. Horney	B. F. Skinner, A. Bandura

자료 : 김성국(2008), 조직과 인간행동, 명경사, p.51.

1) 특성이론

특성이론(trait theory)이란 성격이 독특한 특성으로 구성되어 그 구조가 개인의 행위를 결정한다고 보는 이론으로, 개인의 성격을 구성하는 기본적인 특성이 무엇인가를 밝혀내려는 이론이다. 특성이론은 성격이론 가운데 가장 오래된 이론으로서 인간의 기질이나 성격은 타고난 것으로 간주한다(Personality is inborn).

(1) 쉘든의 체형과 기질 간의 관련성 연구

영국의 의사였던 쉘든(W. H. Sheldon)은 1930년대에 자신의 남자환자 400여 명을 대상으로 통계적인 분석을 실시하였다. 즉 체형(body type)과 기질(temperament) 간에는 밀접한 관련이 있을 것이라고 가정하고 체형을 세 가지로 분류한 후 각 체형을 가진 사람들의 기질과 성격을 연구한 끝에 체형과 기질 간에는 밀접한 상관관계가 존재한다는 것을 주장하였다. 그가 주장하는 체형과 대응되는 성격 유형은 다음과 같다.

① 비만형 : 사교적이고 너그러운 성격

② 근육형 : 용감하고 활동적이며 무모한 성격

③ 마른 형 : 신경질적이고 까다로우며 고독한 성격

(2) 카텔의 16가지 성격특질이론

다양한 상황 속에서 지속적으로 표현되고 있는 것들을 특질이라고 하는데, 그 특질이 여러 사람, 여러 상황에서도 꾸준하게 그리고 빈번하게 발생한다면, 그 특질은 사람의 행동을 설명함에 있어 더욱 중요한 특질이 되는 것이다. 그래서 초기의 연구자들은 사람의 행동을 기술하는 데 사용할 수 있는 특질(예를 들면 수줍다, 게으르다, 단호하다, 고집스럽다, 외향적이다, 권위적이다 등)을 연구하기 시작하였다.

카텔(R. B. Cattell)은 성격특질과 유형을 광범위하게 연구하여 16가지의 기본적인 성격특질(16 personality traits)을 확인하였다. 그는 이 16가지 성격특질이

'고정적이고 일정한 행동의 원천'(steady and constant of behavior)이며, 인간 행동의 예측도 가능케 한다고 주장하였다. [도표 3-2]는 카텔이 주장하는 16가지의 기본 특질(짝을 이루고 있음)을 나타낸 것이다. 카텔은 이러한 기본 특질의 조합이 수많은 독특한 성격을 파생시킨다고 주장하였는데, 특질에 관한 용어들을 정의하기 다소 어렵고, 결과의 신뢰도를 입증하기 어렵다는 문제점을 안고 있다.[04]

도표 3-2 Cattell의 16가지의 기본 특질

1. reserved	outgoing
2. less intelligent	more intelligent
3. affected by feelings	emotionally stable
4. submissive	dominant
5. serious	happy-go-lucky
6. expedient	conscientious
7. timid	venturesome
8. tough-winded	sensitive
9. trusting	suspicious
10. practical	imaginative
11. forthright	shrewd
12. self-assured	apprehensive
13. conservative	experimenting
14. group-dependent	self-sufficient
15. controlled	uncontrolled
16. relaxed	tense

자료 : Cattell, R. B.(1973), "Personality Pinned Down," *Psychology Today*, July, pp.40-46 ; 김성국(2008), 전게서, p.54.

(3) 생리이론

히포크라테스(Hippocrates)의 원소론에 근거를 둔 것으로 우리의 신체는 혈액, 흑담즙, 황담즙, 점액 등의 네 가지 체액으로 구성되어 있으며 이 체액 중 어느 것이 과다해지면 그쪽의 기질이 나타난다고 주장한다.

2) 정신역동이론

(1) 프로이트의 정신분석이론

프로이트(S. Freud)는 인간의 행위가 무의식에 의해 지배된다고 보았다. 즉 인간의 행위는 기본적으로 어떤 원인이 있어 야기되는 것인데 이러한 원인은 우리가 대부분 의식하지 못한다는 것이다.

그는 이러한 가정 아래 개인 간의 성격차이를 개인이 기본적인 충동을 처리하는 방식이 다른 데서 기인하는 것으로 본다. 이를 설명하기 위해서 그는 인간의 마음에 있는 성격의 구조와 기능을 다음과 같은 세 부분으로 설명한다.

① 원초아(Id) : 원초아는 인간의 생물학적 토대에 기초하는 것으로 성적 욕구, 심리성적 에너지로 일컬어지는 리비도(libido) 및 공격적 욕구는 원초아에서 나온다고 프로이트는 설명한다. 원초아는 쾌락원리(pleasure principle)를 따르므로 쾌락을 극대화하고 고통을 극소화하기 위해 노력하는 에너지의 원천이라고 볼 수 있다. 이것이 성격의 기초가 되면 성적 충동에 민감하며 공격적인 성격이 형성된다.

② 자아(Ego) : 원초아가 무의식을 내포하는 데 반해, 자아는 의식이며 사람이 성장하면서 형성되는 성격의 부분이다. 즉 자아는 원초아가 현실을 이해하고 평가하게 함으로써 원초아의 에너지를 성취가능한 방향으로 지도하는 역할을 한다. 자아는 현실원리를 따르기 때문에 원초아적 충동이 있어도 현실적으로 욕구충족이 불가능하다고 판단되면 이를 억제한다. 또한 자아는 원초아와 초자아가 충돌하는 전투(battle field)과정에서 심판관 역할을 한다.

③ 초자아(Super Ego) : 이는 일반적으로 양심으로 간주되며, 성격형성의 윤리적 · 도덕적 기초를 제공한다. 자아가 현실적이라면 초자아는 이상적(ideal)이며 도덕성 원리(moral principle)를 따른다.

이상에서 살펴본 내용 중에서 성격의 두 부분, 즉 성적 · 공격적 본능으로 구성된 원초아와 도덕적 양심인 초자아는 끊임없는 갈등상태에 있다. 여기에 조정 역할을 담당하는 것이 자아인데, 자아의 역할이 어떠한가에 따라 개인 성격의 차이가 결정된다고 한다. 그러나 원초아의 욕망이 너무 강해 자아의 조정이 잘 이루어지지 않을 경우, 억압(suppression), 투사(projection), 승화(sublimation), 반동형성(reaction formation), 퇴행(regression), 부정(denial), 합리화(rationalization)와 같은 방어기제(defensive-mechanism)가 동원된다.

(2) 융의 퍼스낼리티이론

융(C. Jung)은 프로이트의 이론을 발전시켜 집단무의식을 강조하였다. 개인무의식은 한 사람이 출생하여 지금까지 살아오는 과정에서 억압된 모든 성향과 감정들이 저장되어 있는 부분이다.

반면에 집단무의식은 인간이 우주에서 진화한 경험을 저장한 부분으로 개인의 행동에 가장 큰 영향을 미친다. 인간이 유기체로서 이 지구 위에 살아오는 동안 경험한 모든 것들이 억압되지 않고 모여 있는 덩어리가 archetype(원형)이며 이것은 persona, anima, animus, shadow, self로 구성되어 있다.

persona는 상황에 따른 행동을 하는 역할을 한다. archetype 중에 상황에 적합하지 못하여 표현되지 못하고 억압된 부분이 shadow이다. 이것은 대부분 원시시대로부터 물려받은 원시적 동물본능과 관련된 것이어서 현대적 상황에는 적합하지 않기 때문에 표출될 수 없지만 지하의 용암과 같은 것으로 상황이 허락하면 표출되어 인간의 행동에 영향을 미칠 수 있다.

anima는 여성적 기질을 나타내는 것이고 animus는 남성적 기질을 나타내는 것이다. 남성의 경우도 anima와 animus를 동시에 가진다. 그러나 사회적 상황 때문에 남성 속에 존재하는 anima는 억압받게 된다. 여성도 양자를 동시에 가지고 있으나 역시 사회문화적 조건 때문에 animus는 억압된다.

self는 의식과 무의식의 조정자이다. 이것은 통일성, 안정성, 전체성에 의하여 지배되기 때문에 성격의 모든 부분을 통합하여 균형 있게 해준다.

융은 원형을 구성하고 있는 모든 요소들이 균형 있게 통합되어 각 상황마다 억압 없이 자신의 특성을 발휘할 수 있는 퍼스낼리티를 universal personality로 보

고 이런 수준까지 자아실현된 사람을 개별화된(individuation) 사람이라 불렀다.[05]

3) 행위학습이론

행위학습이론(behavior learning theory)은 성격이 개인과 환경 간의 상호작용하는 과정에서 사회적 학습(social learning)을 통해 형성된다는 이론이다. 사회적 학습이란 다른 사람들을 보고 배우는 인지적이고 이성적인 과정을 통하여 새로운 행동이 습득되는 학습방식이다.[06] 사람들은 직접 경험하지 않아도 다른 사람들의 행동과 성공하는 것, 실패하는 것 등을 보고, 듣고, 관찰함으로써 학습이 이루어진다는 것이다. 즉 다른 사람의 행동이 바람직한 보상으로 이어지는 것을 관찰한 후에 그 행위를 모방하고, 그 사람도 역시 그 행동의 결과로 보상을 경험함으로써 학습이 이루어지게 된다. 사회적 학습은 자극–반응이론과 인지이론의 결합이라고 할 수 있다. 이 이론에서는 성격이 후천적으로 획득되는 것이라고 가정한다(Personality is acquired).

성격이 후천적으로 사회적 학습을 통해 형성된다고 하는 학자는 스키너(B. F. Skinner)와 반두라(A. Bandura)였다. 고전적 조건화 학습이론은 러시아 생리학자인 파블로프의 1927년 실험을 계기로 탄생하게 되었다. 조건화(conditioning)는 학습이 일어나도록 조건(여건)을 만들어 주는 것이다. 조건자극을 이용하여 조건반응을 이끌어내는 학습과정을 고전적 조건화(classical conditioning)라고 한다. 사람들이 보여주는 비자발적이거나 반사적인 행위는 여기에 해당된다. 그러나 이것만으로 인간의 행동을 설명하기에는 부족한데 이 한계를 극복한 학습이론이 스키너의 작동적 조건화이론이다.

손다이크(E. Thorndike)는 1905년에 고양이와 토끼를 가지고 한 실험에서 바람직한 결과(보상)를 가져오는 효과가 있는 행동은 반복해서 나타나고, 불쾌한 결과(벌)를 가져오는 효과를 보이는 행동은 반복되지 않는다는 '효과의 법칙(law of effect)'을 발견하였다. 이에 근거하여 '강화의 원칙'이 나타났다. 강화(reinforcement)란 어떤 반응에 뒤따른 자극이 미래에 그 반응이 발생할 확률을 높이는 현상을 의미한다.[07] 강화이론에서는 사람들이 어떤 특정한 반응을 보이는 것은 그 반응이 특정한 자극에 의해서 강화되기 때문이라고 한다. 스키너는 고전적 조건화에 효과의 법칙을 접목함으로써 행동주의 학습이론의 창시자가 될 수 있었다. 스키너는 인간의 모든 행위가 자극-반응의 메커니즘으로 설명되고 만들어질 수 있다고 주장하였다. 그는 작동적 조건화(operant conditioning) 학습이론을 주도하였고 성격이 후천적인 강화를 통해 형성된다고 하였다.

또한 반두라는 모델링(modeling)이론을 제시함으로써 사람의 성격이 후천적인 관찰학습, 모방학습을 통해 형성된다는 것을 역설하였다. 반두라에 의하면 모델링이란 어린이가 부모나 선생 또는 인기 연예인과 같은 모방하고 싶은 대상을 자신의 모델(model)로 설정하고, 모델의 생각과 행동을 관찰학습(observational learning)을 통해 수용하고 보존하여 자신도 그것을 그대로 답습하거나 약간 변형시킨 형태로 받아들여 결국 자신도 모델과 유사한 사고를 하고 행동을 하게 되는 현상을 말한다.

3. 성격구조

사람의 행동을 기술하기 위한 특질의 수가 기하급수적으로 늘어나면서, 성격학자들은 관련성이 높은 것끼리 묶어서 좀 더 단순하게 특질 집단군을 분류하고자 하였고 그 결과로 MBTI지수와 빅파이브(Big Five)모형이 대두되었다.

1) MBTI(Myers-Briggs Type Indicator)

MBTI는 가장 널리 알려진 성격평가 도구로서, 융(Carl Jung)의 '심리학적 유형'(psychological types)에 근거하여 이사벨 브릭스 마이어스(Isabel Briggs Meyers)와 그의 어머니 캐서린 쿡 브릭스(Katharine Cook Briggs)에 의해서 개발된 것이다. 즉 특정 상황에서 사람들이 어떻게 느끼고 행동하는지에 대한 10항목의 질문들로 구성된 성격측정 도구를 개발하였으며, 자신들의 이름자를 따서 MBTI로 명명하였다.[08]

융은 인간의 심리적 에너지가 그 사람의 내부에서 연유하는가 아니면 외부에서 비롯되는가에 따라서 그 사람의 성격이 외향적인지 아니면 내향적인지가 결정된다고 생각했다. 또한 융은 인간의 정신기능을 인식기능과 판단기능으로 나눈 다음, 다시 인식기능을 감각과 직관으로, 그리고 판단기능을 사고와 감정으로 나누었다. 마이어스와 브릭스는 이 세 차원에 판단과 지각의 차원을 더하여 MBTI를 완성하였다. 그에 따라 MBTI는 네 개의 차원, 즉 ① 외향성과 내향성(extroverted versus introverted), ② 감각과 직관(sensing versus intuitive), ③ 사고와 감정(thinking versus feeling), ④ 판단과 지각(judging versus perceiving) 등으로 나누어진다([도표 3-3] 참조).

| 도표 3-3 | MBTI의 지표

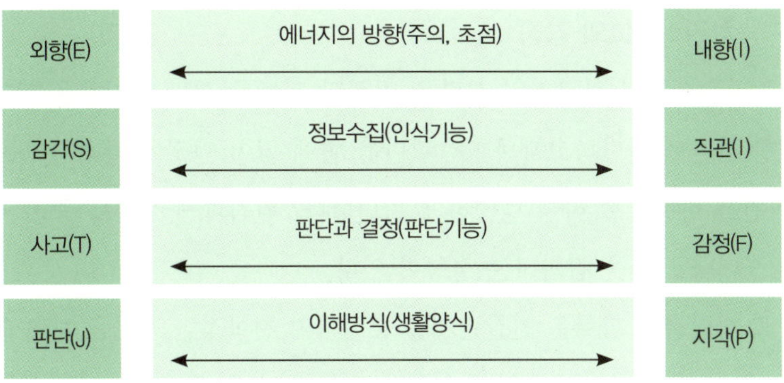

자료 : 김주엽 외 공저(2013), 조직행위론, 경문사, p.120.

(1) 심리적 에너지 : 외향성과 내향성

외향적인 사람은 주로 외부세계를 지향하고, 인식과 판단에 있어서도 외부의 사람이나 사물에 초점을 맞춘다. 외향적인 사람은 외부에서 에너지를 얻기 때문에 남보다 앞서 나서길 좋아하고, 사람과의 교제를 즐기며, 매사에 적극적인 경향을 보인다. 반면에 내향적인 사람은 내적인 세계를 지향하기 때문에 관념적인 것에 대해 생각하는 활동을 즐기며, 조용한 환경을 선호하고 남 앞에 서는 것을 꺼리거나 부끄러움을 타는 경향을 보인다.

(2) 인식기능차원 : 감각과 직관

인식기능차원으로서 감각형의 사람은 정보를 받아들임에 있어서 오감에 의존하며 실제적인 경험을 중시한다. 실제적이고 현실적이며 정해진 틀을 따르기 때문에 질서적인 것을 선호하는 경향을 보인다. 관찰능력이 뛰어나고 세세한 것까지 기억하며 업무수행은 성실하고 근면하게 행한다. 이에 비해 직관형은 정보를 받아들임에 있어서 오감보다는 직감이나 영감에 더 의존하며, 구체적인 사실보다는 그 이면에 숨겨진 가능성이나 연계성 등으로 보고자 한다. 세세한 것보다는 큰 그림을 보는 경향이 있으며, 반복적이고 일상적인 것을 지겨워하는 대신 상상력이 풍부하고 새로움과 창의성에 매력을 느끼는 경향을 보인다.

(3) 판단기능차원 : 사고와 감정

판단기능차원으로서 사고형의 사람은 인식된 정보를 객관적 기준을 가지고 비교 · 분석한 다음에 판단하고자 한다. 판단을 함에 있어 인정에 끌리지 않으며 논리적 결과만을 바탕으로 하여 냉정하게 판단한다. 원칙과 공정성을 중히 여기며, 사람의 감정이나 느낌을 간과하는 경향이 있다.

감정형의 사람은 조화로운 인간관계를 중시하며 친화적인 경향을 보이고, 따라서 판단을 할 때에도 이러한 부분에 영향을 받는다. 논리적 분석보다는 자신이 하는 판단이 타인에게 어떤 영향을 미칠 것인가를 더 깊이 생각하며, 사람의 감정을 상하지 않도록 주의하는 경향이 높다. 따라서 감정형의 사람은 면전에서 싫은 소리를 하지 못하며, 종종 다른 사람들의 칭찬에 약한 모습을 보이기도 한다.

(4) 생활양식차원 : 판단과 지각

판단과 지각의 차원은 외부세계에 대한 태도나 적응에 있어서 어떤 과정을 선호하는가에 대한 것이다. 판단형은 어떤 일이든지 계획적이고 조직적으로 수행하고자 하는 경향이 높다. 계획에 따라 미리 준비를 하고 일을 시작하며, 계획대로 일을 마칠 수 있도록 최선을 다한다. 빈틈이 없고 업무추진 일정에 단호한 태도를 보이며 목적의식이 뚜렷하다. 반면에 지각형은 상황에 따라 탄력적으로 적응하면서 살아가기를 선호한다. 자발적이며 호기심이 많고 환경적응력이 높다. 이런 유형의 사람은 새로운 사건이나 변화를 선호하며 여러 가지 일을 한꺼번에 벌이지만 마무리는 약한 면모를 보인다.

MBTI는 이 네 개의 차원을 이용하여 총 16가지의 성격 유형을 제시하고 있다. 오랜 기간 동안 MBTI는 중요한 성격측정치로서 기업이나 병원, 군대를 포함하여 여러 형태의 조직에서 널리 사용되고 있다. 조직행동 분야에서는 주로 관리자의 문제해결 스타일과 연계하여 연구되었다.

문제해결 스타일은 사람들이 문제를 해결하고 의사결정을 하는 데 있어서 정보수집과정과 정보평가방식의 두 차원으로 구분할 수 있다. 이는 MBTI의 네 차원 중에서 감각–직관의 인식차원과 사고–감정의 차원에 해당된다. 이들 정보수집의 감각–직관의 차원과 정보평가의 사고–감정 등 두 차원을 조합하면 네 가지의 문제해결 유형, 즉 감각–감정(SF), 직관–감정(IF), 감각–사고(ST), 직관–사고(IT)의 네 가지 유형을 구성할 수 있다.

그동안의 연구에 따르면 개인의 문제해결 스타일과 그들이 선호하는 의사결정의 종류 사이에는 적합관계가 존재한다. 예를 들어 감각–사고형은 상세함과 기존의 분석틀을 강조하는 문제를 선호하는 반면에, 직관–감정형은 전반적인 패턴과 적합을 강조하고 인간관계의 조화로움을 추구하며 예술적이고 창의적인 문제를 선호한다는 것이다. [도표 3–4]는 문제해결 스타일과 각각의 성격적 특성 그리고 선호되는 직업과의 관계를 표시하고 있다.

| 도표 3-4 | 관리자의 문제해결 스타일의 특성과 직업

ST(감각-사고형)	IT(직관-사고형)
• 기술적 세부사항에 관심 • 실제 자료의 논리적 분석 • 질서와 정확성 • 규칙과 절차를 소중히 여김 • 책임감 있고 신뢰할 만함 • 목표 : 효율적인 문제해결 • 직업 : 광고문안 편집, 공학, 생산, 품질관리, 회계, 증권거래, 컴퓨터 프로그래밍	• 발견과 조사에 능숙 • 이해를 강조, 추리적 • 논리적이고 해석적 • 논리를 가지고 출발한 아이디어 • 객관적, 비개인적, 이상적 • 목표 : 충분한 생각으로 문제해결 • 직업 : 기업가, 법률가, 강의(경제, 경영, 철학), 시스템 설계 및 분석, 건축설계
SF(감각-감정형)	**IF(직관-감정형)**
• 개인 간 관계에 관심 • 구체적 인간문제 추구 • 동정적이며 우호적, 개방적 의사소통 • 사람에 대한 즉각적 반응 • 공감대 형성과 협력에 능숙 • 목표 : 유용한 사람이 되는 것 • 직업 : 고객서비스, 판매, 협상, 카운슬링, 인적자원관리, 강의	• 통찰력 있는, 신비한 • 개인적, 이상적, 인간 잠재력 발휘 • 창조적, 원본 창시자 • 사람 위주의 종합적 아이디어 • 새로운 조합을 만드는 데 능숙 • 목표 : 일을 아름답게 만드는 것 • 직업 : PR, 광고, 대변인, 정치, 인적자원관리, 예술, 강의, 특정 분야의 판매

자료 : 김주엽 외 공저(2013), 전게서, p.122.

2) 빅파이브모형

사람의 행동을 묘사하기 위해서 사용된 특질들의 수가 엄청나게 늘어나면서, 보다 효율적인 연구를 위해 비슷한 특질들끼리 묶어서 몇 개의 핵심적인 특질군으로 나누게 되었다. 이러한 지속적인 노력의 결과로 빅파이브(Big Five)모형이 탄생하였다. MBTI가 성격측정치로 널리 쓰이고 있음에도 불구하고 그 타당성에 대해서 의문이 제기되고 있지만, 빅파이브모형은 탄탄한 연구 타당성을 보여준다.[09]

빅파이브모형은 사람의 성격을 다섯 개의 차원 또는 구성요소(factor)를 이용하여 기술하고자 한다. 이들 다섯 개의 성격의 요소는 [도표 3-5]에서 보는 바와 같이 외향성(extroversion), 친화성(agreeableness), 성실성(conscientiousness), 감정적 안정성(emotional stability) 그리고 경험에 대한 개방성(openness to

도표 3-5 5대 성격요소

높은 특성	차원	낮은 특성
• 사교적 • 활기찬 • 자기과시적	외향성 (extroversion) ←→	• 수줍은 • 단호치 못한 • 삼가는
• 협조적 • 온화한 • 사람을 잘 믿는	친화성 (agreeableness) ←→	• 비동조적 • 냉정한 • 대립적
• 책임감 • 계획적 • 믿을 만한	성실성 (conscientiousness) ←→	• 무책임 • 충동적 • 부주의한
• 안정적 • 확신적 • 안정감	감정적 안정성 (emotional stability) ←→	• 신경과민 • 불안감 • 변덕스러운
• 상상력 풍부한 • 호기심 많은 • 창의적	경험에 대한 개방성 (openness to experience) ←→	• 상상력 부족한 • 융통성 없는 • 보수적

자료 : 김주엽 외 공저(2013), 전게서, p.125.

experience)이다.

외향성은 다른 사람과의 관계에 대한 편안함의 정도를 측정하는 차원이다. 외향적인 사람은 모임을 좋아하고 사교적이며 활달하고 과시적인 면이 있는 반면에, 내향성인 사람은 수줍고 대인관계에서 단호하지 못하며 조용하고 삼가는 특질을 가지고 있다.

친화성은 다른 사람에게 순응하는 정도를 의미한다. 친화성이 높은 사람은 협조적이고 온화하며 사람을 잘 믿는 경향을 보인다. 반면에 친화성이 낮은 사람은 냉정하고 다른 사람의 의견에 쉽사리 동조하지 않으며 종종 타인과 대립하는 경향이 높다.

성실성은 신뢰의 정도를 나타내는 차원이다. 성실성이 높은 사람은 책임감이 높고 계획적이며, 일을 믿고 맡길 만한 사람이며 맡겨진 일을 끈기 있게 해낸다. 그와 반대로 성실성이 낮은 사람은 무책임 · 무계획적이고, 충동적으로 다른 일에 쉽게 정신이 팔리며 부주의해서 믿을 수 없는 사람이다.

감정적 안정성은 스트레스에 견디는 능력의 차원이다. 감정적 안정성이 높은 사람은 상황에 흔들리지 않으며 확신에 차 있고 안정감을 주는 반면에, 감정적 안정성이 낮은 사람은 신경과민에 불안감이 높고 조울증을 보이며 안정감을 주지 못한다.

마지막으로 경험에 대한 개방성은 새로운 것에 대한 관심과 끌림의 정도를 나타내는 차원이다. 경험에 대한 개방성이 높은 사람은 상상력이 풍부하고 호기심이 많으며 예술적인 감각이 뛰어난 반면에, 개방성이 낮은 사람은 보수적이며 상상력이 부족하고 융통성이 없으며, 익숙한 것에 대해 편안함을 느낀다.

빅파이브 성격모형은 이들 다섯 가지 차원을 이용하여 사람들의 성격을 기술하고자 한다. 이 다섯 가지 차원은 서로 독립적이어서 사람마다 각 차원에 따라 제각각 높고 낮은 점수를 받게 된다.

연구에 따르면 거의 모든 직업군에서 성실성은 성과와 긍정적인 상관관계를 가지고 있는 것으로 밝혀졌지만, 다른 차원은 상황에 따라 다르다는 연구결과를 얻었다. 성실성이 높은 사람은 낮은 사람에 비해서 높은 목표, 높은 동기부여수준 그리고 높은 과업기대수준을 보여주었고, 결과적으로 높은 수준의 성과를 보여주었다. 특히 자율성이 많이 주어지는 작업장에서 성과가 높았다.

한편, 조직변화를 성공적으로 이끄는 경영자는 다섯 가지 차원 모두에서 높은 점수를 얻었으며, 감정적 안정성이 높은 사람은 스트레스가 심한 상황에서 특히 작업성과가 우수한 것으로 나타났다. 친화성이 높은 사람은 고객을 상대하는 직업군과 기본적으로 갈등이 내재된 상황에서 상대적으로 잘 적응하는 것으로 나타났다.[10]

3.2 성격과 행동

개인의 성격과 그 사람의 행동경향 사이에는 예측가능한 상호작용이 있을 것이다. 조직행위 분야에서 개인행동과 관련하여 연구되어온 성격적 특질들 중에서 중요한 몇 가지를 살펴보기로 한다.

1. 통제의 위치

통제의 위치(locus of control)란 사람들이 자신의 삶에 자신이 영향을 줄 수 있다고 하는 믿음에 관한 개념이다. 즉 개인이 자신의 운명이나 일상생활에서 얻어지는 결과에 대해서 통제할 수 있다고 믿는가에 따라 분류하는 것이다.

내재론자(internals)는 자신이 자신의 운명을 통제한다고 믿는 사람인 반면에, 외재론자(externals)는 자신에게 일어난 일들이 자신의 통제권 밖에 있으며, 외부의 요인에 의해 결정된다고 믿는 사람이다. 특히 이러한 특질은 불확실한 상황에서 두드러진다.

업무와 관련하여 볼 때, 일반적으로 내재론자가 외재론자보다 승진이 더 빠르고 리더십 역할에 더 적합하다. 또한 임금수준도 높으며 성과급체제에서 높은 동기부여수준을 보인다. 스트레스하에서도 잘 견디며 참여적 경영을 선호한다. 직무만족도에 있어서도 전체적으로 내재론자의 직무만족도가 더 높은 것으로 나타나고 있지만, 불만족한 경우에는 내재론자가 외재론자에 비해 직무를 그만둘 가능성이 더 큰 것으로 나타나 불만에서 행동으로의 이행성이 더 높은 것으로 나타났다.[11] 통제위치 측정질문은 다음 [도표 3-6]과 같다.

도표 3-6 통제위치 측정 질문

A	B
1. 돈은 우연히 벌어지는 것이다.	1. 승진은 인내심을 가지고 열심히 일한 결과 가능하다.
2. 나의 경험에 의하면 공부한 정도와 성적 간에는 직접적인 관련성이 있다.	2. 많은 경우 선생이 나에게 하는 일들은 우연에 의한 것이다.
3. 이혼율이 증가하는 것은 사람들이 결혼생활의 유지를 위한 노력을 하지 않기 때문이다.	3. 결혼은 대부분의 경우 도박이다.
4. 타인의 태도를 변화시킬 수 있다고 생각하는 것은 어리석다.	4. 내가 옳다고 생각할 때 타인을 확신시킬 수 있다.
5. 나의 진급은 다른 사람보다 운이 좋기 때문에 이루어진 것이다.	5. 우리 사회에서 미래의 소득을 획득할 가능성은 사람들의 능력에 달려 있다.
6. 사람들을 다루는 방법을 알 경우 그들을 쉽게 지휘할 수 있다.	6. 나는 타인의 행동에 영향을 미칠 수 없다.
7. 내가 받은 성적은 나의 노력에 의한 것이지 운과는 무관하다.	7. 내가 받은 성적은 나와는 무관하다.
8. 나와 같은 사람도 세상사를 변화시키는 일원이 될 수 있다.	8. 사회에서 발생하는 일에 영향을 미칠 수 있다고 생각하는 것은 소망일 뿐이다.
9. 나에게 일어나는 대부분의 사건들은 우연히 발생하는 것이다.	9. 나는 내 운명의 주인이다.
10. 타인들과 잘 지내기 위한 방법들을 배워야 한다.	10. 타인을 즐겁게 하는 방법을 아는 것은 불가능하다.

1.-B, 2.-A, 3.-A, 4.-B, 5.-B, 6.-A, 7.-A, 8.-A, 9.-B, 10.-A에 1점 계산

8~10 : 높은 내재론자
6~7 : 중간 정도 내재론자
5 : 중간 형태
3~4 : 중간 정도 외재론자
1~2 : 높은 외재론자

자료 : J. B. Rotter(1971), "External Control and Internal Control", *Psychology Today*, p.42.

2. 권위주의

권위주의(authoritarianism)란 전통적인 가치를 엄격하게 따르고 존중하며 인정된 권위에 절대 복종하는 경향의 성격특질이다. 이러한 성격적 특질을 가진 권위주의자는 조직체의 구성원들 사이에 지위와 권력상의 차이가 존재한다는 믿음이 있기 때문에, 엄격함과 권력에 관심을 보이고 주관적인 감정을 거부한다. 또한 권위주의적 성향이 높은 사람들은 지적으로 경직되어 있고 질서를 중시하며, 자신과 다른 성향을 가진 타인들을 비난하는 데 능하다. 자신보다 지위가 높은 사람들에게는 공손한 반면에, 지위가 낮은 사람에게는 이기적인 태도를 보이고 절대적인 복종을 요구하기도 한다. 이들은 남을 잘 믿지 않을 뿐만 아니라 변화에 저항하는 보수적인 성향을 보인다.

권위주의적 성격을 가진 사람들에게 타인의 감정에 민감해야 하는 직무 또는 복잡하거나 환경의 변화에 대한 유연성을 요구하는 직무를 맡기는 것은 적합하지 않다. 반면에 체계가 잘 짜여 있거나 규칙 엄수가 필요한 직무는 권위주의적 성향이 높은 사람들이 더 잘 수행할 수 있다. 권위주의적인 사람은 규정과 법에 의해 통제하는 것이 효과적이며 회계업무, 계획된 업무, 반복적인 업무가 적합한 반면, 권위주의적 성향이 낮은 사람은 상대적으로 인간적인 접근방식이 요구되는 업무나 창조적 업무, 기술개발, 아이디어를 창출해야 하는 업무 등에 적합하다.[12]

3. 마키아벨리즘적 성격

마키아벨리즘(Machiavellian)적 성격은 16세기 『군주론』을 집필한 마키아벨리(Machiavelli)에게서 기원을 찾을 수 있다. 마키아벨리즘적 성향은 자신의 목표를 달성하기 위하여 다른 사람을 이용하거나 조작하려는 경향과 관련된 성격특성이다. 자신의 목적달성을 위하여 무자비하게 타인을 이용하며 비도덕적 방법도 불사한다. 목적을 위해서는 어떠한 수단도 정당화하며, 오직 자신의 이익의 관점에서 타인을 바라보고, 타인을 이용하는 성격특질을 말한다. 높은 마키아벨리적 성격의 소유자는 조작적이며 냉정하고 실용적이며, 승부를 겨루는 상황에서 승리할 가능성이 높다. 또한 자신은 타인에게 잘 설득되지 않으나 남들을 설득하려는 욕구가 강하다.

4. A형/B형 성격

사람들의 신경세포에는 초조, 근심, 불안을 만들어내는 조바심(neuroticism) 물질이 있는데 이것이 많은 사람은 A형, 적은 사람들은 B형에 속한다.[13]

A형(Type A) 성격은 조급함, 성취에 대한 강한 욕구, 완벽주의 등으로 특징지어진다. 매사를 신속하게 처리하려 하고 여러 가지 일을 한꺼번에 하려고 하며, 하는 일에서 최대의 능률을 올리려 한다. 반면에 B형(Type B) 성격은 매사에 태

도표 3-7 A/B 유형의 성격적 특성

Type A 성격특성	Type B 성격특성
• 항상 움직인다.	• 시간에 대한 관심이 없다.
• 재빠르게 걷는다.	• 참을성이 있다.
• 식사를 빨리 해치운다.	• 허풍을 떨지 않는다.
• 말을 빨리 한다.	• 시합을 하면 재미로 하고 승부에 관심 없다.
• 참을성이 없다.	• 죄의식 없이 푹 쉰다.
• 두 가지 일을 동시에 수행한다.	• 마감시간에 쫓기는 일이 없다.
• 여가시간을 잘 활용하지 못한다.	• 행동이 부드럽다.
• 숫자에 신경을 많이 쓴다.	• 절대로 서두르지 않는다.
• 성공을 양적인 잣대로 측정한다.	
• 공격적이다.	
• 경쟁심이 강하다.	
• 항상 시간에 쫓긴다.	

자료 : Luthans, F.(1998), *Organizational Behavior*, 8th ed., New York : McGraw-Hill, p.336.

평하며 덜 경쟁적인 것으로 특징지어진다[14]([도표 3-7]).

개인행위와 관련된 측면에서 보면 A형은 B형보다 인내심이 부족하고 화를 잘 내며 공격적이지만, 그 공격성이 합리화로 잘 포장되어 있다. 건강과 관련하여 A형이 B형보다 두 배 이상이나 심장병과 고혈압이 많다는 통계가 있다. 분노도 그 원인의 하나이지만, 동일한 상황에서 A형 성격의 사람이 B형 성격의 사람보다 스트레스에 더욱 민감히 반응하는 것도 원인이 된다. 따라서 A형 성격의 사람은, 특히 분노를 잘 다스리고 스트레스관리에 관심을 가지면서 건강에도 각별히 유의할 필요가 있다.

과업에 따른 성과의 차이를 보면 창의성이나 정확도보다는 신속한 처리를 필요로 하는 과업의 경우에는 A형 성격의 소유자가 우수하지만, 복잡한 판단을 요하고 창의적인 문제해결이나 정확성이 요구되는 과업에서는 B형 성격 소유자가 더 적합하다. 연구에 따르면 최고경영자층에서는 B형 성격 소유자가 더 많이 발견되는데, A형 성격 소유자는 질보다는 양을 선호한다는 사실이 그 이유라고 한다. 기업이나 전문가조직에서는 일을 신속하게 하는 것보다 현명하게 처리하는 것이 더욱 중요하기 때문이라는 것이다.[15]

5. 자존감

자존감(self-esteem)은 자신과 자신의 능력에 대해 가지는 긍지이며, 이것이 높을수록 자신은 중요한 사람이라고 생각한다.[16] 즉 자신과 자신의 능력에 대해서 긍정적인 생각을 가지는 사람을 자존감이 높은 사람이라고 정의한다. 자존감이 높은 사람은 자신을 가치 있고, 능력 있고 그리고 인정받는 사람으로 여긴다.

자존감이 높은 사람은 특정한 가치관과 원칙에 대한 강한 신념을 가지고 있으며, 반대의견에 직면해서도 자신의 가치관과 원칙을 안정적으로 방어한다. 그러나 경험을 통해서 자신의 신념에 수정이 필요하다고 인정되면 그것을 받아들이기도 한다.

자존감이 낮은 사람은 자기자신에 대해서 과도하게 비판적이며, 다른 사람의 비판을 자기에 대한 공격으로 받아들이기 때문에 민감하게 반응한다. 실수를 저지를지 모른다는 걱정 때문에 항상 결정을 하지 못하고 미루는 경향을 보이며, 다른 사람으로부터 따돌림을 당할 수 있다는 불안감 때문에 생각과는 달리 싫더라도 '아니요'라는 말을 하지 못한다. 정서적으로 불안하고 대상이 없는 적개심을 항상 안고 있다. 자신뿐만 아니라 삶이나 미래 등 주변의 모든 것들에 대해서 염세적인 태도를 보인다.

업무와 관련하여 볼 때 자존감이 높은 사람들은 낮은 사람에 비해 높은 목표를 정하는 경향이 있고, 목표달성과 직무완성에 강한 책임감과 자발적 노력을 나타내기 때문에 상대적으로 성과도 높다. 직무상에서 느끼는 스트레스, 갈등, 모호성, 감독자에 대한 불만, 열악한 작업조건 등에 대해 상대적으로 덜 민감하게 반응하며, 전반적으로 자존감이 낮은 사람에 비해 직무만족과 행복지수가 더 높다. 자존감은 작업장에서 창의성을 발휘하도록 하며, 특히 가르치는 직업에 있어서는 매우 중요한 성격 개념으로 알려져 있다.[17]

6. 자기효능감

자존감이 일반적이고 총체적인 자기개념인 데 비해서, 자기효능감은 좀 더 구체적이다. 자기효능감(self-efficacy)은 자신이 어떤 목표를 달성하기 위해서 특정한 방식으로 일을 수행할 능력을 가지고 있다는 신념을 의미한다. 또는 어떤 특정한 과업을 성공적으로 완수해낼 가능성에 대한 자기신념이다. 즉 자기효능감이 높은 사람은 자기에게 주어진 일을 성공적으로 완수해낼 수 있다는 강한 자신감을 가지고 있는 사람이다.[18]

자기효능감과 성과의 관계는 상호순환적이다. 즉 높은 자기효능감이 성과를 높이고 높아진 성과가 다시 자기효능감을 높이게 된다. 물론 반대로 낮은 효능감이 성과를 낮추고 낮아진 성과는 다시 효능감을 낮추는 악순환의 고리가 발생한다. 이와 같이 자기효능감이 성과와 강한 상관관계를 가지고 있으므로 조직행동 분야에서 자기효능감은 중요한 변수가 된다.

사회적 인지이론의 핵심 개념으로 자기효능감을 소개한 반두라(A. Bandura)는 자기효능감을 향상시킬 수 있다고 하였다. [도표 3-8]에 제시된 이 모형에서는 사전경험은 점선으로 연결된 다른 요소와는 달리 자기효능감과 실선으로 연결되어 있는데, 이는 사전경험이 자기효능감을 높이는 데 가장 잠재력이 큰 요소임을 의미한다. 유사한 일을 과거에 수행하여 성공한 경험을 한 사람은 이번 일도 성공적으로 해낼 수 있다는 자신감을 가질 수 있게 된다는 것이다. 이 모형은 사전의 성공경험 이외에, 그 일을 성공적으로 해낸 타인의 행동을 목격하거나, 타인으로부터 자신의 능력에 대한 고무적인 의견을 듣는 것으로도 자기효능감을 높일 수 있음을 지적하고 있다. 마지막으로 신체적 · 감정적 상태도 자기효능감에 영향을 미칠 수 있다고 제안한다. 건강상태가 좋지 못하거나 최근에 심리적으로 심각

| 도표 3-8 | 자기효능감

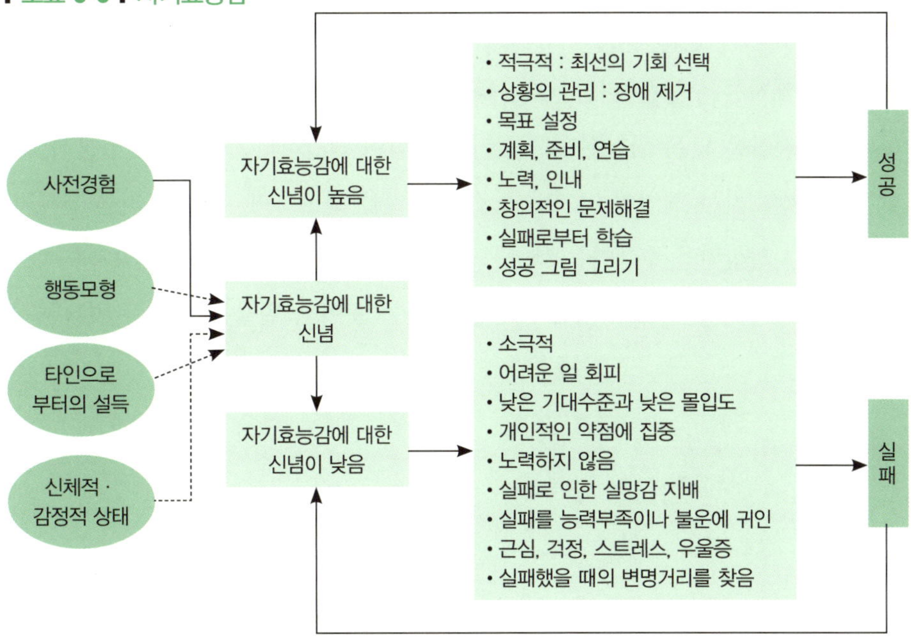

한 영향을 받은 사건을 경험한 사람에게서 높은 수준의 자기효능감을 기대하기는 어렵다는 것이다.

7. 모험성향

불확실한 상황하에서 사람들은 모험을 하려는 자발성, 즉 모험성향(risk taking)에서 차이를 보인다. 사람마다 위험을 택하려는 모험심의 정도가 다르다는 것이다. 연구에 따르면 위험선호도에 따라 경영자의 의사결정의 속도와 의사결정 시에 필요한 정보의 양 등이 영향을 받는 것으로 알려져 있다. 모험성향이 높은 사람(risktaker)은 보다 적은 정보를 활용하여 더 신속하게 의사결정을 하는 경향이 있다. 관리자를 대상으로 한 직원고용결정에 관한 연구에 따르면 높은 위험선호를 가지는 경영자가 반대의 경우에 비해 채용결정에 있어 더 빨랐고, 선택에 필요한 정보의 양은 적은 것으로 나타났으며, 흥미롭게도 의사결정의 정확성은 양자가 거의 비슷한 것으로 나타났다.

직업특성과 위험선호도에 관한 연구결과도 있다. 즉 빠른 의사결정을 해야 하는 증권거래사들은 높은 위험선호도를 가진 사람이 적합한 반면, 정확성을 요구하는 회계사들은 낮은 위험선호도를 가진 사람이 적합하다는 것이다. 일반적으로 낮은 위험선호자는 책임이 크거나 도전적인 일을 회피하며, 남의 눈치를 살피고, 상사의 지시사항만을 수행하는 행동특성을 보이는 반면, 높은 위험선호자는 해외시장 개척과 같은 도전적이거나 혁신을 요하는 분야의 일을 선호하는 것으로 알려져 있다.[19]

8. 성취지향성

성취지향성은 다른 성격특성들과 구분되는 하나의 독특한 특성으로, 개인마다 정도가 다르므로 특정 행위를 예측하는 데 이용된다. 이에 대한 연구는 성취욕구(need for achievement)에 집중되어 있다.

성취욕구가 높은 사람은 어느 정도 난이도가 있는 과업을 수행하고, 성과의 피드백이 신속하게 이루어지며, 자신의 결과를 통제할 수 있는 권한이 부여된 상황하에서 높은 성과를 올리게 된다는 것이다. 그러므로 쉬운 일을 하는 경우 성취감을 느끼지 못한다. 이들은 조립라인이나 사무직보다는 판매원 또는 경영자의 과업을 보다 잘 수행할 것이다.

그러나 성취욕구가 높은 사람이 그렇지 않은 사람에 비해서 항상 더 높은 성과를 내는 것은 아니다. 그들에게 주어진 과업이 그들이 추구하는 도전감, 피드백, 책임 등을 제공해 주는 경우에만 성취욕구가 낮은 사람들보다 더 높은 성과를 올리게 된다.

3.3 가치관

1. 가치관의 정의

로키치(Milton Rokeach)는 가치관을 "다양한 상황에서 특정 행동이나 결정을 끌어내는 신념"이라 정의하고, 가치시스템에 있어서의 차이는 행동에 있어서의 개인차를 설명하는 데 역할을 한다고 하였다.[20] 즉 가치관이란 어떤 구체적인 행동양식이나 존재양식이 그 반대의 행동이나 존재양식보다 개인적으로 혹은 사회적으로 더 바람직하다는 기본적 확신이다.

가치관은 무엇이 옳고 바람직한가에 대한 기본적인 판단기준을 제공한다. 따라서 가치관은 어떤 상황에서 여러 행위대안들이 있을 때 그러한 대안들 중에서 개인적으로 또는 사회적으로 더 바람직한 행위가 어떤 것인지 판정해 주고, 그러한 판정을 통해서 행위에 영향을 미칠 수 있다.

그러면 가치관은 어떻게 형성되는가? 사람이 태어나면서부터 일련의 가치관을 갖게 되는 것은 아니다. 가치관은 사람이 성장하는 과정에서 학습에 의해 형성된다. 학자들의 연구에 의하면 가치관의 많은 부분이 만 4세까지 형성된다고 한다. 우리가 가치관을 형성하는 가장 중요한 방법 가운데 하나가 바로 모델링(modeling)이다. 이때 모델은 부모, 선생, 친구, 형제 · 자매 그리고 위대한 인물일 수가 있다. 만일 우리가 특정한 인물을 모델로 설정하고 모델과 자신을 동일시하게 된다면, 우리는 모델의 핵심 가치관을 우리의 것으로 수용할 가능성이 높다.

가치관은 종교나 주변 사람들과의 의사소통을 통해 형성되기도 한다. 가령 기독교나 회교권에서 성장하는 사람은 자연스럽게 기독교나 회교의 교리를 가치관의 기초로 수용하게 된다. 그리고 가족이나 친구, 이웃 친지들과의 의사소통 가운데 외상으로 물건을 사는 것이 바람직하지 않다는 말을 자주 듣게 되면 그 사람은 평생 외상거래를 바람직하지 못한 것으로 알고 가급적 빚을 지지 않고 사는 가치관이 형성된다.

[도표 3-9]에는 자신의 가치관을 확인할 수 있도록 '가치관 자기평가항목'이 제시되어 있다. 자기평가 결과를 다른 사람과 비교해보면 서로 간의 가치관 차이가 많이 나타날 것이다.

가치관의 기본은 10대 초기에 형성이 되며, 일단 형성이 되면 상당한 기간 동안 안정성과 지속성을 보이는 것으로 알려져 있다. 가치관의 바탕은 비교적 어린 나이에 부모 또는 그에 상응하는 역할을 하는 의미 있는 타인(significant others)에 의해서 형성된다. 상황에 따라 쉽게 변하지 않으며, 특별한 상황이 벌어지지 않는 한 일생 동안 큰 변화 없이 지속되는 경향을 보인다. 그러나 사회 · 문화환경의 변화로 인해 시대적 가치관 흐름은 변하기도 한다. 예를 들어 미국 직장에서의 지배적 가치가 1940년대와 1950년대에는 열심히 일하고 조직에 충성하는 보수적 성격의 청도교적 윤리였던 것이, 1960년대와 1970년대에는 삶의 질(quality of life)과 자율권을 중시하고 비동조적이며 자신에 충실할 것을 강조하는 실존주의의 개념으로 변하였다. 더 나아가 1980년대에는 성공, 야심, 직무에 대한 충실 등을 강조하는 실용주의로 변하게 된다.

조직이 발전하려면 다양한 '이색인재'가 필요하다. 비슷한 가치관을 가진 동질적(homogeneous)인 인력으로 구성된 집단에서는 도전적이고 창의적인 아이디어가 나오기 힘들다. 이색인재들의 '튀는' 사고와 행동은 회사의 활력소가 될 수

도표 3-9 가치관 자기평가(self-assessment exercise of values)

[평가요령] 아래에 제시된 16개 항목에 대해 귀하께서 가장 중요한 가치라고 생각되는 곳에 1, 가장 중요하지 않은 가치라고 생각되는 곳에 16이라는 숫자를 빈칸에 순서에 맞게 기입해 주시오.

( ) 내가 살 집을 소유하는 것
( ) 남이 하기 어려운, 질적으로 우수한 일을 수행하는 것
( ) 한두 명의 자녀를 갖는 것
( ) 흥미 있는 직업을 갖고 경력을 쌓아나는 것
( ) 동료나 친구들과 좋은 관계를 맺는 것
( ) 좋은 건강을 유지하는 것
( ) 내가 좋아하는 TV프로를 시청하는 것
( ) 스포츠나 취미, 여가활동을 하는 것
( ) 단정하고 청결하며 정리정돈을 잘하는 것
( ) 내가 속한 전문 분야에서 사교활동을 적극적으로 하는 것
( ) 종교생활을 영위하는 것
( ) 나보다 처지가 못한 어려운 사람들을 돕고 사는 것
( ) 남을 사랑하고 또 남으로부터 사랑을 받는 것
( ) 평균수준 이상의 수입을 올리는 것
( ) 지식과 정보를 많이 획득하는 것
( ) 다른 사람으로부터 존경을 받고 사는 것

(1) 당신의 가치등급과 다른 사람의 등급을 비교해보고 토론해보시오.
(2) 반이나 집단의 평균을 구해보시오. 그리고 당신의 등급과 집단의 평균 등급을 비교하고 토론해보시오.
(3) 귀하의 가치형성에 가장 영향을 준 사람은 누구인지 말해보고, 다른 사람과 비교해서 토론해보시오.

자료 : Dubrin, A. J.(1997), *Fundamentals of Organizational Behavior : An Applied Approach*, Cincinnati : South-Western College Publishing, p.46 ; 김성국, 전게서, p.39 재인용

있고 조직의 유효성을 제고할 수 있을 것이다. 동종번식(inbreeding)이 나쁘다는 것은 경영조직에서도 예외는 아니다.[21]

2. 가치관의 유형

1) 올포트와 버논의 기본적 가치

많은 사회과학자들이 가치관의 분류를 하였으나 가장 널리 활용되는 것은 올포트와 버논(G. Allport & P. Vernon)의 가치분류이다. 그들이 제안한 여섯 가지 기본적 가치는 다음과 같다([도표 3-10]).

도표 3-10 올포트와 버논의 기본적 가치관

구분	내용
이론적 인간	진리의 발견을 최고의 가치로 본다. 자신의 지식을 질서화 · 체계화시키고 싶어 하며, 증거를 중시하고 비판적이며 합리적이다.
경제적 인간	실용적인 것에 최고의 가치를 둔다. 실제적인 일, 특히 사업에 관심이 많고, 일을 눈에 보이는 효용성에 의해 평가한다.
심미적 인간	아름다움과 조화를 최고의 가치로 삼는다. 예술적 경험을 통해 통찰력을 얻고자 하며, 품위와 균형에 관심이 많다.
사회적 인간	이타주의와 봉사에 최고의 가치를 둔다. 타인을 목적 그 자체의 가치로 여긴다. 친절하고 동정적이며 사심이 없다.
정치적 인간	권력과 영향력을 최고의 가치로 여긴다. 타인과의 경쟁과 투쟁을 즐기며 리더의 자리에 오르기를 갈망한다.
종교적 인간	일체감을 가장 중요시한다. 신비한 경험과 영성에 의존하여 우주와의 합일을 추구한다.

자료 : 김주엽 외 공저(2013), 전게서, p.70 재인용

이상의 기본가치는 총 45개의 질문항목으로 구성된 가치관연구척도(the study of values scale)라 불리는 표준설문지를 통해 측정되며, 측정 결과는 직업, 민족, 종교집단 간의 차이에 대한 연구에 광범위하게 이용되었다.

2) 로키치의 최종가치와 수단가치

어떤 개인의 가치관을 구성하는 행동양식이나 존재방식 중에서 그것들이 개인에게 의미하는 강도에 따라 순서를 매기면 그 사람의 가치체계(value system)를 얻을 수 있다. 예를 들어 사랑, 자유, 봉사, 효도와 같은 것들에 대해서 개인이 부여하는 중요도에 따라 나열하면 그 개인의 가치체계를 얻게 되는데, 이러한 가치체계는 사람마다 차이를 보이게 된다. 로키치(M. Rokeach)의 가치조사(value survey)는 가치내용을 중요도에 따라 순서를 매겨서 하나의 계층조직으로 보고 가치체계를 측정한 것이다.

가치조사 표준설문지에서는 가치를 최종가치와 수단가치로 나누고 각각에 대해서 계층적 배열을 평가하게 된다. [도표 3-11]에서 보는 바와 같이 최종가치(terminal values)란 안전, 평화, 자유와 같은 생존의 목적상태를 나타내며, 수단가치(instrumental values)란 목적상태를 이루는 행동양식을 나타낸다.

| 도표 3-11 | 최종가치와 수단가치

종류	개념	예
최종가치	성취하고자 하는 '목적'에 대한 신념	안락한 생활, 자유, 평화, 행복, 가족의 안전, 국가안보, 우정, 자기성취, 사랑, 구원, 정의실현
수단가치	원하는 목표를 성취하기 위한 '수단'에 대한 신념	청렴결백, 정직, 관용, 신사도, 자기통제, 사랑의 실천, 책임성, 용기 있는 행동, 약자를 도움

자료 : Rokeach, M.(1973), *The Nature of Human Values*, New York : Free Press.

사람은 존재의 최종단계의 모습인 최종가치와 행동양식(model of conduct)인 수단가치에 있어서 강조점이 다르고 추구하는 바가 다르기 때문에 개인의 가치와 조직의 가치 간에는 종종 갈등이 야기될 수 있다. 그러나 유능한 관리자는 개인의 가치와 조직의 가치를 조화시키는 노력을 통해서 조직구성원을 '한 방향'으로 인도할 수 있다. 구성원의 가치가 다양한 가운데 한 방향으로 에너지가 모아지면 유사한 동질적 인재로만 구성된 조직보다 오히려 더 엄청난 힘을 발휘할 수 있다. 이들의 다양한 사고와 아이디어, 지식이 한 방향으로 결집되면 커다란 위력이 발휘되는 것을 역사를 통해 알고 있다.

3. 가치관과 문화

가치관은 개인이 속한 집단, 조직 및 국가의 문화와 밀접한 관계가 있다. 어떤 사회집단의 구성원들은 생존을 위해 상호작용하는 과정에서 그 사회가 공유하는 의미체계인 문화를 구축하게 된다. 또한 구성원들은 문화의 영향을 받아 개인의 가치관을 형성하게 된다. 이러한 상호의존적 관계를 통하여 사회집단의 구성원들은 유사한 가치관을 공유하게 되며 그것이 집단문화의 내용이 된다.

개인, 집단, 조직, 국가, 문화권마다 핵심가치(key values)가 존재하며 핵심가치의 차이는 조직행동의 차이를 형성하게 된다. 상이한 가치들이 만나 적합한 방향으로 수렴될 수 있고, 반대로 충돌을 일으켜 갈등을 유발할 수도 있다. 결국 경영자는 가치에 민감해야 하고 상이한 가치관을 가진 사람들의 경우 적합성(fit)이 제고될 수 있도록 노력해야 할 것이다.

아들러(Nancy Adler)는 서구와 이에 대비되는 동양적 가치관을 비교하였다. 그 내용은 [도표 3-12]와 같다.

국가 간 문화차이를 연구한 세계적인 사회심리학자인 호프스테드(Geert Hofstede)는 20여 년에 걸쳐 세계 60여 개국 16만여 명을 대상으로 한 국가 간 비교연구(survey)를 통해 문화차이를 결정하는 핵심가치의 차원을 소개하였다. 대표적인 차원을 설명하면 다음과 같다.

| 도표 3-12 | 동 · 서양의 가치관 비교

항목	서구적 가치관	동양적 가치관
인간의 본성	• 인간의 본성은 선과 악이 혼재해 있으며 변화함 – 교육과 훈련을 통해 인간의 본성을 바꿀 수 있음	• 인간의 본성은 선하거나 악하며, 불변임 – 교육과 훈련으로는 인간성이 변하지 않으므로 초기에 적절한 사람을 선발해야 함
인간과 자연과의 관계	• 인간은 자연을 지배함 – 인간의 편리함을 위해 댐, 도로, 항만 등 자연조건을 변화시킴	• 인간과 자연은 조화를 이룸 – 자연을 유지하고 보전하면서 인간의 욕구를 충족시킴
인간관계	• 개인주의적 – 개인이 의사결정의 주체 – 전문경영제의 도입 – 능력위주의 직원선발	• 집단주의적 – 집단이 의사결정의 주체 – 족벌 및 친족위주 경영체제 – 친족위주의 직원선발
인간의 행동양식	• 동적 – 종업원은 자기만족과 목표달성을 위해 업무를 수행	• 정적 – 종업원들은 단지 자신에게 주어진 일만을 수행함
시간관념	• 미래중심적 • 단기적 기업정책 추구 – 정책목표는 10~20년의 장기계획을 수립하지만, 실제로는 단기적 목표달성을 위한 기업정책의 확신과 탄력성을 강조함 – 단기적인 인사정책	• 과거중심적 • 장기적 기업정책 추구 – 과거에 수행했던 기업정책을 근거로 미래의 계획을 수립하며, 기업정책의 변화를 원치 않음 – 장기적인 인사정책
공간관념	• 사적 독점 – 경영자는 보통 중요한 회의에 밀폐된 장소를 이용함 – 직원들 간에도 칸막이 등을 이용해서 개인적인 공간을 제공	• 공적 공유 – 경영자는 보통 개방적인 장소에서 공개적으로 회의를 개최 – 직원들도 서로 노출되어 있음

자료 : Adler, N. J.(1979), "Women as Androgynous Managers : A Conceptualization of the Potential for American Women in International Management," *International Journal of Intercultural Relations*, 3(6), 411 ; 김성국(2008), 전게서, p.43 재인용

1) 개인주의와 집단주의(individualism vs collectivism)

이 차원에서 핵심은 사회의 기본단위가 개인인지 아니면 개인들 사이의 관계인지를 분별하는 것이다. 개인주의사회는 개인 간의 구속력이 느슨하고, 모든 사람은 자기자신과 가족을 돌보면 되는 것으로 생각하는 사회로 정의한다. 집단주의사회는 개인보다는 집단 내 개인 사이의 관계에 더 관심을 가지는 문화권으로, 자신이 속한 집단과 타 집단을 엄격히 구분한 다음, 자기집단이 자신을 돌보아 줄 것으로 기대하며, 그 대신 집단의 이익을 위해서 기꺼이 자신을 희생할 마음의 준비가 되어 있는 사회를 의미한다. 즉 개인주의는 개인을 우선시하는 가치관과 사고방식(mental set)을, 집단주의는 집단을 우선시하는 가치관과 사고방식을 가지고 있다.

2) 권력의 거리(power distance)

권력의 거리란 조직구성원이 사장이나 상급자 같이 지위가 높은 사람이 일반구성원과는 수준이 다른 권력을 소유하고 있다는 것을 수용하는 정도를 의미한다. 권력의 거리가 높은 문화(high-power distance culture)에서는 사람들이 제도나 사회 내에 배분되어 있는 권력의 불평등을 상당한 정도까지 용인하게 된다. 즉 권력자와 하급구성원 간 위계(hierarchy)가 존재한다는 것을 인정하고 권력자의 지시나 권위를 쉽게 받아들이는 경향이 있다. 반면에 낮은 권력거리 문화에서는 제도나 사회 내에 권력이 평등하게 배분되어 있는 상태를 선호한다. 권력의 지시에 무조건적으로 복종하지 않고 위계를 심각히 받아들이지 않으며 권력자가 합리적이고 옳은 일을 한다고 믿을 때에만 지시를 따른다.

3) 불확실성의 회피(uncertainty avoidance)

이 차원은 사람들이 불확실하거나 애매한 상황에 두려움을 느끼고 생활 속에 내재되어 있는 불확실성을 극복되어야 할 지속적 위협으로 느끼는 정도를 지칭한다. 불확실성 회피도가 높은 문화권은 일반적으로 공식법률과 비공식규칙을 많이 제정해 놓으며, 일탈행동에 대해서는 엄정한 제재조치를 취하고, 다양한 가치관을 수용하기보다는 절대적 진리나 전문성을 강조하는 경향을 보인다. 또한 잘 모르는 사람이나 미래시점에 대해서 불안감을 갖거나 예측이 가능하고 확실한 미래를 추구하고자 한다.

반면에 잘 모르는 사람을 쉽게 받아들이거나 위험과 비인습적(unconventional)인 행동을 허용하는 사람은 불확실성을 회피하는 성향이 약하다. 과거 우리나라와 일본에서 종신고용제도가 도입된 것은 미래의 불확실성을 두려워하고 불편해하는 직장인들의 문화적 특성에 부합되는 것이었다.

4) 남성적 가치와 여성적 가치(masculinity vs femininity)

이 차원은 사회적 지배가치가 얼마나 남성다움을 강조하는지의 정도를 의미한다. 남성적 가치가 높은 사회는 남녀 역할을 명확하게 구분하고, 경쟁과 적극적이고 모험적인 행동이 부러움의 대상이 되며, 자기주장이 강하고 물질적인 부가 찬양의 대상이 된다. 그에 비해 여성적 가치가 높은 사회는 남성의 일과 여성의 일을 구분하지 않는 경향이 있고 대인관계와 타인에 대한 배려와 부드러움, 삶의 질 등에 관심을 두는 사회로 정의된다. 남녀의 역할에 대한 구별이 크지 않아서 여성들이 사회적 진출이 활발하게 이루어지는 특징을 보인다.

토 | 의 | 문 | 제

01 프로이트이론은 무엇인가?

02 MBTI의 네 가지 차원은 무엇인가?

03 통제의 위치는 무엇인가?

04 자기효능감은 무엇인가?

05 가치관의 정의는 무엇인가?

참 | 고 | 문 | 헌

01 임창희(2008), 조직행동, 비앤엠북스, p.90.

02 김성국(2008), 조직과 인간행동, 명경사, p.50.

03 Ratey, J. J.(2001), *A Users's Guide to the Brain : Perception, Attention and the Four Theaters of the Brain*, New York : Pantheon Books.

04 김성국(2008), 조직과 인간행동, 명경사, p.54.

05 신구범(2012), 조직행위론, 형설출판사, p.74.

06 Bandura, A.(1977), *Social Learning Theory*, Englewood Cliffs, New Jersey : Prentice-Hall.

07 김주엽 외(2013), 조직행위론, 경문사, p.226.

08 최정윤(2002), 심리검사의 이해, 시그마프레스.

09 김주엽 외(2013), 조직행위론, 경문사, p.125.

10 McShane, S. L., and M. A. Von Glinow(2005), *Organizational Behavior*, 3rd ed., N.Y. : McGraw-Hill.

11 Robbins, S. P., and T. A. Judge(2007), *Organizational Behavior*, 12th ed. N.J. : Upper Saddle River, Pearson Education ; McShane, S. L., and M. A. Von Glinow(2005), *Organizational Behavior*, 3rd ed., N.Y. : McGraw-Hill.

12 Robbins, S. P.(2001), *Organizational Behavior*, 9th ed., N.J. : Upper Saddle River, Pearson Education.

13 임창희(2008), 조직행동, 비앤엠북스, p.107.

14 Luthans, F.(1998), *Organizational Behavior*, 8th ed., N.Y. : McGraw-Hill, p.336.

15 Kreitner, R. K., and A. Kinicki(2001), *Organizational Behavior*, 5th ed., N.Y. : McGraw-Hill.

16 J. Brockner(1988), *Self-esteem at Work*, Lexington, M.A. : Lexington Books.

17 McShane, S. L., and M. A. Von Glinow(2005), *Organizational Behavior*, 3rd ed., N.Y. : McGraw-Hill ; Robbins, S. P., and T. A. Judge(2007), *Organizational Behavior*, 12th ed., N.J. : Upper Saddle River, Pearson Education.

18 Kreitner, R. K., and A. Kinicki(2001), *Organizational Behavior*, 5th ed., N.Y. : McGraw-Hill.

19 Robbins, S. P., and T. A. Judge(2007), *Organizational Behavior*, 12th ed., N.J. : Upper Saddle River, Pearson Education.

20 Rokeach, M.(1973), *The Nature of Human Values*, New York : Free Press.

21 김성국(2008), 조직과 인간행동, 명경사, p.40.

CHAPTER

04 감정과 태도

여는 이야기 감정노동은 누구를 위해 이뤄질까?

정진주 외 『감정노동의 시대, 누구를 위한 감정인가?』를 읽고

과연 감정노동은 누구를 위해 이뤄질까? 그 답은 결코 당해 노동자가 아닐 것이다. 그러면 누구일까? 감정노동을 요구하는 고용주, 즉 자본이다. 그렇다면 왜 자본은 노동자에게 감정노동을 시킬까? 그것은 '고객'의 기분을 좋게 만들어야 돈벌이가 가능하기 때문이다.

그렇다. 우리는 같은 돈을 내고도 기분 좋은 서비스를 받을 수 있는 곳(예, 식당이나 백화점)과 그렇지 않은 곳이 있다면 과연 어디를 다시 또 가겠는가? 답은 뻔하다. '손님'의 기분을 좋게 하는 곳이 장사가 더 잘 될 것이다. "서비스 노동자는 고객으로 하여금 자율적 선택과 권력의 쾌락을 느끼게 하는 의식을 거행"한다.

일반 상업이 아닌 경우, 즉 공공서비스는 어떤가? 여기도 결국은 마찬가지다. 정부기관이건 공기업이건 고객인 시민들이 기분 좋은 서비스를 받을 수 있게 공무원인 노동자들이 본의 아니게 감정노동을 하기도 한다.

왜? 여기서는 직접 돈벌이가 아니라 좋은 평가를 받기 위해서 (또는 나쁜 평가나 민원 제기를 받지 않기 위해서) 감정노동이 이뤄진다. 공공서비스기관이 좋은 평가를 받는다는 것은 결국 다음에 예산/인센티브/자리를 확실히 보장받거나 최소한 잘리지 않음을 뜻한다.

직접적인 돈벌이는 아니지만 결국은 평가가 돈으로 연결되고 만다.

> "현재 공공영역에서는 '공공 행정서비스 품질'을 점수로 환산해 평가하고 인센티브를 부여하는 '민원행정 분야 정부 합동 평가제도'를 도입하고 있으며, 민원담당업무를 수행하는 직원에 대해 별도의 친절 교육프로그램을 실시하는 등 서비스수준을 높이기 위해 다양한 기제를 활용하고 있다."

결국, 오늘날 우리는 사회문화적 규범에 따라 정도의 차이는 있지만 대체로 '감정의 상품화'를 경험하고 있다. 이 '감정의 상품화'란 무엇인가? 그것은 "이성에서 감정으로 머리에서 몸으로 사회적 관심이 이동하면서 후기 근대사회의 감정이 점차 자본주의적 생산의 도구이자 이윤 추구의 수단"으로 되어

버린 현상이다.

바로 이 감정의 상품화를 배경으로 돈 주고 서비스를 받는 고객들이 '왕' 대접을 받는 과정에서 감정노동이라는 사회적 맥락이 형성된다. 전술한 콜센터 실습생이나 '땅콩 회항' 사건 속의 승무원은 모두 감정노동의 희생양이었다. 즉 감정노동자들은 자신의 진정한 느낌이나 감정을 억압하고 '고객'의 기분에 맞추기 위해 억지웃음이나 과잉친절을 드러내야 한다.

그 과정에서 이들은 내면의 스트레스를 경험하고 이것이 지속되는 경우 정서적으로나 육체적으로 소진(번 아웃)을 경험하기 일쑤다. 특히 '왕인 고객'들로부터 이른바 '갑질'을 반복적으로 경험하는 경우, 우울증이나 자살까지 이어질 수 있다.

> "감정노동과 우울증, 근골격계 질환, 월경곤란증 등과 같은 스트레스성 건강문제와의 관련성은 지속적으로 보고되고 있으며, 과도한 감정노동은 스트레스 반응을 통해 다양한 건강문제를 유발할 가능성이 높다."

이러한 사실들이 뜻하는 것은 무엇인가? 내가 보기에 그것은 감정노동자들이 '이중 착취'를 당한다는 것이다. 즉 감정노동자들은 한편으로 고용주로부터, 다른 편으로는 고객들로부터 육체적 · 정서적 착취를 당한다. 보다 정확히 말하자면, 이 고용주들은 감정노동자들이 고객들에게 육체적 · 정서적 착취를 당하는 것을 묵인 · 동조 · 권장 · 강제함으로써, 은근슬쩍 감정노동자와 감정소비자들을 동시에 착취 · 지배한다. 따라서 이들 감정노동자들이 느끼는 노동소외는 전통적인 생산직 노동자들이 경험하던 노동소외보다 한층 심할 것으로 보인다.

고용주 내지 그를 대리하는 관리자들이 서비스 노동자들에게 감정노동을 사실상 강요하는 까닭은 결국 이윤 때문이라는 점은 앞서 말한 바 있다. 하지만 고객들이 서비스 노동자들을 감정적으로 착취하는 배경은 무엇일까?

그것은 『차가운 계산기』를 쓴 필립 로스코가 말하듯, "돈 주고 구매하는 행위야말로 오늘날의 삶을 규정하는 특징"이기 때문이다. 사람들은 소비자가 되어 상품을 구입하는 과정에서 자기이익을 극대화하기 위해 '비용–편익 분석'을 행한다. 이는 『하류지향』을 쓴 우치다 타츠루가 말한 '등가교환 법칙'과 일맥상통한다.

다시 말해, 소비자로서 사람들은 자신이 지불하는 화폐가치와 동일하거나 그보다 더 많은 가치를 얻기 위해 치밀한 계산을 하고 협상과 흥정을 벌이는 등, 자기이익 중심으로 행동하는 경향이 있다. 바로 이런 맥락에서 소비자인 고객들은 서비스 노동자들을 정서적으로나 육체적으로 착취하게 된다.

이제, 이 감정노동의 문제를 해결하기 위해 과연 우리는 무엇을 할 수 있을까? 물론 개인적으로 과도한 감정노동으로 인한 스트레스를 받지 않기 위한 노력도 중요하고 또 동일한 스트레스 상황 속에서도 어떻게 대처하는가 하는 문제도 중요하긴 하다. 하지만 더욱 중요한 것은 감정노동 자체를 적절히 규제하기 위한 정부차원의 법과 제도, 가이드라인 등을 체계적으로 정비하고 엄격히 준수하도록 하는 일이다.

이를 위해서라도 감정노동의 현장에서부터 이를 정확히 측정하고 진단하기 위한 측정도구의 개발과 적용, 전 사회적 공유가 이뤄져야 한다. 또, 과도한 감정노동이나 작업장 폭력 등으로 인해 일종의 트라우마를 경험한 노동자를 위한 치유프로그램도 체계적으로 가동될 필요가 있다. 물론, 기존의 노동조합이나 시민사회단체가 감정노동의 문제에 더욱 깊은 관심을 기울이면서 '감정노동전국네트워크' 또는

'서울시 여성이 만드는 맘 편한 세상'과 같은 연대활동을 더욱 왕성하게 전개해야 한다.

그러나 무엇보다 가장 근본적인 것은 노동자와 사용자의 관계인 노사관계만이 아니라 노동자와 소비자와의 관계인 노소관계를 근원적으로 재정립하는 일이다. 그래야 전술한 '이중 착취'가 극복될 수 있기 때문이다. 과연 그것이 어떻게 가능한지에 대해선 더 많은 토론과 실험이 필요하겠으나, 그 원칙적 방향은 노사 또는 노소 사이에 더 이상 '착취 및 지배'관계가 아니라 '호혜 및 연대'관계를 형성하는 것에 놓여 있을 것이다.

분명한 점은 이를 위해서라도 전술한 '비용-편익 분석'이나 '등가교환 법칙'에 기초한 자기이익 극대화 지향적인 행위를 지양하는 것이 시급하다는 것이다. 내가 내 감정의 주인공으로 살고 싶은 것처럼, 타인 또한 자기감정의 주인공으로 살고 싶지 않겠는가? 그리고 그런 자기감정의 주인공들이 서로 존중하면서 교류한다면 더욱 인간적인 공동체가 가능하지 않겠는가? 과연 우리는 '타인의 고통과 기쁨'을 함께 느낄 수 있는 공감(empathy)의 능력을 (재)가동할 수 있을 것인가?

자료 : ohmyNews, 고려대학교 강수돌, 2017.5.29.

4.1 감정의 개념

1. 감정의 어원 및 발생원인

감정의 어원을 살펴보면 'e(in → out)+motion(movere : to move)'의 두 부분으로 구성되어 있다. 감정은 '안에서 밖으로'라는 의미와 '움직이게 하다'라는 의미가 결합된 단어로서 사람을 안에서 밖으로 움직이게 한다는 뜻이 된다.

감정이란 어떤 현상이나 사건에 접했을 때 마음에서 일어나는 느낌이나 기분을 말한다. 즉 감정은 사람 또는 대상을 향한 강렬한 느낌으로서 대부분 오래 지속되지 않고 어떤 원인을 두고 발생한다.

감정의 발생원인에는 다음과 같은 것이 있다.

첫째, 생리적 · 신체적 원인이다. 배가 고프면 하는 일에 짜증을 느끼고 발마사지와 같이 몸의 어떤 부분을 자극하면 쾌감이 생기는 것은 생리적 · 신체적 원인의 예이다.

둘째, 심리적 원인이다. 감정은 욕구나 기대수준과의 관계에서도 발생한다. 회사에서 개인이 설정한 목표에 대해서 기대수준에 도달하면 자부심이나 기쁨을 느끼고, 도달하지 못하면 좌절감이나 실망감을 느끼는 것은 심리적 원인의 예이다.

셋째, 사회적 원인이다. 운동경기에서 상대방에게 패배했을 때 느끼는 열등감이나 타인에 대한 질투심은 사회적 관계 속에서 발생하는 감정의 예이다.

넷째, 문화적 원인이다. 우리나라의 전통적 가치인 결혼 전 순결에 대한 관념은 문화적 원인의 예이다. 과거 우리나라에서는 혼전 순결을 지키지 않을 경우 수치심이나 부끄러움의 감정을 느끼지만 서구에서는 전혀 그런 감정을 갖지 않는다. 이와 같이 집단이나 사회, 국가의 문화적 차이가 다른 감정을 유발할 수 있다.[01]

2. 정서, 감정과 기분

인간의 감정활동은 다른 사람과의 대인관계에서 더욱 두드러진다. 조직 내의 인간행동이 거의 인간관계행동임을 감안한다면 인간의 감정이 조직행동에 얼마나 많은 영향을 미칠 것인지에 대해 상상하고도 남는다. 또한 실제 기업운영과 의사결정에서 합리적인 결정보다 감정에 의한 의사결정도 많이 있으며 조직 내 인간행동에 스트레스가 미치는 영향이 지대하다고 판명되고 있다. 최근 들어 복잡한 감정세계가 인간행동과 어떤 관계가 있는지 분석해보려는 연구가 늘고 있으며, 그 필요성 또한 증대되고 있다.

감정과 관련해서 서로 유사한 용어들인 정서(affect), 감정(emotions), 기분(moods)을 구분할 필요가 있다. 정서는 사람이 경험하는 모든 종류의 느낌을 포괄하는 일반적인 용어로 감정과 기분을 포함하는 개념이다.

[도표 4-1]은 정서, 감정, 기분의 관계를 보여주고 있다. 정서는 감정과 기분을 포함하는 폭넓은 개념이며, 감정과 기분은 여러 가지 측면에서 차이가 있다. 감정

도표 4-1 정서, 감정, 기분

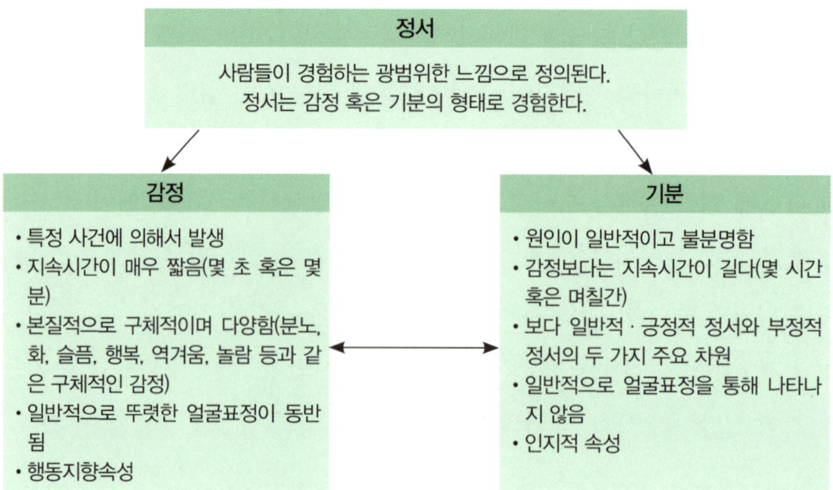

자료 : 김광점 · 박노윤 · 설현도 옮김(2011), 핵심조직행동론, p.34.

은 특정한 사건에 의해서 나타나고 기분보다 훨씬 지속기간이 짧다. 분노, 역겨움 등과 같은 감정은 얼굴표정을 통해 분명하게 나타나는 경향이 있다. 또한 감정은 즉각적인 행동으로 이어지기 때문에 보다 행동지향적인 데 비해, 기분은 사람들로 하여금 한동안 생각하게 한다는 점에서 보다 인지적이다. 그러나 감정과 기분은 서로 밀접하게 연계되어 있으며 서로 영향을 미칠 수 있다. 원하던 직장에 합격했을 때의 기쁜 감정은 좋은 기분을 갖게 해줄 것이다.

학자들은 우리들 마음의 느낌을 감정(感情, emotions)과 기분(氣分, mood)이라는 두 가지 유형으로 구분하여 설명하고 있다. 감정(emotions)이란 사람이 어떤 대상(사람, 사물, 사건)에 대해 반작용으로 생겨나는 느낌(feelings)이다. 감정상태는 긍정적인 것과 부정적인 것 두 종류가 있을 수 있는데 당사자의 목표달성과의 일치성 여부로 판단된다. 어떤 사람이 가지고 있는 목표가 달성되거나 그에 효과적 영향을 미치는 상황일 때 긍정적 감정이 생긴다. 예를 들면 직장에서의 성희롱행동으로 생기는 정서는 가해 당사자에게는 긍정적 정서가 될 수 있지만 피해자에게는 극심한 부정적 정서가 되는 것이다.

감정은 특정 대상이나 사안에 대한 느끼는 것이지만 기분(mood)이란 특정한 대상 없이 그저 막연하게 가지게 되는 느낌이다. 감정은 구체적 원인이 있으나 기분은 구체적 원인을 찾기가 어렵다. 기분은 한 개인의 일상행동의 저변에 흐르고 있는 기본적 느낌이다. 그러므로 기분은 감정보다도 더 미묘하고 막연해서 확실하게 파악하기가 더 어렵다. 그렇지만 기분은 하루에도 수없이 변할 수 있다. 문제는 이러한 기분상태가 조직행동과 직무성과에 영향을 미치기 때문에 중요한 관리변수가 된다는 점이다. 기분 나쁜 상태보다 기분이 좋은 상태에 있을 때에 직무만족도가 높았다는 조사보고가 있으며 기분이 좋을 때라야 다른 사람의 직무성과에 더 높은 점수를 준다는 것도 나타났다. 뿐만 아니라 사람들이란 자기기분이 좋아야만 남들을 돕기도 하고 협조도 하는 것이다. 조직은 무슨 일을 혼자 하기보다는 서로 협조해야 되기 때문에 일단은 사람들이 기분이 좋아야 조직성과도 올릴 수 있다.

3. 감정의 차원

구성원들이 어떤 감정을 가지는지에 따라 조직행동은 달라진다. 감정은 종류도 다양하거니와 그 크기에 따라서도 매우 세분화된다.

1) 감정의 종류

수없이 많은 감정들이 있기 때문에 감정을 분류하는 방법도 많이 있다. 일반적으로 감정은 [도표 4-2]에서 보는 바와 같이 화, 공포, 기쁨, 사랑, 슬픔, 놀람의 여섯 가지로 분류하고 있다.[02] 하지만 이들 여섯 가지의 감정 분류도 크게 보면 행복, 기쁨 등의 긍정적 감정과 슬픔, 증오 등의 부정적 감정으로 구별될 수 있다.[03] 분명한 것은 감정은 긍정적이거나 부정적으로 나타날 뿐 중립은 없다는 것이다. 만약 중립적이라면 그것은 감정이 없는 상태이다. 그런데 긍정적 감정보다 부정적 감정이 사람들의 행동에 더 큰 영향을 준다는 것은 매우 중요하다. 나쁜 감정은 좋은 감정보다 더 오래 기억되며 자꾸만 떠오른다. 나쁜 일은 좋은 일보다 더 큰 영향을 주기 때문에 다음에 또 당하지 않기 위해 기억을 오래 하는 것이다. 따

| 도표 4-2 | 감정의 여섯 가지 범주

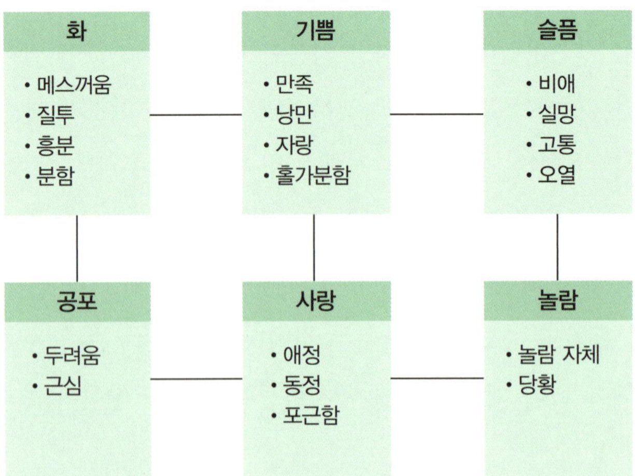

자료 : 임창희(2008), 조직행동, 비앤엠북스, p.73.

라서 나쁜 기억이 더 오래 남는 것은 우리의 삶을 더 안전하게 유지하기 위한 메커니즘인 것이다.[04]

2) 감정의 크기

감정의 크기란 강도와 빈도를 말한다. 감정은 항상 그 원인이 되는 구체적 대상이 있다고 했지만 동일한 대상을 놓고도 사람마다 느끼는 감정의 강도가 다를 수 있다. 감정의 강도는 사람의 성격이나 개인적 능력 또는 성별이나 조직의 상황에 따라 다를 수 있다. 그런데 조직행동 관점에서 감정의 강도는 매우 중요하다. 조직마다 직무마다 요구되는 감정의 강도가 다를 것이기 때문이다.

한편 감정의 강도는 비슷하더라도 그 빈도가 잦다면 감정도 크다고 할 수 있다. 부정적 감정의 빈도가 잦은 직무일수록 일이 싫다고 떠나는 종업원이 많아지게 된다. 물론 긍정적 감정이라면 그 강도와 빈도가 클수록 직무만족도는 높아질 것이다. 이처럼 사원들이 느끼는 감정이 기쁨(긍정)인지 슬픔(부정)인지가 조직행동에 많은 영향을 미치지만 그 감정의 강도나 빈도 역시 중요한 영향을 미친다.

3) 감정의 기능

일반적으로 합리성과 감정은 서로 상충관계에 있으며, 감정을 드러내면 비합리적으로 행동할 가능성이 높다는 것으로 알고 있다. 감정을 드러내거나 경험하는 것 그 자체가 스스로를 약하고 상처받기 쉽거나 비합리적으로 만든다는 것을 주장하기도 한다. 그러나 감정은 실제로 합리적 사고에 중요한 요인이라는 것을 보여주는 연구가 점점 증가하고 있다. 우리가 합리적이기 위해서는 감정을 느낄 수 있는 능력을 가져야만 한다. 감정은 우리를 둘러싸고 있는 세상을 어떻게 이해하는가에 대한 중요한 정보를 제공하기 때문이다. 좋은 의사결정의 열쇠는 의사결정에 있어서 생각과 느낌을 동시에 고려하는 것이다.

4.2 감정과 조직생활

최근 조직행동연구 분야에서는 조직 내 감정(emotion)과 기분(mood) 등 정서적 개념에 대한 연구가 크게 부흥하고 있다.[05] 과거에는 감정이나 정서가 인간의 비합리적인 측면을 대변하는 개념으로서, 효과적이고 합리적인 의사결정과 경영관리를 위해서는 가급적 그 영향을 배제해야 한다고 인식해 왔다.

최근 연구는 직무경험을 구성하는 중요 측면들이 인간의 정서적 측면과 불가분의 관계에 있으며, 또 조직구성원이 직무상황에서 경험하는 긍정적 및 부정적 정서는 이들의 동기부여과정은 물론, 개인 및 조직차원의 성과와도 밀접한 영향관계에 있음을 강조하기 시작하였다.[06]

1. 긍정적 정서

조직행동론 분야에서 정서에 대한 관심이 커지면서 특히 조직구성원의 '긍정적 정서'(positive affect or emotion)에 초점을 둔 연구들이 크게 늘어나고 있다. 이러한 연구경향은 최근 심리학 분야에서 제기된 '긍정심리학'(positive psychology)의 영향을 받았다. 이러한 긍정심리학은 응용 분야인 조직행동영역에도 영향을 주어서 '긍정적 조직행동'(Positive Organizational Behavior : POB) 접근이 크게 부상하는 계기를 제공하였다.[07]

'긍정적 정서'의 개념은 원래 '행복'(happiness) 또는 '주관적 안녕'(subjective wellbeing) 개념의 한 구성요소로 측정되고 연구되어 왔다. 디너(Ed Diener)는 '행복'이 지나치게 광범위하고 추상적임으로 인해 엄밀한 과학적 개념으로 활용되기 어렵다고 보고, '행복'의 심리학적 대응 개념으로 '주관적 안녕'을 제안한 바 있다. 이러한 주관적 안녕 개념은 자신의 삶 전반에 관한 주관적 평가를 의미하는 데, 구체적으로 인지적 구성요소에 해당하는 자신의 삶에 대한 만족과 정서적 구성요소인 긍정적 및 부정적 정서 경험으로 구성된다.[08] 즉 긍정적인 정서를 많이 경험하는 대신 부정적인 정서는 적게 경험하며, 삶에 대한 만족도가 높을수록 주관적 안녕, 곧 행복의 수준이 높아진다고 보는 것이다.

행복의 한 구성요인이자 결정요인이기도 한 긍정적 정서는 여러 면에서 POB 연구를 대변할 수 있는 핵심 개념으로 간주되어 왔다. 긍정적 정서는 타고난 '기질적'(trait-like) 요인이 아니라 '상태적'(state-like) 속성으로서, 얼마든지 후천적으로 개발이 가능한 속성이라고 볼 수 있다. 또한 긍정적 정서는 조직행동적인 맥락에서 여러 가지 다양한 성과차원과 긍정적인 관계를 나타내고 있음이 확인되어 왔다. 즉 기쁨, 흥미, 만족(contentment), 자부심 등 다양하게 경험되는 긍정적 정서의 경험은 개인의 창의성을 높여주고, 스트레스에 대한 반응과 회복을 조절함은 물론, 좌절로부터의 복원력(resilience)을 강화시켜 주며, 작업성과 및 직무만족과도 높은 상관관계를 나타내고 있다.[09]

'긍정적 정서의 확장-형성이론'(broaden-and-build theory of positive emotions)에서 제시하는 긍정적 정서의 효과는 다음과 같다.[10]

첫째, 개인의 사고와 행동 대안의 폭을 확장시켜 종합적으로 판단할 수 있는 여유와 능력을 고양시켜 준다.

둘째, 새로운 경험에 대한 개방성을 증가시켜 새롭고 창의적인 대안을 모색할 수 있도록 도와준다.

셋째, 평소 긍정적 정서를 많이 경험하는 사람은 낙관적인 성향과 자기존중감, 그리고 자아회복력 등이 증가되고, 또 긍정적인 인간관계 형성이나 사회적 지지 등 여러 개인적 · 사회적 자원을 많이 형성 · 확보하게 된다.

넷째, 결과적으로 성공적인 삶을 영위해 갈 가능성이 그만큼 더 커지게 된다.

2. 정서성

일반적으로 정서나 감정은 사람들이 경험하는 상태적 느낌(feeling state)을 의미한다. 반면에 정서성(affectivity)은 사람들이 일정한 방향으로 느낌을 가져가려고 하는 안정적인 성향인 기질적 혹은 특성적 느낌(feeling traits)을 지칭하는 개념이다. 즉 정서성은 일시적이고 단기적인 상태적 느낌을 지칭하는 것이 아니라, 한 사람이 가지고 있는 안정된 기질적 속성으로서의 기질적 정서성(dispositional affectivity)을 뜻하는 개념으로 볼 수 있다.[11]

정서성은 사람들이 긍정적인 혹은 부정적인 감정이나 무드를 안정적이면서 또한 지속적으로 경험하는 기본적인 성향을 의미하는 용어로, 성격을 구성하는 한 요인으로 설명되기도 한다. 예를 들어 어떤 사람이 좋은 상황에서는 말할 것도 없고 상황이 변하여 나빠졌을 때에도 낙관적인 견해를 유지하면서 유쾌함을 잃지

도표 4-3 | 정서의 원주모형

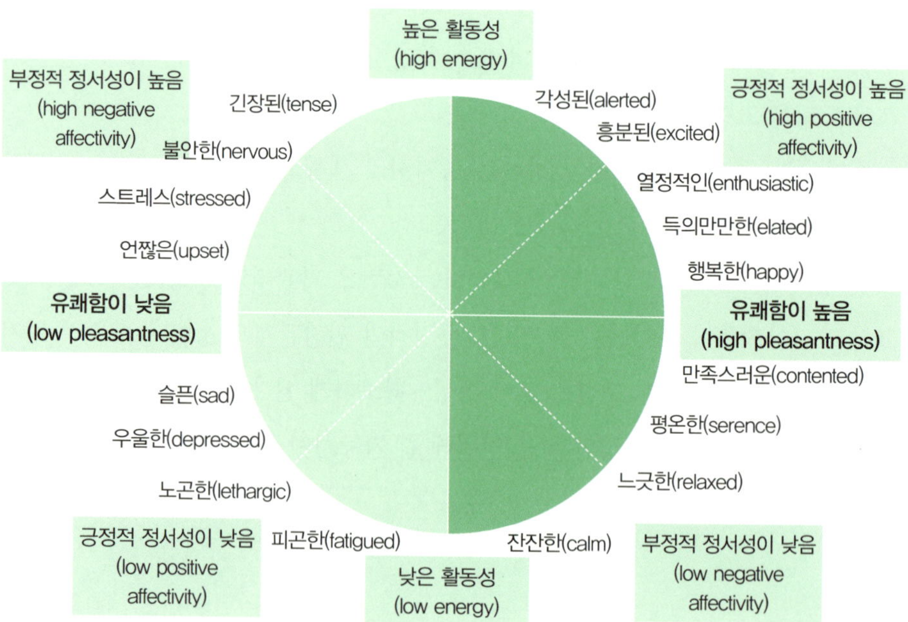

자료 : 김주엽 외 공저(2013), 전게서, p.102 재인용

않는다면, 그 사람은 긍정적인 정서성을 가진 사람이라고 말할 수 있다.

정서성의 개념은 1980년에 러셀(James Russell)이 유쾌함과 활동성의 두 차원으로 구성된 원주모형(circumflex model)을 제시하면서 연구의 전기를 맞게 되었다([도표 4-3] 참조).

위 모형의 가장 큰 공헌은 긍정적 정서와 부정적 정서가 동일선상의 반대차원이 아니라 서로 독립적인 별개차원이라는 점을 제시했다는 점이다. 예를 들어, 행복과 슬픔은 원주 위에서 거의 반대편에 위치하고 있지만 서로 독립적인 정서이다. 즉 행복은 유쾌함이 높고 활동성이 높은 느낌이고, 슬픔은 유쾌함이 낮고 활동성도 낮은 느낌이다. 이 두 느낌은 서로 독립적이므로 공존이 가능하다.

정서성은 비슷한 감정과 느낌을 안정적으로 반복하여 경험하는 기질적 성향을 말하는 것으로, 긍정적 정서성이란 긍정적 정서를 안정적으로 반복하여 경험하는 성향을 일컬으며, 마찬가지로 부정적 정서성이란 부정적인 정서를 안정적으로 반복하여 경험하는 성격적 경향을 의미한다. 즉 우리는 어떤 사람에 대해서 긍정적 정서성이 높은 사람 또는 부정적 정서성이 높은 사람이라고 평가하여 말할 수 있는 것이다. 대표적인 긍정적 감정과 부정적 감정은 [도표 4-4]에서 보는 바와 같다.

| 도표 4-4 | 긍정적 감정과 부정적 감정

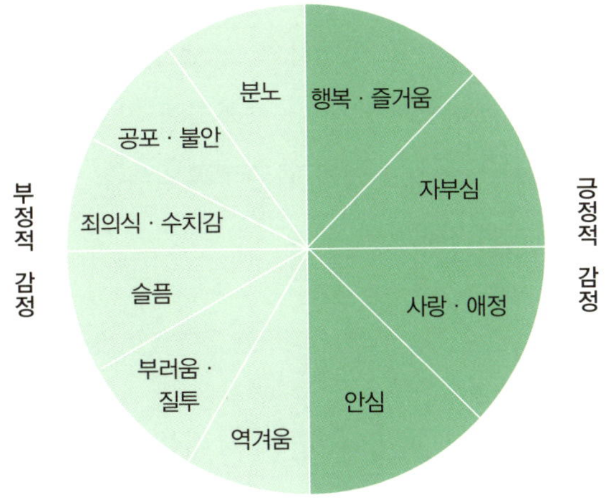

자료 : 김주엽 외 공저, 전게서, p.103 재인용

3. 감정노동

감정은 조직생활에 여러 가지로 영향을 미치는데 직무수행과 대인관계는 물론 리더십, 의사결정, 동기부여 등 조직행동의 모든 주제들이 감정과 연결되어 있다. 감정은 특정 대상이나 원인에 의해 촉발되고 구체적인 반응이나 행동으로 나타난다. 또한 일시적이고 단기적인 상태적 차원의 느낌이므로 관리가 가능하다는 특징이 있다.

모든 직장에서 종업원은 자신의 일을 수행하기 위해 육체적 · 정신적 노동을 한다. 직무 또한 직장에서 대인 간 상호작용을 하는 동안에 조직에서 요구하는 감정을 표현해야 하는 감정노동을 요구한다. 감정노동(emotional labor)이란 "대인적 상호작용과정에서 조직이 요구하는 감정을 표현하기 위해 자신의 어조, 표정, 몸짓 등을 조절하려는 노력"으로 정의되고 있다.[12]

감정노동의 개념은 서비스 직무에 대한 연구에서 나왔다. 비행기 승무원들은 친절하고 명랑하기를 기대하며, 장의사는 슬프고, 의사는 감정적으로 중립적이기를 기대한다. 감정노동은 거의 모든 직무와 관련이 있다. 관리자는 종업원에게 예의바르게, 적대적이지 않게, 동료와 상호작용하기를 기대할 것이다. 정말로 문제가 되는 것은 종업원이 실제 느낌과 다른 감정을 표현해야 한다는 것이다. 이러한 불일치를 감정적 부조화(emotional dissonance)라고 하며, 이것은 심각한 해를 미칠 수도 있다. 좌절, 분노, 원망을 억제하고 그 도가 심해질수록 결국에는 감정적 고갈과 탈진을 가져올 것이기 때문이다. 효과적인 직무성과를 위한 핵심요소로서 감정노동의 중요성이 높아지고 있기 때문에 우리는 조직행동론 분야에서 감정과의 관련성을 이해해야만 한다.

1) 표면연기와 심층연기

조직은 나름대로 특정한 감정표현 규범이나 규칙을 갖고 있다. 구성원들은 이러한 표현규칙(display rule)이 요구하는 감정과 자신의 원래 감정 간의 차이를 어떻게 두느냐에 따라 두 가지 연기를 선택할 수 있다.

표면연기(surface acting)는 내부의 감정을 숨기고 표현규칙에 맞게 감정을 지속적으로 표현하는 것이다. 자신이 그렇게 하고 싶지 않은데도 고객에게 미소를 짓고 있다면 그는 표면적 연기를 하고 있는 것이다. 심층연기(deep acting)는 조직이 요구하는 규범적 감정을 내면화시키고 이를 자신의 내적 감정으로 동일화한 상태에서 감정노동을 수행하는 것이다. 의사가 자신의 환자에게 진정으로 더 많은 관심을 보이려고 노력하였다면 그는 심층적 연기를 한 것이다.

표면연기는 표현된 감정을 다루며, 심층적 연기는 느껴진 감정을 나타낸 것이다. 연구에 따르면 표면적 연기는 자신의 실제 감정을 위조해야 하기 때문에 종업원에게 더 많은 스트레스를 주는 것으로 나타났다. 실제로 느끼지 못한 감정을 연기하는 것은 사람을 지치게 하므로 표면적 연기를 해야만 하는 직원들에게는 쉴 수 있고 재충전할 수 있는 기회를 주는 것이 중요하다.

2) 감정적 부조화와 감정노동

일상생활에서 사람들은 장례식에 참석할 때는(자신이 고인에 대해 어떻게 생각했는지와 관계없이) 슬픈 감정을 표현한다. 또한 결혼식에 갈 때는(자신의 기분에 상관없이) 행복한 척한다. 영업사원이 자신의 진짜 기분과 상관없이 항상 웃고 친절해야 한다는 사실을 알지 못한다면 회사를 쉽게 그만 두게 될 것이다.

문제는 실제적 감정과 전시적 감정이 서로 충돌할 때가 많다는 것이다. 마음속에서 이것이 충돌하면 사람들은 스트레스와 감정 부조화(emotional dissonance)를 느끼게 된다. 감정부조화는 감정노동을 하고 난 후에 자신의 순수한 내적 감정과 조직이 표현규칙으로 요구하는 감정 표현내용이 서로 상충될 경우 경험하게 되는 불편한 느낌이나 갈등상태를 말한다. 그럼에도 불구하고 실제적 감정을 속이고 전시적 감정으로 상대를 대해야 하는 직무가 많은데 이것이 소위 감정노동이다.

직원들은 그들의 육체적 · 정신적 능력을 동원하여 직무를 수행하지만 조직은 직원들의 감정적 노동까지 요구한다. 고객이나 상사와의 인간관계에서 상대방이 원하는 감정을 어쩔 수 없이 표현해야 할 때가 바로 감정노동을 하는 순간이다.[13] 경쟁이 격심해져서 고객중시문화가 더욱 고조되고 고객들의 욕구수준이 높아지면서 감정노동자들이 겪는 스트레스는 점차 직업병으로까지 심화되고 있다. 억제된 분노와 좌절감은 결국 정서적 소모와 심리적 탈진으로 이어지고, 그것은 직무성과와 직무만족의 감소를 초래하게 된다.

그러므로 조직은 직원들로 하여금 이러한 감정부조화에 덜 직면하도록 훈련시키고 지원해야 한다. 예를 들면 직원들이 심한 감정부조화를 느낄 때 이를 하소연할 수 있는 창구와 제도를 마련하는 것이 필요하다. 요즘은 직원이나 고객에게 재미를 선사하는 펀 경영(fun management)이 주목을 받고 있다.[14] 매일 반복되는 직장생활의 지루함에서 탈피하도록 회사 측에서 사우나데이, 호프데이 등 특별한 날을 정해 준다든지 웃음바이러스, 에너지박수운동을 펼치기도 하고 고객에 대해서는 소비자의 감성을 자극하는 제품브랜드와 청각, 후각, 시각마케팅으로 종합되는 감성마케팅으로 접근하고 있다.

4. 감성지능

최근 들어 조직구성원의 감성지능(emotional intelligence)에 관한 연구 또한 크게 증대되고 있다. 이는 환경변화에 따라 보다 유연하고 네트워크적인 조직관리의 필요성이 커지고 있으며, 과업수행과 문제해결을 위해 단순히 기술적 역량만이 아니라 대인관계적인 역량이 많이 요구되고 있는 추세와 무관치 않을 것이다. 아울러 서비스산업이 차지하는 비중이 날로 커짐에 따라 고객접점을 가지는 산업이 갈수록 확대되고 있고, 또 지식산업화가 가속화됨에 따라 조직구성원의 창의성과 개성의 발휘가 한층 더 강조되고 있는 점도 조직구성원의 감성적인 능력에 대한 관심을 제고시켜 온 중요한 배경이라고 할 것이다.[15]

감성지능 개념을 처음 제안한 살로베이와 메이어(P. Salovey & J. D. Mayer)에 따르면, 이는 "사회적 지능의 한 하위요소로서, 자신과 타인의 감정을 조정(monitering)하고, 그것들의 차이를 인식하며, 생각과 행동을 위해 감정정보를 활용할 줄 아는 능력"으로 정의된다.[16] 일반적인 지능과는 달리 사람들이 삶의 실제적인 문제들을 적절하고도 훌륭하게 해결해갈 수 있는 능력을 사회적 지능이라고 본다면, 감성지능은 그러한 사회적 지능 가운데 특히 감정의 이해와 조절 그리고 활용과 관련한 능력에 초점을 둔 개념이라고 볼 수 있다.

이러한 감성지능 개념은 그 후 골맨(Daniel Goleman)에 의해 더 구체화되고 또 대중화되었다.[17] 그에 따르면 감성지능은 자신의 감정을 신속하게 인식하고 알아차리는 자기감정인식, 자신의 감정을 적절하게 관리하고 조절할 줄 아는 자기감정조절, 어려움을 이겨내고 자신의 성취를 위해 스스로 동기화해가는 자기 동기부여, 타인의 감정을 느끼고 이해하는 감정이입, 타인의 감정에 적절하게 대처할 수 있고 또 상대방과 원활하게 소통하고 상호작용하도록 하는 대인관계기술 등의 내용을 갖는다. 그는 이러한 감성지능이 성인들의 직장생활에서의 성공을 효과적으로 예측해 줄 수 있는 지표가 될 수 있으며, 이런 점에서 조직구성원의 감성지능을 개발하기 위한 적절한 교육과 관리를 시행하는 것이 매우 중요할 수 있음을 강조하였다.

감성지능이 개인 및 조직성과에 미치는 긍정적 영향을 보면 감성지능이 높은 개인일수록 조직 내 변화에 대한 수용성과 적응성이 더 우수하다는 연구결과가 있다. 또 집단수준의 성과와 관련해서도 감성지능이 높은 개인들은 그렇지 않은 사람들보다 응집력이 높고 또 팀 분위기를 더 신속하게 형성할 수 있어서, 특히 팀의 초기 성과가 더 높게 나타난 것으로 보고되었다.[18]

감성지능은 공식적인 차원의 직무성과뿐만 아니라 비공식적인 성과차원에서도 상당한 영향을 미친다는 것이 입증되고 있다. 우선 감성지능은 이타적 행동이나 조직시민행동과 상당한 관련이 있음이 제기되었는데, 그 이유는 무엇보다 감성지능이 높은 사람일수록 감정이입을 통해 동료의 기분을 더 잘 인식하고 이해해 줄 수 있기 때문이라는 것이다.[19] 뿐만 아니라 서비스직에 종사하는 사원일수록 감성지능은 고객과의 상호작용과정에서 더욱 중요한 역할을 할 가능성이 있다. 즉 감성지능이 높은 사원일수록 고객의 마음을 더 잘 헤아려 행동함으로써 서비스의 질이 높아질 수 있고, 이는 고객과 사원의 만족도를 함께 제고시켜서 사원의 긍정적인 감정을 증진시키고, 그 결과 더 적극적인 이타적 행동을 유발시킬 가능성이 있기 때문이다.

4.3 태도

1. 태도의 정의

태도(attitude)란 사람이 "어떤 대상이나 상황에 대해 좋다, 나쁘다 하는 평가를 하는 개인의 일관적인 선유경향(predisposition)"으로 정의된다. 가령, "나는 나의 일을 좋아한다"라는 말은 자신의 직무에 대한 그 사람의 평가가 긍정적이라는 것을 말하고 이러한 평가를 통해 일에 대한 그 사람의 태도가 결정된다. 직무에 대한 감정과 신념, 그리고 생각들의 집합체를 직무태도라고 말한다.

사회심리학에서는 태도를 어떤 사람이나 집단, 아이디어 또는 물건 등과 같은 대상에 대해서 비교적 장시간 지속되는 인지(認知, cognition), 정서(情緖, affect) 및 행동경향(behavioral tendency)을 내포하고 있는 개념으로 생각해 왔다. 즉 태도는 특정 대상에 대한 인지적 요소, 정서적 요소 및 행위적 요소의 세 가지 구성요소로 이루어져 있다. 예를 들면 "내 월급이 적다"라는 표현은 월급의 상태에 관한 믿음이나 설명을 말하는 인지적 요소가 된다. "월급이 적어서 화가 난다"라는 표현은 감정적 요소를 나타내고 있다. "월급이 적어서 다른 회사로 옮길 거야"라는 표현은 특정한 방식으로 행동하려는 의도를 나타낸다. 이와 같이 태도는 인지, 정서, 행동의 세 요소로 구성되며 태도의 복잡성을 설명해 준다. 또한 태도와 행동 간의 잠재적 연관성을 나타내고 있다([도표 4-5] 참조).

I 도표 4-5 I 태도의 구성모형

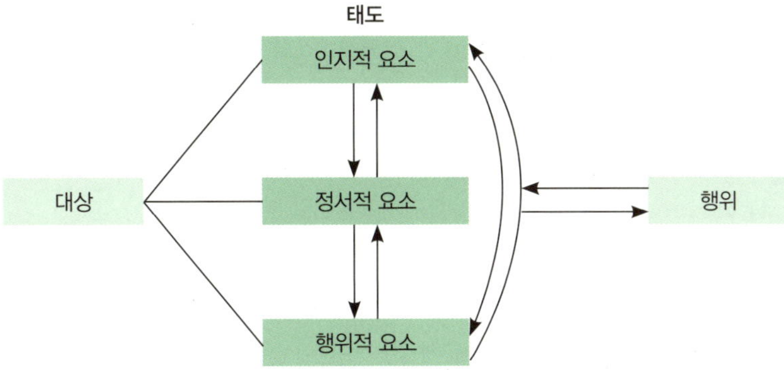

자료 : 김주엽 외 공저(2013), 전게서, p.78.

2. 태도의 특성[20]

1) 태도는 지속적이다

태도는 그때그때의 행동에 선행하여 특정 상황 속에서 형성되었다가 사라지는 것이 아니라 비교적 지속적으로 행동체계에 영향을 미친다.

2) 태도는 신념의 조직이다

태도는 신념의 조직체로서 몇 가지 관련된 신념들로 구성되어 있다. 이와 같이 신념으로 구성되어 있는 태도에는 옳고 그름, 좋고 나쁨, 바람직한 것과 그렇지 않은 것에 대한 확신의 정도를 나타내는 인지적 요소와, 대상에 대한 기호도(嗜好度)를 나타내는 감정적(affective) 요소 및 행동으로 옮기려는 경향인 행동적 요소가 있다.

3) 태도는 특정의 대상이나 상황을 중심으로 조직되어 있다

태도는 개인이나 집단 및 제도에 대한 신념의 조직 혹은 사건이나 활동과 같은 상황에 대한 신념의 조직이지만 이것이 각각 별도로 조직되어 있는 것이 아니라 특정 상황 속에서 대상에 대한 태도로 구성되어 있다.

4) 태도는 특정의 반응을 보이려는 성향의 조직체이다

반응성향은 본능과 같은 것이 아니라 후천적으로 습득된 것이다. 이 반응성향은 특정의 대상이나 상황에 대한 단일성향이 아니라 상호 관련된 일련의 성향들의 집합체이며 이러한 성향이 한꺼번에 촉발되는 것이 아니라 특정 상황에 따라 촉발된다.

3. 태도변화와 인지부조화

1) 태도의 변화

레빈(K. Lewin)이 제시한 이론은 조직에서 모든 수준의 변화, 즉 개인의 태도, 집단 및 조직 등의 태도변화에 전반적으로 적용될 수 있는 것이다. 그에 따르면 변화는 해빙, 변화, 재동결의 세 단계를 거치는 것으로 나타난다.

| 도표 4-6 | 레빈의 태도변화과정

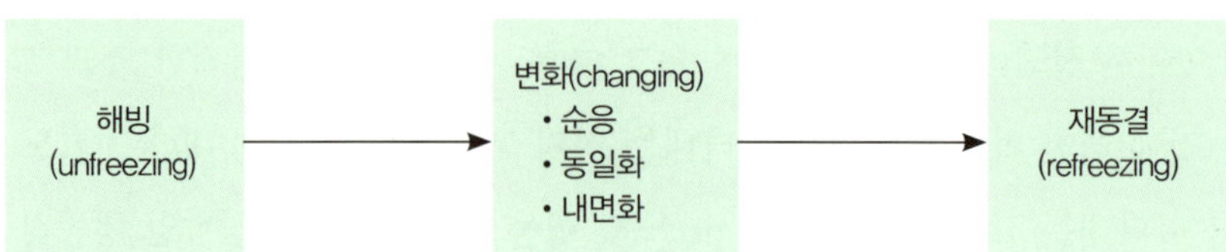

(1) 해빙(unfreezing)

변화의 첫 번째 단계인 '해빙'은 개인이나 집단을 변화에 대해 준비하도록 하는 것이다. 이는 한 개인의 관습, 습관, 전통, 즉 어떤 일을 하는 데 있어서 과거의 방식을 깨뜨림으로써 그가 새로운 대체안을 받아들일 태세를 갖도록 하는 것이다.

(2) 변화(changing)

켈만(H. C. Kelman)은 변화단계를 개인의 태도에 영향을 미치는 사회적인 영향력이라고 보고, 세 가지 과정을 통하여 일어난다고 보았다. 즉 순응, 동일화, 내면화 등이 그것이다.

① 순응(compliance) : 이는 한 개인이 다른 사람 혹은 집단의 호의적 · 비호의적인 반응을 얻거나 회피하기 위해서 그들의 영향력을 수용할 때 발생한다. 이 경우에 변화담당자가 있을 때에는 변화가 생기는 것 같으나, 그 담당자가 감시를 안 한다든가, 영향력을 행사하던 집단이 그 압력을 풀게 되면 그 개인은 곧 자기의 원래 생각으로 회귀하게 된다.

② 동일화(identification) : 이는 한 개인이 다른 사람이나 집단과 관계를 맺고 있는 데 만족을 하고, 다른 사람이나 집단의 태도를 받아들여 자기자신의 일부를 형성할 때 발생한다.

③ 내면화(internalization) : 이는 유발된 태도나 행위가 내면적으로 보상되며 그 사람의 가치체계에 부합될 때, 즉 타인의 주장이 자신의 보상체계에 부합되거나 합당한 것으로 받아들여질 때 일어나는 것이다.

일반적으로 순응의 경우가 바람직한 행위를 유도하는 가장 신속한 방법이긴 하지만 항상 감독이 따라야 하며 보상이나 벌이 주어져야만 한다. 반면 내면화는 가장 어려운 방법이기는 하지만 일단 확립되기만 하면 가장 효과적인 방법이기도 하다. 또한 내면화와 동일화는 어느 하나가 일어나면 다른 것은 일어나지 않는 것이 아니라 가장 효과적인 변화는 그 둘을 하나의 변화전략으로 합성시킨 결과인 때가 많다.

(3) 재동결(refreezing)

이는 새로 획득된 태도, 지식, 행위가 그 개인의 성격이나 계속적인 중요한 정서적 관계로 통합되어 고착화되는 과정을 말한다. 샤인(E. H. Schein)에 의하면 새로운 행위가 학습되면서 내면화된다면 이는 자동적으로 재동결을 촉진시키지만, 동일화를 통해서 일어난 경우에는 새로운 대체모델이 될 만한 것이 발견되지 않거나 혹은 새로운 태도를 표명하는 것에 대해 사회적인 지지나 강화를 얻지 못한다면 재동결이 지속되지 않는다. 재동결과정에서 가장 중요한 것은 새로운 행위나 태도가 시간이 지남에 따라 소멸되지 않도록 효과적으로 강화시켜 줄 수 있는 환경을 마련하여야 한다는 것이다.

2) 인지부조화이론

태도변화를 설명하는 중요한 이론 중 하나가 페스팅거(Leon Festinger)의 인지부조화이론(theory of cognitive dissonance)이다.[21] 인지부조화란 인지의 비일관성을 가리키는 개념으로서, 첫째 둘 이상의 태도 간의 부조화(불일치), 둘째 행동과 태도 간의 불일치(부조화)에서 발생한다. 사람들은 인지가 서로 불일치할 때 불편함이나 긴장(부조화)을 경험하게 되며, 이러한 부조화의 상태는 불편함(discomfort)과 불유쾌한 감정을 유발시키기 때문에 개인은 어떤 형태의 노력을 기울이든지 조화(consonance)의 상태로 돌아가 심리적 균형을 회복하려 한다는 것이다.

사람이 인지의 부조화를 감소시키고자 할 때 다음 세 가지 요인에 의해 영향을 받는다.

① 부조화를 야기한 요소의 중요성

② 개인이 그 요소에 대해 갖고 있는 영향력의 정도

③ 부조화에 수반된 보상(reward)

연구에 따르면 자아이미지(self-image)를 손상시키는 경우에 가장 심각한 인지부조화를 경험하면서 이를 줄이려는 동기부여도 강하게 나타난다고 한다. 우리는 대부분 자신의 이미지에 대해서 긍정적이다. 자신을 도덕적이며 합리적인 존재로 생각하는 것이다. 그런데 이러한 긍정적인 자아이미지를 손상시킬 만한 인지부조화가 일어나면 그로 인한 불편함이 증가하고, 따라서 인지부조화를 해소하여 긍정적인 자신의 모습을 되찾으려는 다양한 인지적 노력을 하게 된다.

3) 태도변화에 대한 저항

태도변화의 과정에서 구성원들은 저항을 하게 된다. 이에는 다음과 같은 것이 있다.

① 주장의 반박 : 이는 자신의 태도와 상반되는 주장이 전달될 때, 그 주장에 대해 반박을 시도하여 자신의 기존 입장의 정당성을 입증하려 하는 것이다.

② 정보원(情報員)의 격하(格下) : 태도변화를 유발하는 정보원에 대해 부정적으로 몰아붙임으로써 반대의견에 대한 위협을 배제하고, 앞으로 나타날 모든 주장도 약화시킬 수 있다는 점에서 매우 효과적인 방법이다.

③ 메시지의 왜곡 : 개인은 자신이 듣고 싶은 것만을 들으려 하기 때문에, 자신의 견해와 상반되는 주장이 나오게 될 경우에는 자신의 태도와 일치시키는 방향으로 그 주장을 왜곡시킨다.

④ 합리화 : 자신의 견해와 상반되는 주장에 대해서 이에 대한 해석을 교묘히 하여 태도변화에 저항하게 된다.

⑤ 전면 거부 : 상반되는 주장에 대해 논리적인 근거를 들거나 그 주장의 원천을 약화시키려 하기보다는 이유 없이 그 주장을 단순히 거부해버리는 형태로 가장 많이 나타나는 태도변화의 저항방식이다.

⑥ 몰입의 상승 : 사람들은 의사결정을 내린 후에 그것이 잘못된 것임을 인식함에도 불구하고 최초에 결정한 것을 그대로 고수하려는 경향을 가지고 있다. 이를 몰입의 상승(escalation of commitment)이라고 하는데, 대개 자신의

체면이나 지금까지 주장해 온 바를 정당화 또는 합리화시키려고 하는 데서 나타나게 된다.

4. 직무 및 조직관련 태도의 유형

오늘날 조직에서는 직무 및 조직관련 태도에 대하여 큰 관심을 갖고 있다. 그 이유는 직무 및 조직관련 태도가 긍정적이라면 조직구성원의 근로생활의 질이 향상된다는 인식에서 비롯한다. 구성원들은 삶의 대부분을 직장에서 일하면서 보낸다. 그러한 직장의 삶이 긍정적이지 못하다면 경영자로서 심각한 도덕적 책임감을 느낄 수 있는 문제인 것이다. 두 번째 이유는 경영자는 직무만족을 포함한 조직관련 태도가 조직성과에 영향력을 미친다고 생각한다는 것이다. 예를 들어 대부분의 경영자들은 직무에 대한 불만족이 일하려는 동기부여를 낮추고, 결과적으로 생산성이 낮아지고 결근율과 이직률이 높아진다고 보고 있다.

1) 직무만족

(1) 직무만족의 정의와 선행요인

직무만족(job satisfaction)이란 자신의 직무에 대한 태도로서, 직무에 대한 평가를 통해 지니게 된 직무에 대한 호의적인 정서라고 정의할 수 있다.[22] 높은 수준의 직무만족을 느끼고 있는 사람은 그렇지 않은 사람보다 자신의 직무에 대해서 긍정적인 정서를 가지고 있다는 것이다. 연구에 의해서 밝혀진 직무만족에 영향을 주는 선행요인은 대체로 다음의 여덟 가지로 요약할 수 있다([도표 4-7] 참조).

| 도표 4-7 | 직무만족의 선행요인

선행요인	내용
직무 자체	도전적이고 충실한 직무가 직무만족에 영향을 준다.
자존감	자존감이 높은 사람은 자신의 업무를 긍정적으로 생각한다.
보상	보상의 절대량과 공정성이 사람들의 직무만족에 중대한 영향을 미친다.
승진기회	승진기회는 직무만족에 다양한 영향을 미친다.
상사	이해심 많고 우호적이며, 부하의 의견을 경청하는 상사가 영향을 준다.
작업집단	좋은 동료관계가 직무만족에 영향을 준다.
작업조건	작업장의 청결, 조명, 온도, 소음, 산업재해발생 위험도 등과 같은 작업조건이 영향을 준다.
일과 가정의 균형	일과 가정의 균형이 있어야 직무만족이 높아진다.

(2) 직무만족과 성과

기업조직의 가장 중요한 관심사인 직무만족과 성과, 생산성과의 관계에 대한 연구는, 오랫동안 수행되어 왔다. 인간관계론 초기에 '행복한 작업자가 생산적인 작업자'(A happy worker is a productive worker)라는 표현처럼 직무만족이 생산성에 직접적인 영향을 미친다는 생각이 계기로 작용하였다. 그러나 연구결과 예상과는 달리 이 둘 사이의 상관관계는 그리 높지 않은 것으로 나타났다. 생산성에 영향을 주는 조직 내·외의 요소가 만족 이외에도 너무 많기 때문이었다. 한편 생산성이 오히려 거꾸로 직무만족에 영향을 미친다는 주장도 제기되었다. 직무를 훌륭하게 수행하면 보다 많은 내재적 보상과 외재적 보상을 받게 되고 이러한 보상이 결과적으로 직무만족수준을 증가시킨다는 것이다.

직무만족과 기타 성과변수들 사이에 관한 연구도 풍성하게 진행되었다. 조직시민행동(Organizational Citizenship Behavior : OCB)이란 조직에서 공식적으로 부과된 직무 이상으로 수행하는 행동으로, 조직 내에서 다른 사람을 돕는 행동, 다른 사람의 말에 귀를 기울이는 행동, 다른 사람을 위험으로부터 구하는 행동, 그리고 협동심을 앙양하고 인간관계를 강화하는 행동 등을 포함하는데,[23] 직무만족은 이러한 조직시민행동과 미약하지만 긍정적인 상관관계를 가지고 있는 것으

로 밝혀졌다.[24]

직무만족과 이직 사이의 관계에 주목한 연구들도 있었다. 직무만족과 이직 사이에는 부정적인 상관관계가 존재하고 있으며, 이 관계는 직무만족과 결근 사이의 상관관계보다 더 높다는 사실을 알 수 있었다.[25]

직무만족과 분명한 상관관계를 보여주는 것은 고객만족이다. 이 둘 사이는 강한 긍정적 상관관계를 가지고 있는 것으로 나타났다.[26] 직무만족이 높은 조직구성원은 고객에게 친절하게 대할 것이라고 기대한다. 긍정적 감정이 고객에게 전달되고 그러한 고객은 다시 긍정적인 감정을 구성원에게 전달해 주고, 이것이 다시 구성원의 긍정적 감정과 직무만족을 높여주는 선순환을 일으키게 되는 것이다.

2) 조직몰입

조직몰입(organizational commitment)은 구성원이 자기가 속한 조직에 애착을 가지고 조직목표에 동일시하며 구성원으로 남아 있기를 원하는 상태를 말한다. 즉 어떤 구성원이 조직의 가치와 목표를 전폭적으로 수용하고, 조직을 위해서 시키지 않는 일도 기꺼이 수행할 준비가 되어 있으며, 조직에 계속 남아 있고자 하는 욕구를 강하게 지니고 있다면, 그 구성원의 조직몰입도는 높다고 말한다. 조직몰입과 직무만족이 비슷한 측면은 있지만 그 분석수준에서 차이가 있다. 사람들이 자신의 직무에는 만족하지만 직장에 대하여는 불만족할 수 있고, 반대로 직무에 대하여는 불만족하지만 직장에 대하여는 애착을 가질 수 있기 때문에 직무만족과 조직몰입은 차별화가 가능한 개념이다.

조직몰입은 다음과 같은 세 가지 형태가 있다.[27]

① 정서적 몰입(affective commitment) : 이 조직몰입의 형태는 구성원이 조직에 대한 감정적 애착과 그 조직의 가치에 대한 신념을 나타낸다. 조직을 위해서 헌신하고자 하는 태도와 행위를 끌어낸다.

② 지속적 몰입(continuous commitment) : 이 몰입형태는 조직을 떠날 경우 그에 따르는 비용이 더 크거나 아니면 대안이 없기 때문에 조직에 계속 남아

있으려는 경우이다.

③ 규범적 몰입(normative commitment) : 조직에 대한 책임감이나 자기자신이나 동료들에 대한 의무감 때문에 조직에 남아 있고자 하는 몰입형태이다. 즉 도덕적 이유로 조직에 남아 있어야 할 의무를 느끼는 것이다.

조직몰입과 생산성의 관계는 높지는 않지만 긍정적인 상관관계를 가진다. 또한 조직몰입은 결근율과 이직률을 낮춘다는 연구결과가 있다. 하지만 조직몰입의 세 가지 형태 중 어느 몰입형태인지에 따라 결과가 크게 차이가 나기도 한다. 최근에는 글로벌화가 가속화되고 M&A 등 환경변화로 인해 구성원의 이동이 일상화되면서 조직몰입을 기대하기가 어려워지고 있다. 오히려 직무몰입을 더 중요하게 받아들이고 있다.[28]

3) 조직지원인식

조직지원인식(Perceived Organizational Support : POS)은 조직이 자신들의 기여를 가치 있게 여기고 그들의 행복에 대해 관심이 있다고 조직구성원들이 믿는 정도를 나타낸다. 어떤 직원은 어쩔 수 없이 저지른 실수에 대해서 회사가 관용을 베풀어 줄 것이라고 믿을 수 있다. 연구결과에 따르면 보상이 공정하고, 의사결정에 직원들의 의견이 반영되며, 상사가 지원을 잘 해준다고 느낄 때 조직이 지원적이라고 느낀다. 높은 수준의 조직지원인식을 가진 구성원은 더 높은 수준의 조직시민행동을 보이고, 근무태만이 낮으며, 훌륭한 고객서비스를 보일 가능성이 높은 것으로 나타났다.

토 | 의 | 문 | 제

01 감정노동에서 표면연기와 심층연기는 무엇인가?

02 감성지능은 무엇인가?

03 레빈의 태도변화과정은 무엇인가?

04 직무만족의 정의와 선행요인은 무엇인가?

05 조직몰입의 세 가지 형태는 무엇인가?

참 | 고 | 문 | 헌

01 신형재 · 권용만 · 권혁기(2015), 조직행동론, 삼영사, p.76.

02 Weiss, H. M., and R. Coropanzano(1996), "Affective Events Theory : A Theoretical Discussion of the Structure, Causes, Consequences of Affective Experiences at Work," in Staw, B. M., and L. L. Cummings(1996), *Research in Organizational Behavior*, Vol.18, Greenwich, C.T. : JAI Press, 1996, pp.17–19.

03 Watson, L., Clark, A., and A. Tellegen(1998), "Development and Validation of Brief Measures of Positive and Negative Affect : The PANAS Scales," *Journal of Personality and Social Psychology*, pp.686–703.

04 임창희(2008), 조직행동, 비앤엠북스, p.75.

05 Gooty, J., Gavin, M., and N. M. Ashkanasy(2009), "Emotion research in O.B. : The challenges that lie ahead," *Journal of Organizational Behavior*, 30, pp.833–838.

06 Fineman, S.(2003), *Understanding Emotion at Work*, London : Sage ; Seo, M., Barrett, L. F., and J. M. Bartunek(2004), "The role of affective experience in work motivation," *Academy of Management Review*, 29(3), pp.423–439.

07 Luthans, F.(2002), "The need for and meaning of positive organizational

behavior," *Journal of Organizational Behavior*, 23, pp.695–706 ; 이동섭 · 조봉순 · 김기태 · 김성국 · 이인석 · 최용득(2009), "긍정심리학의 응용을 통한 인사 조직연구의 새로운 접근," 인사 · 조직연구, 17(2), pp.307–339.

08 Diener, E.(1984), "Subjective wellbeing," *Psychological Bulletin*, 95(3), pp.542–575 ; Diener, E., Suh, E. M., Lucas, R. E., and H. L. Smith(1999), "Subjective wellbeing : Three decades of progress," *Psychological Bulletin*, 125(2), pp.276–302.

09 Amabile, T. M., Barsade, S. G., Mueller, J. S., and B. M. Staw(2005), "Affect and creativity at work," *Administrative Science Quarterly*, 50, pp.367–403 ; Staw, B. M., Sutton, R. L., and L. H. Pelled(1994), "Employee positive emotion and favorable outcomes at the workplace," *Organization Science*, 5, pp.51–71 ; 박상언(2012), "직무수행과정에서 지각된 정서적 안정이 직무요구–자원 모형에서 수행하는 역할에 대한 실증연구," 인사 · 조직연구, 20(1).

10 Fredrickson, B. L.(2005), "Positive emotions," In Snyder, C. R., and S. J. Lopez(Eds.), *Handbook of Positive Psychology*, N.Y. : Oxford Unix Press, pp.120–134 ; 구재선(2009), "행복은 심리적 자원을 형성하는가," 한국심리학회지 : 사회 및 성격, 23(1), pp.165–179.

11 김주엽 외 공저(2013), 조직행위론, 경문사, p.101.

12 Grandey, A. A.(2000), "Emotional regulation in the workplace : A new way to conceptualize emotional labor," *Journal of Occupational Health Psychology*, 5, pp.95–110 ; Morris, J. A., and D. C. Feldman(1996), "The dimensions, antecedents, and consequences of emotional labor," *Academy of Management Review*, 21, pp.986–1000.

13 Diefendorff, J. M., and E. M. Richard(2003), "Antecedents and Consequences of Emotional Display Rule Perceptions," *Journal of Applied Psychology*, Vol.88, pp.284–294 ; Morris, J. A., and D. C. Feldman(1997), "Managing Emotions in the Workplace," *Journal of Managerial Issues*, Vol.9, pp.257–274.

14 Pugh, S. D.(2001), "Service with a Smile Emotional Contagion in the Service Encounter," *Academy of Management Journal*, Oct., pp.1018–1027.

15 Abraham, R.(1999), "Emotional intelligence in organizations : A conceptualization," *Genetic, Social, and General Psychology Monographs*, 125, pp.209–224.

16 Salovey, P., and J. D. Mayer(1990), "Emotional Intelligence," *Imagination, Cognition, and Personality*, 9(3), pp.185–211.

17 Goleman, D.(1995), *Emotional Intelligence*, New York : Bantam ; Goleman, D.(1998), *Working with emotional intelligence*, New York : Bantam.

18 Huy, Q. N.(1999), "Emotional capability, emotional intelligence, and radical change," *Academy of Management Review*, 24(2), pp.325-345 ; Jordan, P. J., Ashkanasy, N. M., Harter, C. E. J., and G. S. Hooper(2002), "Workgroup emotional intelligence : Scale development and relationships to team process effectiveness and goal focus," *Human Resource Management Review*, 12(2), pp.195-214.

19 Abraham, R.(1999), "Emotional intelligence, in organizations : A conceptualization," *Genetic, Social, and General Psychology Monographs*, 125, pp.209-224 ; Cote, S., and C. T. H. Miners(2006), "Emotional intelligence, cognitive intelligence and job performance," *Administrative Science Quarterly*, 51, pp.1-28.

20 신구범(2012), 조직행위론, 형설출판사, p.99.

21 Festinger, L.(1957), *A Theory of Cognitive Dissonance*, Evanston, Ill. : Row, Peterson.

22 Robbins, S. P.(2005), *Organizational Behavior*, 11th ed., Upper Saddle River, N.J. : Pearson Education, Inc.

23 Smith, C. A., Organ, D. W., and J. P. Near(1983), "Organizational Citizenship Behavior : Its Nature and Antecedents," *Journal of Applied Psychology*, 68, pp.655-663.

24 Lepine, J. A., Erez, A., and D. E. Johnson(2002), "The Nature and Dimensionality of Organizational Citizenship Behavior : A Critical Review and Meta-Analysis," *Journal of Applied Psychology*, Fed., pp.52-65.

25 Griffeth, R. W., Hom, P. W., and S. Gaertner(2000), "A Meta-Analysis of Antecedents and Correlates of Employee Turnover : Update, Moderator Tests and Implications for the Next Millenium," *Journal of Management*, 26, p.479.

26 Griffith, J.(2001), "Do Satisfied Employes Satisfy Customers? Support-Services Staff Morale and Satisfaction Among Public School Administrators, Students, and Parents," *Journal of Applied Psychology*, August, pp.1627-1658.

27 Meyer, J. P., and N. J. Allen(1991), "A Three Component Conceptualization of Organizational Commitment," *Human Resource Management Review*, 1, pp.61-89.

28 Robbins, S. P.(2005), *Organizational Behavior*, 11th ed., Upper Saddle River, N.J. : Pearson Education, Inc.

CHAPTER

05 지각

여는 이야기 김 대리가 일 못하는 진짜 이유…'확신의 덫'

2011년에 나온 할리우드 영화 〈스트레스를 부르는 그 이름 직장상사(원제 'Horrible Bosses')〉에서는 다양한 종류의 상사들이 등장한다. 영화 제목처럼 이들은 상상을 초월한 방법으로 직원들에게 스트레스를 준다. 출근시간보다 일찍 나와도 자기보다 늦으면 지각이라고 트집 잡고, 승진을 미끼로 밤낮 부려먹고는 나 몰라라 오리발을 내밀기도 한다. 하지만 상사와 부하직원과의 불편한 관계는 굳이 영화를 찾지 않더라도 현실세계에서 무궁무진하다. 다만 영화에서처럼 부하직원들의 통쾌한 복수전을 꿈꾸기가 힘들다는 점이 차이다.

보통의 경우 직장상사와 부하직원은 같은 목표를 향해 달리는 동반자관계다. 하지만 같은 사무실에 있으면서 가장 많은 오해와 갈등이 생기는 사이도 이들의 관계다. 최근 미국에서 실시된 조사에서 직장인 42%가 "소리를 지르거나 언어적인 학대가 빈번히 발생하는 환경에서 근무하고 있다"고 답했다. 영국에서도 5,000명의 직장인을 대상으로 한 설문조사에서 절반가량이 "괴롭힘을 당했거나 목격한 적이 있다"고 말했다. 이 같은 스트레스로 인해 발생하는 실질적인 손실은 구체적인 수치로도 입증됐다. 미국 조사에서는 "부당대우로 인해 직원들의 24%가 업무의 질과 양이 떨어지는 경험을 했고, 28%가 괴롭힘을 피하는 데 업무시간을 허비했다. 52%는 미해결된 상황에 대한 걱정으로 업무시간을 보냈다"고 밝히고 있다.

가장 흔한 악순환의 시나리오는 다음과 같이 요약된다. 상사 A는 부하직원 B가 맡은 프로젝트를 제대로 처리하지 못할 것이라고 판단해 그에게 더 자주, 더 자세히 업무에 대해 지시했다. 하지만 B는 상사가 자신을 감시하고 있으며, 일에 대해서도 믿고 맡기지 못한다고 여겼다. 처음에 B는 상사의 그런 태도에 반발도 해봤지만 그래봤자 자신에 대한 상사의 생각이 별로 바뀌지 않는다는 것을 알게 됐다. B가 선택한 방법은 가급적 상사의 눈에 띄지 않는 것이었다. 상사 A는 부하직원이 업무에 소극적으로 나오자, 자신의 판단을 더 확신하게 됐다. B가 성과가 안 좋은 직원임이 틀림없다고 믿은 상사 A는 중요하고 위험한 업무를 다른 믿을 만한 직원에게 넘겼다. 이에 좌절한 부하직원은 급기야는 상사의 지시를 무시하거나 심지어 말다툼까지 하게 됐다.

어느 회사에서나 빈번하게 등장하는 이 레퍼토리를 프랑스 인시아드(INSEAD) 경영대학의 장 프랑

수아 만초니 교수는 '필패 신드롬'(set-up-to fail syndrome)이라고 정의했다. "성과가 낮은 직원으로 낙인찍힌 직원들은 상사의 낮은 기대치에 맞는 성과를 내게끔 유도되고, 결국에는 개인도 조직도 실패할 수밖에 없는 역학구도"가 된다는 이론이다. 다른 사람으로부터 부정적인 평판을 받은 사람이 실제로 그렇게 되는 현상을 가리키는 '낙인효과'의 직장 버전이라고 볼 수 있다. 만초니 교수는 지난 15년 동안 현장에 있는 리더 3,000명을 대상으로 무수히 많은 '필패 신드롬'을 전해 듣게 됐다. 이를 종합적으로 정리한 책이 신간 『확신의 덫』이다. 이 책의 부제 '유능한 사람이 왜 무능한 사람이 되는가'는 오늘날 많은 조직이 고민하고 있는 문제 중 하나다.

책에서 저자는 관리자, 팀장, 리더, 혹은 단 한 명의 부하라도 있는 사람이라면 '확신의 덫'을 주의하라고 당부한다. 불확실하고 정보가 넘치는 상황에서 관리자들은 의사결정을 빠르고 편리하게 하기 위해 '꼬리표 붙이기'를 즐겨 이용한다. 저자가 만난 리더들은 사람을 평가하는 데 10분, 혹은 6개월이면 충분하다고 답했다. 하지만 이처럼 "꼬리표 붙이는 속도가 빠르면 빠를수록 유능한 직원이 무능한 직원으로 전락해버리는 경우가 많다"고 저자는 지적한다. 또 '유능한 직원'이라는 꼬리표가 붙은 직원에게도 이 상황은 환영할 만하지 않다. "상사로부터 지나친 신뢰를 받아 다른 직원의 일까지 떠맡아야 하지만 지원은 받지 못하는 상황"이 달가울 리가 없기 때문이다.

에릭 슈미트 구글 회장도 비슷한 일을 겪고 다음과 같은 말을 남겼다. "두려움에 사로잡힌 문화 속에서는 사람들이 해고될까봐 걱정하기 때문에 자신의 감정을 억누르려 든다. 자신을 자를지도 모르는 상사에게 불평하는 대신 그들은 동료들에게 불평을 늘어놓는다. 이런 상황은 불평이 만연한 전사적 차원의 냉소주의를 낳는다." 책에서는 문제의 원인분석과 함께 나름의 처방책도 제공한다. 상사와 부하직원의 '솔직한 토론'이 지속적으로 있어야 하며, 불편하더라도 이들이 테이블에 마주 앉는 기회가 더 많이 제공돼야 한다는 것이다. '불편함을 편안함으로 바꾸는 대화법', '열린 마음 유지하기', '대화에 필요한 분위기 조성하는 법' 등 구체적인 방법들은 고민이 많은 상사들에게 유용할 것으로 보인다. 부하직원들 역시도 상사의 의도를 지나치게 오해하지는 않았는지 점검하도록 한다.

하지만 '필패 신드롬'이 상사-부하의 관계에서만 적용되는 것은 아니다. 부모-자식, 교사-학생, 코치-선수 등 다양한 인간관계에서 '확신의 덫'에 빠진 사람들이 읽어두면 좋을 책이다. "내가 선수의 능력을 무조건적으로 신뢰한다는 사실을 선수가 확신하기 전까지는 절대로 선수를 비판하지 않는다"는 미국 남가주대학의 미식축구 수석 코치 존 로빈슨의 말도 귀담아들을 만하다.

자료 : 아시아경제, 2014.4.1.

5.1 지각의 개념

1. 지각의 정의

개인행동에 있어 개인차를 만드는 하나의 요인이 지각이다. 지각(perception)은 미(美)와 같은 것이어서, 제 눈에 안경이란 말이 있듯이 지각하는 사람의 눈에 따라 달라진다. 따라서 사물 또는 사건을 어떻게 보는가 하는 지각은 각자의 행동을 달리하게 하며 각자의 인간관계에 지대한 영향을 미치게 된다.

같은 환경이라도 사람에 따라 환경에 대해 서로 다른 의미를 부여한다. 예를 들어 신문을 펼쳐들 때, 똑같은 환경자극에 대하여 사람에 따라 서로 다른 의미를 부여할 수 있다. 즉 지각과정은 환경적 자극과 개인특성 간의 상호교류과정이라고 볼 수 있다. 지각에 대한 개념정의를 하면, 첫째 환경으로부터 정보를 얻고 의미를 만드는 복잡한 과정이다. 둘째, 환경에 관한 정보를 받아서 해석하는 과정이다.[01]

이를 종합해보면 지각이란 개인이 자기가 처한 세상을 이해하기 위하여 감각적으로 획득한 정보를 선택(select), 조직화(organize), 해석(interpret)하는 과정으로 볼 수 있다.

2. 지각과정

환경으로부터의 자극이 지각되어 행동이 형성되기까지는 복잡한 과정을 거치게 된다. 지각과정에 포함되는 중요 요소와 이들 사이의 연결관계를 요약하면 [도표 5-1]에서 보는 바와 같다.

| 도표 5-1 | 지각과정

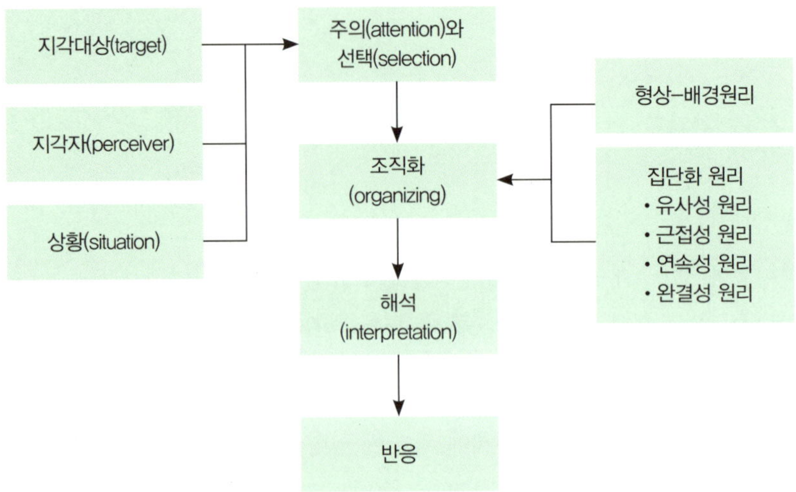

자료 : 김주엽 외 공저(2013), 조직행위론, 경문사, p.152.

1) 주의(attention)와 선택(selection)

지각의 첫째 과정은 자극이 생리적으로 감지(sense)되는 것이다. 감지과정은 개인의 생리적인 감지기능에 따라 정도와 성격이 다르다. 개인은 일반적으로 주어진 자극을 모두 감지하기보다는 이들을 선택하여 자기에게 관련된 자극이나 자기에게 유리한 자극만을 선택하여 감지하는 경향이 있다. 이것을 선택적 지각(selective perception)이라고 한다.

먼저 지각자는 주변의 지각대상들 중에서 일부에만 주의집중(attention)을 하게 되는데, 이 주의집중과정에 지각대상, 지각자 그리고 상황 등이 영향을 미치게 된다. 연구에 따르면 지각대상자들 중에서 큰 것, 움직이는 것이나 특이한 것과 같은 자극들이 작은 것이나 정지한 것, 평범한 것들보다 더 주의집중을 잘 받으며, 지각자의 욕구나 기대수준, 경험들도 이 과정에 상당한 영향을 미치는 것으로 알려지고 있다. 지각이 이루어지는 상황의 위급 여부나 분위기도 이 과정에 영향을 미칠 수 있다.

2) 조직화(organizing)

주의집중을 통해서 받아들여진 자극들은 조직화과정을 거친다. 조직화과정은 크게 두 가지 원리에 의해서 진행되는데, 그 하나가 형상-배경(figureground) 원리로서 받아들인 자극들 중 중요하게 여기는 일부를 형상으로, 나머지는 배경으로 처리한다. 이때 사람마다 중요하게 여기는 것이 서로 다를 수 있기 때문에 형상과 배경이 사람에 따라 달라질 수 있다. 형상(figure)으로 받아들인 자극은 집단화(grouping) 원리를 통해서 단순화하는 과정을 거친다. 비슷한 자극들을 모아서 받아들이고(유사성), 장소적으로나 시간적으로 근접한 것들끼리 묶어서 받아들이고(근접성), 규칙성을 가지고 있는 것은 앞으로도 그러한 패턴을 유지하는 것으로 받아들인다(연속성). 그런가 하면 형상화된 자극이 불완전하면 그것을 완전한 형상으로 바꾸어버리는 원리(완결성)도 일어난다.

조직화과정은 감지된 자극과 해석된 모든 상황을 정리하고 이에 대한 종합적인 의미를 부여하는 것이다. 일반적으로 개인의 준거체계를 통하여 선택된 자극을 해석하고 평가하는 과정에서 개인은 원래 감지한 상황보다는 더 많은 정보와 의미를 추가하게 된다. 이와 같은 지각과정은 무의식중에 순간적으로 이루어지게 된다. 선택, 해석, 조직화와 정리 등의 부분적 과정이 동시에 일어나면서 상황에 대한 만족스런 의미가 부여될 때까지 계속 피드백이 되풀이된다.

3) 해석(interpretation)

조직화과정이 끝나면 우리는 그 형상에 의미를 부여하게 된다. 이러한 의미부여는 조직화과정을 마친 형상과 기억 속에 들어 있는 유사한 기본틀을 비교함으로써 이루어진다. 이렇게 우리들의 기억 속에 들어 있는 지각대상에 대한 단순화된 기본틀 또는 요약본을 스키마(schema)라고 한다. 스키마란 우리의 주변 세계에 대해서 획득한 지식을 조직화하는 정신구조라고 말할 수 있는 것으로, 우리들은 주위환경에 대한 경험들을 통해서 기억 속에 수많은 형태의 스키마들을 쌓아가게 된다.

감지된 자극은 개인의 성격과 욕구, 과거의 경험, 가치관, 자아개념 등 준거체계에 의하여 해석되어 특정한 의미를 부여받게 된다. 이 과정에서도 역시 개인은 자신을 보호하고 유지하여 향상시키는 방향으로 감지된 자극을 해석하고 평가하려는 경향이 있다.

5.2 타인평가이론

타인평가이론에는 크게 두 가지가 있다. 인상형성이론은 타인과 접촉이 별로 없고 정보를 가지고 있지 않는 상황에 적용하는 이론이다. 귀속이론은 상당한 접촉이 있는 상태에서 타인의 행동원인을 분석하여 일정한 판단을 하는 이론이다.

지각이론 중에서 대인지각은 타인평가이론에 적용할 수 있다. 관리자는 조직생활에서 사람들을 지각하여 평가해야 되는 경우가 많다. 이와 같은 평가과정을 분석하여 타인평가에서 발생할 수 있는 오류를 이해하는 것은 조직행동의 관리에서 매우 중요하다.

1. 인상형성이론

사람을 처음 만나거나 상대에 대하여 정보를 별로 가지고 있지 않을 때는 한정된 정보를 가지고 사람에 대한 인상을 형성하며 이렇게 형성된 인상은 매우 오래 지속되는 경향이 있다.

인상형성에는 일관성의 원리, 중심특질과 주변특질의 원리, 합산원리와 평균원리 등의 몇 가지 원리가 있다.

1) 일관성의 원리

사물을 지각할 때와는 달리 사람을 지각할 때는 지각대상을 구성하고 있는 부분들이 상호배타적인 정보를 가지고 있어도 어느 한쪽의 정보에 의해서만 지각하는 경향이 강하다.

자동차의 경우 색깔은 좋은데 모양이 싫다든지, 가격은 싸지만 메이커가 마음에 들지 않는다와 같이 상반된 정보를 혼합하여 지각하지만, 사람을 지각하여 평가할 경우는 마음은 착한데 능력이 없다와 같이 평가하는 것이 아니라 '마음이 착한 사람'이나 '능력이 없는 사람' 중의 어느 하나로 평가하는 경우가 그 예이다.

2) 중심특질과 주변특질의 원리

이것은 타인평가의 경우 중심특질만을 지각하고 주변특질은 지각하지 않는 원리이다. 갑은 지적이고 실천적이며 신중한 반면에 '온화'하고, 을도 갑과 동일한 특질이 있으나 '냉정'한 측면이 뚜렷할 경우 갑은 '온화한 사람', 을은 '냉정한 사람'으로 평가하는 경향이 그 예이다. 평가차원의 특질들이 중심특질로 지각될 가능성이 높다.

3) 합산원리와 평균원리

대인 지각과정에서 인상형성을 구성하는 여러 가지 정보를 합산하는 원리와 각 정보를 평균하는 원리이다.

합산원리는 형성된 인상이 여러 특질들의 단순한 합계라는 원리이다. 어떤 사람이 친절하고 충실하다는 정보에 +3의 호의적인 평가를 하고 있을 경우에 진지하고 지적이라는 +3의 정보가 추가되면 +6의 호의적인 태도를 가지게 되는 것이 그 예이다.

평균원리는 투입된 정보의 중요도가 같을 경우 단순평균의 형태로 인상을 형성한다는 원리이다. +4인 호의적인 정보가 투입되고 +2인 정보가 투입되었을 때 +6의 호의적 인상을 형성하는 것이 아니라 +3의 호의적인 인상을 형성한다는 것

이다.[02]

2. 귀인이론

1) 귀인이론의 개념

우리는 사람들의 행위를 관찰할 때 그 행위가 왜 발생했는지 원인을 추론하고자 한다. 이렇게 사람들이 행위와 행위 결과의 원인을 추론하는 과정을 귀인(歸因)과정(attribution process)이라고 한다. 행동의 원인을 찾아내거나 추론할 때 사람들은 공통적인 패턴을 보이는데 이를 연구하는 것이 귀인이론이다. 지각자는 이러한 귀인과정을 통해서 현재 이루어지고 있는 행위를 이해할 수 있을 뿐만 아니라 행위자에 대한 지각자의 반응을 예측할 수 있게 된다.

귀인이론은 우리가 특정한 행동에 부여하는 의미에 따라서 사람들을 다르게 판단하는 방식을 설명한다. 즉 그 행동이 그 사람의 내면의 의도(노력, 행위 등)로 인해서 일어났는지 아니면 외부적인 요인(과업특성, 운 등)에 의하여 일어났는지 판단하려 한다.

내부적 귀인(internal attribution)으로 생긴 행동은 그 개인의 통제하에서 일어났다고 인식하는 것이며, 외부적 귀인(external attribution)으로 생긴 행동은 상황으로 인해 행동을 할 수밖에 없었을 것이라고 간주한다.[03]

만약에 직원 중 한 명이 지각을 했다면 상사는 그가 늦잠을 잤기 때문이라고 생각할 수 있다. 이것은 내부적 귀인을 하는 것이다. 그가 지각한 이유가 교통사고 때문에 길이 막혔다고 생각한다면 외부적 귀인을 하는 것이다. 내부적 귀인인가 외부적 귀인인가에 따라 행동반응, 즉 그 사람에 대한 평가가 달라지기 때문에 그 판단이 중요한 것이다.

2) 켈리의 귀인이론

사람들이 언제 내부귀인을 하고 언제 외부귀인을 하는지 알아낼 수 있다면 타인평가에 도움이 될 것이다. 켈리(H. H. Kelley)는 사람들이 외부 또는 내부로 귀인하기 전에 특이성, 합의성, 일관성의 세 가지 기준에 맞추어보고 난 후 타인행동의 원인이 그 사람 자신에 있는지 아니면 타인, 상황 혹은 운에 있는지 판단한다고 하였다.[04]

이와 같이 내부적 귀인 또는 외부적 귀인의 판단을 좌우하는 세 가지 요인은 다음과 같다.

첫째, 특이성(distinctiveness)은 어떤 한 사람의 특정 행동과 다른 행동을 비교하여 판단하는 기준이다. 오늘 회사에서 한 직원이 지각을 했을 때, 그 직원이 어쩌다 지각했다면 동료들은 아마도 외부적인 귀인을 하게 될 것이지만, 자주 한다면 내부적인 귀인을 하게 될 것이다.

둘째, 비슷한 상황에 처한 모든 사람들이 같은 방식으로 행동한다면 그 행동에 합의성(consensus)이 있다고 할 수 있다. 만약 그날 같은 지하철을 타고 출근한 다른 직원들도 모두 늦었다면 그 직원의 지각은 합의성의 기준에 부합한다. 합의성이 높을 때에는 외부적인 귀인을 하게 될 것이다. 만약 같은 지하철을 타고 출근하는 다른 직원들은 제 시간에 맞춰 왔다면 지각은 그의 내부적인 요인에 의한

도표 5-2 귀인이론

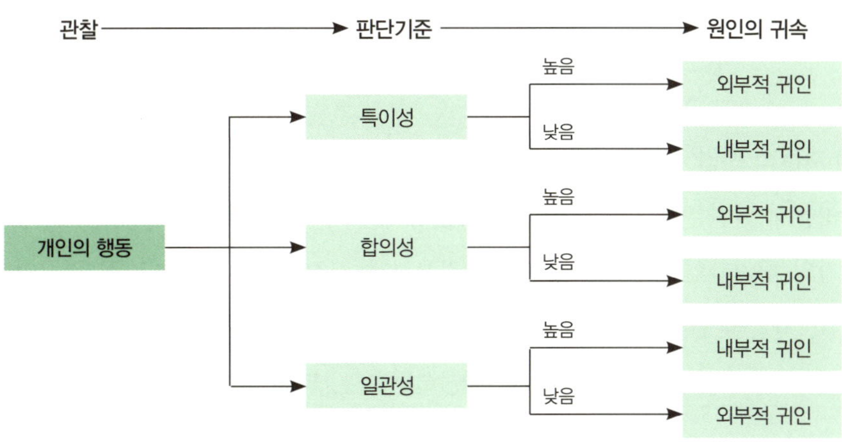

것이라고 할 것이다.

셋째, 일관성(consistency)은 특정 행동의 반복적인 지속성을 말한다. 똑같은 10분 지각이라도 지난 몇 달 동안 한 번도 지각한 적이 없던 직원의 경우와 일주일에 두세 번씩 지각을 하는 직원의 경우를 같이 인식하지는 않는다. 행동에 일관성이 있을수록 사람들은 그 행동이 내부적인 요인에 의한 것이라고 할 것이다.

3) 귀속과정에서의 편견

귀인이론은 우리가 행위의 원인을 어느 방향으로 귀속시키느냐 하는 것을 매우 합리적이고 논리적으로 설명해 주고 있다. 그러나 사람들은 자신의 행위는 외적인 것으로 귀속시키고 타인의 행위는 내적인 것으로 돌리려는 경향이 있는데 이러한 편견들로는 행위자–관찰자 효과와 자존적 편견이 있다.

(1) 행위자–관찰자 편견

행위자–관찰자 효과는 자신의 행위는 상황적 · 외적으로 귀속시키고 타인의 행위는 내적으로 귀속시키려는 편견이다. 즉 똑같은 행동도 자신이 행위자일 때와 다른 사람의 행위를 관찰할 때에는 이유를 다르게 찾는 현상을 말한다. 따라서 행위자–관찰자 효과는 귀인오류의 연장으로 볼 수 있는데, 특히 타인의 행위에 대한 기질의 설명은 과대평가하는 것뿐만 아니라 자신의 행위에 대해서는 과소평가하는 경향이 있고 자신의 행동의 상황적 요인을 과대평가하는 경향으로 이어진다.

(2) 자존적 편견

자존적 편견은 평가자가 자신의 자존심이나 자아를 지키고 높이는 방향으로 행위자의 행위원인을 귀속시키려는 편견으로 동기적 편견 혹은 이기적 편견이라고 한다. 자존적 편견은 실패하는 것에 대한 책임은 부정하는 데에 비해서 성공하는 것에 대한 책임감은 긍정하는 경향을 설명한다. 따라서 이는 자존감의 유지수단으로 생각되어 왔다. 이는 앞에서 언급한 행위자–관찰자 효과와 유사한데, 행위자–관찰자 편향의 원인은 정보의 부족이고 자존적 편견의 원인은 '자존감'이라는 원인의 차이가 있다.

3. 대인지각의 오류

1) 선택적 지각

우리는 눈앞에 보이는 모든 것을 완전히 지각하기란 불가능하며 특정한 일부 자극만 받아들이게 된다. 그래서 어떠한 사람, 물체, 사건을 두드러지게 만드는 특징은 그것을 지각할 가능성을 더 높게 한다. 선택적 지각(selective perception)은 '빠르게 파악'할 수 있도록 도와주지만 정확하지 않다는 위험도 수반한다. 사람들은 자신이 보고 싶은 것만을 보고, 모호한 상황에서 검증되지 않은 결론을 도출하기도 한다.

2) 후광효과

후광효과(halo effect)는 사람들이 지능, 사회성 혹은 외모와 같이 한 가지의 특징만으로 개인에 대한 전반적인 인상을 결정하는 현상을 말하며 현혹효과라고도 한다. 예를 들어 직장에서는 일찍 출근하는 직원을 보다 유능한 직원이라고 인식하고 있다. 그런데 직장에 일찍 출근한다는 사실은 성과와는 관계가 없는 독립적인 것이다. 사람을 평가할 때 후광효과가 발생하면 제대로 된 평가를 내리기가 어렵게 된다. 그럼에도 불구하고 후광효과는 대인지각과정에서 빈번하게 나타난다. 후광효과도 스테레오타이프와 같이 사람에 대한 판단을 신속하게 하는 또 하나의 지름길이기 때문이다.

3) 대비효과

사람은 다른 사람을 지각할 때 그 사람만을 두고 지각하는 것이 아니라 과거에 경험했던 사람들과 비교해서 지각하게 된다. 대비효과(contrast effect)란 사람을 지각할 때 최근에 조우했던 동일한 특성을 가진 사람과 비교를 통해서 지각하게 되는 현상을 말한다. 예를 들면 순서대로 나와서 하는 체조경기나 피겨스케이팅과 같은 스포츠경기 또는 채용면접시험 등이 있다.

4) 스테레오타이핑

누군가를 판단할 때 개인 간의 차이를 충분히 고려하지 않고 그 사람이 속한 사회적 집단의 속성으로 범주화해서 판단하는 것을 스테레오타이핑(stereotyping, 상동적 태도)이라 한다. 즉 지각자(perceiver)가 동호회나 출신지역, 직업 또는 성별과 같은 사회집단에 대해서 갖고 있는 스키마를 의미한다. 이것은 지각자가 특정 집단구성원들에게 과도하게 단순화된 믿음이나 기대를 적용하는 것이며, 스테레오타이핑을 통한 일반화는 선택을 빨리 내릴 수 있게 도와준다.

일반화는 복잡한 세상을 단순하게 만들어 주는 훌륭한 도구이다. 문제는 잘못된 일반화를 하거나 과도한 일반화를 할 때 발생한다. 우리는 조직 내에서 "남자들은 아이 양육에 관심이 없다", "나이 많은 직원들은 새로운 기술을 배울 수 없다" 등과 같이 성, 나이, 종교, 인종에 기반을 둔 스테레오타이핑들을 볼 수 있다. 불공정하거나 부정확하게 스테레오타이핑을 사용하고 있지 않은지 스스로를 자주 체크하는 습관을 가져야 할 것이다.

스테레오타이핑은 다음과 같은 네 단계를 거쳐 이루어진다.

첫째, 지각 대상자를 성별, 출신지역, 나이 등과 같은 준거기준에 따라 특정 집단으로 분류한다.

둘째, 그 집단에 속한 모든 사람들은 동일한 자질과 특성을 공유하고 있다고 추정한다.

셋째, 이러한 스테레오타이핑에 의거해서 지각대상자들에 대한 기대를 형성하고 그들의 행동을 해석한다.

넷째, 마지막으로 이렇게 적용된 스테레오타이핑은 그것과 부합되는 사례는 당연한 것으로 받아들이고, 부합되지 않는 경우는 예외적인 것으로 처리하면서 그 태도는 유지 · 강화된다. 따라서 스테레오타이프는 한 번 형성되어 적용하기 시작하면 오랫동안 지속된다.

스테레오타이핑은 긍정적으로 작용할 때도 있지만 그것이 미치는 부정적인 측면도 많다. 특히 우리 사회 전반에 걸쳐서 부정적인 영향력을 미치고 있는 성별이나 학력에 대한 차별, 출신지역에 따른 편견, 세대 간의 몰이해 등이 이러한 스테레오타이핑에 기반을 둔 것이다. 항상 사람을 판단할 때 그가 속한 집단과 분리해서 개인 차이를 충분히 고려하여 판단하고자 하는 태도를 가져야 할 것이다.

5) 투사

투사(投射, projection)란 지각대상을 설명하는 데 있어 자신의 생각과 느낌에 비추어 보는 것을 말한다. 다시 말하면 해석과정에서 자기자신이 준거틀(frame of reference)이 되는 것이다. 가장 일반적인 현상은 자신의 부정적 또는 긍정적 특성을 타인에게 투사하는 것이다. 예를 들면 조직에서의 직무와 직장에 만족을 느끼는 직원은 동료가 불만족하기 때문에 직장을 옮긴다고 생각하지는 않는다. 반면에 직무와 직장에 불만족을 느끼는 직원은 동료가 직장을 옮기는 이유가 바로 불만족에 있다고 생각하게 되는 것이다.

일반적으로 경영자들은 자기실현과 성취감을 중요하게 생각하고, 직장에서 높은 지위에 오르는 것을 성공이라고 생각한다. 문제는 종업원들도 모두 그럴 것으로 생각하고 그들의 업무를 더 복잡하게 설계하고, 승진기회를 제공함으로써 동기를 부여하고자 한다는 것이다. 그러나 연구에 따르면 종업원들은 경영자와 달리 자기성취감이나 승진보다는 가정의 행복을 더 중시하고, 업무재설계로 직무의 복잡성과 책임감이 느는 것보다는 단순한 직무와 넉넉한 보수를 더 선호한다고 나타났다.

6) 유사효과

사람들은 보통 자신과 유사한 사람들을 좋아하는 경향이 있다. 또한 싫어하는 사람보다 좋아하는 사람을 더 호의적으로 평가하기 때문에, 조직상황에서 또 다른 지각오류의 원천을 제공하는 것이다. 이를 유사효과(similar-to-me effect)라 한다.

다음과 같은 세 가지 형태의 유사성이 실질적으로 이러한 영향을 끼치게 된다.

첫째, 지각된 유사성(perceived similarity)이란 주어진 작업환경에서 개개인이 유사한 외모와 가치, 작업습관(work habit) 등을 공유하는 정도를 말한다.

둘째, 지각적 일치(perceptual congruence)는 상사와 부하 등 구성원들이 중요한 요인에 대해 유사한 관점을 가지고 있는 정도와 관련된다.

셋째, 인구통계적 유사성(demographic similarity)이란 인종, 연령, 교육수준 등의 유사 정도와 관련된다.

5.3 지각과 의사결정

1. 지각과 의사결정의 관계

조직구성원들은 누구나 두 가지 이상의 대안 중 어느 한 대안을 선택하는 의사결정을 하게 된다. 경영자들은 조직의 목표설정, 어떤 상품이나 서비스를 제공해야 할 것인지, 어떻게 사업자금을 조달할 것인지 혹은 새로운 공장을 어느 지역에 건설해야 할지 등과 같은 결정을 내려야 한다. 요즘 조직들은 그동안 경영진에게만 주어졌던 의사결정권을 구성원들에게 위임하는 경향이 많아졌다. 따라서 의사결정은 조직행동의 중요한 부분이 되었다. 그런데 사람들이 결정을 내리는 방법이나 의사결정의 질은 그들의 지각에 영향을 받고 있다.

의사결정(decision making)이란 문제를 인식하여 가능한 대안들을 탐색 · 평가 · 선택하는 일련의 과정을 의미한다. 조직에서 경영자는 물론 일반 사원들도 끊임없이 의사결정을 하게 된다. 그리고 이러한 의사결정이 자신은 물론 그 의사결정과 관련이 있는 다른 사람, 나아가서는 조직의 성과에 영향을 미치게 된다. 모든 의사결정에는 정보를 해석하고 평가하는 과정이 들어 있다. 우리는 다양한 곳에서 정보를 얻으며, 그 정보를 선택 · 가공하며 해석한다. 어떤 정보가 관련이 있고, 어떤 정보가 관련이 없는가? 이때 의사결정자의 지각이 중요한 역할을 한다. 대안을 모색하고 대안의 장 · 단점을 평가하는 것도 의사결정과정이다. 이 과정도 개인의 지각과정에 영향을 받는다. 또한 의사결정과정 전체에서 지각왜곡(perceptual distortion)으로 인해 판단과 의사결정이 흐려지기도 한다.

2. 의사결정모형

1) 합리적인 의사결정모형

의사결정과정을 설명하는 가장 보편적인 모형은 '합리적 의사결정모형'(rational decision making model)이다. 이 모형의 가정은 사람들이 의사결정을 할 때 경제적 합리성을 추구한다는 것, 즉 사람들은 가능한 한 적은 비용과 노력을 들이면서도 가장 큰 효익을 가져다주는 대안을 추구해간다는 것이다. 합리적 의사결정모형은 대부분 의사결정의 주체로서 합리적 경제인(economic man)을 가정하는 경제학적 분석에서 전제되어 왔다. 이 모형에서는 다음의 다섯 단계를 거쳐 경제적 성과의 극대화 목표를 추구할 것이라고 가정하고 있다.[05]

(1) 문제의 인식과 정의

문제의 인식이란 현재의 상태와 바람직한 상태 사이의 차이를 지각하는 것이다. 이것이 의사결정의 토대가 된다. 문제의 인식을 위해서는 의사결정자에게, 첫째 조직 또는 개인의 목표의 인식, 둘째 그러한 목표의 달성 여부의 식별, 셋째 차이의 중요도의 평가 등이 요구된다.

(2) 정보탐색

현 상태와 바람직한 상태의 차이가 심각하다고 지각하게 되면 왜 그러한 문제가 발생하게 되었는가를 분석하는 정보탐색의 단계에 돌입한다. 이 단계에서 의사결정자는 문제와 문제해결방법에 관한 정보를 수집한다.

(3) 대안창출

의사결정의 세 번째 단계는 가능한 해결책을 개발하고 확인하는 것이다. 이 단계에서는 앞 단계에서 수집된 정보를 기초로 여러 가지 해결책, 즉 대안을 창출하게 된다. 이러한 과정에는 많은 창의력과 유연성이 요구된다.

대안창출을 위한 방법은 다음과 같다.[06]

첫째, 과거에 했던 여러 행위들이 대안창출에 가장 많이 사용되는 원천이 된다. 다른 기업 또는 사람이 이미 했던 것과 정확히 똑같은 것을 고려하는 방법, 동일한 문제를 다루었던 조직을 방문하여 거기서 얻은 것을 대안창출에 이용하는 방법, 과거에 고려했던 대안들을 새롭게 바꿈으로써 대안을 창출하는 방법 등이 있다.

둘째, 외부 컨설턴트의 도움으로 대안을 창출하는 의사결정모형이 있다.

셋째, 이전에 전혀 경험하지 못한 새로운 문제일 때 경영자는 새로운 아이디어를 창출하기 위해서 여러 원천(조직 내부의 스태프, 외부 컨설턴트, 다른 기업의 경영자 등)을 찾게 된다. 중요한 것은 이전의 관행을 참고하지 않고 혁신적인 아이디어를 끌어낸다는 것이다.

(4) 대안의 평가와 선택

충분한 대안들을 탐색한 후에 의사결정자는 대안들을 평가하여 선택하게 된다.

이러한 평가는 여러 가지 방법으로 수행될 수 있다. 의사결정자가 각각의 대안을 다른 모든 대안과 비교하거나 각각의 대안을 기준 또는 목표와 비교하는 방법을 선택할 수 있다.

(5) 실행 및 평가

일단 대안이 선택되고 나면 의사결정 사항을 실행에 옮기게 된다. 또한 실행 후에 무슨 변화가 일어나고 있는가를 알기 위해 결과를 지켜보고 평가하는 일을 소홀히 해서는 안 된다. 이와 같이 의사결정 결과를 원래 목표와 주기적으로 검토하는 통제과정이 필요하다.

지금까지 설명한 합리적 의사결정과정을 그림으로 정리하면 [도표 5-3]과 같다.

| 도표 5-3 | 합리적 의사결정과정

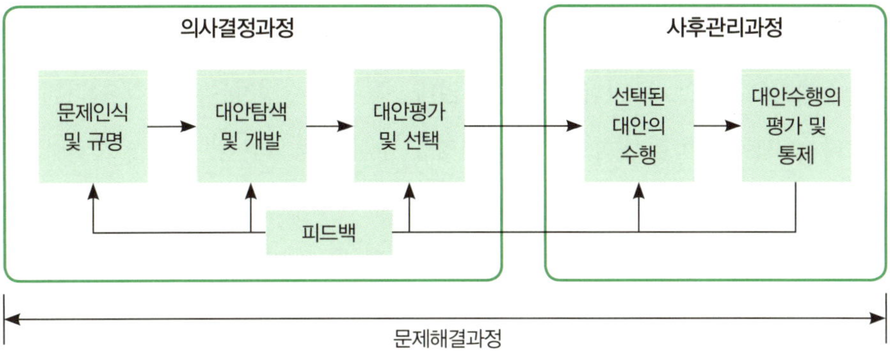

자료 : 김주엽 외 공저(2013), 조직행위론, 경문사, p.331.

가장 좋은 의사결정이란 합리적이고 자원의 제약 속에서도 지속적이며, 가치를 극대화하는 선택을 하는 것이다. 합리적인 의사결정모델은 몇 가지 가정, 즉 의사결정자는 필요한 모든 정보를 가지고 있으며 아무런 편견 없이 관련 있는 정보를 모두 찾아볼 수 있고, 가장 효용성이 높은 결정을 내린다 등의 가정을 전제로 한다. 그러나 현실적으로는 여러 제약 때문에 이러한 합리적 모델을 따를 수가 없다. 일반적으로 사람들은 문제에 대해 최적의 해답이 아니더라도 어느 정도 받아들일 만한 해답이라면 만족하기도 한다.

2) 관리적 의사결정모형

합리적 의사결정모형은 의사결정자가 최소의 비용과 노력으로 최대의 효과를 얻기 위한, 최적의 대안선택을 유도해 주는 분석틀이라 할 수 있다. 하지만 현실의 의사결정과정에서는 많은 제약요인들 때문에 합리적 의사결정모형이 그대로 적용되기 어려운 경우가 많다. 그래서 관리적 의사결정모형(administrative decision making model) 또는 제한된 합리성(bounded rationality)모형이 대두되었다. 이 관리적 의사결정모형은 사이몬(H. A. Simon)이 현실의 경영자는 '제한된 합리성'을 추구할 수밖에 없음을 강조하면서 널리 인용되기 시작하였다.[07]

(1) 의사결정기준으로서의 만족화

사이몬은 인간의 정신적 한계 때문에 모든 대안을 인식할 수 없으며, 또 모든 대안들의 결과도 알 수 없다고 말하고 있다. 즉 의사결정자는 완전히 합리적이라기보다는 '제한된 합리성'하에서 의사결정을 내리지 않으면 안 된다는 것이다.

이러한 제한된 합리성 때문에 의사결정자는 이상적인 최적의(optimizing) 의사결정보다는 만족스러운 의사결정을 추구하게 된다. 즉 '만족화'란 모든 가능한 대안들을 고려함으로써 효용을 극대화하려 하지 않고 수용할 수 있는 최소한의 수준을 충족시키는 대안을 추구하는 것을 말한다.

의사결정자들이 대개는 최적의 대안을 찾으려 노력은 하지만 시간의 부족, 정보의 부정확성, 개인의 인지능력상의 한계 등 여러 이유로 인해 유일한 최적 대안의 선택이 사실상 불가능한 경우가 많다. 그러므로 의사결정을 함에 있어서 사람들은 개인적으로 만족할 만한 수준의 기준을 갖고 현실의 대안이 이 기준 이상의 성과를 가져다줄 경우 이 대안을 선택해가는 식의 의사결정을 하게 된다. 즉 개인의 희구수준(aspiration level)에 따라 만족하는 해결책을 찾게 된다.

(2) 대안의 순차적 고려

관리적 의사결정모형에 따르면 실제 의사결정과정에서는 모든 대안을 동시에 고려하기보다 그 대안들을 순차적으로 고려해가는 경우가 많다. 즉 순차적으로 창출된 대안을 만족스러운 결과를 위한 기준에 비추어 그것이 만족스럽다면 의사결정은 거기서 끝나고, 그렇지 않을 경우에는 다음의 대안으로 옮겨가는 것을 의미한다.

3) 의사결정의 쓰레기통모형

많은 조직들은 주어진 조건하에서 최선의 대안을 선택하려고 노력하지만, 실제 이루어지는 의사결정이 항상 그러한 것만은 아니다. 실제 조직 속에서 이루어지는 의사결정이 항상 합리적인 의사결정모형이나 혹은 관리적인 의사결정모형에 입각해서 설명될 수 없음을 지적하면서, 코헨(Michael Cohen), 마치(James March), 그리고 올슨(Johan Olsen)과 같은 연구자들은 높은 불확실성 속에서 이루어지는 실제 조직 의사결정과정을 설명하기 위해 '쓰레기통모형'(garbage can model)을 제안하였다.[08] 즉 경우에 따라서는 쓰레기통 속에 버려지는 쓰레기들처럼, 조직 속에서 이루어지는 많은 의사결정들이 합리성이나 만족화기준과는 거리가 먼, 즉흥적이고 무원칙한 결정이 행해질 수도 있다는 것이다.

조직 속에서 이루어지는 의사결정이 이처럼 원칙 없이 이루어지게 되는 주요 이유는 다음과 같다.

첫째, 우선순위의 불명확성이다. 문제, 대안, 해결방안, 목표가 명확히 정의되지 않고 의사결정의 각 단계들은 서로 명확하게 구분되지 않는다.

둘째, 해결기법에 대한 이해의 부족과 불명확성이다. 의사결정요인들의 인과관계를 규명하기 어려우며 의사결정에 적용하기 위한 지식이 불충분하거나 불분명하다.

셋째, 의사결정 참여자의 변동이 자주 발생한다. 의사결정과정 중에 참여자가 이직할 수도 있고, 조직구성원은 항상 바쁘기 때문에 어떤 특정한 의사결정에 충분한 시간을 할애하지 못한다. 따라서 유동적이고 제한된 의사결정이 이루어진다.

현실적으로 조직에서는 이미 존재하고 있던 문제들이나 기존의 해결방안들, 그리고 우연히 주어지는 선택기회와 의사결정 참여자들이 뒤섞여 그때그때마다 예기치 않은 대안들이 선택되는 경우가 많다. 이른바 '조직화된 무질서'(organized anarchy) 속에서 어떤 의사결정 대안이 선택될지 순전히 타이밍이나 혹은 운에 따라 좌우되는 경우도 있다. 또 경우에 따라서는 당면한 문제의 해결과는 전혀 관계없는 대안선택이 이루어질 수도 있고, 문제가 존재하지 않는데도 불구하고 해결방안이 추진되기도 한다.

3. 의사결정과정에서 나타나는 오류

사람들은 주어진 조건하에서 가급적 합리적이거나 혹은 만족화 원리에 따라 의사결정을 하려고 애쓴다. 그러나 그 과정에서 왜곡이나 오류가 나타날 여지가 많다. 사람들은 노력을 최소화하기 위해 경험, 충동, 느낌, 어림짐작 등에 의지하기도 한다. 이와 같은 의사결정과정에서 나타나는 대표적인 오류들을 살펴보자.

1) 과도한 확신

의사결정과정에서 나타나는 문제 중 잠재적으로 위험한 것은 과도한 확신(over confidence)이다. 연구결과 지적능력이나 대인능력이 가장 떨어지는 사람들이 자신의 실적과 능력을 과대평가할 가능성이 가장 높다는 사실이 나타났다. 경영자와 직원이 어떠한 이슈에 대해 더 많이 알게 될수록 과도한 자신감을 보일 가능성은 낮아진다. 또한 사업가들의 긍정적인 성향과 그들의 사업 실적은 반비례하는 것으로 나타났다. 즉 더 긍정적일수록 덜 성공적이었다. 이것은 자신의 아이디어에 대해서 지나친 자신감을 갖기 때문에 발생가능한 문제에 대한 대책을 무시한다는 것이다.

2) 집착오류

초기에 접한 정보에 집착하여 나중에 발생하는 정보에 관심을 기울이지 못하는 경향을 집착오류(anchoring bias)라 한다. 즉 처음의 정보가 판단과 의사결정을 위한 일종의 기준점 역할(닻내리기효과)을 하기 때문이다. 광고, 경영, 정치, 부동산, 법 등 설득기술이 중요한 직종에 종사하는 사람들은 집착오류 성향을 이용하여 비즈니스에서 활용한다. 예를 들면 취업인터뷰에서 원하는 급여수준을 이야기할 때 사장은 구직자가 언급한 처음 연봉 숫자에 집착하여 연봉 협상을 하게 된다.

3) 확증오류

합리적인 의사결정모델에서는 사람들이 객관적으로 정보를 수집한다고 가정한다. 하지만 사실은 선택적으로 정보를 수집한다. 확증오류(confirmation bias)는 선택적 지각의 특정한 사례이다. 사람들은 자신의 선택안을 재차 확인시켜 주는 정보만을 수집하고 확인한다. 또한 자신이 이미 가지고 있던 관점에 합하는 정보는 쉽게 받아들이지만, 그에 반하는 정보에는 비판적이고 회의적이다. 그러므로 사람들이 수집하는 정보는 보통 자신이 이미 가지고 있는 관점을 지지하는 방향으로 편향되기 쉽다. 심지어 사람들은 자신이 듣고 싶어 하는 이야기를 해주는 정보원들을 찾으며, 지지적인 정보만을 받아들이고 있다.

4) 가용성 휴리스틱 오류

'휴리스틱'(heuristic)이란 그리스어에서 온 단어로서, 무엇을 찾거나 발견하는 것을 돕는다는 뜻을 지닌 말이다. 가용성(可用性) 휴리스틱이란 어떠한 판단과제에 직면했을 때 그 사건이나 대상물이 갖는 상대적인 가용성(availability), 즉 우리의 지각, 기억, 상상의 과정에서 얼마나 쉽게 회상하는가에 의존하여 판단하는 경향성을 지칭한다.[09] 이것을 접근성오류(availability bias)라고도 한다.

이러한 회상의 가용성이나 용이성이 우리의 판단이나 의사결정에 중요한 영향을 미칠 수 있다. 예로는 우리나라에서 핵폐기물 시설 설치에 대한 지역주민들의 반응을 들 수 있다. 정부에서 핵폐기물 시설의 안전성에 대한 자세한 설명을 할수록 주민들은 핵폐기물 시설에 대한 공포를 더 느끼게 될 수도 있다. 즉 주민들에게 핵 시설과 그 위험성에 관한 보다 자세한 정보를 주기 위해, 이를테면 핵폐기물 시설과 관련한 사진이 보다 생생하게 제시되면 될수록 사람들은 그러한 재앙이 발생될 가능성이 더 크다고 생각하기 쉽고, 그 결과 그러한 시설이 자신의 지역에 설치되는 것을 오히려 더 격렬하게 거부하기 쉽다는 연구결과도 제기되었다.

일반적으로 회상의 가용성이 사건의 객관적인 발생 빈도와 밀접히 연관되어 있다면, 가용성 휴리스틱을 사용하는 것이 손쉽게 정확한 판단을 가져다줄 수 있다. 하지만 가용성에는 실제 빈도 이외에도 각 사건이 지닌 지각적 현저성, 회상 및 상상의 용이성, 입장의 차이 등이 영향을 미치므로 그릇된 판단과 의사결정을 하게 만들기도 한다. 예를 들면 취업을 앞둔 대학생이 실제 피부로 느끼는 취업률과 정책당국의 취업률 발표는 항상 다르기 마련이다.

5) 결정의 지속성

결정의 지속성(escalation of commitment)은 과거의 결정이 잘못되었다는 확실한 증거가 있음에도 불구하고 그 결정을 고수하는 것을 말한다. 스스로 의사결정의 실패에 책임이 있다고 느낄 때, 사람들은 과거의 결정을 번복하지 못하고 계속 밀고 나간다. 그들은 첫 결정이 틀리지 않았음을 보여주고 자신들이 실수했다는 사실을 인정하지 않기 위해 이미 많은 돈을 낭비한 곳에 돈을 더 쓰게 된다. 이러한 현상은 개인뿐만 아니라 조직, 더 나아가 국가수준에서의 의사결정에서도 종종 나타나게 된다. 미국이 월남전에 개입하여 추후 쉽게 발을 빼지 못하고 계속 엄청난 인적 · 물적 손실을 입었던 사실이 좋은 예이다.

6) 위험회피

위험성이 있는 결과보다 확실함을 추구하는 경향을 위험회피(risk aversion)라고 한다. 위험을 회피하는 직원들은 직무를 수행할 때 혁신적이거나 창의적인 방법보다 익히 사용되어 오던 방식을 고수할 것이다. 과거에 효과적이었던 전략을 고수하는 것은 위험을 최소화해 주지만 장기적인 관점에서 보면 발전이 없게 된다. 퇴직을 눈앞에 둔 CEO는 위험성이 높은 투자를 하는 것이 회사에 이득이 된다 하더라도 위험을 피하는 결정을 내리기 쉽다.

7) 사후판단오류

사후판단오류(hindsight bias)는 결과가 나온 후에 자신들이 그 결과를 예측할 수 있었다고 잘못 생각하는 것이다. 결과에 대한 정확한 정황들이 밝혀진 후에 사람들은 그것이 당연한 결과였다고 쉽게 결론을 내리기 때문이다.

8) 스키마

스키마(schema) 혹은 사회도식이란 사람들이 어떤 사람이나 사물, 사건, 역할 등에 대해 머릿속에 과거로부터 형성해 놓은 일종의 의미체계를 말한다. 따라서 사람들은 일상적인 현상에 직면할 경우 심도 있는 분석의 과정을 생략한 채, 자동적 · 습관적으로 이 스키마 또는 사회도식이 제공하는 대안과 판단을 선택하기 쉽다.

이처럼 사회도식 또는 스키마는 사람들이 일상생활 속에서 정보처리를 해나가는 과정에서 매우 중요한 역할을 담당하며, 우리들의 대안선택이나 판단과정에 영향을 미치게 된다. 즉 새로운 상황을 해석하고 대처함에 있어서 자기가 갖고 있는 스키마나 사회도식에 의거하여 파악함으로써, 상황이 제시하는 다양한 정보를 일정하게 분류하고 조직화시키는 것을 도와주고, 또 세세한 것들에 대해 일일이 주의를 기울이지 않을 수 있게 도와주는 것이다.

대상이나 사건을 판단할 때 자기가 갖고 있는 기존 스키마나 사회도식과 부합한다고 생각될 경우, 도식적 처리가 자동적으로 나타나서 주어진 정보를 왜곡해서 받아들이거나 혹은 복잡한 현상을 과잉 단순화시켜 처리하게 만들 수 있고, 또 잘못된 고정관념이나 편견을 촉발시켜 대상을 잘못 판단하게 만들 수도 있다.[10] 따라서 중요성이 큰 판단이나 혹은 의사결정 사안에 직면했을 경우에는 자기가 갖고 있는 기존 스키마나 사회도식과 불일치하는 정보들에 세심한 주의를 기울임으로써, 지나치게 형식적으로 이루어지기 쉬운 도식적 정보처리에 스스로 제동을 걸고 신중한 판단과 의사결정을 해나갈 필요가 있다.

토 | 의 | 문 | 제

01 지각과정은 무엇인가?

02 켈리의 귀인이론은 무엇인가?

03 스테레오타이핑은 무엇인가?

참 | 고 | 문 | 헌

01 정동섭 외(2013), 조직행동의 이해, 탑북스, pp.98-99.

02 신구범(2012), 조직행위론, 형설출판사, pp.60-61.

03 Weiner, B., Frieze, I., Kulka, A., Reed, L., Rest, S., and R. M. Rosenbaum(1971), *Perceiving the Causes of Success and Failure*, New York : General Learning Press.

04 Kelley, H. H.(1967), "Attribution Theory in Social Psychology," *Nebraska Symposium on Motivation*, 15, pp.192-238.

05 Robbins, S. P., and T. A. Judge(2007), *Organization Behavior*, 12th ed, Upper Saddle River, New Jersey : Pearson Prentice-Hall, pp.156-158.

06 Nutt, P.(1984), "Types of Organizational Decision Process," *Administrative Science Quarterly*, 29(3), pp.414-450.

07 Simon, H. A.(1997), *Administrative Behavior : A Study of Decision Making Processes in Administrative Organizations*, 4th ed., New York : Free Press.

08 Cohen, M. D., March, J. P., and J. P. Olsen(1976), "A Garbage Can Model of Organizational Choice," *Administrative Science Quarterly*, 17, pp.1-25.

09 Tversky, A., and Kahneman, D.(1979), "Availability : A heuristic for judging frequency and probability," *Cognitive Psychology*, 5, pp.207-232.

10 한규석(2010), 사회심리학의 이해, 학지사, p.184.

CHAPTER

06 동기부여

여는 이야기 동기부여와 일의 의미

지금은 뉴노멀시대, 즉 저성장시대이다. 생존하기 위해 우리는 어느 때보다 더 치열하게 경쟁한다. 하지만 노력이 성공을 보장한다는 말은 마치 옛말처럼 느껴진다. 이로 인해 사람들의 의식수준 또한 변하고 있다. 목표나 결과보다는 과정 자체에 의미를 두고 즐기는 욜로라이프가 대표적이다. 또한 과거 자본주의에서는 비용 대비 이익을 남기는 행위가 가장 옳다고 여겨졌다. 하지만 일정수준의 기본소득이 보장되는 밀레니얼 세대부터는 단순히 돈이라는 자본을 쫓지 않는다. 오히려 자신이 좋아하는 다른 가치를 중요하게 여긴다. 혹자는 자본주의가 가치주의로 바뀌고 있다고 말한다.

결과나 자본 대신 과정과 가치를 중요시하는 현재의 변화가 우리에게 주는 시사점은 무엇일까? 그것은 바로 현 조직구성원과 과거 조직구성원의 동기부여요소가 다르다는 것이다. 많은 조직과 리더가 가장 크게 고민하는 부분 중 하나가 구성원을 동기부여 시키는 방법이다. 구성원이 더 주도적으로, 더 열정적으로, 더 몰입하여 일하기 원하지만, 말처럼 쉬운 일이 아니다.

그렇다면 우리는 언제 동기부여가 될까? 그건 바로 일의 의미를 발견할 때이다. 특히나 우리는 일의 의미를 찾는 것이 중요한 시대에 살고 있다. 최근 연구결과 또한 일에 대한 의미부여가 급여나 보상, 진급기회 여부, 근로조건보다 더 직원들에게 중요하다는 결과를 보여주고 있다. 굳이 수많은 증거가 없더라도 정직하게 본인에게 질문해보자. "나는 왜 일하는가?", "우리 직원들은 왜 일하는가?". 대답하기 힘든 질문이지만 그렇기에 꼭 필요한 질문이 아닌가?

많은 사람이 위 질문에 대한 자기 답변을 내놓기 어려워한다. 질문을 해본 적도 받아본 적도 드물기 때문이다. 현 기업의 리더들은 일의 의미를 찾기에는 성장하기 바빴다. 현 신입사원들 또한 일의 의미를 찾기에는 경쟁하기 바빴다. '성장'과 '경쟁'은 우리 모두에게 '생존'의 문제였기 때문이다. 우리 모두 '생존'하기 위해서 살아갔지만 결국엔 '의미'를 잃었다. 이제라도 더 진지하게 일의 의미를 생각해봐야 한다. '생존'하는 삶이 아니라 의미로 가득한 '생명' 있는 삶에 집중한다면, 동기부여가 된 구성원들로 넘치는 경쟁력 있는 조직이 될 것이다.

결과적으로 중요한 것은 일의 의미를 발견하기 위해 우리는 무엇을 해야 하는가이다. MIT저널에 의하면, 구성원들은 본인 연관 업무가 사회에 더 폭넓은 공헌을 하고 있을 때 일의 의미를 느낀다고 한다. 성공적으로 끝마친 일에 대한 자긍심이나 성취감, 다른 동료로부터 받는 인정이 중요한 요인으로 작용한다. 또한 자신의 잠재력을 발휘할 수 있고, 자기 일에 흥미를 느끼는 순간 일의 의미를 발견한다. 하지만 일에 대한 의미는 매우 개인적이며 따라서 매우 개별적이다. 따라서 일에 대한 의미부여는 대개 직원들 스스로 발견해야 한다. 조직과 리더의 과제는 구성원이 일의 의미를 느낄 수 있도록 돕는 것이다. 그 방법 중 하나가 일의 의미를 주제로 대화하고 코칭하는 것이다.

특히나 현 밀레니얼 세대는 소통하기 원하며 즉각적인 피드백을 원하는 세대이다. 2025년이면 경제노동인구의 75%를 밀레니얼이 차지한다. 코칭의 욕구가 높은 밀레니얼의 특성을 활용해 더 자주 대화하고 코칭 받는 자리를 마련해야 한다. 특히나 리더의 코칭 역량을 함양시키는 교육이 필요하다. 구글은 산소(Oxygen) 프로젝트를 통해 훌륭한 관리자의 특성을 파악했다. 철저한 데이터분석을 통해 알 수 있었던 사실은 훌륭한 관리자의 제1조건이 코칭이라는 것이다. 다음 네 가지 사항을 유념하여 리더가 구성원과 일의 의미에 대한 대화를 나누게 하길 권장한다. 첫 번째, 문제를 해결하려 들지 마라. 두 번째, 가치관을 강요하지 마라. 세 번째, 자신의 관점부터 점검하라. 네 번째, 코칭 이전에 리더와 구성원 간에 신뢰를 형성하라.

자료 : 글로벌이코노믹, 2018.6.12.

6.1 동기부여의 개념

1. 동기부여의 의의

동기라는 말은 조직체는 물론 일상생활에서도 흔히 사용되는 용어로서 다양한 뜻을 지니고 있다. motive로서의 동기는 개인의 행동을 어떤 목적을 위하여 일정한 방향으로 작동시키는 내적 심리상태(inner state)를 말한다. 그리고 motivation으로서의 동기는 개인의 행동이 실제로 작동되는 과정 또는 작동되도록 유도하는 과정으로 동기부여를 의미한다.

동기부여(motivation)란 무엇일까? 우리는 이것을 목표달성을 위한 개인의 노력의 강도, 방향, 지속성을 설명하는 과정이라 정의한다. 일반적인 동기부여라면 어떤 목표에 대한 노력이라도 관심의 대상이 되겠지만, 조직행동론의 관점에서는 조직목표와 관련된 조직 내 직무와 관련된 행동에 있다.

동기부여의 세 가지 중요한 요소는 강도, 방향 그리고 지속성이다. 강도는 그 사람이 얼마나 열심히 노력하는지를 나타낸다. 사람들이 동기부여에 대해 이야기할 때 주로 집중하는 부분이 바로 강도이다. 하지만 조직에 도움이 되는 않는 방향으로 노력한다면 좋은 결과를 얻지 못할 것이다. 조직목표와 같은 방향으로 노력하는 것이 중요하다. 마지막으로 동기부여에는 지속성의 차원이 들어간다. 이는 얼마나 오랫동안 그 노력이 지속되는지를 의미한다. 동기가 있는 사람들은 그들의 목표를 달성할 때까지 지속적으로 직무에 몰두한다.

모든 관리자들의 주요 과업은 조직이 효과적으로 기능을 발휘하도록 하는 것이다. 어떻게 하면 종업원이 효과적으로 업무수행을 하여 조직에 유익한 결과를 가져올 수 있을까 하는 문제가 곧 동기부여와 관련되는 것이다. 동기부여는 긍정적 방법과 부정적 방법이 모두 가능하다. 긍정적 동기부여(positive motivation)는 때로는 'carrot approach'라고 하는데 개인이 수용가능한 성과를 달성한 경우 그에게 가치 있는 어떤 것(급여, 칭찬, 지위 등)을 제공하는 것이다. 부정적 동기부여(negative motivation)는 'stick approach'라고 하며, 성과가 만족스럽지 못할 경우 처벌이나 위협을 하는 것이다.

동기부여는 행동과 밀접히 관련되어 있으며 그에 영향을 미치는 의도는 매우 다양하다. 그 중에서도 개인의 욕구와 관리자의 태도는 가장 중요한 것이다. 동기부여에서 핵심적 문제는 각기 다른 욕구나 독특한 성격을 가지고 있는 종업원집단을 어떻게 유도하여 조직의 목표를 달성하도록 함께 일하게 하는가의 문제이다.

2. 동기부여의 과정

경영조직의 기본적 관리원칙을 보면 구성원의 성과는 그의 능력과 동기부여에 기초한다고 한다. 이를 공식으로 정리해보면 다음과 같다.

$$성과 = f(능력 \times 동기부여)$$

이 공식에 의하면 개인이 능력을 갖추지 못했다면 어떤 과업도 성공적으로 달성할 수 없다는 것이다. 능력(ability)이란 목표지향적 과업을 수행하는 데 필요한 개인의 재능을 의미한다. 그러나 아무리 능력이 뛰어나다 하더라도 좋은 성과를 내기 위해서는 동기부여가 되어야 할 것이다. 관리자들이 동기부여에 관해 논의할 경우 무엇이 행위를 유발하는가, 어떤 방향으로 이루어지는가, 어떻게 그 행동을 유지하는가의 세 가지에 대해 관심을 가져야 한다.

먼저 동기부여의 과정은 [도표 6-1]에서 보는 바와 같이 개인의 욕구식별로부터 시작된다. 욕구는 특정 시점에 개인이 경험하고 있는 결핍된 것으로 심리적, 생리적, 사회적 욕구 등이 있다. 이것은 행위를 촉발한다. 즉 결핍된 욕구는 마음

속에 긴장을 유발하여 불안해지며 이를 감소시키려는 노력을 하게 된다.

동기부여는 목표지향적(goal directed)이다. 목표란 개인이 성취하기를 원하는 특정한 결과이다. 목표는 개인을 유도하는 힘으로 작용하며 여기서 발생된 동기는 욕구를 충족하기 위해 목표지향적 행동으로 전환된다. 이 전환과정에는 직무조건과 리더십 등 여러 가지 조직체 내의 환경적 요소가 작용함으로써 동기 자체와 목적지향적 행동에 자극을 준다. 동기와 목적지향성에 따라서 개인의 노력수준이 정해지고, 노력은 개인의 능력과 결합되어 성과로 연결된다. 그리하여 개인은 성과 자체로부터 직접적으로 자신의 욕구를 충족하든지, 그렇지 않으면 성과의 결과(outcome)로서 보상이나 인정 등을 받음으로써 자신의 욕구를 충족시키게 된다. 이러한 욕구충족의 정도에 따라서 개인의 만족감이 영향을 받게 된다. 이와 같이 얻어진 만족감은 하나의 학습효과로서 차후의 동기과정에 있어서 결과에 대한 기대감(expectation)으로 작용하여 개인의 동기 자체와 목적지향성 그리고 노력수준에 영향을 주게 된다. 성과에 대한 보상이나 처벌을 얻은 후에 개인은 욕구충족이나 욕구불만상태가 되면서 새로운 결핍욕구를 탐색하고 찾게 된다.

이상의 동기과정을 볼 때 조직행동 관점에서 개인의 동기를 이해하는 데는 다

| 도표 6-1 | 동기부여과정

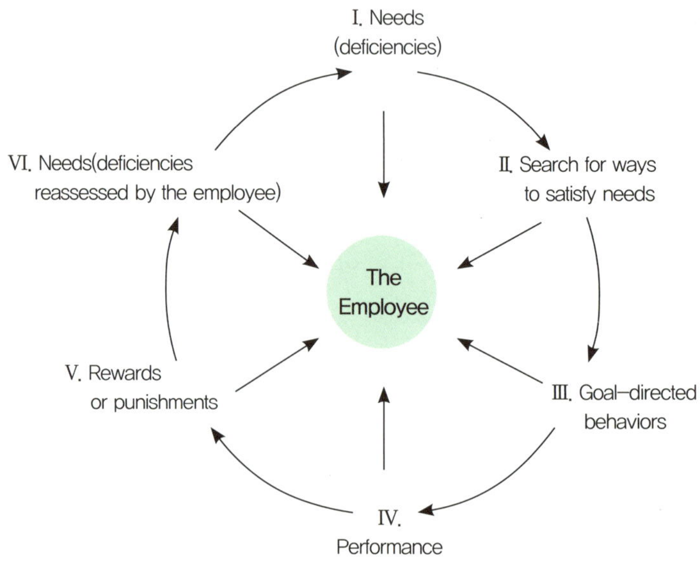

음과 세 가지 측면이 중요시된다.

1) 행동의 작동

행동의 작동은 동기를 발생시키고 이를 행동으로 작동시키는 과정으로서 동기의 내적 심리작용을 포함한다. 동기는 생리적 욕구 또는 심리적 욕구의 결핍이나 불균형상태에서 자극되어, 이를 바로 잡기 위한 의식적 또는 무의식적 행동으로 에너지가 작동된다. 즉 목이 마르다거나 배가 고프다는 것 또는 일에 보람을 찾는다거나 열심히 일한 성과에 대한 인정을 바라는 것 등의 여러 가지 형태로 육체적 또는 심리적 욕구결핍상태를 경험할 때, 개인은 이러한 불균형상태를 바로잡기 위하여 적절한 행동을 취하게 된다. 이것이 행동의 작동이다.

2) 행동의 유도

동기과정의 두 번째 측면은 작동된 행동을 개인의 욕구충족과 조직체의 목적달성을 위한 구체적인 노력으로 유도하는 것이다. 즉 작동된 에너지를 개인의 목적지향적 행동과 조직체를 위한 성과지향적 행동으로 이끌어가는 것이다. 그러므로 이 측면은 개인의 특성에 맞추어 구체적인 직무배정, 목표실정, 유인요소(incentives)의 활용 등 개인에게 적합한 조직체 환경여건을 마련해 줌으로써 개인으로 하여금 바람직한 동기행동이 유도되어 나오도록 하는 과정이다.

3) 동기행동의 강화

동기과정의 마지막 측면은 개인이 달성한 성과에 대하여 정당한 인정을 해줌으로써 개인이 자신의 성과와 인정으로부터 만족감을 느끼고, 이것이 자신의 경험으로 작용하여 목적지향적 동기행동이 반복될 수 있도록 이를 강화시키는 것이다. 개인은 과거에 만족스러웠던 결과를 되풀이하는 경향이 있다. 따라서 열심히 일한 결과로 상사로부터 칭찬을 받고 일에 만족감과 보람을 느끼게 되면, 개인은 계속 그 일에서 열심히 일하게 됨으로써 상사의 인정이 개인의 동기행동을 강화시켜 주는 적극적 강화요인(positive reinforcer)으로 작용하게 된다.

4) 욕구불만과 적응행동

개인의 욕구는 모두 충족될 수 없고 또 만족스러운 결과가 항상 얻어질 수도 없다. 따라서 개인의 동기행동이 단절되는 것은 물론 욕구불만으로 인한 생리적 또는 심리적 불균형상태가 계속되어 이에 대한 여러 가지 형태의 적응행동이 나타나게 된다. 개인의 동기는 욕구의 결핍 정도에 따라서 그 강도가 정해지는 것과 같이 욕구불만으로 인한 적응행동도 불균형상태의 성격과 정도에 따라서 여러 가지 형태의 행동으로 나타나게 된다. 이러한 적응행동은 경우에 따라서 건전한 동기로 전환될 수도 있으나 많은 경우에 자신의 자아(self)를 보호하고 유지하려는 목적에서 개인이나 조직체에 불건전한 행동으로 나타날 수도 있다. 욕구불만에 따른 불균형을 해소하기 위한 주요 적응행동 및 자아방위기제를 간단히 설명하면 다음과 같다.

(1) 목적의 적응

추구하는 욕구가 충족되지 않는 경우 개인은 다른 욕구를 추구함으로써 자신의 목적을 조정하는 행동경향을 보인다. 이러한 목적의 적응은 욕구대체에 있어서 건전한 동기가 유발되어 개인의 에너지가 자신의 발전과 조직체의 목적달성에 건설적으로 기여할 수 있다. 그러나 그 반면에 개인의 욕구동기가 바람직스럽지 않은 방향으로 조정되는 경우에는 개인과 조직체에 불건전한 결과를 초래하게 된다.

(2) 합리화행동

합리화행동(rationalization)은 욕구불만으로 인한 불균형상태를 해소하기 위하여 목적달성의 원인을 외부요소에 귀착시키고 자신의 자아개념을 보호하려는 행동을 말한다. 이솝우화에 나오는 '신 포도 이야기'는 합리화의 좋은 예이다. 즉 여우가 포도나무에 달려 있는 포도송이를 따먹으려 했으나 포도가 너무 높이 있어서 먹을 수가 없었다. 이때 여우는 지쳐서 포도 따먹기를 포기하고 나서 "나는 저따위 포도는 안 먹어", "저 포도는 틀림없이 덜 익어서 시어터진 것일 텐데 뭐" 라고 중얼거렸다. 사람들도 이와 같이 진정으로 원했던 일이 이루어지지 않을 때 원치 않았던 것처럼 생각하거나 실상을 알지 못한 채 자기방식대로 합리화해버린다.

(3) 공격적 행동

욕구불만은 개인에게 좌절감(frustration)을 가져오는데, 이를 해소시키기 위한 행동으로 공격적 행동(aggression)을 취하기도 한다. 공격적 행동은 주로 자신의 욕구충족과 목적달성에 장애요인이었다고 생각하는 대상에 대하여 육체적 또는 비육체적인 적대행동으로 나타난다. 육체적 공격행동으로는 폭행이나 언쟁, 비육체적 행동으로는 대상인물에 대한 중상모략 또는 낭설 등을 들 수 있다.

(4) 기타 해소행동

이외에 개인은 욕구불만으로 인한 심리적 불균형과 좌절감을 해소시키기 위하여 퇴행(regression), 체념(resignation) 그리고 고착(fixation) 등의 행동을 취하게 된다. 퇴행은 좌절된 상태에서 만족(frustrated satisfaction)을 찾는 행동으로서 건설적인 행동을 포기하고 미성숙한 행동으로 전환하여 어린아이와 같은 행동을 취하는 것을 말하며, 체념은 특히 여러 차례에 걸쳐서 욕구만족을 추구한 끝에 이것이 실현되지 않은 경우 자기의 목적을 포기하고 단념함으로써 동기의 자극을 상실한 도피상태를 말한다. 그리고 고착은 반복적인 욕구불만에도 불구하고 맹목적으로 똑같은 욕구만족을 추구하는 행동을 말한다.

6.2 동기부여이론 : 내용이론

동기부여는 인간의 욕구에 대한 논의로부터 출발한다. 동기부여에 대한 욕구이론은 크게 욕구 자체의 내용을 다루고 있는 내용이론과 동기부여의 과정을 설명해주는 과정이론으로 나누어볼 수 있다. 내용이론은 욕구의 내용이 무엇인지를 설명하는 이론으로서 매슬로우, 허즈버그, 맥클리랜드 등의 욕구이론 등이 있다. 반면에 과정이론은 어떤 과정을 통해서 동기부여가 일어나는지를 설명해 주는 이론으로 애덤스의 공정성이론, 브룸의 기대이론 등을 들 수 있다.

1. 매슬로우의 욕구단계론

욕구단계론(theory of need hierarchy)은 매슬로우(A. Maslow)에 의하여 발표된 이론으로 개인의 행동은 욕구를 충족하는 과정에서 형성된다고 전제하고 개인의 공통된 욕구와 욕구의 단계적 구조를 이론화함으로써 개인의 욕구와 동기형성 간의 관계를 개념화한 이론이다.[01] 매슬로우는 개인의 기본욕구를 다음과 같이 다섯 가지로 분류하고 있다.

1) 생리적 욕구

개인이 생리적 균형을 유지하는 데 요구되는 기본적인 의 · 식 · 주에 관련된 욕구로서 개인의 욕구구조에 있어서 가장 기초적인 위치를 점하고 있다. 조직체에서 구성원의 생리적 욕구(physiological needs)는 주로 이를 충족시킬 수 있는 경제적 보상에 대한 관심에서 나타나고 있다.

2) 안전욕구

육체적 안전(safety)과 심리적 안정(security)에 대한 욕구로서, 신체적 보호와 안정된 직업 그리고 생계에 대한 보장 등 이에 관한 조직구성원의 관심이 안전욕구의(safety needs) 예이다.

3) 애정욕구

대인관계에서 나타나는 욕구로서 상호 간의 교제, 친분, 소속감 등 서로 정을 주고받고 서로 소속되기를 원하는 욕구를 말한다. 조직체에서 애정욕구(love needs)는 다른 구성원에게 받아들여지고 집단에 소속되기를 원하는 행동에서 나타난다.

4) 존경욕구

욕구구조의 비교적 상위 위치를 점하고 있는 욕구로서 다른 사람들로부터 인정이나 존경을 받고 싶어 하는 심리적 상태를 말한다. 조직체에서 존경욕구(esteem needs)는 개인의 신분이나 지위에 대한 관심에서 나타난다.

5) 자아실현욕구

욕구구조의 가장 상위 위치를 점하고 있는 욕구로서 자기자신이 개발할 수 있는 능력을 충분히 개발하고 발휘할 수 있는 능력을 최대한도로 발휘하고 싶어 하는 욕망을 말한다. 조직체에서 자아실현욕구(self-actualization needs)는 자율성, 보람 있는 직무, 능력개발, 성취적 행동에 대한 관심에서 나타나고 있다.

매슬로우에 의하면 이상의 기본욕구는 그 강도와 충족에 있어서 계층적 구조를 형성하고 있다. 즉 이들 다섯 가지 기본욕구는 생리적 욕구로부터 자아실현욕구에 이르기까지 계층적 구조를 형상하고 있음으로써 욕구충족상의 순서적 중요성을 제시하고 있다. 그러나 개인은 한 순간에 꼭 한 가지의 욕구만을 추구하지 않는다.

매슬로우에 의하면 보통 성인들은 일반적으로 생리적 욕구의 85%, 안전욕구의 70%, 애정욕구의 50%, 존경욕구의 40%, 그리고 자아실현욕구의 10%를 충족시킨 상태라고 보고 있다.

욕구결핍과 욕구충족은 물론 개인에 따라 모두 다르지만, 일반적으로 조직구성원의 욕구충족은 고차원적 수준으로 올라갈수록 그 충족 정도가 점점 제한되어 있는 것이 사실이다. 따라서 이러한 현상은 조직행동과 구성원 동기에 중요한 의미를 암시해 주고 있다. [도표 6-2]를 보면 개인의 욕구와 조직에서 적용가능한 분야를 살펴볼 수 있다.

| 도표 6-2 | 매슬로우의 인간욕구

욕구수준	일반요소	조직체요소	일반만족도
자아실현 (selfactualization)	자율성, 성장, 성숙	창의적 업무, 보람 있는 직무, 성취감, 경력발전	욕구결핍 (need deficiency)
존경 (esteem)	인정, 신분, 성립, 자존심	직위, 직무내용, 책임감, 상관 · 동료 · 부하로부터의 인정	
애정 (love)	교제, 친분, 친애(affection)	리더십, 집단소속감, 준거집단관계	
안전 (safety)	안전, 안정, 실력(competence)	작업환경, 방침, 후생복지, 안정된 직업 또는 직장	
생리적 (physiological)	공기, 의, 식, 주, 성	봉급, 안전하고 건전한 작업환경	욕구충족 (need satisfaction)

자료 : 이학종 · 김영조(2014), 조직행동의 이해, p.154.

2. 허즈버그의 2요인이론

동기-위생이론이라고도 불리는 2요인이론은 심리학자 허즈버그(Frederick

Herzberg)가 제시한 이론이다.[02] 사람과 직업의 관계는 아주 기본적이며, 직무에 대한 태도가 성공이나 실패를 잘 예측할 수 있게 한다고 생각했던 허즈버그는 203명의 회계전문가와 엔지니어를 대상으로 "사람들이 자신의 직업에서 무엇을 바라는가?"라는 질문에 대한 답을 조사하였다. 그는 사람들에게 자신의 직무에 대해서 아주 좋거나 나쁘게 느꼈던 상황을 자세히 설명하도록 하였다. 그리고 그들의 응답을 분석한 결과 [도표 6-3]에서 보는 바와 같이 어떤 요인들은 만족과 관련이 있고, 어떤 요인들은 불만족과 관련이 있음을 발견하였다.

| 도표 6-3 | 직무불만족과 직무만족의 요인

직무불만족요인	직무만족요인
• 회사의 정책 및 관리방침 • 감독 • 상사와의 관계 • 작업조건 • 급여 • 동료와의 관계 • 개인생활 • 부하와의 관계 • 지위 • 안정	• 성취 • 인정 • 작업 그 자체 • 책임 • 발전 • 성장

허즈버그는 직무불만족과 관련된 요인을 불만족요인(dissatisfiers) 또는 위생요인(hygiene factors), 만족과 관련된 요인을 만족요인(satisfiers) 또는 동기부여요인(motivator factors)이라 부르고 있다. 불만족요인은 회사방침과 절차, 작업조건 등의 작업상황과 관련된 측면인 직무환경(job context)이다. 이러한 요인들은 직무불만족을 방지해 줄 뿐이지 직무만족을 유발하여 적극적인 동기부여를 일으키지 못한다는 것이다. 반면에 만족요인은 성취감, 인정감, 책임감과 같이 직무내용(job content)과 관련된 요인들로서 작업자로 하여금 직무만족을 느끼게 하고, 더 나아가 작업자의 동기부여를 유발하는 요인이다.

허즈버그에 따르면 직무만족요소들은 직무불만족요소들과 분리되어 있고 확연히 다르다. 그러므로 경영자들은 직무환경에서 직무불만족요소들을 제거함으로써 불만족을 없앨 수 있지만, 적극적인 동기부여는 시키지 못할 수 있다. 허즈버그는 관리의 질, 임금, 회사정책, 물리적인 근로환경, 동료와의 관계, 직업의 안정성 등의 조건들을 위생요인(hygiene factors)이라고 불렀다. 이러한 요인들이 적당할 때에 사람들은 불만은 없겠지만 만족스러워하지도 않을 것이다. 사람들에게 동기를 부여하고 싶다면 직무나 그에 직접적으로 따르는 결과와 관련이 있는 요소들을 강조해야 한다. 이러한 동기부여요인은 내재적 요인(intrinsic factor)으로서 적극적인 만족을 유도하고 동기부여를 높일 수 있다고 보았다.

동기부여요인은 일 그 자체에 내포되어 있기 때문에 일 자체를 개선하는 작업, 즉 직무의 재설계작업이 필요하다. 직무재설계작업의 가장 기본이 되는 개념이 직무확대(job enlargement)와 직무충실화(job enrichment)이다. 직무확대의 목적은 현재의 직무에 비슷한 과업을 추가함으로써 기능의 다양성과 과업의 정체성(identity)을 높이기 위한 것이다. 직무충실화는 직무확대와는 다르게 직무를 보다 수직적으로 충실하게 하는 것이다.

직무확대는 직무의 범위를 확대시키는 반면에 직무충실화는 직무의 심도를 증대시키는 것이다. 직무충실화에서는 직무담당자에게 자신의 직무에 대해 보다 많은 재량권을 부여하는 것이다. 충실화된 직무에서는 작업자가 상위 감독자의 과업의 일부를 위양받아 수행하게 된다. 즉 작업자는 직무의 계획, 실행 그리고 평가에 대해서 보다 큰 영향력을 행사하게 된다. 그리고 충실화된 직무의 과업들은 작업자로 하여금 자유재량권, 독립성, 책임감 등이 따르는 완전한 활동을 요구한다.

3. 맥클리랜드의 성취욕구이론

맥클리랜드(D. C. McClelland)는 주제통각법(TAT)을 사용하여 사람들의 욕구를 측정하였다. 그 결과 인간의 행동의 80%를 설명한다는 세 가지 욕구를 중심으

로 연구하였다.[03]

① 성취욕구(Need for Achievement : n-Ach) : 어떤 사람이 탁월해지고 싶어 하고, 무엇인가를 보다 잘하고 싶어 하며, 성공하고 싶어 하는 욕구를 나타낸다.

② 권력욕구(Need for Power : n-Pow) : 다른 사람들을 통제하고, 다른 사람의 행동에 영향을 미치고 싶어 하는 욕구를 나타낸다.

③ 친교욕구(Need for Affiliation : n-Aff) : 다른 사람과 우호적이고 친밀한 인간관계를 형성하고 유지하려는 욕구를 말한다.

맥클리랜드는 사람들이 이러한 욕구에 의해 동기부여가 된다고 보고, 이러한 욕구와 개인이 선호하는 행위를 [도표 6-4]에서와 같이 연관시키고 있다.

도표 6-4 성취욕구, 친교욕구, 권력욕구가 높은 사람들이 선호하는 일

욕구	선호하는 일	예
높은 성취욕구	개인적 책임감을 느끼며, 위험수준이 중간 정도이며 피드백이 주어지는 일	도전적인 할당목표와 개인적 보너스가 주어지는 현장판매원
높은 친교욕구	대인접촉과 의사소통 기회가 많은 일	고객서비스 업무담당자
높은 권력욕구	다른 사람에게 영향력을 행사할 수 있는 기회가 많은 일	공식적인 감독책임 직위, 특별 태스크포스 및 위원회의 책임자

자료 : 김주엽 외 공저(2013), 조직행위론, 경문사, p.81.

이 이론을 뒷받침하는 연구결과는 다음과 같다.

첫째, 성취욕이 높은 사람들은 높은 수준의 개인적 책임과 피드백이 따르며, 어느 정도 수준의 위험성이 있는 직무를 수행하게 될 때, 동기수준이 높아진다. 그들은 스스로의 사업을 구상하거나 큰 조직 내 독자적인 부서를 관리하는 기업가적인 활동에서 성공적이다.

둘째, 높은 성취욕구를 가진 사람이 항상 좋은 경영자가 되는 것은 아니다. 특히 큰 조직일 경우에 더욱 그러하다. 성취욕구가 높은 사람들은 개인적으로 얼마나 잘하는가에 관심이 많지만 다른 이들이 좋은 성과를 내도록 영향을 미치는 일에는 관심이 없다. 큰 조직의 훌륭한 일반적 경영자들은 대부분 성취욕구가 그렇게 높지 않다.

셋째, 친교와 권력에 대한 욕구들은 경영자로서 성공하는 것과 깊은 관련성이 있다. 최고경영자들은 권력욕구는 높은 반면 친교욕구는 낮은 편이다.

맥클리랜드는 이러한 욕구들이 후천적으로 경험을 통하여 획득되는 것으로 보고 있다. 여기에서 조직구성원들을 교육훈련함으로써 특정 직무에서 성공하기 위해 필요한 욕구를 개발할 수 있다는 시사점을 얻을 수 있다.

6.3 동기부여이론 : 과정이론

1. 목표설정이론과 MBO

1) 목표설정이론

1960년대 후반에 로크(Edwin Locke)는 직업에서 동기부여의 큰 요인 중 하나가 목표를 달성하기 위해 일하고자 하는 의도라고 주장하였다. 목표설정이론(goal setting theory)은 목표로 표현되는 의도가 동기부여의 원천이 된다는 이론이다. 그래서 어떤 목표가 과연 구성원들을 동기부여 시킬 수 있을지를 설명하고 있다. 즉 구체적인 목표가 성과를 향상시켜 주고 받아들여지기만 한다면 어려운 목표가 쉬운 목표보다 더 좋은 실적을 내며, 피드백이 있을 때 더 좋은 성과로 이어진다는 것이다.

"최선을 다하라"는 일반적인 목표보다 구체적인 목표가 더 높은 수준의 결과를 가져온다. 목표의 구체성 그 자체가 내적 자극의 역할을 하는 것이다. 목표의 수용을 비롯하여 다른 조건들이 모두 같다면 목표의 난이도가 높을수록 성과수준이 더 높아진다. 사람들은 왜 어려운 목표에서 동기를 얻는 것일까? 그 이유는 첫째 도전적인 목표들은 우리의 관심수준을 높이고 더 집중할 수 있도록 하기 때문이다. 둘째, 어려운 목표들은 그것들을 달성하기 위해 더 많은 노력을 해야 하기 때문에 우리에게 에너지를 준다. 셋째, 목표가 어려울 때 사람들은 그 목표를 달성하는 일에 집요하게 몰두한다. 마지막으로, 어려운 목표들은 직무나 임무를 더 효율적으로 수행할 수 있도록 생각하게 도와준다. 어려운 문제를 풀기 위해 힘겨워할 때 우리는 종종 그 문제를 해결할 수 있는 더 좋은 방법을 생각해내기도 한다.

사람들은 자신들이 목표를 향해 얼마나 잘 나아가고 있는지에 대한 피드백을 받을 때 더 좋은 실적을 낸다. 피드백을 통하여 자신의 실적과 하고자 하는 계획 간의 차이를 발견하고 그 갭이 크면 통제를 해서 실적을 높이게 된다.

구성원들이 자신이 해야 할 목표설정에 참여할 수 있다면 성과가 달라질 것이라고 예측되었다. 그러나 상사가 정한 목표를 따를 때 더 나은 성과를 보이는 경우도 많았다. 구성원이 목표설정에 참여하는 가장 큰 장점은 그 목표를 받아들일 가능성을 높이는 것으로 보인다.

목표설정이론의 핵심내용은 다음과 같이 정리할 수 있다.

① 구체적인 목표가 일반적인 목표보다 높은 성과를 달성하도록 유도한다.

② 어려운 목표를 설정할수록 성과는 향상되는 경향이 있다.

③ 구성원들이 수용한 목표는 성과가 보다 향상되는 경향이 있다.

④ 목표가 성과평가를 위해 사용되면 더욱 효과가 있다.

⑤ 목표는 피드백 및 보상과 연계될 때 효과가 있다.

⑥ 개인목표설정뿐만 아니라 집단목표설정도 중요하다.

2) 목표설정의 활용 : MBO

목표설정을 이용하는 더 체계적인 방식은 목표에 의한 관리프로그램을 사용하는 것이다. 목표에 의한 관리(Management By Objectives : MBO)는 실질적이고, 입증가능하며, 측정가능한 목표를 참여적으로 설정하는 것을 강조한다. 조직의 전반적인 목표들이 사업부, 부서, 개인과 같이 조직의 하위단위로 내려감에 따라 더 세부적인 목표들로 변환된다. 하위부서의 관리자들은 공동으로 자신들의 목표를 설정하기 때문에 MBO는 위에서 아래로 하향적으로 작동하지만 상향적으로도 작동한다. 한 단위의 목표를 하위단위의 목표와 연결하는 순차적 체계이다. MBO는 직원 개개인에게도 구체적인 성과목표를 설정하여 준다.

(1) MBO의 개념

전통적인 조직관리방법은 최고관리자가 목표를 설정하고 이를 하위관리자에게 지시하는 일방적 · 지시적인 관리방식으로서 하위 구성원들은 지시에 의해서만 일을 하는 사람이라는 X이론 인간관을 바탕으로 하고 있다. 그러나 이와 같은 관리방법은 구성원의 자발적인 참여의식을 고취하지 못하고 결과적으로 생산성은 차츰 떨어지게 되었다. 따라서 대안으로 제시된 새로운 관리방법이 '목표에 의한 관리'이다. MBO는 드러커(D. F. Drucker)가 1954년 저술한 '*The Practice of Management*'에서 제창한 것으로 실제 기업현장에서 널리 이용되고 있는 경영기법이다.

목표관리는 많은 관리활동을 체계적인 방법으로 통합하고 조직과 개인의 목표를 효과적이고 효율적으로 달성하기 위한 종합관리시스템이다. 이것은 인간의 행동과 동기유발의 철학에 근거를 두고 있으며, 행동과학자들이 발견한 사실을 경영관리에 적용한 것이다. 목표관리는 관리자와 종업원이 함께 참여하여 과업의 목표와 각자의 책임을 결정하고 과업을 자유롭게 수행하지만, 성과는 설정한 목표가 얼마나 달성되었는가를 기준으로 하여 엄격하게 평가한다. 과업의 목표를 설정할 때 목표는 명료성, 적정 난이도, 수용성을 갖추고 있어야 한다.

(2) MBO의 구성요소

① 목표의 설정(goal setting) : 목표설정은 조직의 전사적 목표와 관련된 것으로서 측정가능하고 비교적 단기적인 목표를 말한다. 명확한 목표가 되기 위해서는 조직 계층별로 목표가 수립되어야 하고, 모든 목표가 숫자화될 수는

없으나 목표가 검증가능하도록 가능한 숫자로 표시하든가 예산과 연결시켜 양적인 목표로 나타내어야 한다.

② 참여(participation) : MBO에서의 관리자는 Y이론적 인간관을 갖는다. 즉 부하들이 각자가 충분히 자신의 목표를 설정하고 그것을 자기책임하에 실행하고 통제할 수 있는 능력과 자주성이 있다고 믿는다. 부하를 목표설정에 참여시켜 자기가 수행할 목표를 상급자와 협의를 거쳐 설정하게 하면, 그 목표는 보다 현실성이 있게 되고 목표설정에 참여한 사람은 그 목표를 보다 쉽게 수용함으로써 직무만족도와 생산성이 향상될 것이다.

③ 피드백(feedback) : 피드백은 쌍방적으로 이루어지도록 제도적인 장치가 마련되어 있어야 한다. 첫째, 목표설정 시 하위자의 의견이 상위자에게 반영되도록 하여야 한다. 하위자의 의견이 반영되도록 하는 장치가 마련되어 있지 않으면 전통적인 목표설정방식과 차이가 없다. 둘째, 상위자가 하위자와 함께 각각의 목표추구과정과 달성 정도를 정기적으로 검토 · 측정 · 평가하여야 한다. 이것은 최초에 수립된 목표에 비추어서 이루어져야 한다. 그 과정에서 새로운 문제점을 찾아내고 그 문제점들을 해결할 수 있는 대책을 수립하거나 필요에 따라서는 목표 자체를 수정할 수도 있다. MBO에서 피드백을 중요한 요소로 보는 이유는 그것이 명확하게 이루어질 때 비로소 집단의 문제해결능력은 증진되고, 개인의 직무수행능력이 향상된다고 보기 때문이다.

(3) MBO의 과정

공동의 목표설정은 MBO에서 필수적이다. 즉 계획수립기간 동안 부하직원이 목표설정을 위하여 관리자와 부하가 공동으로 참여하는 것이다. 이러한 공동참여는 관리자가 실질적인 목표를 설정하도록 도와준다. 공동참여과정은 일반적으로 다음과 같은 단계를 거친다.

① 관리자나 소속 부하직원이 모임을 갖고 관리자는 조직목표와 각 단위별 예비목표의 윤곽을 설정하며, 부하직원들은 설정된 목표와 이를 지원하기 위한 자신의 목표가 무엇인지를 생각한다.

② 관리자는 다음에 부하직원을 만나 함께 발전시켜야 할 목표를 설정한다.

③ 대개의 MBO계획에서 목표를 계량화하고 목표달성을 위한 구체적인 시간계획을 설정하는 것이 중요하다. 목표는 일반적으로 문서화하며 관리자와 부하직원 양자가 서명한다.

④ MBO의 목표설정단계에서 또 하나의 주요 요소는 감독하고 자문하는 관리자의 역할이다. 관리자들은 이런 모임을 훈련과 개발기회로 이용하여 부하직원들에게 중요한 문제를 인식하게 하고, 그들의 직무를 보다 효율적으로 수행하는 방법을 제시하며, 조직이나 부서차원의 맥락에서 부하직원에게 역할을 부여하여야 한다.

⑤ 많은 조직의 MBO계획 중 목표설정단계에서 마지막 요소는 부하직원이 목표달성을 위해 활동할 수 있도록 중요한 자원에 대한 설명하는 것이다.

목표관리는 조직구성원들이 함께 기업의 목표를 설정하는 방법이다. 그 과정은 목표의 설정, 실행계획의 개발, 정기적인 검토, 업적의 평가 등의 단계를 거쳐서 실행된다. 그 내용은 [도표 6-5]에서 보는 바와 같다.

도표 6-5 MBO모델

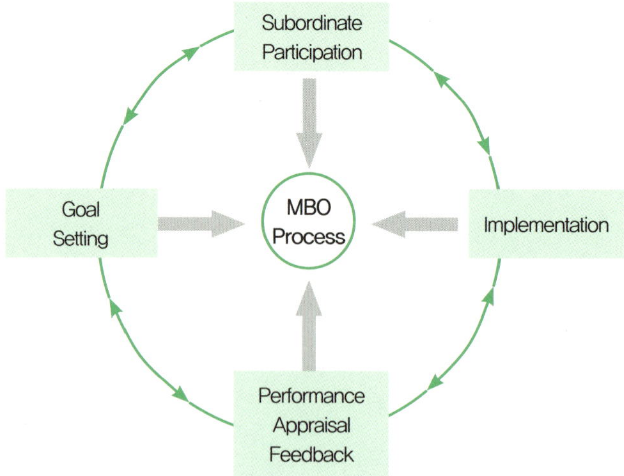

자료 : Hellriegel, D., et al.(1989), *op cit.*, p.411.

2. 공정성이론과 조직정의

1) 공정성이론

애덤스(J. S. Adams)는 조직이 공정성을 실천함으로써 구성원들을 동기화할 수 있다고 주장하였다. 공정성이론(equity theory)은 사회적 비교이론의 하나로서 이는 한 사람이 다른 사람들에 비해 공정한 대우를 받는 느낌을 중시하는 이론이다. 동기부여이론으로서의 공정성이론의 핵심은 사람들의 행위가 타인들, 특히 준거집단(reference group)이나 준거인물(referent person)과의 관계에서 공정성을 유지하기 위한 방향 쪽으로 동기부여가 된다는 것이다.

공정성이론은 인간행위에 대한 기본적인 가정이며 인간이 자신의 사회적 관계를 평가하며 타인들과의 비교를 통해 평가가 이루어진다는 전제를 가지고 출발한다. 구체적으로 말하자면 작업자는 자기가 일에 투자하는 투입(inputs)과 그로부터 얻어 내는 결과(outcomes)를 타인이나 타 집단의 그것과 비교한다. 그래서 만일 자신의 투입 대 결과의 비율이 타인의 그것과 동일하면 작업자는 공정하다고 느끼며 조직과 공정한 교환관계가 이루어졌다고 생각한다. 이러한 공정성에 대한

도표 6-6 공정성이론의 모형

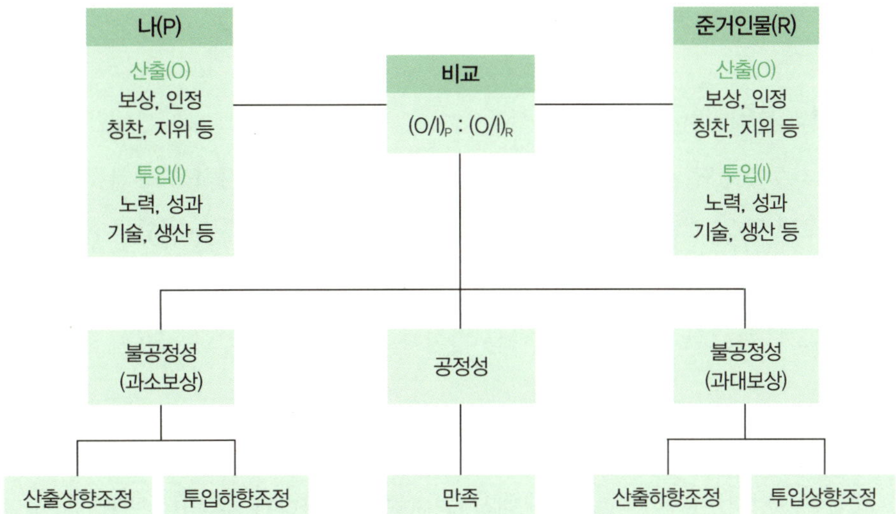

지각은 만족을 유발하지만 공정성 대신 불공정성을 느끼게 된다면, 불쾌감과 긴장이 유발되므로 작업자는 어떤 식으로든 공정성을 회복하는 쪽으로 노력하게 된다. 공정성이론의 모형은 [도표 6-6]과 같이 나타낼 수 있다.

개인이 불공정성을 지각하게 되면 대개 부족한 보상에 따른 불만이나 과다한 보상에 따른 부담감이나 불안함을 나타낸다. 이러한 긴장감은 불공정성의 정도에 따라 달라지며 결국 불공정성을 감소시키는 방향으로 동기부여가 된다. 이때 불공정성을 감소시키기 위해 다음과 같은 방안들을 이용한다.

(1) 투입의 변경

개인은 불공정성이 유리한지 불리한지에 따라 투입을 증가시키거나 감소시킨다. 예컨대 과소보상을 느낄 경우 노력수준은 감소시킬 것이고 과다보상일 경우 노력을 증가시킬 것이다.

(2) 결과의 변경

결과를 변경할 때에는 대개 결과의 증가가 사용되며 결과의 감소는 거의 사용되지 않는다. 결과증가의 예로서 노조의 압력으로 인한 임금인상이나 작업조건의 개선 같은 경우가 있으며, 특히 이것이 다른 산업이나 조직과의 불공정성을 없애기 위한 것일 때에 발생한다.

(3) 자신의 투입이나 결과의 왜곡

실제로 투입이나 결과를 변경시키지 않고도 사람들은 인지적으로 이것을 왜곡시킴으로써 같은 결과를 얻을 수 있다. 예컨대 불공정한 대우를 받았다고 느꼈을지라도 직무의 결과를 의도적으로 증대시킬 수 있다. 즉 "내가 하고 있는 일이 더 중요하니까" 등으로 생각할 수 있다는 것이다.

(4) 타인의 투입이나 결과의 왜곡

왜곡은 자기자신만이 아닌 비교대상에 대해서도 나타날 수 있다. 예컨대 비교대상이 실제보다 열심히 일하기 때문에 보상을 많이 받는 것은 당연하다고 여길 수 있다. 또는 그의 보상이 실제보다 적은 것으로 지각할 수도 있다.

(5) 준거인물의 변경

비교대상을 변경함으로써 불공정성을 줄일 수 있다. 예를 들어 자기의 전문지식수준을 석학(碩學)의 지식과 비교하던 것을 대상인물의 수준을 낮추어 자기 동료전문가의 지식과 비교함으로써 불공정성을 줄일 수 있다.

(6) 직장이동

불공정성을 줄이는 또 하나의 방법은 불공정성을 느끼는 직장을 떠남으로써 불공정성을 없애는 것이다. 이는 상당히 극단적인 예로 불공정성이 극히 크거나 이를 감당할 수 없을 때 나타난다.

2) 조직정의

조직구성원들은 다른 사람들과 비교하면서 조직공정성 혹은 조직정의(organizational justice)가 실현되지 않았다고 판단되면 불만을 갖게 된다. 따라서 불만을 해소하기 위한 방향으로 동기부여가 일어나게 된다. 조직공정성이론의 연구는 분배공정성, 즉 구성원이 인식하는 개인 간의 보상의 양과 분배에 초점을 두고 시작되었다. 그 후 점차 조직정의의 관점에서 확대되어 과정에 관한 절차공정성, 상호작용공정성으로 발전되어 왔다.

따라서 조직공정성이론(organizational justice theory)은 분배공정성이론, 절차공정성이론, 상호작용공정성이론으로 구분된다고 할 수 있다.

분배공정성(distributive justice)은 종업원이 조직으로부터 받은 보상의 크기에 대한 공정성 인식의 정도를 의미한다.[04] 분배공정성이론에서 연구되어 온 분배원칙은 ① 형평(equity), ② 균등(equality), ③ 필요(need)의 세 가지가 있는데 여러 상황에 알맞은 단 하나의 분배원칙은 없으며, 사회구성원들이 서로를 어떤 관계로 지각하느냐에 따라 분배원칙이 각각 다르게 작용한다. 자신과 타인을 일치(identity)의 관계로 지각할 때는 투입에 관계없이 필요에 따라 나누는 필요원칙이 적용되며, 연합(unit)의 관계로 지각할 때는 투입은 다를지라도 똑같이 나누는 균등원칙이, 비연합(nonunit)관계로 지각할 때는 투입에 비례하도록 나누는 형평원칙이 각각의 분배원칙으로 작용하게 된다.

또한 생산성을 중시해야 하는 상황에서는 형평원칙이 분배의 으뜸기준이 되는 반면에, 팀워크나 구성원 간의 관계가 중시되는 상황에서는 균등원칙이 선호기준이 된다는 것이 발견되었다. 그리고 필요원칙은 아주 친밀한 관계인 사람들로 구성된 집단에서 사용되는 분배기준으로 밝혀졌다.[05]

절차공정성(procedural justice)은 보상의 분배량을 결정하는 과정이 공정한지에 대한 인식을 말한다. 절차공정성의 두 가지 중요한 요소는 절차통제와 설명이다. 절차통제는 원하는 분배 결과에 대한 자신의 생각을 제시할 수 있는 기회를 말한다. 설명은 경영진이 결과에 대해서 제공하는 정확한 이유를 말한다. 그러므로 구성원들이 절차공정성을 느끼려면 자신들이 결과에 대한 통제력을 가지고 있으며, 왜 그러한 결과가 나왔는지에 대한 충분히 납득할 만한 설명을 들었다고 느껴야 한다. 분배공정성이 부족할 때는 특히 절차공정성이 중요해진다. 사람들은 자신이 원하는 것을 얻지 못한다면 왜 그런가에 집중하기 때문이다.

상호작용공정성(interactional justice)은 자원분배가 아닌 인간관계에서 상하

도표 6-7 조직정의모델

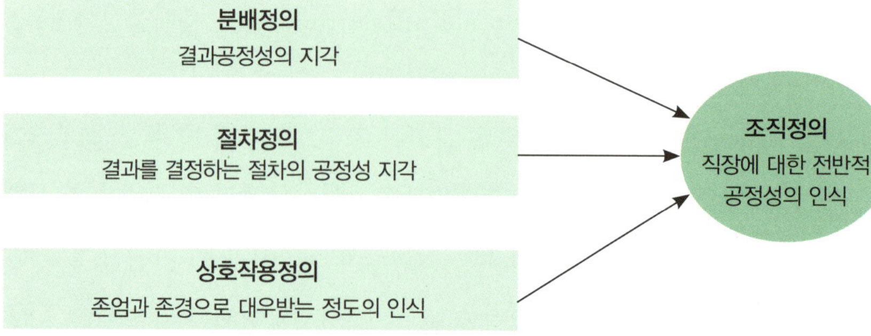

자료 : 김광점 외 옮김(2011), 핵심조직행동론, p.114 재인용

간에 혹은 회사와 사원 간에 공정한 관계를 가졌는지의 여부이다. 구성원 개인이 인정, 관심, 존중 등을 받고 있는 정도에 대한 개인의 인식을 말한다. 사람들은 불공정한 방식으로 대접을 받을 때 상사를 비난하는 등의 보복행동을 한다.

3. 기대이론

브룸(V. H. Vroom)은 기대이론(expectancy theory)에서 개인은 사고와 이성을 지닌 존재로서 현재와 미래의 행위에 대해 의식적인 선택을 한다고 가정하였다. 따라서 인간의 행위에 대한 동기부여의 정도는 행위에 따른 결과의 매력 정도(유의성)와 행위를 통해 결과를 얻어 낼 수 있는 가능성(기대)이라는 두 가지 요인에 의해 결정된다고 보았다. 사람들이 어떤 행동을 할 경향은 다음 세 가지 요소에 의해 결정된다는 것이다.

① 기대(expectancy) : 일정한 노력을 기울이면 일정한 수준의 업적을 올릴 수 있으리라 믿는 가능성이다. 0에서 1 사이의 값을 갖는다.

② 수단성(instrumentality) : 어떤 업적을 올리면 그것이 바람직한 보상으로 연결된다고 믿는 가능성으로 0에서 1 사이의 값을 갖는다.

③ 유의성(誘意性, valence) : 궁극적으로 얻게 되는 보상이 개인에게 얼마나 매력적인가를 나타낸다. 또한 산출에 대한 개인의 선호도, 만족도를 말한다. −1에서 1 사이의 값을 갖는다.

사람들이 특정한 행동을 하게 되는 강도는 주어질 결과와 그 결과의 매력에 대한 구성원들의 기대의 강도에 따라 달라진다고 주장한다. 예를 들면 직원들은 자신들의 노력이 좋은 성과로, 그 성과는 보너스, 봉급의 인상, 승진과 같은 조직적인 보상으로, 그 보상은 직원의 개인적인 목표를 만족시키는 것으로 이어질 것이라고 믿을 때 더 많은 노력을 쏟을 동기를 얻을 것이다. 따라서 이 이론은 [도표

6-8]에서 보는 바와 같이 세 가지 관계에 초점을 맞춘다.

① 노력-성과관계 : 노력을 어느 정도 해야 성과로 이어질 것인지 그 확률에 대한 인식으로서 기대를 의미한다.

② 성과-보상관계 : 특정한 수준의 성과를 내는 것이 바라는 결과인 보상으로 연결될 것이라고 개인이 믿는 정도로서 수단성을 나타낸다.

③ 보상-개인목표관계 : 조직적 보상이 개인의 목표나 필요를 만족시키는 정도와 그러한 잠재적 보상이 개인에게 지닌 매력을 나타낸다.

| 도표 6-8 | 기대이론모형

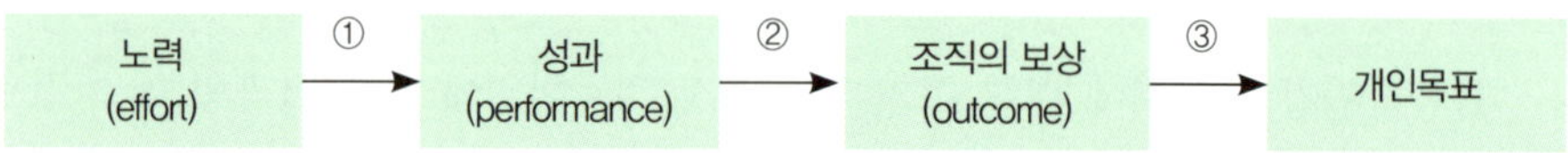

① 노력-성과의 관계 : 기대
② 성과-보상의 관계 : 수단성
③ 보상-개인목표의 관계 : 유의성

기대이론은 왜 대부분의 직원이 직무에 동기를 느끼지 못하고 그럭저럭 최소한의 노력만 하는지를 설명하는 데 도움을 준다.[06]

첫째, 만약 내가 최대의 노력을 쏟는다면 그것이 나의 성과평가에서 인정이 될까? 현실적으로 조직의 성과평가는 성과와 상관없는 충성, 혁신, 용기 등의 요소에 기반을 두기도 하는데, 이러한 경우 좋은 평가를 얻기 위해 열심히 노력할 필요가 없기 때문이다.

둘째, 좋은 성과평가를 받는다면 그 결과로 조직적 보상(승진, 보너스 등)을 받을 수 있을까? 많은 조직은 성과 외에도 많은 것을 고려하여 보상을 준다. 즉 나이, 학력, 아부와 같은 성과와 관계없는 요인에 의해 결정된다면 직원들은 성과-보상의 관계가 약하고 의욕을 꺾는다고 인식하게 될 것이다.

셋째, 만약에 보상을 받게 된다면 그 보상이 나에게 매력적인 것일까? 직원이 승진의 가능성을 바라보면서 열심히 노력하였는데, 승진 대신 봉급이 인상될 수 있다. 더 흥미롭고 도전적인 직무를 원하지만 몇 마디 칭찬만 들을 수도 있다. 즉 보상을 직원이 원하는 것에 따라 맞추어 주는 것이 중요하다.

일반적으로 대부분의 경영자들이 줄 수 있는 보상은 제한이 많고 직원들의 욕구를 모두 만족시키기는 매우 어렵다. 어떠한 경영자는 모든 직원이 같은 것을 원한다고 잘못 생각하여 다양한 보상의 동기부여효과를 무시한다. 어느 경우든 직원의 동기는 최대화되지 못할 수밖에 없다. 기대이론이 실제로 효과가 있기 위해서는 개인들이 노력-성과와 성과-보상의 관계들을 확실히 볼 수 있을 때만 가능한 것이다. 조직에서 나이, 노력, 기술, 직무의 수준과 같은 요인보다 성과에 기준하여 보상을 한다면 기대이론이 더 유효하였을 것이다.

토 | 의 | 문 | 제

01 매슬로우의 욕구단계설은 무엇인가?

02 허즈버그의 2요인이론은 무엇인가?

03 애덤스의 공정성이론은 무엇인가?

참 | 고 | 문 | 헌

01 Maslow, A. H.(1954), *Motivation and Personality*, New York : Harper.

02 Herzberg, F. I.(1969), *Work and the Nature of Man*, New York : Crowell.

03 McClelland, D. C.(1961), *The Achieving Society*, Princeton, N.J. : Van Nostrand.

04 Folger, R., and M. Konovsky(1989), "Effects of procedural and distributive justice of reactions to pay raise decisions," *Academy of Management Journal*, 32, pp.115-130.

05 Deutsch, M.(1975), "Equity, equality, and need : What determines which value will be used as the basic for distributive justice?," *Journal of Social Issues*, 31(3), pp.137-149.

06 김광점 · 박노윤 · 설현도 옮김(2011), 핵심조직행동론, 시그마프레스.

PART 03

조직행동의 이해 : 집단차원

Organizational Behavior

제 7 장 | 집단행동과 팀조직

제 8 장 | 권력과 리더십

제 9 장 | 의사소통

제10장 | 갈등과 협상

Organizational Behavior

CHAPTER

07 집단행동과 팀조직

여는 이야기 팀의 좋은 성과는 리더십보다 팀워크에서 나온다

"완벽한 직장인 모델을 생각해봅시다. 적극적이고 창의적인 동시에 열정이 넘치고 인간관계도 좋은 사람이겠죠. 조직구성원에게 동기부여도 잘하고 전문지식도 깊이 쌓아 놓은 데다 때로는 정치적인 수완도 발휘하는 사람 정도면 완벽하다고 할 수 있겠죠. 그런 사람이 실제로 존재하지 않기 때문에 우리는 직장에서 수많은 팀을 만듭니다. 그런데 어떤 팀은 성공하고 어떤 팀은 실패합니다. 구성원 간 호흡이 척척 맞는 팀도 있는 반면 서로 긴장과 오해가 끊이지 않는 팀도 있죠. 왜 이런 일이 벌어질까요."

서울대 경영대학 최고경영자과정(AMP)에서 '팀워크와 성과 증진의 새로운 방법'이라는 주제의 강의를 맡은 박원우 서울대 경영대학 교수는 "팀워크는 회식과 단합대회로만 다져지는 것이 아니다"라는 말로 강의를 시작했다.

회식이 팀워크의 전부가 아니다

"창조경제를 달성하려면 다양성을 존중하고 활용할 수 있어야 한다는 것에 많은 사람이 동의할 겁니다. 팀을 구성하는 원리도 마찬가지입니다. 구성원의 다양성을 확보해야 팀이 성공할 가능성도 높아집니다. 팀과 같은 집단이나 조직을 만드는 기본 목적 중 하나는 구성원 간 시너지효과를 통해 성과를 높이는 겁니다. 하지만 조직의 성과가 구성원 개개인의 역량을 합한 것에 못 미치는 경우도 많죠. 팀워크를 높여 긍정적인 시너지를 높이는 길을 함께 찾아보겠습니다."

박 교수는 먼저 팀워크 개념을 인간적인 유대감 측면의 '집단응집성'과 업무 활성화 측면의 '팀 활성화'로 구분했다. 팀워크를 통한 팀 성과 증진을 위해선 집단응집성뿐 아니라 팀 활성화가 반드시 공존해야 한다는 얘기다.

"회식을 하면 팀워크가 좋아집니까? 대부분 '예'라고 하시겠죠. 사실 회식은 팀워크 증진에 도움이 됩니다. 단순히 먹고 마시고 끝나는 게 아니라 팀원 서로를 이해하고 소속감을 높일 수 있습니다.

그런데 회식으로 다져지는 '한번 해보자!', '우리는 하나다!'라는 식의 팀워크는 인간적인 유대입니다. 물론 그것도 바람직한 효과니까 회식은 계속 해야겠죠. 그러나 앞으로는 팀워크라는 개념을 업무 활성화 측면에서도 살펴봐야 합니다. 우리가 원하는 결과는 팀워크의 증진이 아니라 조직의 성과니까요. 친목 도모보다 성과 실현이 주목적이라면 구성원 간 인간적 친밀감이나 화기애애한 작업장의 분위기만이 아니라 구성원이 수행하는 업무 자체가 활성화돼 성과로 이어지는 것이 필요합니다. 업무적 활성화 측면을 경시한 채 유대감 측면만 강조하다 보면 구성원들이 모두 비슷한 생각만 하게 되는 집단사고의 부작용이 나타날 수도 있습니다."

박 교수는 이어 팀원의 역할을 '기능적 역할'과 '팀 역할'로 구분했다. 기능적 역할은 직무와 관련해 공식적으로 조직이 부여한 역할로 성과와 직접 연결되는 역할이다. 팀 역할은 직무와 관련 없이 비공식적으로 구성원이 발휘하는 역할로 팀워크 활성화를 위해 필요한 역할을 말한다. 직무와 관련이 없고 상사가 시키지 않더라도 스스로 비공식적인 역할을 수행해야 팀워크가 활성화된다는 것이다.

성과가 좋은 팀의 유일한 비결, 팀워크

"이제 영국의 팀워크에 관한 연구 한 가지를 소개하겠습니다. 한국과 영국은 팀과 관련해 두 가지 비슷한 부분이 있습니다. 첫 번째로 10여 년이라는 상당히 짧은 시간에 사회 여러 분야에서 팀 제도를 급속하게 도입했습니다. 또 하나는 팀 제도를 도입한 지 10여 년 정도 후에 평가해 보니 성과가 좋았다는 의견보다 기대보다 못했다는 의견이 많았다는 점입니다. 다른 점도 있습니다. 한국은 기업을 중심으로 팀 제도를 도입했습니다. 삼성물산이 1983년 팀 제도를 국내 최초로 도입했고요, 이후 1990년대까지 급속하게 확산됐습니다. 영국은 2차 대전 이후 1950년대부터 1960년대까지 정부 조직을 중심으로 팀 제도가 뿌리내렸습니다."

1960년대 중반 영국 정부는 팀 제도 도입 성과가 신통치 않다는 각계 반응에 대응해 팀 제도에 관한 대규모 연구에 들어갔다. 메러디스 벨빈 케임브리지대 경영학 교수의 책임하에 케임브리지대와 런던 정경대 소속 교수 100여 명이 10년짜리 프로젝트에 착수했다.

"성과가 좋은 팀들을 한쪽 무리에 묶고 좋지 않은 팀들을 다른 무리로 묶었습니다. 그리고 두 무리가 어떻게 다른지 조사했습니다. 2년간 연구 끝에 결과가 나왔습니다. 성과가 좋은 팀의 비결이 무엇이었을까요? 팀 리더의 리더십이나 구성원 개개인의 능력수준, 구성원 간 소통 모두 아니었습니다. 결론은 하나, 팀워크였습니다. 팀워크가 좋고 나쁨에 따라 팀 성과에 차이가 난다는 것이었습니다. 여기서 연구를 멈추면 누구나 아는 얘기가 되고 말죠. 연구팀은 이후 팀워크를 유발하는 원인을 연구하기 시작했습니다. 팀워크가 좋은 팀을 들여다보니 구성원이 기능적 역할과 팀 역할을 모두 잘 하더란 결론입니다. 직무와 관련해 부여된 역할뿐 아니라 공식적으로 주어지지 않은, 단지 팀워크를 높이기 위한 역할까지 잘 한다는 것입니다. 어떤 사람은 팀원들의 만남 자체가 즐거워지도록 '분위기 메이커' 역할을 해야 하고 또 다른 사람은 꼼꼼하게 따지면서 내부 비판자의 역할을 하는 것이죠."

자료 : 한국경제, 팀워크와 성과증진의 새로운 방안, 박원우 서울대 교수, 2013.11.8.

7.1 집단의 정의와 분류

1. 집단의 정의

행동과학에서 집단연구는 주로 소집단(small group)을 대상으로 이루어져 왔지만, 단지 사람들의 수가 적다고 해서 모두 집단을 의미하는 것은 아니다. 길가의 구경꾼들이나 버스에 타고 있는 사람들, 식당에서 식사를 하고 있는 사람들은 그 규모가 작다고 하여 집단으로 간주되는 것은 아니다. 집단은 공동의 목표와 규범을 공유하고, 일정기간 동안 서로 상호작용하는 두 명 이상의 사람들의 집합을 의미한다.[01] 집단이 갖는 몇 가지 주요 특성을 설명하면 다음과 같다.

일반적으로 집단이라고 하면, 첫째 2인 이상의 사람들로 구성되어 있으며, 둘째 그들은 서로 개인적으로 알고 있으며, 셋째 공통적인 관심을 가지고 있으며, 넷째 서로 지속적인 상호작용을 한다는 점이다. 이렇게 사람들이 모여서 공동의 목적을 가지고 지속적으로 상호관계를 맺으면서 일을 처리하는 과정에서 서로의 행동을 제재하게 된다. 즉 어떤 규범들이 나타나고 역할분담을 통하여 조직적이고 지속적인 관계가 이루어진다.

2. 집단의 분류

일반적으로 집단은 공식집단과 비공식집단으로 나누고 있다. 공식집단은 조직구조에 의해 만들어지며 과업을 수행하기 위해 작업이 배정된다. 공식집단에서 구성원이 해야 하는 행동은 조직목표를 달성하기 위한 것이다. 반대로 비공식집단은 공식적으로 구조화되어 있지 않고 조직적으로도 만들어지지 않은 집단을 말한다. 비공식집단은 사회적 교류를 하기 위해 작업장에서 자연스럽게 만들어진 것이다. 이러한 유형의 개인 간 상호작용은 비록 비공식적이기는 하지만 그들의 행동과 성과에 많은 영향을 미친다. 조직에서는 실제로 공식 · 비공식집단이 공존하고 있다.

또한 집단은 명령집단, 과업집단, 이해집단, 우호집단으로도 분류할 수 있다. 명령집단과 과업집단은 공식조직에서 나타나며, 이해집단과 우호집단은 비공식적인 집단에 해당한다.

명령집단은 조직도에 의해 결정된다. 명령집단은 어떤 특정한 관리자에게 직접 보고하는 부하직원들로 구성된다. 과업집단도 조직에 의해 결정되며 주어진 과업을 완수하기 위해 함께 일하는 사람들이다. 그렇지만 과업집단의 경계는 직속상사에 의해서만 정해지는 것은 아니다. 과업집단은 명령관계보다는 어떤 문제를 해결하기 위해 형성된 집단이다. 모든 명령집단은 동시에 과업집단이다. 그러나 과업집단은 다른 명령집단에 속해 있는 사람들로 구성될 수 있기 때문에 과업집단 모두가 명령집단은 아니다.

사람들이 과업집단이나 명령집단에 소속해 있든 아니든 간에 개인적인 목표를 달성하기 위해 모이는 집단을 이해집단이라고 한다. 해고당한 동료를 돕기 위해 모인 직원들, 작업환경을 개선하기 위해 모인 직원들은 공동의 이익을 증진시키기 위해 공동체를 형성한 것이다.

집단은 개인들이 하나 이상의 공통 특성이나 취미 등으로 형성되기도 하는데 이러한 집단을 우호집단이라고 한다. 흔히 작업장 밖에서 이루어지는 사회적 교류는 연령이 같거나, 같은 스포츠 팀을 응원하거나 또는 같은 록 밴드를 좋아하거나, 비슷한 정치적 견해를 가지고 있기 때문에 이루어진다.

7.2 집단의 사회구조

조직에 목표가 있고 방침이 있는 것과 마찬가지로 집단에도 목표가 있고 집단을 보호하고 유지하기 위한 규범이 존재한다. 그리고 공식조직의 경우 구성원들 각자에게 직무가 배정되어 있고 권한과 명령계층에 의하여 이들 업무가 수행되는 것처럼 집단에서도 구성원 각자가 수행해야 하는 역할이 있고 또 지위신분관계도 형성되어 있어서 이를 중심으로 역할행동이 수행된다([도표 7-1] 참조).

이와 같이 집단은 공식조직과 마찬가지로 사회구조를 형성하게 된다. 그런데 집단의 사회구조는 조직이 의도적으로 설계한 공식구조와 다를 때가 많고, 경우에 따라서 갈등관계를 보이기 때문에 공식조직에 역기능적 결과를 가져올 수도 있다. 따라서 집단의 사회구조를 잘 이해하고 집단과 공식조직 간에 조화와 통합을 이루는 것이 바람직하다. 집단구조를 형성하고 있는 주요요소들을 살펴보면 다음과 같다.

도표 7-1 | 공식조직과 집단의 비교

공식조직	집단
• 조직목표 • 방침 • 직무 • 직위 • 권한 • 명령계층	• 집단목표 • 규범 • 역할 • 지위신분 • 영향력 • 사회적 서열

자료 : 이학종 · 김영조(2014), 조직행동의 이해와 관리, 도서출판 오래, p.215.

1. 지위

1) 지위의 개념

사람들이 같이 생활하고 공통된 관심사를 함께 추구하기 위해서 의사결정을 하다 보면, 자연적으로 의사결정이나 일의 처리상의 효율적인 측면에서 인정을 받는 사람이 나타나게 된다. 즉 반복적인 상호작용과정에서 영향력과 인정을 받는 정도에 따라서 집단 내 구성원들의 지위가 설정되고, 이것은 하나의 실체로서 암묵적으로 집단의 구성원들에 의해서 받아들여지게 된다.

이렇게 해서 집단 내에서 정해진 사회적 관계의 질서는 자연스럽게 위계적으로 순위화되고, 그것이 집단 내의 위치(social status)가 된다. 이와 같이 형성되는 집단 내의 신분상의 서열을 지위(status)라고 한다. 일단 지위가 집단 내에서 결정이 되면 일반적으로 지위가 높은 사람이 낮은 사람에게 해야 할 일들을 명령 · 지시하고 일의 순서가 정해진다. 점차 일의 성격이 변화하고, 구성원들의 경험이나 지식의 정도가 변화하면서 소집단 내의 지위체계도 변화하게 된다. 그러면서 새로운 지위체계가 형성된다. 이 지위체계는 고정적인 불변의 체계가 아니라 지속적으로 변화하는 가변적인 체계이다.

사회적으로 정의된 직위 또는 다른 사람에 의해 집단이나 집단구성원에게 주어진 계급은 모든 사회에 존재한다. 아주 작은 집단도 구성원들을 차별화하는 역할, 권리, 형식을 개발한다. 지위는 중요한 동기유발요인이다.

2) 지위의 원천

지위특성이론(status characteristic theory)에 따르면 지위의 원천은 다음과 같다.

① 다른 사람에게 행사할 수 있는 권력 : 결과를 통제하는 사람은 집단의 자원을 통제하는 경향이 있기 때문에 높은 지위를 가진 것으로 지각된다.

② 집단목표를 달성하는 데 기여할 수 있는 능력 : 집단의 성공에 중요한 공헌

을 한 사람은 높은 지위를 갖는 경향이 있다.

③ 개인의 인간적 특성 : 집단에 중요한 개인적 특성(수려한 외모, 지능, 돈 또는 친절한 성격)을 가진 사람은 중요한 속성을 별로 갖지 않은 사람보다 더 높은 지위를 갖는다.

지위와 관련된 흥미로운 연구결과들이 있다. 지위가 높은 구성원은 다른 구성원보다 규범으로부터 이탈할 수 있는 자유를 더 많이 가지며 순응압력에 더 많은 저항을 할 수 있다. 높은 지위에 있는 사람은 그들의 활동이 집단의 목표달성에 심각한 해를 끼치지 않은 한 더 많은 재량권을 갖는다. 또한 더 공격적인 경향이 있어서 다른 사람에게 더 자주 말하고, 더 비난하고, 더 명령하고, 더 방해할 수 있다.

2. 역할

1) 역할의 정의

사람들은 여러 가지의 역할을 수행하게 된다. 어떤 사람이 회사에서는 부장이지만 집에 가면 가장 또는 남편 · 아버지로서의 역할을 수행해야 하고, 교회에서는 집사로서의 역할을 맡게 된다. 여기서는 집단 내에서 직무행위에 영향을 미치는 역할에 중점을 두기로 한다.

사람들이 모여서 집단을 이루게 되면 공통관심사에 관한 활동에 분화가 이루어져 서로 다른 역할을 하게 된다. 역할(roles)이란 한 사회적 단위에서 어떤 직위(position)를 맡고 있는 사람에게 기대되는 행동패턴을 의미한다.[02] 즉 직위에 대한 기대를 말하는 것이다. 집단수준에서 볼 때 역할이란 집단 내에서 어떤 지위를 갖고 있는 특정 개인이 수행해야 한 것에 대해 집단구성원들이 전체적으로 기대하고 있는 행동들이다.

집단에서의 역할은 다양한 특성을 갖게 된다.

첫째, 역할은 과업행위와 관련되어 파악되어야 한다. 집단에는 과업이 주어지고 개인에게 기대되는 역할은 과업을 수행하는 것과 관련되어 기대되는 것이기 때문이다.

둘째, 역할은 어떤 인격적인 것을 포함하지 않는다. 역할에 대한 기대는 바로 직무수행에 대한 기대이기 때문이다.

셋째, 역할의 정의를 명확히 하는 것은 매우 어렵다. 본인이 느끼는 역할과 다른 사람이 인식하는 역할이 차이가 나는 경우가 많고, 인식한 바와 실제행위가 다른 경우도 많기 때문이다.

2) 역할정체성과 역할지각

어떤 역할에는 이에 상응되는 태도와 실제적인 행동이 있다. 이러한 태도와 행동에 의해서 역할정체성(role identity)이 형성된다. 사람은 대개 상황이 바뀌고 요구되는 행동이 변화하면 역할을 바꾸는 경향이 있다.

어떤 특별한 역할에 대해 어떻게 행동해야 하는가에 대한 인식을 역할지각(role perception)이라 한다. 즉 역할지각은 역할수행자가 역할구조 속에서 자신의 위치를 정확하게 판단해내는 능력을 의미한다. 요구되는 행동이 생기면 우리는 어떻게 행동할지를 판단하고 이것에 기초하여 행동을 하게 된다. 이러한 판단은 자신이 특정 위치에 있을 때 역할의 내용이 무엇인지를 인식하는 가운데 생겨나게 된다. 이러한 역할지각을 여러 경로를 통해 배우게 된다. 친구를 통해 자신의 역할을 인식하고 배울 수 있으며, 신문 · 잡지 · TV 등의 대중매체를 통해서도 역할지각을 얻게 된다.

3) 역할기대

역할기대(role expectation)란 자신이 해야 할 행동에 대해 다른 사람이 갖는 기대라고 정의된다. 집단구성원은 대개 상대방의 역할에 비추어 어떤 행동을 해주기 바라게 된다. 이러한 역할기대가 실제로 충족되지 않으면 어떤 일이 발생하게 될까? 종업원과 관리자 사이에는 불신감이 생기고 집단응집력도 낮아질 것이다. 결국 조직 전체에까지 악영향이 파급된다. 그러므로 역할기대의 충족 여부는 매우 중요하다. 그리고 역할기대는 필요한 경우 서로에게 명확하게 전달되어 서로가 가진 기대의 내용을 확인할 필요가 있다. 그래야만 보다 적극적이고 정확한 역할수행이 가능해지기 때문이다.

4) 역할모호성과 역할갈등

역할모호성(role ambiguity)은 개인이 역할을 어떻게 수행하여야 하는가에 대하여 충분한 정보가 주어지지 않을 때 나타난다. 즉 자신이 무슨 일을 수행해야 하고, 권한은 무엇이며, 또 어떻게 평가할 것인지에 대한 내용을 알지 못하는 정보의 결핍상태를 말한다. 일반적으로 조직에 있어서 역할모호성을 가져오는 요인으로서는 조직의 규모와 복잡성이 종업원의 이해를 어렵게 할 때, 급속한 조직 성장으로 빈번한 재조직화를 수반할 때, 기술의 빠른 변화가 사회구조에서 변화를 요구할 때, 빈번한 인사변동 등을 들 수 있다. 역할갈등(role conflict)은 한 사람이 여러 가지 역할을 수행하는 과정에서 어느 한 역할을 수행할 경우 다른 역할수행이 어려운 경우에 발생한다. 즉 역할기대가 서로 상치되는 역할을 수행해야 할 때 야기되는 갈등을 말한다.

역할은 집단 내에서 구성원 스스로가 해야만 한다고 생각하는 담당 역할에 대한 지각(role perception)과 다른 구성원들이 당연히 어떻게 행동해야만 한다고 생각하는 기대(role expectation)의 두 가지 요소가 서로 조정되어 형성된다. 이렇게 해서 형성된 역할은 자신이 받아들이고 주위 사람들도 당연하다고 생각하는 한 구성원의 역할로 자리 잡게 되어 역할정체성(role identification)이 집단 내에 형성된다.

일단 집단 내에서 자신의 지위가 결정되고 그 지위에 합당한 역할이 어떠한 것이라는 정체성이 자리 잡게 되면, 그 구성원은 지속적으로 자신이 그 역할을 수행하기 위해서 어떻게 행동해야 하는가를 여러 가지 통로를 통해서 학습하고 이해하게 된다. 그러나 우리는 사회생활을 함에 있어서 단지 한 가지의 역할만이 아니라 여러 가지 역할을 하게 된다. 만일 한 가지 역할에만 치중하다 보면 다른 역할이 등한시될 수 있다. 그러므로 역할의 우선순위 결정은 물론, 서로 해야 할 역할들 간에 균형을 유지하는 문제도 매우 중요하다. 또한 종종 사람은 자신이 생각하는 역할과 주위에서 기대하는 역할 간에 불일치가 일어난다든지 또는 자신이 해야 할 역할이 무엇이며 주위에서 자신에게 기대하는 바가 무엇인지에 대해 아주 애매한 경우(역할모호성)가 있다. 이러한 경우 개인적으로 엄청난 스트레스와 심적 부담을 겪게 될 수 있다.

3. 규범

1) 규범의 개념

모든 집단에는 규범이 있다. 규범은 가치적 행동기준으로서 구성원들이 특정 상황에서 무엇을 해야 하고 무엇을 하지 말아야 하는지를 나타낸다. 이렇게 집단구성원들이 공유하고 있는 행동기준을 규범(norms)이라고 한다. 일반적으로 규범은 명문화되어 있지 않고 공개적으로 이야기되지 않지만 집단과 구성원의 행동에 큰 영향을 미치게 된다.[03] 즉 조직의 목적달성은 물론 집단구성원 간의 동질성을 유지하는 데 기여한다.

규범의 중요성은 1924년부터 1932년 사이에 시카고에 있는 웨스턴전기회사의 호손공장에서 수행된 연구를 시작으로 알려졌다. 호손연구는 다음과 같은 결론을 내렸다. 근로자의 행동과 감정이 밀접하게 관련되어 있으며, 집단이 개인의 행동에 강한 영향을 미친다. 또한 집단의 기준이 근로자 개인의 성과를 결정하는 데 매우 효과적이다. 집단에 형성되어 있는 규범에는 "하지 말라"가 많다. 너무 많은 일을 하지 말라, 너무 적게 일하지 말라, 너의 동료를 밀고하지 말라 등등. 집단은 어떻게 이러한 규범을 따르게 만드는가? 집단은 규범을 위반한 구성원에게 빈정거리고, 조롱하고, 심지어 폭력을 행사하기도 한다. 또한 구성원들은 집단 이익에 반하는 행동을 하는 사람들을 배척하기도 한다. 이와 같이 호손연구는 규범이 개인의 작업행동을 결정하는 데 중요한 역할을 한다는 사실을 이해하는 데 많은 기여를 하였다.

2) 규범의 종류

집단의 규범은 크게 핵심적 규범(pivotal norms)과 주변적 규범(peripheral norms)으로 나눌 수 있다. 핵심적 규범은 그 집단의 존재목표의 성취를 위한 것으로 그것을 범하게 되면 집단의 존립과 공통관심사에 치명적인 영향을 미친다. 반면 주변적 규범은 옷을 어떻게 입고 행동을 어떻게 해야 하는지와 같은 그다지 중요하지 않은 부차적 규범이다. 소집단 내에서 어떤 것이 과연 핵심적인 규범이며 어떤 것이 부차적인 주변적 규범인지 구분하여 이해하고 받아들이는 것은 집단 내 생활에 중요한 의미를 갖는다.

규범은 집단행동의 거의 모든 측면을 설명할 수 있는데 이에 관한 규범은 네 가지로 구분하고 있다.[04]

첫 번째, 호손실험에서 나타났던 성과기준에 대한 규범이다. 구성원들이 얼마나 열심히 일해야 하는지, 산출물의 수준은 어느 정도 되어야 하는지, 직무를 어떻게 완수해야 하는지 등을 분명하게 알려준다. 이러한 규범은 개인의 성과에 매우 강력한 영향을 미친다.

두 번째, 겉모습에 대한 규범을 들 수 있다. 특히 동질성을 강조하는 집단의 경우에는 유사한 머리모양과 옷차림이라든지, 상사를 접할 때 거의 동일한 자세를 취한다든지, 동일한 시간대에 휴식을 취하는 것과 같이 겉으로의 행동이나 모습을 일치시키도록 영향력을 행사하는 규범을 가지고 있다.

세 번째, 집단은 사회배열규범을 가진다. 이 규범은 집단구성원들에게 개인 상호 간의 관계에 대해 기준을 제공하는 것으로, 누구와 함께 점심을 먹고, 일이 끝난 후에는 누구와 어울리며, 어느 집단과는 공식적인 관계만이 허용되며, 누구와는 절대 상호관계를 가져서는 안 되는 등에 대한 것들을 포함한다.

마지막으로 대부분의 집단은 집단의 획득물에 대해 어떻게 나누어 가질 것인지에 대한 할당규범을 가지고 있다. 즉 이 규범은 특정한 집단의 성과물을 집단구성원들의 노력이나 능력과 관계없이 똑같이 나누어 가질 것인지(평등배분), 성과에 공헌한 바에 따라 나눌 것인지(형평배분), 아니면 집단구성원이 필요로 하는 양에 따라 배분할 것인지(필요배분)에 대한 기준을 제공한다.

4. 규모

집단의 규모(size)는 구성원의 태도와 행동뿐만 아니라 집단행동에도 영향을 미친다. 특히 구성원 간의 상호관계에 영향을 미치게 된다. 예를 들어 집단구성원이 3명인 경우에는 총 상호관계 수는 6이지만, 4명인 경우에는 12가 되고, 5명의 경우에는 20이 되며, 6명의 경우에는 30이 된다. 이와 같이 집단구성원 한 사람이 늘어감에 따라 총 상호관계의 수는 기하급수적으로 늘어난다. 그래서 집단구성원이 늘어갈수록 집단구성원들 서로 간 상호작용의 수는 제한되며 집단구성원의 수가 10명이 넘어서게 되면 자연스럽게 5~6명 정도의 두 개의 소집단으로 나누어지게 된다.

연구결과 집단의 규모는 집단구성원의 만족도, 결근율과 이직률, 집단의 응집력 등과 역의 상관관계를 가지는 것으로 나타났다. 또한 집단의 규모가 커지면서 집단구성원의 참여도가 떨어지게 되는 과정에서 오히려 집단 리더의 공식적 · 비공식적 권한은 더욱 커지는 경향을 보인다.

집단규모와 관련된 연구결과 중 가장 중요한 것은 사회적 태만(social loafing)이다. 사회적 태만은 혼자 일할 때보다 함께 일할 때 노력을 덜 기울이는 개인성향을 말한다. 이것은 집단 전체의 생산성이 최소한 그 집단구성원 각자의 생산성을 합한 것과 같아야 한다는 논리에 어긋난다.

사회적 태만이 발생하는 이유를 살펴보면 다음과 같다. 첫째, 집단 내 다른 사람이 자신의 몫을 공정하게 수행하지 않을 것이라는 믿음 때문이다. 사람들은 다른 사람이 게으르다고 생각되면 자신의 노력을 감소시킴으로써 공정성을 유지하려고 한다. 둘째, 책임의 분산(diffusion of responsibility)이다. 책임의 분산효과는 긴급하거나 위험한 상황에 처해 있는 사람에게 그러한 상황을 같이 목격하고 있는 다른 사람들이 도움을 줄 것이라는 가정으로 인해서 도움을 제공하고자 하는 책임감이 줄어드는 현상을 말한다.[05] 이것은 책임을 부담하는 사람이 명확히 지정되지 않기 때문에 발생한다. 어떤 한 개인이 집단 결과에 대한 모든 책임을 지지 않기 때문에 개인 투입과 집단 결과 간의 관계가 모호해진다. 그러면 개인은 무임승차하는 사람이 되려고 하며 집단노력에 편승하려고 한다.

사회적 태만을 방지할 수 있는 방법에는 다음과 같은 여러 가지가 있다.

① 목표를 설정하여 집단이 공통 목적을 추구하도록 한다.
② 집단 간 경쟁을 증가시켜서 공유된 결과에 집중하도록 한다.
③ 각 구성원이 다른 구성원의 공헌도를 평가하도록 동료평가를 실시한다.
④ 가능하면 구성원 각자의 공헌도에 근거하여 집단보상을 부분적으로 제공한다.

5. 응집력

집단응집력(group cohesiveness)이란 구성원들이 집단 및 집단구성원들에 대해 얼마나 강한 애착을 느끼는지 그리고 집단에 계속 소속되어 있으려는 욕구가 얼마나 강한지를 나타내는 개념이다. 이 응집력의 강도는 그 구성원들이 얼마나 집단에 애착을 느끼는가와 얼마만큼 속한 집단의 공통적인 목표달성을 위해 자신의 시간과 정력을 쏟으며 노력하는가에 달려 있다. 따라서 응집력이 강한 집단일수록 강한 규범을 가지고 있고 그 구성원 상호 간에는 아주 강한 친밀성을 갖게 되고 구성원들이 보는 관점, 태도, 선호 및 여러 가지 형태에 유사성을 보여준다.

반면에 집단응집력은 부정적 측면도 있다. 응집력이 강한 집단은 집단구성원들에게 규범에 동조할 것을 강하게 요구한다. 이러한 집단규범에 대한 동조압력은 집단 의사결정과정에서 비판이나 정보추구활동이 원천적으로 봉쇄되어 질이 낮은 의사결정을 내리는 집단사고현상을 초래한다. 또한 응집력이 강한 집단은 다른 집단의 위협에 대해서 강한 적대적 반응을 보이는 것으로 나타나고 있다. 집단의 폐쇄성이 높고, 그에 따라 타 집단과 그 구성원들에 대한 부정적인 편견을 발달시키는 경향을 보이며, 그로 말미암아 배타성이 강한 문화를 가지는 경우가 흔하다.[06]

집단의 응집력에 영향을 주는 요소는 다음과 같다.

첫째, 응집력의 강도는 그 집단구성원들이 집단의 목표에 동의하는가에 영향을 받는다. 만약 구성원 전원이 그 집단목표에 전적으로 동의하면 응집력은 강해지고, 서로 동의하지 않는 부분이 많으면 응집력은 약해진다.

둘째, 구성원들이 함께 보내는 시간이 많을수록 더욱 친밀성은 강해지고 상호 간의 이해와 매력의 정도가 강해지면서 응집력도 강해진다. 하지만 너무 많은 미팅을 가짐으로써 구성원들이 싫증을 느끼게 되면 응집력의 정도는 약화될 수 있다.

셋째, 그 집단의 가입과정이 힘들면 일단 가입한 구성원들은 그 집단에 강한 애착을 보이게 되고 이것은 응집력에 긍정적인 영향을 미친다.

넷째, 집단은 외부의 다른 집단으로부터 영향을 받게 되는데, 특히 서로가 적대시하면서 경쟁하는 집단이 있으면 집단 내부구성원들 간의 결속력은 더 강해진다.

다섯째, 성공의 정도 또한 집단의 응집력에 영향을 준다. 만약 과거에 자신들의 목표를 효율적으로 성취한 경험이 많거나 특히 현재 아주 성공적으로 일을 잘하고 있으면 응집력의 정도는 강해져 그 집단은 무엇이든지 해낼 수 있다는 자신감을 갖게 된다. 반면에 실패를 하거나 하는 일들이 잘되고 있지 않을 때는 집단 내에서 희생양을 찾거나 다른 사람 또는 상황을 비난하면서 집단의 응집력과 협동심은 와해되는 경향이 있다.

7.3 집단의사결정

1. 의사결정

의사결정은 집단의 성과와 효율성을 결정하는 가장 근본적인 요소로서 조직과 집단의 생명과정(life process)이라고까지 불리고 있다. 집단구성원들은 집단의 목적을 달성하고자 자기의 역할을 수행하는 과정에서 여러 가지 문제에 부딪히게 된다. 즉 집단의 과업목표를 비롯하여 구성원들의 규범과 업무분담, 역할갈등, 작업조건 등과 관련된 여러 가지 문제가 발생한다. 이러한 문제들을 해결하기 위해 어떠한 의사결정을 하느냐에 따라서 집단성과가 결정된다.

집단의사결정은 합리적이고 양질의 대안을 모색하는 데 도움이 된다고 할 수 있다. 하지만 집단의사결정은 여러 사람들이 의사결정하는 과정에서 몇 가지 특수한 사회심리적 요인들이 작용하여 비합리적이고 현실성이 없는 결정에 귀결될 가능성도 내포하고 있다. 그 대표적인 경우가 집단의사결정의 양극화(group polarization)와 집단사고(groupthink)현상이다.

2. 집단의사결정의 장점과 단점

조직 내에서 회의와 같은 집단의사결정은 광범위하게 사용된다. 집단의사결정이 개인의사결정보다 더 좋을 수도 있지만 아닐 수도 있다. 집단의사결정의 장·단점은 다음과 같다.

1) 집단의사결정의 장점

① 집단은 더 완전한 정보와 지식을 창출한다. 여러 사람이 가지고 있는 자원을 함께 모음으로써 집단은 더 많은 그리고 다양한 자원을 의사결정과정에서 활용할 수 있다.

② 집단은 다양한 관점을 제공하기 때문에 많은 접근방법과 대안을 고려할 수 있다.

③ 집단은 의사결정 결과에 대한 수용도가 높다. 의사결정에 참여한 집단구성원들은 그 의사결정을 열정적으로 지지하고 다른 사람에게 그것을 받아들이도록 촉구하는 경향이 높다.

2) 집단의사결정의 단점

① 집단의사결정은 시간이 많이 소비된다. 왜냐하면 집단은 일반적으로 해결책을 찾는 데 더 많은 시간이 걸리기 때문이다.

② 집단에는 동조의 압력이 있다. 집단구성원으로 받아들여지고 그 집단의 중요한 사람으로 여겨지고 싶기 때문에 사람들은 공개적으로 반대의견을 제시하지 못할 수 있다.

③ 집단에서의 논의가 한 사람이나 몇 명의 구성원에 의해 좌지우지될 수 있다.

④ 집단의사결정에서는 최종결과에 대한 책임소재가 분명하지 않다.

3. 집단의사결정의 병폐적 현상

1) 집단의사결정의 극단화현상

집단의 의사결정을 연구하는 과정에서 코간과 월라츠(Kogan and Wallach, 1969)는 집단구성원들이 개인적으로 결정하는 것보다 집단 내의 토의를 거친 후 내리는 결정이 훨씬 더 모험적이며 극단적이라는 것을 발견하였다. 그 이후의 연구에서는 더 보수적인 쏠림현상도 확인되었다. 이 현상을 집단의사결정의 양극화 또는 선택의 전이현상(choice shift)이라고 한다. 집단의사결정 시 나타나는 위험쏠림(risk shift)현상, 선택쏠림현상을 보다 일반적인 집단극단화(group polarization)현상의 개념으로 지칭하게 되었다.[07]

이 현상에 대한 설명은 다음과 같다.

첫째, 사람들은 집단 내에서 다른 사람들로부터 호감을 받기를 원하고 소외되는 것을 두려워한다. 그러므로 일단 집단의사결정의 방향이 잡히면 반대하는 의견을 제시하기보다는 찬성하는 의사와 정보를 자꾸 더 제시함으로써 집단의사결정이 더 극단적으로 된다는 것이다.

둘째, 모험적인 의사결정과 관련된 긍정적 정보가 자꾸 더 많이 제시되면서 구성원들은 확신을 가지게 되고, 또한 만약에 실패했을 경우도 같이 공유한다고 생각하므로 책임에 대한 부담감이 없어지므로 모험적인 의사결정을 지지하게 된다.

2) 집단사고

집단의사결정과정에서 나타나는 극단화의 현상을 좀 더 구체적으로 분석하여 왜 그러한 현상이 일어나는지를 밝혀준 것이 제니스(Janis, 1983)가 제시한 집단사고(groupthink)이다.[08] 집단사고는 규범(만장일치의 규범)과 관련된 것으로 응집력이 높은 집단에서 구성원들 간의 합의에 대한 요구가 지나쳐서 다른 대안의 모색을 저해하는 경향을 의미한다. 일반적으로 강한 응집력은 집단구성원들의 소속감을 고취시켜 주고 집단목표를 성취하는 데 긍정적인 영향을 미친다고 보고 있으나, 강한 응집력이 집단 내의 의사결정과정에서 부정적인 영향을 줄 수도 있다는 것이다.

이러한 집단사고의 병폐적 증세는 다음과 같은 것이 있다.

첫째, 지나친 자신감이다. 일단 집단의 응집력이 점차 강화되면서 그 집단구성원들은 우월감을 가지게 되고, 무엇이든지 자기집단만은 해결할 수 있다는 자만심에 젖게 되며, 자기집단은 일반집단과는 다른 최우수집단이라는 착각에 빠지게 된다.

둘째, 도덕적 환상과 동조의 압력이다. 이때 집단결정에 대한 반대의견을 제시한다는 것은 곧 그 집단을 무시하는 것이며, 이단자라는 사고가 구성원들 간에 팽배해지고 다양한 의견제시가 차단된다.

셋째, 만장일치의 환상과 집단과보호현상이다. 자기집단에서 만장일치로 결정한 내용과 다른 새로운 의견과 정보는 자기집단의 결속력을 약화시키고 응집성을 파괴하고자 하는 불순한 의견과 정보로 간주한다. 따라서 이런 경우 그 집단의 의사결정은 새로운 정보가 차단되고 새로운 관점이 무시되어 창의적인 아이디어들이 투입될 수 있는 통로가 차단된 상태에서 이루어지게 되어 비합리적이고 잘못된 의사결정을 하게 된다는 것이다.

집단사고는 많은 집단에서 발생하는 병폐로 집단성과를 심하게 악화시킬 수 있다. 집단사고에 대처하고 좀 더 효율적인 의사결정을 위해 다음과 같은 사항을 유념해야 한다.

첫째, 집단의 리더는 구성원이 자유로운 비판을 할 수 있도록 분위기를 조성해야 한다.

둘째, 집단의 리더는 토의과정에서 구성원들이 각자의 의견을 충분히 발표한 다음에 자신의 생각과 선호를 이야기해야 한다.

셋째, 외부 전문가들을 초빙하여 의견을 제시하도록 해야 한다.

넷째, 집단토의에서 적어도 한 사람은 책임을 지고 집단 전체의 아이디어에 도전하고 비판하는 악역(devil's advocates)을 담당하도록 하여 집단이 만장일치의 환상에 빠지지 않고 다양한 정보를 수용하면서 의사결정을 할 수 있도록 해야 한다.

3) 권력사고

권력사고(powerthink)는 집단사고의 변형으로 집단의사결정에 있어서 집단 내에 매우 영향력이 큰 권력자가 있어서 구성원들이 다른 의견을 개진하고 싶어도 그와 맞서기 어렵고 또 그가 의사결정을 특정한 방향으로 밀어붙이기 때문에 원치 않아도 힘에 밀려서 마지못해 그의 결정에 따르는 현상을 말한다. 이러한 상황에서는 구성원들은 공식 회의에서는 동의를 했더라도 사석에서는 그 결정에 대해서 비난하거나 사보타지(sabotage)하는 행동을 보일 수 있다.

4) 몰입의 상승현상

몰입의 상승현상(escalation of commitment)이란 어떤 집단이 의사결정을 한 후에 상황에 변화가 일어나 먼저 내린 의사결정이 부적절하고 잘못임이 명백하게 드러남에도 불구하고 여러 가지 이유를 들어 최초의 의사결정을 고수하려는 경향을 말한다. 몰입의 상승현상이 발생하는 이유는 개인이나 집단에는 자기합리화경향(self-justification)이 있기 때문이다. 따라서 최초의 결정이 잘못된 것이라는 사실을 알면서도 외부의 비난에 거의 본능적으로 방어하고 합리화하는 행동을 취하게 된다.

5) 사회적 태만

사회적 태만(social loafing)이란 문자 그대로 "집단 내에서 빈둥거리고 노는 행위"라는 뜻이다. 집단구성원으로서 자신의 책임을 다하거나 집단의 활동에 기여하지는 않으면서 보상분배에는 참여하는 사람들이 있는데 이들을 무임승차자(free rider)라고도 한다.

피라미드조직 같은 위계조직과는 달리 팀제조직과 같은 소규모집단은 속성상 자율성이 보장되어 있고 감독이 느슨하기 때문에 무임승차자들이 생겨나기 쉽다.

이러한 사회적 태만현상이 집단 내에 만연되면 성실한 다른 구성원들도 오염이 되어 집단이라는 무리 속에 숨어서 요령을 피는 풍조가 생겨나기 쉽다.

사회적 태만현상을 막기 위해서 개인별로 업무분장을 하고 직무기술서(job description)를 필수화하는 한편, 개인별로 책무성(accountability)을 묻는 조치를 취할 필요가 있다. 그리고 집단의 크기(size)를 최적화하여 여유인력을 가급적 줄이는 것도 효과가 있을 수 있다. 무임승차꾼이 집단의 성과배분에 참여하는 것을 배제하기 위해서 배분의 몫을 정하는 것을 구성원들 자율에 맡기는 방법도 고려될 수 있을 것이다.

4. 집단의사결정기법

집단의사결정의 가장 일반적인 형태는 상호작용집단(interacting group)에서 일어난다. 이러한 집단에서는 구성원들이 직접 만나고 언어와 비언어를 사용하여 의사소통을 한다. 전통적인 상호작용집단에 내재된 문제를 극복하고 집단의사결정을 보다 잘하기 위하여 브레인스토밍, 명목집단기법, 델파이기법이 사용된다.

1) 브레인스토밍

브레인스토밍(brainstorming)은 집단문제 해결과정에서 창의성을 높이기 위하여 광고전문가인 오스본(Alex Osborn)이 개발한 기법이다. 전형적인 브레인스토밍에서는 6~12명 정도의 사람이 테이블에 둘러앉는다. 그 집단의 리더는 모든 참여자들이 이해할 수 있도록 문제를 명확하게 이야기한다. 구성원은 충분한 시간을 가지고 가능한 한 많은 대안을 자유롭게 이야기한다. 이러한 아이디어 창출단계는 30~40분이 할당된다. 어떤 비난도 허용되지 않으며, 모든 대안은 다음에 이루어질 논의와 분석을 위해 기록된다. 하나의 아이디어가 다른 아이디어를 파생시킬 수 있고, 매우 이상한 제안에 대해서 집단구성원이 '특이한 것을 생각'할 수 있도록 판단을 보류한다.

브레인스토밍에서 지켜져야 할 규칙들은 [도표 7-2]에 정리되어 있다. 브레인스토밍기법은 모든 집단에서 이용할 수 있으며, 자유로운 분위기의 형성이 매우 중요하다. 이 기법은 타인의 압력을 배제하려는 시도로서 많이 사용되고 있다. 연구에 의하면 전통적인 상호작용집단보다 브레인스토밍집단에서 구성원들의 참여가 더욱 활발하며 아이디어도 더 많이 제안되며 집단응집성을 개발하는 등 장점이 있다.

도표 7-2 | 브레인스토밍의 규칙

1. 아이디어 기록이 끝날 때까지 판단과 비판을 유보한다.
2. 제안은 자유롭게 이루어져야 한다.
3. 많은 수의 아이디어가 나올수록 좋다.
4. 모든 아이디어들이 제안되고 나면 아이디어들을 결합하고 개발해야 한다.

2) 명목집단기법

명목집단기법(Nominal Group Technique : NGT)은 문자 그대로 이름만 집단이지 의사결정을 하는 과정에서 논의 및 대인 간의 의사소통을 제한하기 때문에 붙여진 명칭이다. 그러므로 집단구성원들은 일반적으로 회의에서처럼 같은 장소에 있지만 각기 독립적으로 행동한다. 명목집단기법의 단계는 [도표 7-3]과 같다.

명목집단기법은 타인의 압력이 전혀 없이 자유롭고 개방적인 토론과 의사결정을 할 수 있다는 장점이 있다. 반면에 명목집단을 지휘하는 리더의 역할이 매우 크기 때문에 리더의 자질과 능력이 필요하며 오로지 하나의 의사결정만을 할 수 있다는 단점이 있다.

❙ 도표 7-3 ❙ 명목집단기법의 단계

1. 구성원들은 하나의 집단으로 모이지만 토의가 시작되기 이전에 각기 문제해결에 대한 독자적인 자기의 아이디어를 적는다.
2. 각 구성원은 집단 리더에게 자신의 아이디어를 익명으로 제출하고 리더는 이를 차트나 칠판에 적는다. 누가 어떤 아이디어를 제출한 것인지는 알지 못하며 기록이 끝날 때까지는 토의가 시작되지 않는다.
3. 기록이 끝나면 토의가 시작되고 기록된 모든 아이디어들의 장 · 단점 등 여러 가지 측면을 분석 · 평가한다.
4. 구성원들은 독자적으로 아이디어들의 서열을 매긴다. 가장 많은 점수를 받은 아이디어가 최종결정으로 확정된다.

3) 델파이기법

델파이기법(delphi technique)은 1940년대 미국의 랜드연구소의 Think Tank에서 다키(N. C. Dakey)와 그의 동료들에 의해 최초로 개발된 기법이다. 델파이기법은 NGT기법보다 더욱 복잡하고 시간이 걸리는 대안적 방법이라고 할 수 있다. 델파이기법은 집단구성원들의 출석과 대면을 요구하지 않는다는 점을 제외하고는 NGT기법과 매우 유사하다. 델파이기법의 단계는 [도표 7-4]에 정리되어 있다.

❙ 도표 7-4 ❙ 델파이기법의 단계

1. 특정한 문제에 대해 몇 명의 전문가들에게 우편으로 설문지를 보내어 독자적인 의견을 제시하도록 요청한다.
2. 전문가들은 익명으로 첫 번째 설문지에 대해 해결책을 제시하여 발송한다.
3. 첫 번째 설문에 대한 결과는 담당부서가 수집 · 편집하고 다시 서류를 작성하여 전문가들에게 발송한다.
4. 전문가들은 첫 번째 설문의 결과를 검토하고 해결책을 다시 제시한다. 새로운 해결책이 제시되고 태도변화가 생기게 된다.
5. 일반적인 합의가 이루어질 때까지 위의 단계를 필요한 만큼 계속 반복한다.

델파이기법은 구성원인 전문가집단을 공식적으로 소집하여 한 장소에 모이게 할 필요가 없다는 장점이 있다. 그리고 명목집단기법과 마찬가지로 의사결정과정에서 타인의 압력이 배제된다. 여러 명의 전문가들을 모으는 데 소요되는 많은 비용을 줄일 수 있다는 장점도 있다.

그러나 이 방법은 모든 사람들이 응답하고 그것을 요약하여 다시 우송하는 과정을 계속 되풀이해야 하기 때문에 시간이 많이 걸린다. 또한 때로는 회신이 늦어지거나 아예 응답을 하지 않는 경우가 도중에 발생할 수도 있으므로 신속한 의사결정에는 유용하지 못하다는 단점이 있다.

7.4 팀조직

1. 팀조직의 개념

오늘날 급변하는 환경변화에 적응하기 위해서 조직의 유연성 제고가 중요한 과제가 되고 있다. 더 효과적이고 효율적으로 경쟁하기 위해 재조직화를 하면서, 구성원의 능력을 더 잘 활용할 수 있는 방법으로 팀조직을 도입하게 되었다. 팀은 전통적인 부서보다 상황변화에 더 유연하게 대응할 수 있다. 또한 팀은 결정사항을 실행하는 데 구성원을 적극 참여시킨다. 또한 조직을 민주화시키고 구성원의 동기를 증가시키는 등의 장점이 있어서 효과적인 관리방법으로 인식되고 있다.

1) 팀조직의 정의

팀조직은 그 종류에 따라 구성, 규모, 운영방식 등이 많이 다르지만, 대개 팀조직을 "상호보완적인 기능을 가진 소수의 사람들이 공동의 목표를 달성하기 위해 공동의 접근방법을 가지고 신축성 있게 상호작용하며, 결과에 대해 공동의 책임을 지는 조직단위"라고 정의할 수 있다.[09] 다시 말해서 팀이란 서로가 보완적인 기술을 가진 소수의 사람들이 공동목표나 성과목표들을 달성하기로 약속을 하고, 그 결과에 대해서는 그들 스스로 공동으로 책임을 부담하는 집단의 한 종류이다.

팀조직은 업무수행과정에서 시너지를 가져올 수 있는 상호보완적 기능과 능력을 가진 사람들로 구성되어야 한다. 팀조직의 인원수는 그 성격에 따라 다르지만 대체로 집단역학이 효과적으로 일어날 수 있는 5~12명 정도의 사람들로 구성되는 것이 바람직하다. 또한 팀조직은 공동의 목표가 분명해야 하며, 이를 해결하기 위해 업무의 배분, 작업방법, 일정계획, 통제 등에 관해서도 스스로 정하고 집행하는 단위이며, 결과에 대해서도 공동으로 책임을 지게 된다.

2) 팀조직의 배경

오늘날에는 조직의 기본단위가 개인을 대신해서 팀으로 바뀌고 있다. 팀조직이 주목을 받고 있는 데에는 여러 가지 이유가 있다. 우선 외부적으로 볼 때 시장환경과 기술환경이 급변하고, 시장이 개방화됨에 따라 과거 전통적인 관료제조직으로는 더 이상 대처해 나가는 것이 불가능하게 되었기 때문이다.

소수인원의 유기적 모임인 팀조직은 외부적 환경변화를 민감하게 감지하고 이를 조직의 의사결정으로 연결시키는 데 효과적이므로 현장밀착형 경영이 가능하며, 그 결과로 고객지향적 문화를 조성하기가 용이하다. 내부적으로는 능력중심의 동기부여와 이를 통한 전문가 육성이 가능하고, 구성원 간에 밀도 있는 상호작용을 촉진하므로 조직학습에 효과적이다. 또한 조직의 슬림화와 스피드화에도 기여하는 유연한 조직이다.

환경의 변화와 함께 범세계화가 급속하게 진전되면서 경쟁도 극심해지고 있다. 이러한 극심한 경쟁상황하에서는 차별화전략이 경쟁우위가 되며, 차별화는 창의성에 기반을 두는데, 팀은 소규모에서 오는 비공식성과 인적자원의 활발한 상호작용과 충분한 활용을 통해서 창의성을 높일 수 있다.

뿐만 아니라 팀은 인적자원을 타율적인 존재가 아니라 자율적인 존재로 받아들인다. 팀은 기존 조직구조에서 오는 계층성을 탈피해서 최근의 지식과 정보를 가진 인적자원의 적극적인 참여를 유도할 수 있기 때문이다. 그 외에 조직을 팀을 기반으로 구축하게 되면 의사소통단계가 축소되어서 조직 전체로 볼 때 다단계 의사결정과정에서 오는 오류를 줄이고 신속한 의사결정을 가능하게 한다.

이러한 팀조직은 전통적 거대조직이 갖고 있는 조직의 경직성과 구성원의 소극성을 해결해 줄 수 있는 제도이기 때문에, 유연성과 순발력을 불어넣기 위한 조치로 많이 도입되고 있다.

3) 집단과 팀의 차이

집단의 형태로서 팀(team)조직이 있는데 최근 기업의 구조조정과 경쟁력 제고 차원에서 팀조직으로 이행되는 기업들이 늘어나고 있다. 전통적 피라미드조직이 팀조직으로 전환되면 조직의 수직적 계층수가 축소되고 의사결정속도가 빨라지고 개개인의 능력과 적성에 맞는 인재의 활용을 가능케 하는 것으로 알려져 있다.

카젠바흐와 스미스(Katzenbach & Smith)의 주장에 따르면 집단과 팀(team)은 기능상 차이가 있다고 한다. 팀은 집단의 특수한 형태로 인식되고 있다. 집단과 팀의 차이점을 정리하면 다음과 같다.

첫째, 팀은 공통의 목표를 추구하다는 점에서는 집단과 같으나, 팀구성원은 상호보완적인 기술(complementary skills)을 지니고 있어서 시너지효과를 거둘 수 있으며, 팀워크(teamwork)의 발휘를 통해서 다양한 지식과 전문 분야, 그리고 기술을 지닌 이질적 구성원들이 팀 공통의 목표를 달성할 수 있다.

둘째, 집단은 보통 리더의 지도를 받아 일사불란하게 움직이지만, 팀에 있어서 리더십은 리더와 팀원이 공유(leadership sharing)하고 있다.

셋째, 집단에서는 집단의 리더만이 책무성(accountability)을 갖지만, 팀에 있어서는 팀 리더는 물론 동료인 팀구성원도 책무성을 지고 있다.

넷째, 집단과는 달리 팀의 산출물은 팀구성원 모두의 공동 산출물이다.

다섯째, 집단과는 달리 팀은 비교적 직급에 구애되지 않고 자유롭게 토의하고 문제해결에 참여한다.

로빈스(Stephen Robbins)는 목표, 시너지(synergy), 책임(responsibility), 기술(skills)이 집단과 팀에 있어서 어떤 차이가 있는지 [도표 7-5]와 같이 제시하였다.

| 도표 7-5 | 집단과 팀의 차이점

항목	집단(group)	팀(team)
목표	정보의 공유	집단의 성과
시너지	중립(때때로 부정적)	긍정적
책임	개인	개인과 집단
기술	상이함	보완적임

자료 : Robbins, S. P.(1988), *Organizational Behavior*, 8th ed., New York : Prentice-Hall, p.287.

이상에서 살펴본 바와 같이 집단과 팀은 다르다. 집단은 목적을 달성하기 위해 함께 모여 상호작용하는 상호의존적인 두 명 이상의 사람들로 정의하였다. 작업집단은 각자의 책임영역 내에 있는 일을 수행하는 데 서로 도움이 되는 정보를 공유하고 의사결정을 하는 상호작용집단을 말한다. 작업집단의 성과는 모든 집단구성원들의 개별적인 공헌을 단순히 합한 것이다. 투입량의 합보다 더 큰 성과수준을 창출하는 시너지효과가 없다.

팀조직은 협력을 통해 긍정적인 시너지를 창출한다. 즉 경영자들은 조직성과를 향상시킬 수 있는 긍정적인 시너지를 찾고 있기 때문에 많은 조직들이 최근 작업프로세스를 팀단위로 재조직화하는 것이다. 팀 도입은 조직이 투입량을 증가시키지 않고도 더 좋은 결과를 가져올 수 있는 잠재력을 창출한다. 그렇지만 '잠재력'임을 유의해야 한다. 긍정적인 시너지효과를 얻을 수 있는 팀은 저절로 만들어지는 것이 아니다. 집단을 팀으로 부른다고 해서 자동적으로 성과가 증가하는 것이 아니다.

2. 팀의 유형

조직에서 가장 많이 볼 수 있는 네 가지 팀 유형은 다음과 같다.

1) 문제해결팀

문제해결팀은 전형적으로 동일한 부서에 속해 있는 5~12명으로 구성되었다. 팀원은 품질, 효율, 작업환경을 개선할 수 있는 방법을 논의한다. 구성원들은 작업 프로세스와 방법을 어떻게 개선할 수 있는지에 대한 아이디어를 공유하거나 제안한다. 그러나 제안한 행동을 실행할 수 있는 권한은 거의 없다.

2) 자기관리팀

어떤 조직에서는 문제를 해결할 수 있을 뿐만 아니라 해결책을 실행하고 결과에 대해 완전한 책임을 질 수 있는 팀을 만든다. 자기관리팀(self-managed team)은 관련성이 높거나 상호의존적인 직무를 수행하는 사람들로 구성되며(보통 10~15명), 전에는 감독자가 맡았던 책임 대부분을 맡아 수행한다. 이 팀의 핵심은 구성원들이 임파워먼트가 되어 있다는 점이다. 전형적으로 이 팀은 작업을 계획하고 일정표를 작성하며, 구성원들에게 과업을 할당하고, 운영결정을 하고, 문제에 대한 조치를 취하고, 공급자와 고객과 함께 일한다. 완전한 자기관리팀은 팀구성원을 스스로 선발하고 구성원들이 서로의 성과를 평가한다.[10] 감독자 직위의 중요성은 줄어들며 심지어 없어지기도 한다.

3) 교차기능팀

교차기능팀(cross-functional team)은 기능부서들의 경계의 문제를 해결하기 위해 여러 기능부서에서 전문가들을 모집하여 구성하는 팀이다. 이 팀은 어떤 과업을 함께 달성하기 위해 동일한 계층에서 그러나 상이한 직무영역에서 모집한 사람들로 구성되었다. 현재 대부분의 대규모 자동차 생산회사(도요타, 혼다, 닛산, BMW, GM, 포드, 크라이슬러)는 복잡한 프로젝트를 조정하기 위해 교차기능팀을 사용한다. 할리데이비드슨사는 오토바이 라인들을 관리하기 위해 특수한 교차기능팀을 사용한다. 이 팀에는 오토바이의 설계, 생산, 구매부서 직원뿐만 아니라 외부의 핵심공급업체 대표들도 포함되어 있다.

교차기능팀은 조직의 다양한 영역에서 온 사람들이 정보를 교환하고, 새로운 아이디어를 개발하고 문제를 해결하며, 복잡한 프로젝트를 조정하는 데 효과적인 방법이다. 교차기능팀은 고객의 욕구에 적절하게 대응하기 위해서 혁신과 스피드와 집중이 필요한 상황에서 유효하게 운영될 수 있다. 품질개선프로그램의 설계나 신제품 개발, 신시장 개척과 같이 다기능의 전문성이 요구되는 때에 교차기능팀은 유일한 해결책이 될 수 있다. 그러나 구성원들이 다양성과 복잡성 속에서 일하는 방법을 배워야 하며 다양한 배경, 다른 경험과 관점을 가진 사람들이 신뢰와 팀워크를 구축하는 데 시간이 걸린다.

4) 가상팀

가상팀(virtual team)은 공동목표를 달성하기 위해 물리적으로 떨어져 있는 구성원들을 연결하기 위해 컴퓨터 정보기술을 사용한다. 가상팀은 구성원들이 온라인에서(광역 네트워크, 화상회의, 이메일과 같은 의사소통 연결장치를 사용하여) 함께 일하는데 오늘날 거의 모든 팀이 작업의 일부를 원격으로 수행하고 있다.

가상팀은 정보기술의 발달과 의사소통에 따르는 제약을 상당히 극복하면서, 언제 어디서나 같이 일할 수 있다는 점, 구성원을 장소의 구애 없이 가장 역량이 높은 사람으로 선발할 수 있다는 점, 신체에 장애가 있어 여행이 힘든 사람도 선발할 수 있다는 점 그리고 여행과 숙박에 드는 비용을 절약할 수 있다는 점들 때문에 점점 더 그 사용이 늘고 있다.

가상팀은 본질적으로 팀원들의 자율성과 자기의존성이 크며, 동시에 이런 사람들이 협동체제를 갖추어야 하므로 효과적인 팀으로 작동하기 위해서는 몇 가지 중요한 전제조건이 필요하다.[11] 무엇보다도 먼저 공통목표를 명확하게 정하는 것이 필요하다. 그리고 초기단계에 며칠간이라도 대면의 기회를 가지면서 팀원들이 서로 알아가는 기회를 가지는 것이 중요하며, 정보를 공유하는 방식, 갈등을 풀어가는 방식, 협조를 하는 방식 등에 대해서 다른 대면기회가 많은 팀보다 더 명확하게 규정하는 것이 필요하다.

가상팀에서는 사회적인 관계와 직접적인 상호작용이 없다는 문제점이 있다. 특히 구성원들이 개인적으로 만나지 않을 경우 가상팀은 면대면팀보다 더 과업지향적으로 되고, 사회-감정적 정보를 더 적게 교환한다.

5) 글로벌팀

글로벌팀은 여러 국가에서 온 구성원들로 이루어진 집단이며, 따라서 시간과 거리, 문화, 언어가 상당히 다를 수 있다. 글로벌팀은 문제해결팀, 자기관리팀, 교차기능팀과 가상팀 중 어떤 팀에서도 운영될 수 있다. 글로벌팀은 대개 그들 업무의 상당부분을 가상팀으로 수행한다. 글로벌팀을 활용하는 이유는 다음과 같다.

첫째, 다양한 국가에 맞는 상품과 서비스를 개발하기 위해서이다. 글로벌팀은 다른 나라에 있는 고객들의 욕구를 충족시킬 수 있는 상품과 서비스의 공통적인 특징을 정의하는 데 도움을 줄 수 있다.

둘째, 첫 번째 이유와 대조적으로 현지시장의 고유한 욕구와 요구조건을 만족시킬 수 있는 상품과 서비스를 개발할 필요성이 있어서이다. 여러 나라에서 온 글로벌팀의 구성원들은 이와 같은 상품과 서비스에 대한 구체적인 특징이나 조건, 고유한 시장욕구에 대한 통찰력을 제공할 수 있다.

셋째, 글로벌팀은 Google이나 MS처럼 조직으로 하여금 다른 나라에 있는 전문가들을 최대한으로 활용할 수 있도록 해준다. 즉 팀구성원을 재배치함으로써 전문가들을 한 나라에 모아야 할 필요성을 줄이고 그로 인해 비용을 줄일 수 있다.

넷째, 조직은 여러 나라에 있는 생산공장, 물류센터, 마케팅부서 등으로 인해 글로벌팀을 사용해야 하는 경우가 있다. 이 경우 글로벌팀은 널리 흩어져 있는 자원을 조정하는 메커니즘 역할을 한다. 글로벌팀은 생산원가가 낮은 나라에 생산을 집중하고, 다른 나라에는 물류센터를 두고, 개별구성원들을 가상으로 함께 묶은 마케팅부서를 활용하는 것과 같이 각 나라의 장점을 활용할 수 있게 해준다.[12]

3. 팀조직의 설계와 관리

1) 팀조직의 설계

효과적으로 팀을 설계하기 위해서는 팀의 종류에 따라 중요한 특성을 찾아볼 수 있다. 예를 들면 기능팀의 경우라면 팀원들의 다양성보다는 기능적인 전문성이 더 중요할 것이고, 교차기능팀은 목표달성에 필요한 모든 기능 분야를 골고루 갖추되, 이러한 다양성을 어떻게 조화롭게 조정해내고 갈등을 풀어내느냐가 중요할 것이다. 반면에 가상팀의 경우에는 분명한 공동목표의 설정과 신뢰도를 유지하는 것이 핵심적인 성공요인일 수 있다. 그렇더라도 모든 종류의 팀은 공통점을 가지고 있기 때문에 팀조직의 장점들을 살리기 위한 원리는 다음과 같다.

① 과업 간의 상호의존성에 따라 팀을 구성해야 한다. 상호의존성이 가장 강한 교호적 상호의존적 관계에 있는 과업부터 팀에 포함시켜야 한다.

② 업무프로세스에 따라 팀을 구성해야 한다. 교호적 상호의존성 다음으로 중요한 것이 순차적 상호의존성이다. 대개 순차적 상호의존성을 가진 과업들은 기능적으로 조직화되어 있다. 이러한 기능조직이 가진 근본적인 문제는 기능 간의 협조가 약하여 전사적으로 환경변화에 대한 적응력이 떨어진다는 것이다. 이러한 문제를 극복하는 위해서는 업무흐름에 따라 여러 기능을 복합적으로 포함하는 팀을 조직하는 것이 바람직하다.

③ 가능하면 팀의 업무가 '자기완결적'(self-contained)이 되도록 설계하여야

한다. 자기완결적이란 하나의 팀이 업무의 시작에서 끝까지 모든 책임을 지게 되며 그 산출물을 명확히 파악할 수 있는 것을 말한다. 그래야 업무의 권한과 책임의 한계가 분명하게 되고 공동의 목표도 분명해진다. 동시에 관리와 통제를 최소화함으로써 자율성과 창의성 발현이 보장되도록 설계하여야 한다.

④ 팀장은 관리자가 아닌 리더로서 참여적 리더십을 발휘해야 하며, 지시나 통제가 아닌 코치나 조정자의 역할을 수행해야 한다. 정보는 폐쇄적이고 독점적이기보다는 개방적이고 서로 공유할 수 있어야 하며, 보상은 연공서열이 아니라 능력위주로 시행되어야 하고, 책임의 소재는 개인이 아니라 팀의 공동책임이 되게 운영되어야 한다. 업무의 통제도 관리자에 의해서 수행되는 것이 아니라 팀 스스로가 수행하는 관리 스타일로 바뀌어야 한다.

⑤ 팀원들이 다양성과 전문성을 갖추어야 한다. 팀은 보완성을 생명으로 한다. 따라서 특정 목표를 달성하는 데 필요로 하는 전문성들이 서로 보완할 수 있는 충분한 다양성을 갖추는 것이 대단히 중요하다. 그리고 그러한 전문성이 지속적으로 업그레이드되면서 이러한 다양한 전문성들이 서로 조화롭게 협조할 수 있도록 지속적인 훈련이 필요하다.

⑥ 보상은 팀이 단위가 되어야 한다. 팀의 기본 골격은 팀원들 사이의 상호의존성이다. 따라서 목표달성에 대한 차별적 보상은 팀원들 사이의 협조보다는 경쟁력을 초래하여 오히려 팀의 목표달성을 어렵게 만들 수도 있다. 팀원들에 대한 보상시스템은 팀에게 위임하는 것이 더 좋은 방안일 수 있다.

⑦ 팀의 중요한 특징 중의 하나가 자율성이다. 자율성은 선택에 대한 자유와 함께 그 자유에 대한 책임이 따르는 행위이다. 따라서 팀은 자체적으로 하나의 개방시스템으로 외부와의 관계성에 대해서 관심을 가지고 자체적인 전략수립능력과 적응능력을 갖추어야 한다. 팀장은 팀의 목표달성을 위해서 필요한 자원을 끌어오고 이해관계자들을 설득할 정치적 역량을 갖추어야 한다. 효과적인 팀이 되기 위해서는 자율성이 확보되어야 한다. 팀의 생명은 자율성에 있으므로 권위적인 조직문화는 팀의 활력을 떨어뜨리고 팀을 관료제조

직으로 만들어버린다. 따라서 팀을 조직의 기본단위로 삼고자 하는 조직은 그 조직문화부터 자율적인 문화로 바꾸어야 하고, 팀은 적절하게 임파워먼트가 되어 있어야 한다.

2) 팀 플레이어 육성

많은 사람들은 본래 '팀 플레이어'가 아니며 많은 조직이 역사적으로 개인 업적을 중요시해왔다. 조직은 팀 효과성을 강화하기 위해 개인을 팀 플레이어로 전환해야 하며 이때 사용할 수 있는 방법은 다음과 같다.

(1) 선발 : 팀 플레이어의 고용

어떤 사람들은 이미 효과적인 팀 플레이어가 될 수 있는 인간관계스킬을 가지고 있다. 팀구성원을 고용할 때 지원자가 직무를 수행하는 데 필요한 기술을 가지고 있는지를 평가하는 것뿐만 아니라 팀에서의 역할을 제대로 수행할 수 있는지를 확인해야 한다.

(2) 훈련 : 팀 플레이어의 창출

팀을 개발하는 것은 하루아침에 이루어지는 것이 아니라 많은 시간이 걸린다. 훈련전문가는 구성원들에게 팀워크가 제공할 수 있는 만족감을 경험하게 하는 훈련을 시행한다. 워크숍은 구성원들의 문제해결스킬, 의사소통스킬, 협상스킬, 갈등관리스킬, 코칭스킬, 집단개발스킬을 개선한다.

(3) 보상 : 훌륭한 팀 플레이어에게 인센티브 제공

경쟁보다 협력을 장려하려면 조직의 보상시스템을 재설계해야 한다. 팀 내에 협력적인 분위기를 가급적 빨리 조성하는 것이 중요하다. 즉 새로운 동료를 훈련시키고, 팀 동료와 정보를 공유하고, 팀 갈등의 해결을 돕고, 팀이 필요로 하는 기술을 배우고, 팀구성원으로서 효과적으로 일한 사람에게 승진, 급여인상, 인정

등 보상이 주어져야 한다. 또한 구성원들이 팀워크로부터 얻을 수 있는 내재적 보상도 있다. 팀은 동지애를 제공하며, 성공적인 팀의 일원이 되는 것 자체가 팀원에게 흥미와 만족을 준다. 자신과 팀 동료가 개인적으로 발전할 수 있는 기회는 구성원에게 매우 만족스럽고 보람 있는 경험이 될 수 있다.

팀워크는 개별적 작업보다 더 많은 시간과 자원을 필요로 한다. 팀조직은 의사소통의 필요성을 증가시키고, 갈등을 관리하고, 회의를 개최한다. 팀을 도입하기 전에 작업이 공동노력을 필요로 하는지 공동노력으로부터 이익을 얻을 수 있는지를 주의 깊게 평가해야 한다.

집단의 직무를 팀으로 수행하는 것이 더 효과적인지, 팀이 상황에 적합한지를 알아보기 위해 다음 세 가지 기준을 살펴볼 수 있다.

첫째, 둘 이상의 사람이 작업할 때 더 잘할 수 있는가? 이것은 작업의 복잡성과 상이한 관점의 필요성을 살펴보는 것이다. 단순한 과업이라면 개별적으로 하는 것이 아마도 더 좋을 것이다.

둘째, 그 직무가 공동목적과 목표를 통해 개별목표의 총합보다 더 많은 결과를 창출해낼 수 있는가의 문제이다. 예를 들면 자동차 판매서비스부서는 고객서비스 담당자, 기술자, 부품전문가, 영업사원을 연결하는 팀을 만들었는데 그 팀은 고객 요구를 적절히 충족시켜야 하는 공동책임을 더 잘 관리할 수 있다.

마지막 기준은 집단구성원들이 상호의존적인지를 결정하는 것이다. 과업 간 상호의존성이 존재하는 경우 팀을 활용하는 것이 효과적이다.

토 | 의 | 문 | 제

01 집단의 응집력에 영향을 주는 요소는 무엇인가?

02 집단사고는 무엇인가?

03 집단과 팀의 차이는 무엇인가?

04 자기관리팀은 무엇인가?

참 | 고 | 문 | 헌

01 이학종 · 김영조(2015), 조직행동의 이해와 관리, 도서출판 오래, p.203.

02 Robbins, S. P., and T. A. Judge(2009), *Organizational Behavior*, 13th ed., Upper Saddle River, N.J. : Pearson Education, p.323.

03 Slocum, J. W., and D. Hellriegel(2007), *Fundamentals of Organizational Behavior*, Mason, OH. : Thompson South Western.

04 Robbins, S. P.(2003), *Organizational Behavior*, 10th ed., Upper Saddle River, N.J. : Prentice-Hall, pp.229-230.

05 Latané, B., and S. Nida(1981), "Ten years of research on group size and helping," *Psychological Bulletin*, 39, pp.308-324.

06 Forsyth, D. R.(1983), *An Introduction to Group Dynamics*, Monterey, C.A. : Brooks/Cole Publishing. pp.352-353.

07 Latane, B.(1981), "The Psychology of social impact," *American Psychologist*, 36, pp.343-356.

08 Berger, J., Cohen, B. P., and M. Zelditch, Jr.(1972), "Status characteristics and social interaction," *American Sociological Review*, 37, pp.241-255.

09 Kazenbach, J. R., and Smith(1999), *The wisdom of teams : Creating the High-performance Organization*, New York : Harper Business, p.45.

10 Cooney, R.(2004), "Empowered self-management and the design of work teams," *Personal Review*, 33, pp.667–690.

11 Slocum, J. W., and D. Hellriegel(2007), *Fundamentals of Organizational Behavior*, Mason, OH. : Thompson South Western. p.218.

12 박계홍 · 박하진(2015), 경영조직론, 학현사, pp.209–210.

CHAPTER

08 권력과 리더십

여는 이야기 변혁적 리더십과 기업경영

변혁적 리더십(Transformational Leadership)은 제임스 맥그리거 번즈(James MacGregor Burns)에 의해 주창되었다. 번즈는 퓰리처상(Pulitzer Prize)을 수상한 자신의 저서 '*Leadership*'(1978)에서 리더십(leadership)과 팔로워십(followship)의 역할들을 연계하고자 하는 시도를 했다. 번즈가 이 책에서 씨름하였던 두 가지 리더십의 개념은, 거래적 리더십(transactional leadership)과 변혁적 리더십으로서 그는 이 두 개념이 리더십에 내재되어 있는 사람들 상호 간의 관계들, 동기들 그리고 가치들에 근거한 리더십의 일반 이론의 본질을 규명하는 데 있어서 매우 중요한 것임을 보여주고자 했다.

번즈는 리더십이란 '관계'라고 이해한다. 달리 이야기 하자면, 리더십이란 리더와 추종자 둘 다 동기, 욕구 그리고 가치가 일관적인 특별한 목적을 위한 권력관계이다. 번즈가 이해하는 '관계'는 거래적 리더십과 변혁적 리더십 개념들을 논할 때 매우 중요하다. 권력, 목적, 그리고 관계의 요소들을 충분히 이해하기 위해 번즈는 동기와 가치에 관한 주장을 비롯해 그러한 것들이 목적과 행위에 미치는 영향에 크게 의존한다. 이것으로부터 번즈는 리더들과 '권력을 휘두르는 사람들'을 구분한다.

권력을 휘두르는 사람들은 그들 자신의 목적을 실현하기 위하여 권력을 행사한다. 그러나 리더들은 그들의 추종자들의 동기를 만족시키고 그들과 가치를 공유한다. 사람들이 그들의 권력 사용 대상자들에게 목적, 동기 그리고 가치들을 공유하느냐 마느냐 하는 것은 권력을 휘두르는 사람들이 신경 쓸 문제가 아니다. 그러나 리더들에게 통합과 가치의 공유라는 문제는 리더들의 존재이유이며, 변혁적인 영향의 근원이다. 이러한 정의에 따르면, 예를 들어 히틀러는 리더가 아니었으며, 오히려 그는 권력을 휘두르는 사람이었다.

번즈는 거래적 리더십과 변혁적 리더십을 구분한다. 거래적 리더십은 리더와 추종자 사이에서 발생하는 교환행위에 초점을 맞춘다. 예를 들어 정치인들은 선거에 출마하면 유권자들에게 세금감면이나 교육환경 개선, 그리고 일자리창출 등과 같은 선거캠페인을 통해 지지를 끌어냄으로써 거래적 리더십을 과시한다. 기업의 경영자들은 회사의 이익창출이나 부서의 목표달성을 이루면 고용인들에게 승진기회를 약속함으로써 거래적 리더십을 보여준다. 교실에서 이루어지는 교사와 학생들 사이의 교환행위도 거래적 리더십을 보여준다. 거래적 리더십이 보여주는 교환행위의 차원은 모든 조직에서 공통적으로 나타난다.

이와는 달리, 변혁적 리더십은 리더들과 추종자들이 서로를 더 높은 수준의 동기와 도덕성으로 끌어 올리는 것으로서 한 사람 혹은 여러 사람이 다른 사람들과 관계할 때 발생한다. 그들의 목적은 서로 별개로 시작되었지만 서로가 관계되어 있는 측면에서 거래적 리더십의 경우와 마찬가지로 서로 결합된다. 그러나 변혁적 리더십에서 리더들과 추종자들은 각각이 지니고 있는 권력의 근거들은 평형추로서가 아니라 공동목적을 위해 서로 연계되어 있다. 그리고 서로의 관계는 도덕적이다. 따라서 변혁적 리더십은 궁극적으로 리더와 추종자 모두의 인간적 품행과 윤리적 열정의 수준을 끌어 올릴 정도로 도덕적이며, 결국 그것은 리더와 추종자 모두에게 변혁적 효과를 가져다준다.

번즈가 제시하는 변혁적 리더십의 대표적인 사례는 링컨, 간디, 프랭클린 루스벨트 그리고 모택동이다. 번즈에 의하면 그들은 그들의 국민의 일차적인 요구를 접했으나 그것들을 권력에 편승시키기 보다는 자신들의 보다 높은 목적, 요구 그리고 바람에 민감하도록 남겨두었다. 그렇게 함으로써 그들은 그러한 목적, 요구 그리고 바람을 알려줄 뿐만 아니라 그들의 국민이 그것들의 성취에 더욱 가까이 다가가도록 봉사했다.

변혁적 리더십은 그들의 목적과 동기에 상응하여 리더들은 그들의 추종자들의 요구와 바람 그리고 목표에 반응하며 이러한 방식으로 그들의 동기와 만나고 리더들과 추종자들 모두의 가치와 동기가 조화를 이루는 변화를 가져온다. 변혁적 리더는 합의된 가치에 따라서 다른 사람들을 발전시키고 향상시키기 위하여 공동의 가치, 목표, 요구, 그리고 바람을 형성하고 만들어감으로써 적절한 변화를 촉진시킨다. 리더들은 그들 자신과 그들의 추종자들의 요구, 바람, 그리고 가치를 강조한다. 그러므로 변혁적 리더들은 그들의 동기만족을 통하여 추종자들의 합의된 가치를 바꾸지 않는 독자적인 영향력으로 봉사한다.

변혁적 리더십과 기업경영 사례 : 가장 변혁적인 CEO 제프 베조스와 아마존(Amazon)

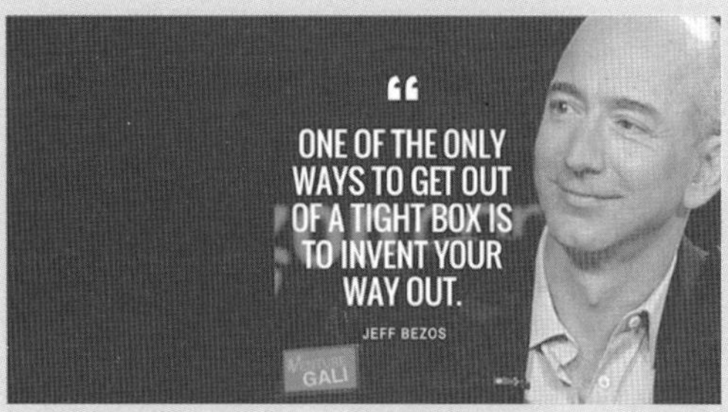

세계에서 가장 야망이 큰 사람, 제2의 스티브 잡스, 모든 것을 다 파는 사람 그리고 연매출 800억 달러 이상인 기업가로 불리는 사람, 그가 바로 아마존(Amazon)의 창업주이자 CEO인 제프 베조스(Jeff Bezos)다. 베조스는 1986년에 프린스턴 대학교를 졸업했다. 그는 대학에서 전기공학과 컴퓨터 사이언스를 공부했는데, 그의 졸업학점은 최고 영예(the highest honor)에 해당되는 'summa cum laude'(숨마 쿰 라우데)로서 사실상 4.0 만점이다. 프린스턴 대학의 천재였다고 말할 수 있다.

대학 졸업 후 베조스는 1994년까지 월가(Wall Street)에서 일을 했다. 이후 그는 온라인 서적판매회사인 아마존을 설립하여 1995년에 처음으로 복사본 도서들을 판매하면서 당시 초기단계에 불과했던 전자상거래에 커다란 변화를 주도하면서, 베조스는 자신만의 상상력을 바탕으로 미국의 소비산업에 혁신을 불러 일으켰다. '*TIME*'은 1999년에 혁신적 사고로 기업의 성장과 시장을 창출한 베조스를 올해의 인물로 선정하기도 했다. 이후 아마존은 온라인 서적판매에만 머물지 않고 지속적인 사업확장을 시도했다. 베조스는 목표를 설정하면 카리스마적 리더십을 갖고 추진한다. 그는 사업의 확장을 위해 주가에 연연하지 않았다. 매출액은 증가했지만 흑자를 내지 못해 투자자들의 불만이 높아도 원칙을 고수한다. 베조스의 경영철학 원칙은 장기적 관점에서 손해를 감수하더라도 시장지배력을 높일 수 있다면 과감하게 투자하는 것이다.

성공신화를 써가는 전자상거래에서 아마존은 2000년대 초반부터 IT사업에 적극적으로 도전했다. 아마존 웹서비스(Amazon Web Services : AWS)를 통해 클라우드 컴퓨팅시장의 1인자로 성장했다. 디지털 콘텐츠사업에서도 속도가 빨라지고 있다. 2007년 전자책의 혁명을 가져온 킨들은 태블릿과 스마트폰으로 이어지면서 자체 디바이스사업과 결합됐다. 최근에는 Netflix에서 Spotify에 이르기까지 거대 기술회사들이 아마존 웹서비스에 의존하는 것뿐만 아니라 Alexa software와 함께 인공지능(AI)의 개발과 성장까지 이끌고 있다. 이외에도 베조스는 개인우주비행회사인 블루 오리진(Blue Origin)에 투자를 하고, 2013년엔 '워싱턴 포스트'(*The Washington Post*)지를 2억5천만 달러에 인수해서 언론사업에까지 영역을 확장했다.

베조스는 미국의 언론과 경영전문지에서도 가장 혁신적인 CEO로 주목을 받고 있는 인물이다. 최근 '하버드 비즈니스 리뷰'(*Harvard Business Review*)는 (1) 이 회사가 얼마나 변혁을 확장해 왔는가? (2) 이 회사의 변혁은 과거 10년간 소비자와 산업에 어떤 충격을 주었는가? (3) 이 회사는 향후 10년간 지속적 변혁을 보여줄 잠재력이 있는가?라는 세 가지 질문을 중심으로 S&P 500과 Global 500개 기업에 대한 연구결과를 발표했다. 이 보고서는 가장 성공적인 변혁을 이끄는 기업들, 새로운 시장을 이끌고, 미래산업을 유도하며, 이를 위한 성공적인 전략을 구사하는 변혁적 기업들로서 Amazon, DaVita, Microsoft, Dannone 등을 포함한 10개 기업을 선정했다. 물론 이 가운데 단연 돋보이는 기업인은 제프 베조스다.

또한 이 보고서는 베조스를 이전에 경험하지 못했던 일들에 대한 뛰어난 상상력과 비전을 품고 미래를 열어간 혁신적 기업인으로 목표를 이루기 위해 철저하게 전략적 사고를 펼쳤고, 자신의 혁신적 사고를 추진하기 위해 기업문화의 변화를 추진하고, 미래를 현실로 만들기 위해 파워풀한 내러티브(powerful narrative)로 소통했다고 평가했다.

'*TIME*' 역시 최근 발행된 인터넷 판에서 미국에서 가장 영향력 있는 IT CEO 10명을 발표하면서 베조스를 2위로 선정했다. Top10의 1위부터 4위는 우리가 잘 아는 CEO들로서 1위는 전기차와 태양열에너지로 4차 산업혁명을 주도하는 엘론 머스크, 2위는 아마존의 제프 베조스, 3위는 페이스북의 마크 저커버그, 그리고 4위는 애플의 팀 쿡이다.

베조스에게 최고의 가치는 소비자다. 다른 인터넷 기업인들은 종업원을 우선한다. 그러나 베조스에겐 56,000명의 종업원이 아니라 1억6천5백만 명의 소비자들이 우선이다. 그는 어느 글에서 자신의 넘버원은 소비자이며 이것이 자신의 리더십의 비밀이라고 밝힌 적이 있다. 미시간 대학에서 소비자들의 기업만족도를 조사했을 때 아마존이 1위를 차지했다.

베조스는 소비자가 원하는 것과 원하지 않는 것을 자신의 관심사의 가장 우선순위에 두고 있다. 그는 종업원들에게 가장 미세한 부분에 이르기까지 소비자우선의 원칙을 지속적으로 강조한다. 고객우선주의라는 아마존의 비전과 사업전략은 CEO에서 말단 직원에 이르기까지 뼛속 깊숙이 무장되어 있다.

그리고 베조스는 이러한 비전을 성취하기 위해 종업원들에게 보다 더 높은 기대감을 요구한다. 베

조스의 말이다: "상품이 0.1초 늦게 선적되는 것은 소비자행위가 1% 떨어지는 것과 동일하다." "처음부터 우리 고객들에게 매력 있는 가치를 제공하는 데 중점을 두었다. 우리는 실제 매장에서 가능한 것보다 훨씬 더 많은 선택을 할 수 있도록 했으며, 편리하고 쉽게 찾을 수 있고 쉽게 탐색할 수 있도록 했다. 그리고 아마존은 24시간 영업한다." 이뿐만이 아니다. 그가 늘 강조하는 미래지향적 사고 역시 고객을 위한 것이다. 베조스의 말이다: "오늘날 온라인 상거래는 고객들에게 돈과 귀중한 시간을 절약해 준다. 앞으로 개인화를 통해서 온라인 상거래는 새로운 가치를 발견하는 것을 가속화할 것이다. 아마존은 인터넷을 활용해 고객들에게 진한 가치를 제공함으로써 지속가능한 판매채널을 만들고 보다 큰 시장을 만들 것이다."

베조스의 변혁적 힘, '생각하는 것'과 '사명감의 열정'

아마존이 지속적인 변혁을 이루면서 향후 10년 후에도 영향력을 행사할 수 있는 변혁적 기업으로 선정되는 이유는 무엇일까? 그리고 베조스로 하여금 변혁적 리더십을 발휘하게 하는 근본은 무엇일까?

2015년 11월에 베조스는 '*Foreign Affairs*'와의 인터뷰에서 자신은 "항상 생각하고 있다"고 말했다. 그는 자신이 성공적인 기업가가 될 수 있었던 두 가지 자질이 있다면, 하나는 '생각하는 것'이며, 다른 하나는 선교사들처럼 '사명감의 열정'이라고 소개했다.

베조스는 기업가정신과 발명가는 매우 밀접한 관계에 있다고 말하면서 기업가정신은 발명가들처럼 실패를 두려워해서는 안 되며, 신선한 마음과 초보자의 마음으로 모든 사물을 바라보는 능력은 기업가에게 매우 유용하다고 말했다. 그리고 기업가는 선교사들이 사명감을 갖고 일을 하듯이 매일 아침 눈을 뜨면 생각하고 밤에 눈을 감고 잘 때도 생각해야 한다고 말했다. 베조스가 오늘날의 아마존을 만들고 지속적인 혁신으로 시장지배력을 확장하면서 기업과 시장의 변화를 주도해 왔던, 그리고 지속적으로 미래를 변화시킬 철학이 무엇인지 분명하게 말해주는 부분이다. 베조스의 '생각하는 것'과 '사명감의 열정'은 기업가의 혁신을 가져오는 중요한 요소다. 베조스는 모든 비즈니스는 항상 젊어야 한다고 강조한다. 그리고 아마존이 혁신하는 방법은 소비자중심에서 생각하는 것이라고 말했다. 성공하는 사람, 성공하는 기업은 혁신적임을 다시 한 번 배운다. 혁신적인 기업은 항상 가능하다. 그러나 모든 기업이 그렇게 되는 것은 아니다.

자료 : 『월간CEO』, 〈STEP으로 리드하라!〉, 스탭리더십연구소 정영호 대표, 2017.6.2.

8.1 권력

1. 권력의 개념

1) 권력의 정의

우리가 살고 있는 사회는 서로 영향을 주고받는 과정에서 눈에 보이지 않는 힘의 논리가 작용한다. 조직 내에서 구성원들의 행동은 권력상황의 영향을 받을 수 밖에 없으므로 권력관계에 대한 이해가 필요하다.

조직행동에서 권력(power)은 A가 바라는 대로 B의 행위에 A가 영향을 미칠 수 있는 능력을 말한다. 따라서 어떤 사람은 권력을 가지고 있지만 사용하지 않을 수 있다. 이러한 권력은 의존성(dependency)에 의해 결정된다. A에 대한 B의 의존성이 클수록 그들의 관계에서 A의 권력은 더 커진다. 의존성은 B가 지각하는 대체수단과 A가 통제하는 자원을 B가 중요시하는 정도에 따라 달라진다. 어떤 사람이 당신이 원하는 것을 통제하고 있을 때만 당신에 대해 권력을 가질 수 있다.[01]

자원의존모형(resource dependency model)[02]에서는 개인이나 집단 간의 권력은 필요한 자원의 의존 정도에서 비롯된다고 보았다. 조직 내 모든 부서나 팀은 목표달성을 위해 자원(돈, 사람, 설비, 정보 등)이 필요하다. 이때 중요하고 필요한 자원을 가장 많이 조달해 줄 수 있는 부서나 팀이 권력을 갖게 된다. 이러한 의존성을 증대시키는 상황은 다음과 같은 세 가지가 있다.[03]

첫째, 불확실성이다. 개인뿐만 아니라 조직 내 부서나 팀들은 불확실성을 피하고자 한다. 즉 불확실성을 통제할 수 있어야 그 사람이나 부서에 대한 의존성이 커지는 것이다. 예를 들면 제조업에서는 판매부서가 권력을 더 가지며, 소프트웨어회사에서는 연구개발팀이 더 큰 권력을 갖는데 그 이유는 앞으로 어떻게 될 것인지에 대한 불확실성을 이들 부서가 가장 먼저 많이 알기 때문이다.

둘째, 희소성이다. 자신이 가진 희소성을 극대화하여 주변사람들이 자신에게만

의존하게 하는 상황을 만들면 권력이 커진다.[04] 그래서 사람들은 자신의 노하우나 정보수단을 알려주지 않는다. 반면에 그 희소성이 대체가능해지면 의존성이 감소되고, 상대에 대한 의존성이 적어질수록 나의 권력은 커지게 된다. 이런 이유로 기업은 부품공급업체나 거래은행을 여러 곳으로 해서 하나의 상대 업체에만 의존하지 않으려는 것이다.

셋째, 중요성과 핵심적 위치이다. 어떤 사람이나 부서가 자원이 중요하지 않다면 권력은 크지 않을 것이다. 즉 조직의 모든 부서가 중요하게 여기는 것을 소유하고 있는 부서나 팀의 권력은 커지게 된다. 또한 어떤 중요한 위치에 있게 되어도 권력은 커지게 된다.

2) 권력과 유사 개념의 비교

권력과 유사한 개념으로 권한, 영향력, 정치 등이 있다. 권력을 올바로 이해하기 위해 이러한 유사 개념들과 구별해보는 것도 한 방법이다. 우선 영향력은 사회적 영향력(social influence)이라고도 하는데 권력보다 좀 더 포괄적인 개념이다. 상대를 내가 원하는 방향으로 유도하진 못했더라도 나 때문에 상대의 행동이 변했다면 나는 그에 대한 영향력이 있는 것이다. 그 영향력이 성공적으로 행사될 수 있는 능력을 가지고 있다면 그 영향력은 바로 권력이다. 그런데 권력을 행사하되 권력 행사자가 자기자신의 이기적인 목적을 위해 권력을 행사한다면 그것이 조직정치(organizational politics)가 된다.

한편 권한(authority)은 권력의 공식적 측면을 표현한다고 볼 수 있는데 "권한을 행사한다"고 할 때 그것은 타인의 행동을 통제하거나 허가하는 입장을 말한다. 또한 그 입장은 어떤 사회나 조직이 만든 규정과 법에 의해 주어진다. 그래서 권한은 합법적이며 사람의 직위(position)를 바탕으로 하고 또한 위에서 아래로 흐르는 것이며 상대방에 의해서 받아들여져야 행사되었다고 할 수 있다.[05]

권력과 리더십(leadership)은 밀접하게 관련되어 있지만 차이점을 살펴볼 필요가 있다. 첫째, 리더들은 집단(조직)의 목표를 완수하기 위해 권력을 수단으로 이용한다. 그러므로 리더십이 발휘되려면 리더의 목표와 부하들의 목표가 일치되어야 한다. 그러나 권력이 발휘되기 위해서는 리더의 목표와 부하의 목표가 불일치해도 된다.

두 번째 차이는 영향력이 미치는 방향에 있다. 리더십은 리더에게서 부하에게 일방적으로 영향을 미치는 것이지만 권력의 영향력은 당사자들 쌍방으로 작용한다. 즉 리더십이 발휘될 때 부하들은 공동목표를 위해 기꺼이 따르지만 권력이 작용할 때는 상대적으로 약해서 순종한다.

셋째, 대부분 리더십연구는 스타일을 강조한다는 것이다. 리더가 얼마나 지원적이어야 하는가? 의사결정을 할 때 부하직원을 얼마나 참여시켜야 하는가? 반대로 권력연구는 더 넓은 영역을 다루고 순응하게 하는 방법에 초점을 맞추는 경향이 있다. 권력은 개인만 행사하는 것은 아니다. 개인뿐만 아니라 집단이 다른 개인이나 집단을 통제하기 위해 권력을 사용할 수 있다.

2. 권력의 원천

권력은 어디에서 비롯되는가에 따라 유형을 나누어볼 수 있다. 권력의 원천은 공식적 권력과 개인적 권력으로 분류하고 이것을 다시 세분하고 있다.

1) 공식적 권력

공식적 권력은 조직에서의 개인 직위(position)에 근거하는데 지위적 권력이라고도 한다. 공식적 권력은 벌을 주거나 보상을 줄 수 있는 능력, 공식적 권한으로부터 생길 수 있다.

(1) 강압적 권력

강압적 권력(coercive power)은 순응하지 않을 경우 발생하는 부정적인 결과에 대한 두려움에 기반을 둔 권력이다. 그것은 고통을 주거나, 좌절을 유발하거나, 생리적 욕구나 안전욕구를 통제하는 것과 같은 물리적 제재를 가하거나 제재하겠다고 위협할 수 있는 권력이다.

조직수준에서 상사가 부하를 해고 · 정직 · 강등시킬 수 있다면, 상사는 부하에 대해 강압적 권력을 갖는다. 상사가 부하에게 하고 싶지 않은 작업활동을 맡기거나 부하가 당혹스럽게 느끼는 방법으로 부하를 다룰 수 있다면, 상사는 부하에 대해 강압적 권력을 갖는다.

강압적 권력은 또한 핵심 정보를 제공하지 않음으로써 생기기도 한다. 조직에서 다른 사람이 필요로 하는 자료나 지식을 가지고 있는 구성원은 다른 사람이 그들에게 의지할 수 있게 만들 수 있다.

(2) 보상적 권력

강압적 권력과 반대의 개념이 보상적 권력(compensatory power)이다. 사람들은 자신에게 이익이 되기 때문에 순응한다. 다른 사람이 중요하게 여기는 보상을 제공할 수 있는 사람은 다른 사람에게 권력을 갖게 된다. 이러한 보상은 재무적인 것(급여, 인센티브, 보너스)일 수도 있고 비재무적인 것(인정, 승진, 흥미로운 업무배정, 호의적인 동료, 인사이동)일 수도 있다.

(3) 합법적 권력

일반적으로 공식적 집단과 조직에서 합법적 권력(legitimate power)은 여러 가지 권력기반을 제공한다. 이것은 조직에서의 구조적 직위에 의해 발생하는 것으로 조직의 자원을 통제하고 사용할 수 있는 공식적인 권한을 의미한다. 사회에서 구성원 간에 약속된 법과 제도규칙에 의해 갖게 되는 것이다.

합법적 권력은 어떤 사람이 갖는 직위권한을 구성원이 수용(acceptance)함으로써 형성되는 권력이다. 권력은 계층의 개념과 밀접하게 관련되어 있다. 합법적 권력은 순전히 조직 내에서 리더의 직위 때문에 생기는 것이며 리더의 개인적 특성과는 별개의 것이다.

2) 개인적 권력

개인적 권력은 그 사람 자신에게서 비롯된 개인의 독특한 특성으로부터 나오는 권력이다. 개인적 권력의 두 가지 원천에는 전문지식, 존경과 호감이 있다.

(1) 전문적 권력

전문적 권력(expert power)은 전문적 지식, 특수기술 또는 지식을 가지고 있음으로 인해 생기는 영향력이다. 직무가 점점 더 전문화됨에 따라 사람들은 목표달성을 위해 전문가들에게 더 많이 의존한다. 그래서 의사들은 전문적 지식을 가지고 있고 그로 인해 전문적 권력을 가지고 있다고 일반적으로 인정한다. 컴퓨터 전문가, 세무회계사, 경제학자, 산업심리학자, 기타 전문가들도 전문지식으로 인해 권력을 행사할 수 있다.

(2) 준거적 권력

준거적 권력(referent power)은 매력적인 자원이나 개인적 특성을 가지고 있는 사람에게 생긴다. 내가 어떤 사람을 좋아하고 존경하고 숭배하면 그 사람은 나에게 권력을 행사할 수 있다. 준거적 권력은 다른 사람에 대한 존경과 그 사람처럼 되고 싶은 소망으로부터 나온다. 어떤 사람은 공식적 직위를 갖지 않아도 카리스마적 역동성, 호감, 감정적 효과 때문에 준거적 권력을 가지고 다른 사람에게 영향력을 행사한다. 예를 들면 유명한 스포츠선수가 광고모델로서 제품설명을 하게 되면 제품의 매출이 급격히 신장한다는 사실은 그 스포츠선수가 준거적 권력을 가지고 있다는 것을 나타낸다.

이와 같이 권력의 원천을 공식적 권력과 개인적 권력으로 이론상 구별하고 있지만 실제적으로 중복되는 경우도 있다. 이 내용을 다시 정리해보면 [도표 8-1]에서 보는 바와 같다.

보상적 권력과 강압적 권력은 개인적 및 직위적 부분을 모두 가지고 있다. 합법적 권력은 완전히 리더의 직위(position)에서 오는 것인 반면에, 전문적 권력 및 준거적 권력은 리더의 개인적 특성에서만 생긴다.

리더가 사용할 수 있는 권력의 원천이 많으면 많을수록 부하에 대한 영향력은 커지게 된다. 그러나 많은 권력을 소유하고 있다고 해서 반드시 그 리더가 효과적인 리더는 아니다. 리더십의 유효성은 리더의 권력뿐만 아니라 리더가 부하로 하여금 무슨 일을 하도록 영향력을 행사하고 있는가에 의해 결정되기 때문이다.

도표 8-1 | 리더의 권력

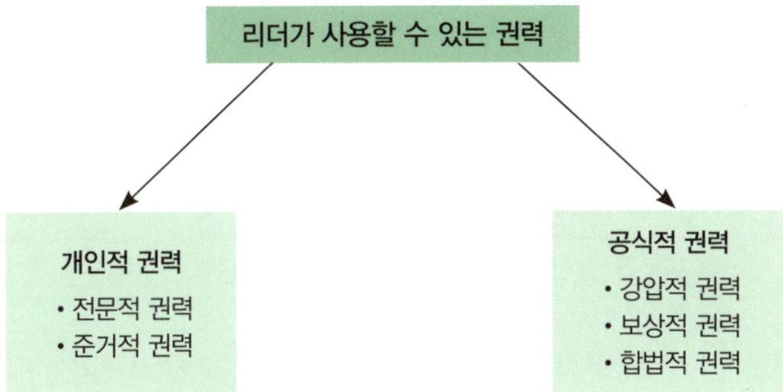

자료 : 김주엽 외 공저(2013), 전게서, p.402 재인용

세 가지 공식적 권력(강압적 · 보상적 · 합법적 권력)과 두 가지 개인적 권력(전문적 · 준거적 권력)을 비교한 연구는 개인적 권력이 가장 효과적이라고 제시한다. 전문적 권력과 준거적 권력은 구성원의 상사에 대한 만족, 조직몰입, 성과와 긍정적으로 관련되어 있는 반면에 보상적 권력과 합법적 권력은 이러한 결과 변수들과 관련이 없는 것으로 나타났다. 공식적 권력의 하나인 강압적 권력은 구성원의 만족과 몰입, 성과를 감소시킬 수 있다.[06]

3. 권력의 행사

1) 권력행사의 방법

권력을 보유하는 것도 필요하지만 권력을 적절히 행사하여 자신이 뜻한 바를 이룰 때 그 권력은 의미가 있는 것이다. 사람들은 권력을 사용하는 일정한 행동패턴을 가지고 있다.[07] 상사, 동료 또는 부하직원에게 영향을 미치기 위해 사용하는 방법을 살펴보면 [도표 8-2]에서 제시하는 바와 같다.

| 도표 8-2 | 권력행사방법

종류	내용
합법성	권한이 있는 직위에 의존하거나 어떤 요구가 조직의 정책이나 규칙에 따른 것이라는 사실을 강조
합리적 설득	요구가 합리적이라는 것을 보여주기 위해 논리적 주장과 사실적 증거를 제시
영감을 통한 호소	상대방의 가치, 필요성, 희망, 열망에 호소함으로써 감정적 몰입을 유발
자문	계획을 어떻게 달성할 것인지를 결정할 때 상대방을 참여시킴으로써 그의 지지를 증가
교환	요구에 따르는 대가로 상대방에게 혜택이나 호의를 제공
인간적 호소	우정 또는 충성에 근거하여 순응을 요구
아첨	요구하기 전에 아부, 칭찬 또는 우호적인 행동을 함
압력	경고, 요구를 반복하거나 위협을 사용
연합	상대방을 설득하여 동의를 얻어내기 위해 다른 사람의 도움이나 지지를 요청

자료 : 김광점 외 옮김(2011), 핵심조직행동론, p.225 내용을 정리함

이러한 여러 가지 방법 중에서 일반적으로 합리적 설득, 영감을 통한 호소, 자문이 가장 효과적인 방법이다. 특히 상대방이 의사결정과정의 결과에 관심을 가지고 있을 때 효과적이다. 압력은 역효과를 내는 경향이 있어서 가장 효과가 없다. 이 중에서 양립가능하다면 동시에 또는 연속적으로 두 개 이상의 방법을 사용함으로써 성공가능성을 증가시킬 수 있다.

그러나 권력행사방법의 효과성은 영향력의 방향에 의해 달라진다. 합리적 설득은 조직의 모든 상황에서 효과적으로 사용될 수 있는 유일한 방법이다. 영감을 통한 호소는 부하직원에게 하향적으로 영향을 미치는 데 효과적이다. 압력은 하향적인 영향만을 미칠 수 있고, 인간적 호소와 연합은 수평적 영향력을 행사하려고 할 때 가장 효과적이다.

권력행사방법의 효과성에 영향을 미치는 다른 요인으로는 그 방법들의 사용 순서, 그 방법을 사용하는 기술, 조직문화 등을 들 수 있다. 사용 순서를 보면 처음에는 인간적 호소, 영감을 통한 호소, 합리적 설득, 자문과 같은 개인적 권력에 의존하는 '부드러운' 방법으로 시작하는 것이 효과적일 것이다. 이것이 실패하면 교환, 연합, 압력과 같이 '더 강력한' 방법을 사용할 수 있다. 그것은 공식적 권력을 강조하고 더 많은 비용과 위험을 수반한다. 권력행사방법의 효과성은 사람의 특성에 따라 달라진다. 특히 부드러운 권력행사방법에 순응하는 경향이 있는 사람들은 생각을 더 많이 하고, 내재적으로 동기유발이 되어 있으며, 자신감이 높고 통제에 대한 욕구가 크다. 강력한 권력획득방법에 순응하는 경향이 있는 사람들은 더 행동지향적이고, 외재적으로 동기유발이 되어 있으며, 자기생각대로 하기보다는 다른 사람과 함께 일하는 것에 초점을 맞춘다.

조직마다 문화가 현저하게 다르다. 어떤 문화는 따뜻하고 여유가 있고 지원적인 반면에, 다른 문화는 공식적이고 보수적이다. 또한 조직의 문화에 따라 적절하다고 여기는 권력행사방법이 다르다. 어떤 문화는 참여와 자문을 장려하고, 어떤 문화는 합리적 설득을 장려하고, 어떤 문화는 여전히 압력에 의존한다. 조직문화에 부합되는 사람은 더 많은 영향력을 갖는 경향이 있다. 특히 외향적인 사람은 팀지향적 조직에서 더 많은 영향력을 갖는 경향이 있으며, 매우 성실한 사람은 기술적 과업을 혼자서 수행하는 것에 가치를 두는 조직에서 영향력이 더 크다. 문화에 부합되는 사람은 조직에서 허용하는 권력행사방법을 잘 알고 있기 때문에 성공적으로 일을 잘 하며 따라서 영향력이 있는 것이다.

2) 효과적인 권력행사

인간관계에서 사회적인 권력을 행사할 때는 알맞은 유형의 권력을 적기에 선택해서 사용하는 것이 효과적이다. 연구결과 조직생활에서는 보상적 · 강제적 권력보다 준거적 · 전문적 권력이 효과적이며 개인중심의 권력보다 조직중심의 권력이 더 낫고 권력을 직접 행사하는 것보다 위임하는 경우에 더 많은 효과를 거둔다고 나타났다.

맥클리랜드(D. C. McClelland)는 권력행사의 남용이란 개인중심적인 권력(personalized power)을 사용하는 데서 기인한다고 보고 권력이 제대로 행사되고 수용되려면 사회중심적 권력(socialized power)을 사용해야 한다고 주장하였다.[08] 나치의 히틀러는 "나는 게르만 민족의 영광을 다시 찾겠노라!"라고 외쳤기 때문에 모든 국민이 그에게 복종하고, 더 나아가서 동일화 · 내면화하면서 그의 지배를 받았던 것이다. 즉 집단의 이익을 위하면서 조직구성원 모두가 인정하는 것이 사회중심적 권력인데 이런 종류의 권력이 더 잘 수용된다.[09]

기업조직에서 관리층과 부하들 간의 권력배분을 놓고 상호대립과 불만이 일어나는 것이 보통이다. 그래서 조직의 하부계층 구성원들에게도 권력을 부여하는 전략이 있는데 이를 임파워먼트(empowerment)라고 한다. 즉 조직구성원들에게 자신들이 조직에서 무력한 존재가 아니라 반대로 조직을 위해 많은 공헌을 할 수 있는 능력(권력)이 있음을 확신시켜 주는 과정이다. 예를 들면 자율권을 위임해 주고 의사결정에 참여시키며 도전의식과 비전을 심어 주는 일이다. 상 · 하 간에도 긍정적 상호관계를 가지게 함으로써 조직이나 집단의 권한이 효율적으로 행사되도록 해야 조직유효성을 높일 수 있을 것이다.[10] 이와 비슷한 용어로는 참여경영, 의사결정참여, 권한위양(delegation) 등인데 모두 권력을 분산시킨다는 의미가 있다.

8.2 리더십의 의의와 기능

1. 리더십의 의의

리더십(leadership)은 경영학이나 조직이론에 있어 매우 중요한 위치를 차지하고 있다. 경영에 관한 제반 접근방식이 인간을 중심으로 전개되고 있고, 경영활동이 인간을 통하여 목표를 달성하는 과정으로 이해되는 현대적 경영의 관점에서 리더십의 중요성은 크게 부각되고 있다.

쿤츠(H. Koontz)는 리더십이란 조직구성원들이 집단목표를 위하여 자발적으로 노력하도록 그들에게 영향을 주는 기술(art) 또는 과정(process)이라고 하였다. 카츠와 칸(D. Katz and R. Kahn)은 리더는 자신의 역할을 수행하는 데 필요한 정보를 얻어 그 정보를 가지고 조직설계를 보충하며, 변화하는 환경에 따라서 조직구성원의 역할을 명확히 해야 한다고 리더십을 파악하고 있다. 그리고 허시와 블랜차드(P. Hersey and K. H. Blanchard)는 리더십이란 일정한 상황하에서 목표를 달성하기 위하여 개인이나 집단의 활동에 영향을 미치는 과정으로 다음과 같은 등식으로 표현하였다.

$$L=f(l, f, s)$$

이때 L은 리더십의 유효성(effectiveness of leadership)을 말하며, l은 리더(leader), f는 추종자 또는 구성원(follower or member), s는 상황적 변수(situational variables)를 나타낸다. 이상의 여러 가지 리더십에 대한 정의를 종합해보면, 리더십이란 특정 상황에서 조직의 목표를 달성하기 위하여 개인이나 집단행위에 영향력을 행사하는 과정이라고 할 수 있다.

이러한 리더십 개념은 경영자의 경영활동에도 같은 의미로 적용될 수 있다. 경영자가 발휘해야 하는 경영활동상의 리더십이란 기업의 목표를 달성하기 위해 종업원들에게 영향을 미치는 능력이라 할 수 있다. 그런데 이와 같은 경영자의 리더십은 권력(power)에 근원을 두고 있는데 그 권력은 경영자 자신이 갖고 있는 개인적인 특성(전문적 지식, 카리스마적 기질, 존경심 등)뿐만 아니라 경영자의 공식적 지위에 기초하고 있다. 뿐만 아니라 구성원의 자발적 추종을 전제로 하여 리더십이 발휘되는 것이다. 즉 구성원을 움직이게 하는 방법은 강압적 방법, 규정이나 규칙에 의한 합법적 방법, 경제적 보상에 의한 방법 등이 있으나 리더십의 근원은 자발적 추종, 구성원의 수용성을 전제로 하고 있다.

2. 경영자와 리더

기업이 목표를 세워 세부적인 추진계획을 완성하고 이를 수행하기 위한 조직화 활동이 이루어지면 이를 효과적으로 수행할 수 있는 지휘활동이 요구된다. 지휘활동(leading)이란 기업의 목표를 달성하기 위해 종업원들이 적극적으로 몰입하도록 도와주는 경영자의 활동을 의미한다. 달리 말하면 기업목표를 달성하기 위하여 요구되는 업무를 잘 수행하도록 종업원들이 동기를 유발하고 이끄는 활동을 말한다. 이와 같은 경영자의 지휘능력에 따라 경영성과가 크게 달라진다. 따라서 효과적인 지휘활동을 위해 경영자는 리더십을 발휘하고 동기유발을 통해서 종업원들을 지휘하고 조직 내 의사소통이 원활히 이루어지도록 노력해야 한다.

그런데 과연 "모든 경영자는 리더인가?" 또는 "관리와 리더십의 차이는 무엇인가?"라는 개념상 문제가 발생한다. "모든 관리자는 리더라 할 수 있는가?" 이 점을 설명하기 위하여 관리자와 리더는 어떻게 다른지 살펴보면 [도표 8-3]과 같다.

도표 8-3 리더와 관리자의 특성 구분

관리자 특성	리더 특성
• 책임수행	• 혁신주도
• 모방	• 창조
• 유지	• 개발
• 시스템과 구조에 초점	• 인간에 초점
• 통제위주	• 신뢰에 기초
• 단기적	• 장기적
• 언제, 어떻게 관심	• 무엇을, 왜에 관심
• 수직적 관심	• 수평적 관심
• 현 상태 수용	• 현 상태 도전
• 전통적인 충복	• 독자적 인간
• 일을 옳게 함('How'중심)	• 옳은 일을 함('What'중심)

자료 : 백기복, 조직행동연구, 제2판, 법문사, p.370 재인용

미국의 유명한 리더십 교육기관 중 하나인 '창의적인 리더십 개발센터'에서 개발된 모델에 따르면 관리는 수동적인 과학(reactive science)이며, 리더십은 능동적인 예술(proactive art)이라 정의된다. 이 정의에 의한 관리와 리더십의 차이는 다음과 같다.

우선 관리과정이란 조직의 전반적인 방향이 주어지면 문제해결 및 조직성과를 위한 계획을 세워 실행해 나가는 것으로 정의할 수 있다. 따라서 관리의 초점은 예측가능한 성과를 내기 위한 입안이 제대로 되었는지 입안대로 제대로 실행해 옮겨졌는지 여부가 되며 전체적으로는 안정(stability), 유지(maintenance), 조화(harmony)라는 세 단어로 요약할 수 있다.

반면 리더십은 명확한 조직의 방향이 주어진다기보다 전체적인 조직변화의 맥락을 짚어나가며 궁극적인 비전 및 방향을 창출해 나감을 목표로 한다. 따라서 장기적으로 조직에 영향을 미치는 유용한 변화가 성과로 나타나며, 전체 비전을 성취해 나가기 위해 변화를 주도해 나가는 사람들에게 동기 및 영감을 부여하고, 조직의 비전에 확신을 심어주는지의 여부가 중요하게 부각된다. 리더십은 또한 변동(turbulence), 위기(crisis), 갈등(conflict)이란 세 단어로 요약된다.

Harvard Business School의 코터(John Kotter) 교수는 리더십과 관리를 다음과 같이 비교하고 있다. "관리는 복잡성을 다루는 것이다. 좋은 관리는 공식적인 계획을 수립하고 조직구조를 정밀하게 설계하고, 그 계획에 대한 결과를 모니터함으로써 질서와 일관성을 확립하는 것이다. 반대로 리더십은 변화를 다루는 것이다. 리더는 미래의 비전을 개발해서 방향을 설정한다. 그리고 그 비전을 전달하고 장애물을 극복하도록 구성원들을 격려함으로써 구성원들을 움직이는 것이다."

우리는 리더십을 비전이나 목표를 달성하도록 집단에게 영향력을 발휘할 수 있는 능력으로 정의한다. 이 영향력은 조직에서의 직위와 같은 공식적인 원천에서 생긴다. 그러나 모든 리더가 경영자는 아니다. 또한 모든 경영자가 리더는 아니다. 조직이 경영자에게 어떤 권리를 제공하기 때문에 그들이 효과적인 리더가 될 것이라는 보장은 없다. 공식구조와 상관없이 자연스럽게 나타나는 비공식적 리더는 공식적인 권한을 가지고 있지 않으면서도 공식적인 영향력만큼 또는 그보다 더 큰 영향력을 행사할 수 있다. 다시 말하면 리더는 어떤 집단을 이끌어나가도록 공식적으로 임명되기도 하고 집단 내에서 자연스럽게 나타나기도 한다.

조직이 최적의 효과성을 얻기 위해서는 강력한 리더십과 강력한 관리가 필요하다. 우리는 현재상태에 도전하고 미래의 비전을 창출하고 비전을 기꺼이 달성하도록 조직구성원에게 영감을 불어넣어 주는 리더가 필요하다. 또한 우리는 구체적인 계획을 수립하고 효율적인 조직구조를 만들고 일상적인 활동을 감독하는 경영자가 필요하다.

3. 리더십의 기능

카츠(D. Katz)는 효과적 리더십 유형의 개발에 도움을 주는 특정한 기능(skills)을 기술적, 인간관계적, 개념적 기능이라 하였다. 다음에서는 각 기능의 내용을 살펴보고 각 기능이 어떤 관리계층에 더욱 중요한지를 설명하고자 한다.

1) 기술적 기능

관리자의 기술적 기능(technical skills)은 업무현장에서 일할 때 필요한 능력이다. 사물에는 복잡한 기계를 조작하는 일부터 회사의 재무상태를 분석하고 해석하는 일까지 그 범위가 넓다. 이 기능은 감독계층에 있는 관리자에게 가장 필수적인 것이다. 왜냐하면 감독자들은 제품을 생산하고, 회계기록을 하거나 타자 그리고 자료파일을 하는 종업원을 직접적으로 감독하기 때문이다. 이때 관리자는 자신이 감독하는 부서에서 발생하는 모든 업무를 이해해야 한다. 관리자가 상위계층으로 승진할 때 그의 기술적 기능은 다른 기능에 비하여 중요도가 조금씩 떨어진다.

2) 인간관계기능

효과적으로 사람을 다루는 능력은 관리자들이 가져야 하는 가장 필수적 기능 중의 하나이다. 모든 계층에서 관리자는 인간관계기능(human relations skills)이 중요하다. 왜냐하면 모든 계층에서 계속적으로 사람들과 상호작용하기 때문이다. 일선감독자(first-line supervisors)가 작업하는 근로자를 직접적으로 감독하든지 혹은 사장과 부사장 간의 상호작용이든지 간에 모든 계층에서 관리자들의 인간관계기능은 중요하다.

3) 개념적 기능

개념적 기능(conceptual skills)은 그 회사 및 각 부서의 전반적 모습을 관리자가 이해하는 능력을 뜻한다. 부문관리자의 개념적 기능은 그 부문이 회사의 전반적 목표에 얼마나 기여하는지를 인식하는 것이다. 최고경영층에서 사장은 여러 업무기능, 즉 제조, 판매, 재무 등의 기능이 통합된 전체로서의 회사운영계획에 얼마나 적합한지를 파악한다. 개념적 기능은 관리계층이 높아질수록 더 중요해지며 특히 최고경영층에서 중요하다.

이상에서 살펴본 경영계층 간의 관계를 보면 [도표 8-4]와 같다. 즉 개념적 기능과 기술적 기능은 관리계층에 따라 요구수준이 달라지지만 인간관계적 기능은 전 계층에서 모두 중요하다는 것을 알 수 있다.

도표 8-4 Managerial skills

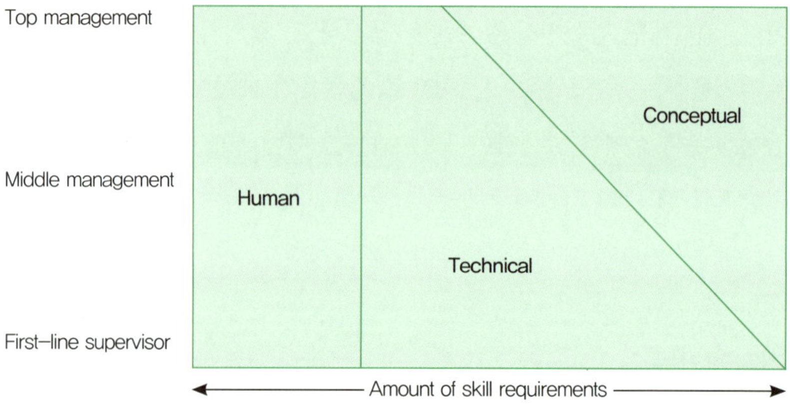

자료 : Hicks, H. G., et. al.(1976), p.450.

8.3 리더십의 유형

초기의 리더십연구에서는 성공적인 리더는 남과 다른 특성을 지니고 있다는 가정을 바탕으로 리더의 특성을 연구하는 데 초점을 맞추었다. 이러한 연구를 특성이론(traits theory)이라 하는데, 이 이론의 연구자들은 리더의 공통적인 특성을 찾아내지 못하여 성공적인 리더십과 리더의 특성 간의 관련성을 규명하지 못하는 한계에 부딪히게 되었다.

특성이론의 한계를 보완하기 위하여 연구된 리더십이론이 리더십행동이론(behavioral theory)이다. 이 이론은 리더와 부하 간의 관계를 중심으로 리더의 행동 유형을 중점적으로 연구하였는데, 이 이론 역시 어떤 행동 유형의 리더가 가장 효율적인 성과를 이룰 수 있는가에 대하여는 완전한 해답을 주지 못했다.

이후에 출현된 이론을 리더십의 상황이론(contingency theory)이라고 하는데 이 이론에 따르면 상황이 리더를 만드는 것이므로 가장 효과적인 리더란 상황에 적합한 리더십을 적절히 행사하는 리더라는 것이다.

1. 특성이론

리더십에 대한 첫 번째의 관점은 리더 자신이 어떤 특성을 구비하는 것이 바람직한가에 대한 것이다. 초창기에 리더십을 연구하였던 학자들이 관심을 둔 대상은 역사상 유명했던 위대한 인물들이었다. 연구자들은 이 위대한 인물들이 어떻게 막강한 영향력을 행사하는 리더가 될 수 있었던가에 관심을 집중하였다. 그 결과 연구자들은 거의 공통적으로 이 리더들이 보통사람보다 우수한 어떤 자질을 지니고 있기 때문이라는 의견을 모으게 되었다. 이러한 의견은 전통 있는 가문에서 훌륭한 리더가 많이 배출되었다는 주장들에 의해서 더욱 강조되었다. 그래서 어떤 사람은 타고난 자질로 인해 위대한 인물, 즉 리더가 된다는 주장을 '리더십의 영웅호걸이론'(great man theory of leadership)이라고 부르기도 한다.

이상과 같이 효과적인 리더를 만드는 리더의 자질(trait)을 찾아내려는 연구들을 특성이론(trait theory)이라 한다. 특성이론에서는 리더가 일정한 특성을 가지고 있으면 어떠한 상황에서든지 효율적인 리더가 될 수 있다고 생각한다.

좋은 리더를 만들 수 있는 요건이 무엇인가에 대한 연구는 매우 많다. 예를 들면 테드(O. Tead)는 리더가 갖추어야 할 자질로 육체적 · 정신적 에너지, 목적의식과 지시능력, 정열, 친근감과 호기심, 품성, 기술적 우월성, 과단성, 지능, 교수능력, 신념 등을 제시하였다. 바나드(C.I. Barnard)는 리더가 체력, 지능, 기술, 지각력, 지식, 기억력, 상상력 등의 기술적 측면과 결단력, 지구력, 인내력, 용기와 같은 정신적 측면에서 우월성을 가져야 된다고 주장했다.

리더의 자질에 대한 가장 광범한 연구는 베스(B.M. Bass)와 스톡딜(R. Stogdill)

에 의한 것이다. 우수한 신체적 특성, 뛰어난 지능과 능력, 적응성, 강한 신념, 객관성, 판단력, 자신감과 같은 성격적 측면에서 우월성을 가져야 한다고 주장했다.

2. 행동이론

특성이론의 초점이 "어떤 특성을 가진 리더가 효과적인가(What the leader is?)"를 규명하는 것이라면 행동이론(behavioral theory)의 초점은 "어떠한 행동을 하는 리더가 효과적인가(What the leader does?)"를 밝히는 것이었다.

만약에 특성이론에 따른다면 조직이나 집단에 가장 적합한 사람을 선발하면 조직은 성공할 수 있다. 공식적 직위가 요구하는 자질을 가진 사람을 선발하면 되기 때문이다. 그러나 행동이론에 따를 경우 요구되는 행동을 하도록 사람을 훈련시켜야 한다. 특성이론을 적용하면 리더는 태어나는 것이고, 행동이론을 적용하면 조직의 효율성을 향상시키기 위해 필요한 리더의 행동을 가르치면 된다.

행동이론도 특성이론과 마찬가지로 모든 상황에서 가장 잘 작용할 수 있는 유일 최선의 리더십 유형을 찾으려는 시도를 하였다.

1) 오하이오 대학의 연구

미국 오하이오 대학에서는 미시간 대학보다 약 2년 앞선 1945년부터 일련의 리더십연구가 시작되었다. 연구팀들은 그들이 독자적으로 개발한 리더행위기술설문지(Leader Behavior Description Questionnaire: LBDQ)를 사용하여 여러 형태의 집단과 상황에 있어서의 리더십을 분석하였다. 여기서 질문지에 대한 회답은 리더 자신이 아닌 그의 상급자나 하급자 또는 동료로부터 나온 것을 사용하였다. 리더 자신에 대해서도 별도의 설문지에 의해 자기평가를 했으나 분석은 주로 LBDQ의 결과에 기준하여 실시하였다. 여기서 얻어진 자료를 요인분석(factor analysis)에 의해 처리한 결과, 리더십을 이루는 구성요인은 고려와 구조 주도의 두 차원으로 압축되었다.

고려(consideration)란 리더와 그의 집단성원들 사이의 관계에 있어 우정, 상호신뢰, 존경, 온정 등을 표시하는 행위를 말하는 것이다. 또 구조 주도(initiating structure)에서 구조(구조화)란 간단히 말해 직무나 인간을 조직화하는 것을 말한다. 이것은 리더가 앞장서서 행한다는 것인데, 예를 들면 집단의 각 구성원의 역할을 정하고 직무수행의 절차를 정한다거나 지시, 보고 등을 포함한 집단 내의 커뮤니케이션 경로를 설정한다든가 하는 것이다.

이들 연구에서 특기할 만한 것은 고려와 구조 주도라는 것이 별개의 다른 한 차원이라는 것을 알아냈다는 점이다. 종전의 리더십연구, 즉 전제적 · 민주적 리더십 스타일은 말할 것도 없고, 리더십 스타일을 비슷하게 구분한 미시간 대학의 초기연구나 리커트의 연구에서까지 일관되게 리더십 스타일을 단일차원에 의한 양극단으로 나누어 생각하는 것이 상례였다. 그러나 오하이오 대학의 연구에서는 처음으로 리더의 행위를 단일선상이 아닌 두 개의 다른 차원으로 표시하였다. 즉 구조 주도와 배려라고 하는 리더의 행위 유형은 서로 독립적인 관계로 이해되기 때문에 리더가 이 두 가지의 행위 유형의 배합을 어떻게 지니고 있는지는 전혀 예측할 수 없다는 것이다. 다시 말하면 리더가 구조 주도와 고려를 동시에 많이 나타낼 수도 있고, 또 두 가지 행위 유형을 모두 적게 나타낼 수도 있다는 것이다.

고려와 구조 주도의 여러 가지 배합은 [도표 8-5]와 같다.

도표 8-5 오하이오 대학의 연구

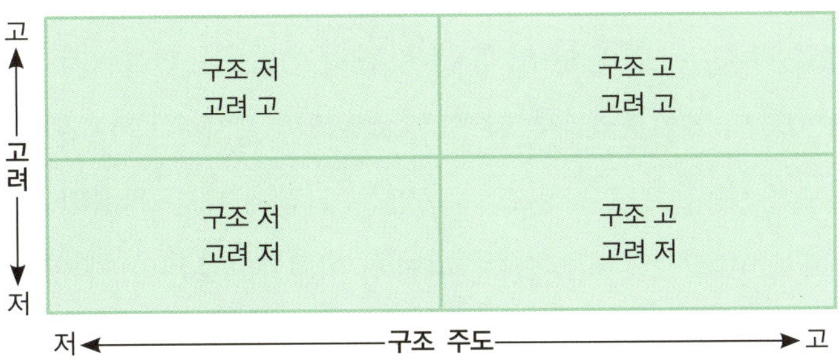

오하이오 대학의 연구결과들을 요약하면 다음과 같다.

첫째, 구조 주도는 종업원의 성과와 적극적인 관련이 있으며, 동시에 결근율이나 고충과 같은 부정적 결과와도 관련성을 갖고 있다.

둘째, 고려는 결근율이나 고충이 낮은 것과 관련성을 맺고 있으나 성과와는 부(負)의 관련성을 맺고 있거나 혹은 관련성이 없는 것으로 나타나고 있다.

셋째, 고려와 구조 주도가 둘 다 높을 때는 생산성과 만족이 둘 다 높은 경향이 있다. 그러나 어떤 경우에는 높은 생산성에 결근율과 고충의 문제가 수반되기도 한다.

결국 이러한 연구결과는 [도표 8-5]에서 제시된 구조 고(高), 고려 고(高)의 스타일이 가장 효과적인 리더십 스타일임을 보여주고 있다. 오하이오 대학의 연구는 비판도 받고 있지만, 한편 리더의 행위를 정의하고 설명함에 있어 상당히 체계적이고 상세한 노력을 했다고 할 수 있다. 그런 점에서 리더십의 이론적 기초를 마련하는 데 공헌하였으며, 현재의 연구에 토대가 되고 있다는 점에서 인정을 받고 있다.

2) 블레이크와 무튼의 관리그리드

블레이크(R. R. Blake)와 무튼(J. S. Mouton)은 리더십을 2차원으로 생각한 관리그리드(managerial grid)의 개념을 정립하였다. 이들은 오하이오 주립대학의 구조 주도적 · 고려적 리더십 연구개념을 연장시켜 리더의 행동 유형을 구체화시키고 효율적인 리더십행동을 훈련시키기 위한 기법으로 이것을 개발하였다.

블레이크와 무튼은 [도표 8-6]과 같은 관리그리드를 만들어서 리더가 지향할 수 있는 방향을 두 차원으로 구분하였다. X축에는 생산에 대한 관심의 정도를 파악할 수 있도록 9등급으로 나누고, Y축에는 인간에 대한 관심의 정도를 파악할 수 있도록 역시 9등급으로 나누었다. 따라서 이론적으로는 81가지의 리더의 유형이 있는 것으로 이해할 수 있다. 이 중에서 기본적인 형태로서 (1.1)형, (9.1)형, (1.9)형, (5.5)형, (9.9)형을 들 수 있다. 각 유형의 특징은 다음과 같다.

| 도표 8-6 | 관리그리드

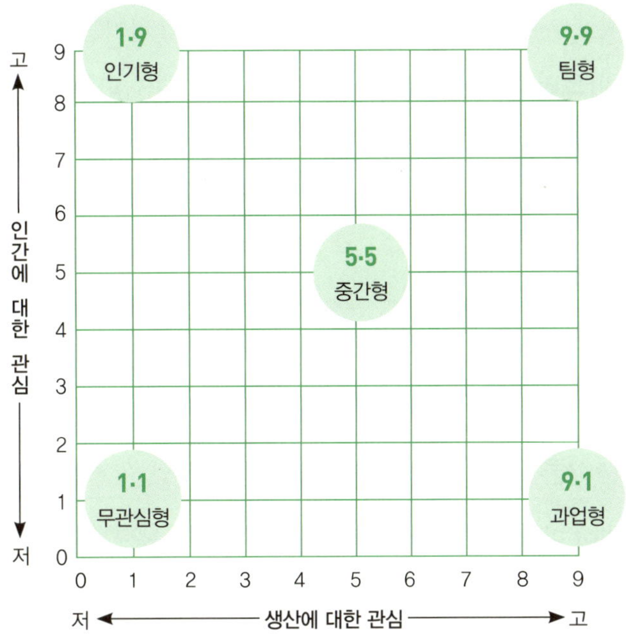

① (1.1)형 : 무관심(impoverished)형으로서 과업달성과 인간관계 유지에 모두 관심을 보이지 않는 유형이다.

② (9.1)형 : 과업(task)형으로서 인간관계 유지에는 적은 관심을 보이지만 생산에 대해서는 지대한 관심을 보이는 유형이다.

③ (1.9)형 : 컨트리클럽(country club)형 혹은 인기형으로서 생산에 대한 관심은 낮으나 인간관계에 대해서는 지대한 관심을 보이는 유형이다.

④ (5.5)형 : 중간(middle of the road)형으로서 생산과 관계의 유지에 모두 적당한 정도의 관심을 보이는 유형이다.

⑤ (9.9)형 : 팀(team)형으로서 생산과 관계의 유지에 모두 지대한 관심을 보이는 유형으로서 종업원의 자아실현의 욕구를 만족시켜 주고 신뢰와 지원의 분위기를 이루며 한편으로는 과업달성을 강조하는 유형이다.

이 이론은 조직체에서 관리자의 리더십 개발에 많이 활용되어 왔다. 먼저 관리자의 리더십 유형을 관리격자(管理格子) 개념에 의하여 측정한 후 가장 이상형인 팀(9.9)형을 목표로 단계적으로 리더의 행동을 개발해 나가는 것이다.

이 이론에 따르면 가장 바람직한 리더십 유형은 팀(9.9)형이라고 결론지었다. 그러나 팀(9.9)형 리더십이 바람직한 것으로 보이지만, 이런 유형의 리더십이 항상 효과적인가에 대하여는 의문의 여지가 있다.[11]

3. 상황이론

1) 상황적합성이론

가장 대표적이고 선구적인 리더십 상황이론으로 피들러(F. Fiedler)의 상황적합성이론(contingency theory)을 들 수 있다. 피들러의 상황적합성이론은 리더십에 영향을 미칠 수 있는 주요 상황요소를 도출하고, 이들 상황이 달라짐에 따라 효과적인 리더십행동도 서로 다르다는 것을 밝혀냈다(Fiedler, 1967).

(1) 리더십 스타일의 유형 분류

상황적합성이론은 LPC(the least preferred co-worker)점수를 활용하여 리더십 스타일을 분류하였다. LPC점수는 리더가 자신이 가장 싫어하는 동료를 어떻게 평가하는지 측정하여 점수화한 것으로서 20개 항목으로 구성된 LPC설문에서의 응답점수에 따라 리더를 과업지향적 리더와 관계지향적 리더로 구분한다. LPC점수가 높다는 것은 자기가 싫어하는 동료임에도 불구하고 긍정적으로 평가한다는 것을 의미하며 이러한 리더는 관계지향적 리더일 가능성이 높다는 것이다. 반면에 자기가 싫어하는 동료를 부정적으로 평가하는 리더는 과업지향적인 것으로 보고 있다.

(2) 상황요인

상황적합성이론은 리더십과정에 영향을 미치는 상황요인으로 과업구조, 리더-부하의 관계와 지위권력 세 가지를 포함하고 있다.

① 과업구조(task structure) : 과업이 얼마나 일상적인지 아니면 복잡한지를 가리키는 것으로서 구조화된 과업이란 과업내용이 명백하고 목표가 뚜렷하며 업무수행방법과 절차도 간단하여 기존의 의사결정이 반복되는 과업을 말한다. 반면에, 비구조화된 과업은 과업내용 및 목표가 불명확하고 업무수행방법과 절차가 복잡하여 반복적인 의사결정이 이루어질 수 없는 과업을 가리킨다.

② 리더와 부하의 관계(leader-member relations) : 리더와 부하의 관계가 얼마나 원만한지를 가리키는 것으로서 구성원들이 리더를 얼마나 신뢰하고 존경하는지, 그리고 그의 지시를 따르려는 의사가 어느 정도인지를 나타낸다.

③ 리더의 지위권력(leader position power) : 리더가 구성원들의 행동에 영향을 줄 수 있는 정도를 가리키는 것으로서 합법적, 보상적 및 강압적 권력을

도표 8-7 상황적합성이론

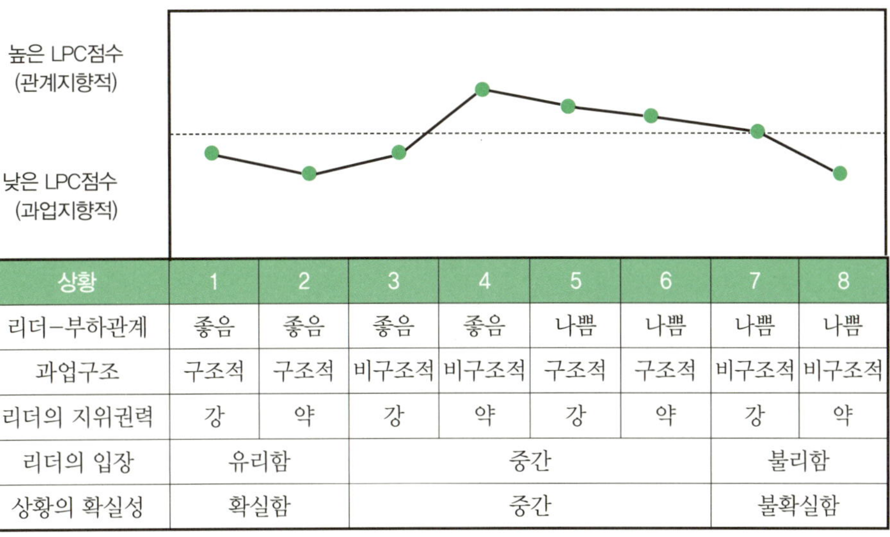

상황	1	2	3	4	5	6	7	8
리더-부하관계	좋음	좋음	좋음	좋음	나쁨	나쁨	나쁨	나쁨
과업구조	구조적	구조적	비구조적	비구조적	구조적	구조적	비구조적	비구조적
리더의 지위권력	강	약	강	약	강	약	강	약
리더의 입장	유리함		중간				불리함	
상황의 확실성	확실함		중간				불확실함	

과업지향적 리더십이 효과적 (상황 1–2)

리더에게 유리하지도 불리하지도 않은 상황에서는 관계지향적 리더십이 효과적 (상황 3–6)

과업지향적 리더십이 효과적 (상황 7–8)

포함한다. 즉 구성원들에게 보상하거나 벌을 줄 수 있는 공식권한을 얼마나 가지고 있는지를 가리킨다.

피들러는 이들 세 가지 상황요소들을 결합하여 상황이 리더에게 유리한지 아니면 불리한지를 여덟 단계로 구분하였다. [도표 8-7]에서 보는 바와 같이 리더와 부하 간의 관계가 좋고 과업성격이 구조화되어 있고 리더의 지위권력이 강할수록 리더에게 유리한 상황이고, 리더와 부하 간의 관계가 좋지 않고 과업성격이 비구조적이며 리더의 지위권력이 약할수록 리더에게 불리한 상황이다.

(3) 효과적 리더십

피들러의 연구팀이 장기간 동안 63개의 기업, 교육기관 및 군대에서 454개의 집단을 대상으로 연구한 결과, 리더의 행동은 리더십상황에 따라서 그 효과가 각각 다르다는 결론을 얻었다. 즉 리더십상황이 리더에게 유리하거나 불리한 경우에는 과업지향적 리더가 효과적이고, 리더십상황이 리더에게 유리하지도 않고 불리하지도 않은 상황에서는 관계지향적 리더가 효과적이라는 결과를 얻었다. 이러한 결과는 다른 연구결과에서도 대체로 입증되었다(House & Aditya, 1997).

이러한 결과를 토대로 하여 상황적합성이론은 상황과 리더십 스타일의 적합관계를 강조한다. 피들러는 다른 상황이론과 달리 상황에 적합하게 리더십 스타일을 조정할 것을 제안하는 것이 아니라 리더의 스타일에 적합하게 상황을 조정할 것을 권고한다. 리더십 스타일은 기본적으로 개인의 성격과 관련이 있는데, 성격이란 비교적 오래 지속되는 속성을 갖기 때문에 리더가 리더십 스타일을 일시적으로는 바꿀 수 있지만, 실제로는 본래 선호하는 스타일을 사용하는 게 일반적이다. 따라서 과업지향 리더는 엄격한 지시를 필요로 하는 팀에 배치하는 반면, 관계지향 리더는 부하직원에 대한 지원과 배려를 필요로 하는 팀에 배치하는 등 적절한 인사배치가 중요하다.

상황적합성이론에 대하여도 LPC 측정방법의 타당성, 리더-부하 간 관계의 변화가능성, 리더행동경향의 단일연속선 개념 등에 관한 문제점이 제기되어 왔다.

그렇지만 피들러의 상황적합성이론은 리더십의 상황적 요소들을 정립하고 이들을 리더십연구에 포함시킴으로써 리더십연구의 발전을 가져오는 데 크게 기여하였다.

2) 수명주기이론

리더십 수명주기이론은 리더십 스타일이 부하들의 성숙수준에 적합해야 한다는 것을 제시하고 있다. 수명주기이론은 허시와 블랜차드(P. Hersey & K. Blanchard)가 발표한 이론으로서 다른 상황이론들과 마찬가지로 리더십 스타일의 분류, 리더가 직면하는 상황특성, 그리고 각 상황별로 적합한 리더십 스타일의 제안 등 세 가지의 기본적인 요소를 포함하고 있다.

(1) 성숙단계

허시와 블랜차드는 아지리스의 성숙이론과 맥클리랜드의 성취동기이론을 토대로 하여, 성숙도를 개인의 성취지향적 행동, 능력개발행동, 그리고 자신의 행동에 책임을 지려는 의지 등 과업수행과정에서 나타나는 개인의 행동경향으로 본다. 수명주기이론에서 성숙도는 구체적으로 두 가지 차원, 즉 부하들이 과업수행능력을 충분히 갖추고 있는지 그리고 과업목표달성에 대한 책임을 수용하려는 의지를 갖고 있는지를 기준으로 파악하고 있다.

(2) 성숙도와 리더십행동

수명주기이론은 리더효과성 및 적응성 측정설문서(Leader Effectiveness and Adaptability Description : LEAD)를 활용하여 리더십 스타일을 분석하고 있는데, 과업지향성과 관계지향성의 두 차원을 조합하여 다음과 같이 네 가지의 리더십 스타일로 분류하고 있다.

① 지시적(telling) 리더 : 과업지향성은 높지만 관계지향성은 낮은 리더로서 리더 단독으로 의사결정을 하고 일방적으로 업무지시를 하고, 엄격한 감독과

통제를 하는 주도적 리더를 가리킨다.

② 설득적(selling) 리더 : 높은 과업지향성과 높은 관계지향성을 지닌 리더로서 부하와의 쌍방향 커뮤니케이션을 강조하며, 한편으로는 과업목표를 달성하기 위해 지시적인 리더십을 발휘하고, 다른 한편으로는 부하직원들과의 원만한 관계를 위하여 후원적인 리더십을 동시에 발휘하는 리더를 가리킨다.

③ 참여적(participating) 리더 : 관계지향성은 높지만 과업지향성은 낮은 리더로서 부하들과의 원만한 관계를 강조하고 부하들의 의견을 의사결정에 많이 반영하는 리더를 가리킨다.

④ 위양적(delegating) 리더 : 과업지향성과 관계지향성이 모두 낮은 리더로서 부하들 스스로 자율적으로 행동하고 자기통제를 하도록 부하들에게 일임하는 리더를 가리킨다.

이들 리더행동은 부하들의 성숙도에 따라서 그 효과가 다르게 나타난다. [도표 8-8]에서 보는 바와 같이 부하들의 성숙수준이 가장 낮은 단계인 경우(성숙도 1)

| 도표 8-8 | 수명주기이론

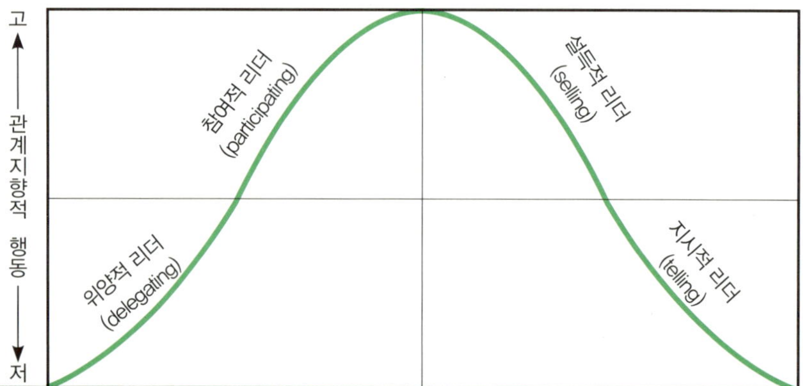

집단의 성숙도	고 ← 과업지향적 행동 → 저			
	성숙도 4	성숙도 3	성숙도 2	성숙도 1
부하의 특성	능력이 뛰어나고 의지와 자신감도 강함	능력이 뛰어나지만 의지가 약함	능력이 떨어지지만 의지와 자신감이 강함	능력이 떨어지며 의지도 약함

그들을 적극적으로 지도하고 개발해 주는 지시적 또는 주도적 리더행동이 효과적이고, 부하들의 성숙수준이 그 다음 단계인 경우(성숙도 2) 설득적인 리더가, 성숙도가 평균수준을 초과한 경우(성숙도 3) 참여적 리더가, 그리고 성숙수준이 가장 높은 단계인 경우(성숙도 4) 이들의 능력과 자율적 통제에 의존하는 위양적 리더행동이 각각 효과적이다.

이와 같이 수명주기이론은 부하들의 성숙수준에 맞추어서 이에 적합한 리더십 행동을 적용함으로써 개인과 조직의 통합(congruence)이 이루어져서 조직구성원의 만족감은 물론 조직성과를 극대화시키는 데 유용하다. 그러나 LEAD 측정방법에 대한 타당성과 신뢰성, 그리고 연구가 부하의 특성에만 치우쳐 있고 다른 상황요소들을 충분히 고려하지 않고 있다는 점들이 한계점으로 제기되고 있다.[12]

4. 현대적 리더십

1) 카리스마적 리더십

(1) 카리스마적 리더십의 정의

카리스마의 그리스 어원은 'Kharisma'로서 신이 주신 재능, 신성한 은혜를 의미한다. 개인이 갖고 있는 영적인, 심적인, 초자연적인 특질이 있을 때 구성원들이 이를 신봉해서 생기는 리더십이 카리스마적 리더십이다.

존 F. 케네디, 마틴 루터 킹, 빌 클린턴, 스티브 잡스 등은 카리스마적 리더로 자주 언급되는 사람들이다. 사회학자인 막스 베버(Max Weber)는 카리스마적 리더십을 논의한 최초의 학자로서 100여 년 전에 카리스마를 개인 성격의 한 특성으로 정의하였다. 그는 카리스마를 가지고 있는 사람은 보통사람과 구별되고 초자연적, 초인간적 또는 특별히 예외적인 힘이나 자질을 가지고 태어난다고 보았다. 이것은 보통사람들이 가질 수 없는 것이며, 신이 주신 것 혹은 모범적인 것으로 카리스마를 가지고 있는 사람을 리더로 간주하였다.

조직행동론 관점에서 카리스마적 리더십을 최초로 연구한 로버트 하우스(Robert House)는 부하직원이 리더의 어떤 행동들을 보았을 때 그것을 영웅적 또는 비범한 리더십능력으로 간주한다고 정의하였다.[13] 카리스마적 리더십은 어떤 대가 없이 또는 리더의 구체적 간섭 없이 부하들이 자발적으로 조직에 헌신하도록 하는 리더십이다.

(2) 카리스마적 리더의 특성

조직이 어려운 시기에 어떤 리더들은 구성원들(followers)의 신념, 지각, 가치관, 행동들의 변화를 만들어내는 데 매우 성공적이다. 이러한 카리스마적 리더(charismatic leaders)의 주요 특성은 다음과 같다.[14]

① 자신감 : 카리스마적 리더는 그들의 능력과 판단에 대한 고도의 자신감과 확신을 갖고, 남에게 영향력을 행사하려는 강한 욕구를 가지고 있다. 이러한 자신감과 확신으로 인해서 부하들은 리더를 믿고 따르게 된다.

② 비전 : 카리스마적 리더는 현상유지보다 더 좋은 미래를 제시하는 비전을 가지며, 이 비전을 구성원들에게 분명하게 전달하고 이해시킨다. 또한 그 비전에 대한 강한 확신을 나타내며, 개인적 자기희생을 통해서라도 실천에 힘쓴다.

③ 관습을 따르지 않는 비범한 행동 : 카리스마적 리더는 관습에 얽매이지 않는다. 그들의 기이한 방법이 성공하는 경우에는 경탄을 하게 된다.

④ 변화담당자로서의 역할인식 : 현상유지는 카리스마적 리더들의 적이다. 그들은 끊임없이 현 상태를 변화시키려는 노력을 한다.

⑤ 환경적 감수성 : 카리스마적 리더는 그들에게 부과된 제약조건들이나 변화에 필요한 자원에 대하여 지극히 현실적이다. 즉 그들은 그들이 할 수 있는 일과 할 수 없는 일을 알고 있다.

⑥ 솔선수범 : 리더 자신이 스스로 행동의 모범을 부하들에게 보여줌으로써 부하들의 행동뿐만 아니라 가치관, 태도, 감정 등 모든 것을 리더가 원하는 쪽으로 변화시키려고 한다.

카리스마적 리더십은 위인이론으로 표현되는 리더십의 특성이론처럼 보이지만 카리스마적 리더는 리더에 의해 소유된 특성보다는 구성원들에 의한 반응 유형에 더 많은 관심을 두고 있다. 즉 리더는 그들의 구성원들에 대한 영향력의 덕목에 의해 카리스마적이 되는 것이다.

(3) 카리스마적 리더십의 영향과정

카리스마적 리더가 실제로 부하직원에게 영향을 미치는 과정은 다음과 같은 네 가지 과정으로 이루어진다.

첫째, 리더가 호소력 있는 비전을 명확하게 표현하는 것에서부터 시작한다. 비전은 조직의 현재와 더 좋은 미래를 연결시킴으로써 연속성을 제공한다. 바람직한 비전은 시대와 상황에 적합하며 조직의 독특성을 반영한다. 애플에서 아이팟을 개발한 스티브 잡스는 생전에 "iPod은 애플이 지금까지 만들었던 것들만큼이나 애플다운 제품이다"라고 말했다. 조직구성원은 비전이 도전적이지만 달성가능하다고 믿어야 한다. 아이팟은 새롭고 사용하기 쉬운 기술을 제공하려는 애플의 목표를 달성했다.

둘째, 비전이 수립되면 조직의 비전이나 사명을 공식적으로 표현한 비전사명문이 만들어져야 한다. 카리스마적 리더는 부하직원에게 중요한 목표와 목적을 각인시키기 위해 비전사명문을 사용한다. 그러고 나서 그들은 높은 성과기대를 전달하고 부하직원들이 그것을 달성할 수 있다는 확신을 표현한다. 이것은 부하직원의 자부심과 자신감을 강화한다.

셋째, 리더는 말과 행동을 통해 새로운 가치관을 전달하고, 행동을 통해 부하직원이 모방할 수 있는 본보기를 보인다. 카리스마적 리더의 부하직원들은 그들의 리더와 개인적으로 동일시하고 있기 때문에 카리스마적 리더십이 더 효과적임을 보여주고 있다. 카리스마적 리더는 또한 협력과 상호지원의 분위기를 형성한다.

마지막으로 카리스마적 리더는 비전에 대한 확신과 용기를 보여주기 위해 감정을 불러일으키고 흔히 관습에 얽매이지 않는 비범한 행동을 한다. 부하직원들은 그들의 리더가 전달하는 감정을 무의식적으로 받아들인다.

(4) 카리스마적 리더십과 상황

카리스마적 리더를 위해 일하는 사람은 기꺼이 많은 노력을 기울이려고 하고, 그들이 리더를 좋아하고 존경하기 때문에 높은 만족을 표현한다. 그래서 카리스마적 리더십은 높은 성과, 부하직원의 만족과 관련성이 높게 나타났다.

그러나 카리스마적 리더십도 상황에 따라 효과가 달라진다. 첫째, 카리스마적 리더십은 부하직원의 과업이 이데올로기적 요소를 가지고 있거나 높은 스트레스와 불확실성을 유발하는 환경에서 가장 성공적인 것으로 나타났다. 실험실연구에서도 사람들은 심리적으로 각성되어 있을 때 카리스마적 리더에게 반응하는 경향이 높다. 이것은 정치나 종교, 전쟁 중에 또는 사업이 초창기이거나 위협적인 위기에 직면했을 때 카리스마적 리더가 나타나는 이유를 설명해 준다.

루스벨트 대통령은 미국이 1930년대 대공황에서 벗어날 수 있도록 비전을 제시했다. 그리고 획기적인 아이디어를 가진 리더인 아이어코카는 1970년대 파산 직전에 있었던 크라이슬러회사를 다시 살릴 수 있었다. 또한 1997년 애플컴퓨터가 방향을 잃고 어려움에 처해 있을 때 이사회는 공동창립자인 스티브 잡스를 임시 최고경영자로 복귀하도록 설득했고, 그는 회사를 다시 혁신적인 조직으로 만들어 놓았다.

둘째, 조직에서의 계층에 따라 리더십효과가 달라진다. 최고경영자는 비전을 창출하기 때문에 카리스마적 리더십을 활용하기가 쉽다. 반면에 하위계층의 관리자가 카리스마적 리더십 특성을 활용하거나 그의 비전을 조직 전체의 목표와 연결시키는 것은 어렵다.

마지막으로 사람들은 위기를 인지할 때, 스트레스 상황에 처해 있을 때 또는 생존의 위협을 받을 때, 카리스마적 리더십을 쉽게 받아들인다. 자신감이 결여되어 있고 자신의 가치에 대해 의문을 가지고 있는 사람들은 자기자신만의 행동방식이나 사고방식을 갖기보다는 리더의 방향을 받아들이는 경향이 높기 때문이다.

2) 변혁적 리더십

(1) 변혁적 리더의 특성

변혁적 리더십(transformational leadership)이란 조직을 재활성화시키고 변혁시키는 일을 성공적으로 해내는 리더십으로서 기대 이상의 성과를 도출해낸다. 이러한 리더는 다음과 같은 특성을 갖는다.

① 카리스마적 영향력(charisma) : 변혁적 리더는 높은 신뢰와 윤리적 행동의 기반에서 조직비전과 공유가치에 대한 강한 감정적 몰입을 끌어내며, 구성원들을 리더와 동일시(identification)시키는 이상적 영향력을 발휘한다. 비전과 사명감을 제시하고, 자부심을 심어주며, 존경과 신뢰를 얻는다.

② 지적 자극(intellectual stimulation) : 변혁적 리더는 조직에서의 기존 가정에 도전하고 위험을 부담하면서, 새로운 관점에서 구성원들이 문제를 인식하고 해결하도록 돕는다.

③ 개인적 배려(individual consideration) : 변혁적 리더는 멘토 또는 코치처럼 구성원들의 창의성과 혁신을 부추기는 데 필요한 개인적 지원, 격려, 그리고 관심을 보인다.

④ 영감적 동기부여(inspiration) : 변혁적 리더는 구성원들에게 조직의 비전의 중요성을 분명히 전달하고, 이의 달성을 위하여 구성원들의 자부심, 자존심, 내재적 동기부여요인 등에 호소한다. 주요 목표를 단순한 방법으로 표현하며 상징을 사용한다.

변혁적 리더는 비전공유를 통해 구성원들의 몰입도를 높이고 그들이 스스로 바람직한 행동(창조, 학습, 변화, 도전 등)을 할 수 있도록 변형(transform)시킨다. 변혁적 리더는 후견인으로서 구성원들을 가르침으로써 그들이 변화되도록 도와준다. 반면에 카리스마적 리더는 구성원들을 그대로 두며 리더에게 의존하도록 만든다. 가수, 배우, 운동선수 같은 많은 유명인들은 높은 카리스마적 특성은 갖고 있지만 추종자들에게 반드시 변혁적 영향력을 가지고 있지는 않다. 그러므로 카리스마는 변혁적 리더십의 한 부분이 되는 것이다.

(2) 거래적 리더와 변혁적 리더의 비교

정치사회학자인 제임스 번즈(J.M. Burns)에 의해 처음 제시된 변혁적 리더십 이론은 기존의 다른 모든 리더십연구가 리더와 부하 간의 교환관계에 기초한 거래적 리더십(transactional leadership)에 치중해 있다고 비판하는 데서 출발한다.

거래적 리더십에서 리더의 역할은 자기가 원하는 결과가 무엇인지를 부하에게 주지시키고 목표달성에 따라 부하가 어떤 보상(또는 벌)을 받게 되는지를 명확히 해주며 리더는 부하들의 욕구가 무엇인지를 파악하여 리더 자신이 원하는 결과와 부하들이 원하는 보상을 거래하는 것이다. 즉 거래적 리더십은 부하가 리더에게 복종하는 대가로 리더로부터 임금이나 신임을 얻는 교환(exchange)관계에 토대를 두고 있다.

이와 같은 거래적 리더의 특성은 다음과 같다.

① 보상연계 : 노력에 대한 교환으로서 보상을 규정하는 계약을 한다. 우수한 성과에 대한 보상을 약속하며 업적을 인정한다.
② 예외에 의한 관리(적극적) : 구성원들이 규칙과 기준을 위반하는 사례를 감시하고 찾아서, 발견되면 시정조치를 취한다.
③ 예외에 의한 관리(수동적) : 구성원들이 업무표준을 충족하지 못한 경우에만 개입한다.

반면에 변혁적 리더들은 부하직원들에게 개인이익보다 조직이익을 우선시하도록 영감을 불어넣어 주며, 부하직원들에게 큰 영향을 미칠 수 있다. 버진그룹의 리처드 브랜슨(Richard Branson), 보잉의 짐 맥너니(Jim McNerney) 회장은 모두 변혁적 리더이다. 그들은 부하직원 개개인의 관심사와 발전욕구에 주의를 기울이고, 기존 문제를 새로운 방식으로 바라보게 도와줌으로써 이슈에 대한 부하직원들의 인식을 변화시키고, 집단목표를 달성하는 데 많은 노력을 기울이도록 부하직원을 자극하고 고무한다.

이상에서 살펴본 거래적 리더십과 변혁적 리더십의 비교는 [도표 8-9]에서 보는 바와 같다.

| 도표 8-9 | 거래적 리더십과 변혁적 리더십의 차이

구분	거래적 리더십	변혁적 리더십
현상	현상을 유지하기 위해 노력함	현상을 변화시키고자 노력함
목표지향성	현상과 너무 괴리되지 않은 목표지향	보통 현상보다 매우 높은 이상적인 목표지향
시간	단기적 전망	장기적 전망
동기부여전략	부하들에게 즉각적이고도 가시적인 보상으로 동기부여를 함	부하들에게 자아실현과 같은 높은 수준의 개인적 목표를 동경하도록 동기부여를 함
행위표준	부하들은 규칙과 관례를 따르기를 좋아함	변환적이고도 새로운 시도에 도전하도록 부하를 격려함
문제해결	부하들을 위해 문제를 해결하거나 해답을 찾을 수 있는 곳을 알려줌	질문을 하여 부하들이 스스로 해결책을 찾도록 격려하거나 함께 일함

자료 : 김성국(2008), 전게서, 명경사, p.358.

(3) 리더십 종합모델

리더십 종합모델(full range of leadership model)은 [도표 8-10]에서 보는 바와 같다. 자유방임 리더십은 가장 소극적이고 효과가 낮은 리더의 행동이다. 예외에 의한 관리(그것이 적극적이든 소극적이든 간에)는 자유방임보다 조금 더 낫지만 그것도 여전히 비효과적인 행동으로 여겨지고 있다. 예외에 의한 관리를 실행하고 있는 리더들은 어떤 문제가 발생했을 때만 리더십을 발휘하기 때문에 때가 늦어버린다. 보상연계 리더십은 효과적인 리더십 스타일이 될 수 있지만 주어진 임무 이상의 것을 하지 못한다.

나머지 네 개의 리더십 스타일(변혁적 리더십의 모든 측면을 나타냄)만이 리더가 부하직원에게 기대 이상의 성과를 도출하고 조직을 위해 개인이익을 초월하도록 동기부여를 할 수 있다. 개별화된 배려, 지적 자극, 영감에 의한 동기유발, 이상화된 영향력 모두가 구성원들로부터 많은 노력, 높은 생산성, 높은 사기와 만족, 높은 조직효과성, 낮은 이직률, 낮은 결근율, 높은 조직적응력을 끌어낼 수 있다. 이러한 모델을 근거로 보면 리더가 네 가지 변혁적 리더행동을 적절하게 사용할 때 일반적으로 가장 효과적임을 알 수 있다.

| 도표 8-10 | 리더십 종합모델

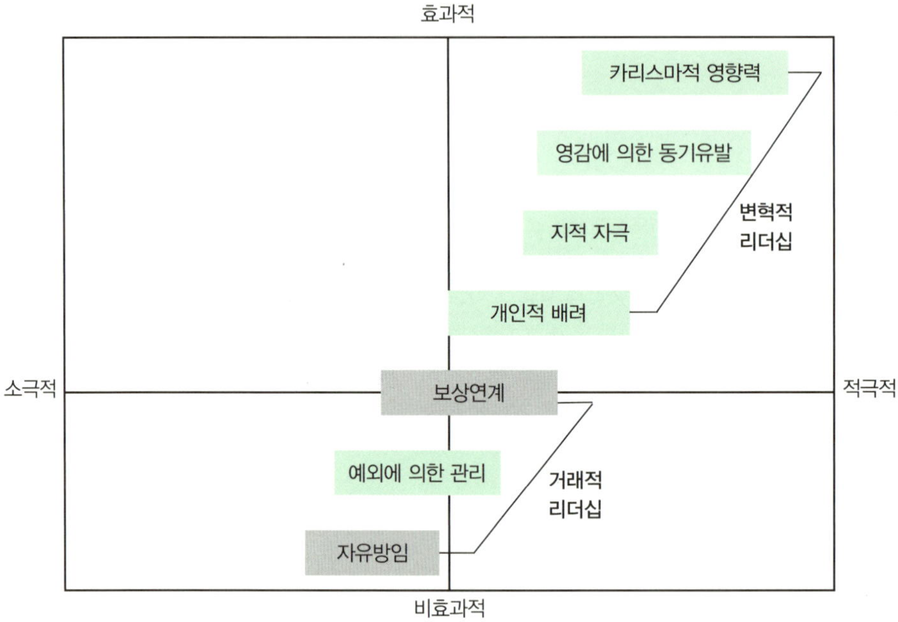

자료 : 김광점 외 옮김(2011), 핵심조직행동론, p.210 재인용

변혁적 리더가 경영하는 기업에서는 조직목표에 대해서 최고경영진의 합의가 잘 이루어지며, 결과적으로 우수한 조직성과를 끌어낸다. 변혁적 리더는 구성원들에게 자기효능감을 증가시켜 집단에게 "할 수 있다"는 정신을 심어줄 수 있다. 구성원은 야심찬 목표를 추구하고 조직의 전략적 목표에 동의하고, 그들이 추구하는 목표가 개인적으로 중요하다고 믿는 경향이 높다. 변혁적 리더십은 구성원들의 몰입을 유발시키고 리더에 대한 신뢰감을 그들에게 심어준다.

3) 서번트 리더십

최근 기업가뿐만 아니라 정치가와 관료들 사이에서도 서번트 리더십(servant leadership)에 대한 관심이 증가하고 있다. 이들은 섬기는 리더가 진정한 리더라고 인식하고, 서번트 리더십의 실천을 강조한다. 서번트 리더십은 전통적인 리더십과 달리 군림하는 리더가 아니라 다른 사람을 위해 봉사하고 헌신하는 리더를 의미한다.

서번트 리더십이라는 용어는 그린리프(R. Greenleaf)에 의해 1970년대 초 처음으로 소개되었다. 그린리프는 헤르만 헤세가 저술한 『동방순례』(*Journey to the East*)에 나오는 하인인 레오의 이야기를 통해 서번트 리더십의 개념을 설명하였는데, 여기에 나오는 레오는 순례자들의 허드렛일이나 식사 준비를 돕고, 밤에는 때때로 지친 순례자들을 위해 악기를 연주하는 사람이었다. 레오는 사람들의 손톱을 다듬어주고, 마사지를 해주며, 연고와 치료용 약초 즙을 만들고, 일이 별로 없을 때는 개를 조련하거나 털을 깎아주는 일을 한다. 레오는 이처럼 순례자들 사이를 돌아다니면서 필요한 것들이 무엇인지 살피고, 순례자들이 정신적으로나 육체적으로 지치지 않도록 배려했다. 그러던 어느 날 갑자기 레오가 사라져버렸다. 하인으로서 사소한 일을 맡았던 레오가 사라진다고 해서 순례 자체가 영향을 받고 흔들리는 일은 없어야 하는데, 순례단은 혼란에 휩싸이게 되고, 마치 좌표를 상실한 배처럼 방황한다. 그제야 사람들은 레오의 소중함을 깨닫고, 그가 순례자들의 진정한 리더였음을 알게 된다. 레오는 곁에 있을 때는 그 존재가 두드러지지 않지만 사라지고 나서야 존재감이 크게 느껴지는 리더였던 것이다. 이러한 상황을 보고 그린리프는 서번트 리더십이란 "타인을 위한 봉사에 초점을 두며 구성원, 고객, 공동체를 우선으로 여기고 그들의 욕구를 만족시키기 위해 헌신하는 리더십"이라고 정의했다.

서번트 리더는 자기이익보다는 다른 사람들의 욕구를 충족시키고 다른 사람에게 봉사하는 것을 일차적인 목적으로 삼으며, 다른 사람들을 개발하고 다른 사람들이 성공할 수 있도록 도와주려고 애쓴다. 스피어스(L. Spears)는 그린리프의 저술로부터 서번트 리더의 특성을 다음과 같이 10가지 도출해냈다.

① 적극적 경청(listening) : 서번트 리더는 다른 사람들의 의지를 파악하고 이를 명확히 하는 것을 도와준다. 서번트 리더는 다른 사람들이 말하는 것뿐만 아니라 내면의 목소리에도 귀 기울이고, 이를 바탕으로 다른 사람들의 욕구를 충족시키려 애쓴다.

② 공감(empathy) : 서번트 리더는 다른 사람들을 공감하고 이해하려고 애쓴다. 서번트 리더는 다른 사람들을 특별하고 독특한 정신을 가진 존재로 인식하고 존중한다.

③ 치유(healing) : 사람들은 정신적 및 정서적인 상처로 인해 고통받을 수 있는데, 서번트 리더는 자기자신뿐만 아니라 다른 사람의 상처를 치유한다.

④ 자각(awareness) : 서번트 리더는 좀 더 통합적이고 전체적인 관점에서 권력, 윤리 및 가치관과 관련된 이슈를 인식하고 이해한다.

⑤ 설득(persuasion) : 서번트 리더는 의사결정을 함에 있어서 지위권력보다는 설득에 의존하며, 복종을 강요하기보다는 합의를 도출한다.

⑥ 개념적 사고(conceptualization) : 서번트 리더는 문제를 분석하고 해결대안을 모색함에 있어서 판에 박힌 사고를 하는 것이 아니라 새로운 비전을 창출하는 개념적 사고를 한다.

⑦ 선견지명(foresight) : 서번트 리더는 미래를 내다보며, 통찰력으로 미래를 대비한다. 서번트 리더는 과거로부터 교훈을 배우고, 현재의 문제를 이해하고, 미래의 결과를 예견한다.

⑧ 스튜어드십(stewardship) : 서번트 리더는 청지기(steward)처럼 자기자신보다는 다른 사람을 위해 봉사하며, 최우선적으로 다른 사람의 욕구를 충족시키기 위해 애쓴다.

⑨ 다른 사람들의 성장을 위한 헌신(commitment to the growth of people) : 서번트 리더는 구성원들의 개인적 성장 및 전문적 능력개발을 도와주기 위해 헌신적인 노력을 기울인다.

⑩ 공동체 구축(building community) : 서번트 리더는 조직구성원들 사이에 긴밀한 관계를 갖는 공동체를 형성하기 위해 애쓴다.

토 | 의 | 문 | 제

01 권력의 기본적인 발상은 의존성이다. 이러한 의존성을 증대시키는 상황은 무엇인가?

02 행동이론 중 오하이오 대학의 연구는 무엇인가?

03 상황이론 중 수명주기이론은 무엇인가?

04 변혁적 리더십과 거래적 리더십의 차이는 무엇인가?

참 | 고 | 문 | 헌

01 김광점 · 박노윤 · 설현도 옮김(2011), 핵심조직행동론, 시그마프레스, p.289.

02 Ulrich, D., and J. B. Barney(1984), "Perspective in Organizations : Resources Dependence, Efficiency, and Population," *Academy of Management Review*, Vol.9, pp.471–481.

03 임창희(2008), 조직행동, 비앤엠북스, pp.425–428.

04 Mintzberg, H.(1983), *Power In and Around Organizations*, Upper Saddle River, N.J. : Prentice–Hall.

05 Yukl, H. K., and C. M. Falbe(1996), "Antecedents of Influence Outcomes," *Journal of Applied Psychology*, June, pp.309–317.

06 김광점 · 박노윤 · 설현도 옮김(2011), 핵심조직행동론, 시그마프레스, p.292.

07 Ivancevich, J. M., and M. T. Matteson(1987), *Organization Behavior and Management*, Texas : Business Publication Inc., p.138.

08 McClelland, D. C.(1970), "The Two Face of Power," *Journal of International Affairs*, Vol.24, p.41.

09 Chusmir, L. H.(1986), "Personalized versus Socialized Power Needs among Working Women and Men," *Human Relations*, February, p.149.

10 Luthans, F.(1992), *Organizational Behavior*, New York : McGraw–Hill, p.437.

11 신구범(2012), 조직행위론, 형설출판사, pp.329–333.

12 이학종 · 김영조(2015), 조직행동의 이해와 관리, 도서출판 오래, pp.348-350.

13 House, R. J.(2004), *Culture, Leadership, and Organizations : The GLOBE Study of 62 Societies*, SAGE Publications, Thousand Oaks, 2004 ; 김대문 외(역), 조직과 리더십, 형설출판사, p.401.

14 Bass, B. M.(1990), "Form Transactional to Transformational Leadership : Learning to Share the Vision," *Organizational Dynamics*, Winter, pp.19-31.

CHAPTER

09 의사소통

여는 이야기 제3회 대한민국 최고의 경영대상

SC제일은행, 경영방침 제1호 '고객감동' 눈길

SC제일은행이 고객감동경영을 펼치는 대표적 은행으로 자리 잡고 있다. 공급자위주의 기존 은행영업 관행에서 벗어나 철저히 고객중심의 사고로 탈바꿈하고 있다. 고객의 편의를 위해서라면 경쟁자와 제휴도 마다하지 않고 대형마트 영업시간에 맞춰 은행 영업시간을 늘리는 파격도 서슴지 않는다. 이 같은 SC제일은행의 변신을 진두지휘하는 이는 '영업맨' 출신의 박종복 은행장이다.

한국인 출신으로 첫 SC제일은행장이 된 박 행장은 영업맨 출신의 최고경영자(CEO)답게 현장에 나가 말단 직원들과 소통을 통해 은행 내에도 신선한 감동서비스를 제공하고 있다.

전략적 제휴로 고객감동 선사

SC제일은행이 업종을 넘나드는 다양한 전략적 제휴를 통해 한 차원 높은 종합금융서비스로 고객감동경영을 선사하고 있다. 고객의 편의를 중심에 두고 보다 나은 서비스를 제공하겠다는 철학이 바탕이 돼 있기 때문에 가능한 서비스이다. 잠재적 시장 경쟁자로 손꼽히는 카드사와 과감한 제휴는 상식을 벗어난 파격적 결정으로 평가받는다. SC제일은행은 삼성카드와 제휴를 통해 공동 브랜드 카드 출시와 고객 접점 채널 다각화를 추진 중이다. 주목할 것은 2016년 두 회사의 포괄적 업무 제휴 이후 실적에서 긍정적인 성과를 보여주고 있다는 것이다. 이를 바탕으로 지난해 9월에 양사는 관계를 한 단계 격상시켜 양사 협업으로 첫 번째 독자 신용카드 2종을 출시했다.

기본과 원칙에 충실한 서비스

기본을 중시하는 서비스 원칙 준수도 SC제일은행의 특장점이다. 우선 밝은 표정과 쉬운 언어를 사용해 영업점을 내방한 고객의 불편을 최소화한다는 방침을 세웠다. 영업점을 방문한 고객의 대기시간을 줄이는 한편 어쩔 수 없는 사정으로 대기시간이 길어질 경우 숨은그림찾기, 미로찾기, 컬러링북 등 고객 대기시간을 즐거운 시간으로 바꾸려는 노력도 진행 중이다.

자산관리 비즈니스 분야 개척

SC제일은행은 자산관리 등 다양한 고객서비스로 은행의 가치를 더욱 높여나가고 있다. 특히 고객의 자산관리 비즈니스 부문에 뛰어들며 앞으로 은행이 나아가야 할 방향을 제시하고 있다. 금융시장이 자산관리 소매금융시장으로 성장하고 있다는 것을 꿰뚫어 본 것이다. SC제일은행은 예금과 대출로 수익을 창출하는 전통적 수익구조에서 벗어나 2021년까지 비이자 부문 수익 비중을 최대 40%까지 확대할 방침이다.

20 · 30소통 · 현장경영 강화

최고경영자와 직원들 간의 의사소통 및 현장경영 강화도 SC제일은행을 강하게 만드는 비결이다. 박 행장은 20~30대 젊은 직원들을 찾아 현장에 나간다. 은행의 미래 주역들로부터 참신한 아이디어를 구하고 소통하기 위함이다. 박 행장은 최근 일선 영업 직원의 출근길에 동행해 지점 직원들을 격려하는 '아침 산책'프로그램에 참여했다. 박 행장은 "주니어 직원들과의 만남을 통해 은행을 사랑하는 순수한 마음을 읽고 은행의 성장을 위한 값진 목소리를 듣는 등 소통경영의 중요성을 깨달았다"며 "앞으로도 젊은 인재들과의 만남 기회를 지속적으로 마련하고 지원도 아끼지 않을 것"이라고 말했다.

동반성장 위한 사회공헌

SC제일은행은 참여형 사회공헌을 원칙으로 지역사회에 적극적으로 나눔을 실천하고 있다. SC제일은행은 전 세계적으로 예방가능한 실명퇴치를 위해 활발히 진행 중인 'Seeing is Believing'의 국내 활동의 일환으로 2011년부터 '착한 도서관 프로젝트'를 진행 중이다.

이는 목소리 재능기부를 통해 시각장애인들을 위한 오디오 콘텐츠를 제작하는 대표적인 사회공헌 프로그램으로 7년간 29만 명이 참여했다. 또한 여행 · 영화 · 미술작품 및 서울시 문화재 100선 묘사, 시각장애 청소년을 위한 경제교육 등을 주제로 현재까지 오디오 디지털 콘텐츠 3,400여 종과 오디오북, 점자책 2만1,400부를 제작했다. 업종 전문성을 살려 찾아가는 경제교육에도 적극 나서고 있다. 전국 30개 초 · 중학교와 결연을 맺고 은행직원 강사, 전문강사, 대학생 등 다양한 강사들을 활용해 경제교육을 진행하고 있다.

자료 : 매일경제, 2018.1.11.

9.1 의사소통의 개념

1. 의사소통의 정의와 기능

1) 의사소통의 정의

우리는 사회생활을 하면서 의사소통에 많은 시간을 보내고 있다. 인간 상호 간의 감정과 정보의 소통을 통하여 그 조직이나 집단이 수립되고 발전되어 왔다. 조직이 효율적으로 공동목표를 달성하기 위해서는 구성원들의 유기적 상호작용이 필요하며 이 과정에서 의사소통은 가장 필수적인 역할을 한다.

의사소통(communication)은 두 사람 이상의 사람들 사이에 언어, 비언어 등의 수단을 통하여 자기들이 가지고 있는 의견(opinion), 감정(sentiment), 정보(information)를 전달하고 피드백을 받으면서 상호작용하는 과정이라고 정의한다.[01] 즉 의사소통이란 타인(혹은 집단)과 서로 통하여 공동의 장(場)에 도달하게 하는 순환과정으로 볼 수 있다. 한쪽에서 송신을 했다고 해서 의사소통이라고 할 수 없고 상대방이 수신하는 것도 포함한다. 따라서 일방적 설명, 지시, 전달 등은 완전한 의사소통이 아니다. 의사소통은 의미전달뿐 아니라 의미에 대한 이해가 포함되어야 한다.

2) 의사소통의 기능

커뮤니케이션이 조직에서 담당하는 기능은 다음과 같다.

① 정보소통(information) : 조직에서 효율적인 의사결정과 직무수행을 위해 개인 간, 부서 간 필요한 정보들을 주고받는다.

② 지시 · 통제(control) : 지시와 명령으로 직무를 부과하며 조직이 구성원을, 상급자가 부하를 통제 · 조정한다.

③ 동기부여(motivation) : 구성원의 업적을 칭찬하고 격려하며 상담해 주면서

구성원들의 사기를 진작시킨다.

④ 감정표현(emotional expression) : 조직구성원들은 만족, 흥분, 불만 등의 감정을 동료, 상사 혹은 외부인에게 표현한다.

의사소통은 인간관계의 기본이다. 만약에 관리자가 종업원에 대한 기대와 목표를 그들이 달성하게 하려면 종업원과의 효과적인 의사소통은 매우 중요하다. 또한 개인적인 의사소통은 직무만족과 직무몰입에 도움을 준다. 만약 관리자가 종업원이 자기욕구를 충족할 수 있도록 도우려면 자신의 욕구가 무엇인지 찾도록 종업원 스스로 의사소통하도록 유도해야 할 것이다. 더 나아가서 의사소통은 조직운영을 도와준다. 또한 의사소통의 질(quality)이 업무성과에 직접적인 효과를 발휘하므로 더 나은 업무성과의 달성을 위해 자유롭고 개방적인 의사소통이 중요하다는 사실은 여러 연구에서 입증되고 있다.

2. 의사소통의 과정

의사소통이 일어나려면 어떤 목적, 즉 송신자가 수신자에게 전달하려는 메시지가 있어야 한다. 송신자는 메시지를 코드화하고(상징적인 형태로 변환), 어떤 매체(채널)를 통해 수신자에게 전달하고, 수신자는 이 메시지를 해독한다. 이러한

❙ 도표 9-1 ❙ 의사소통과정

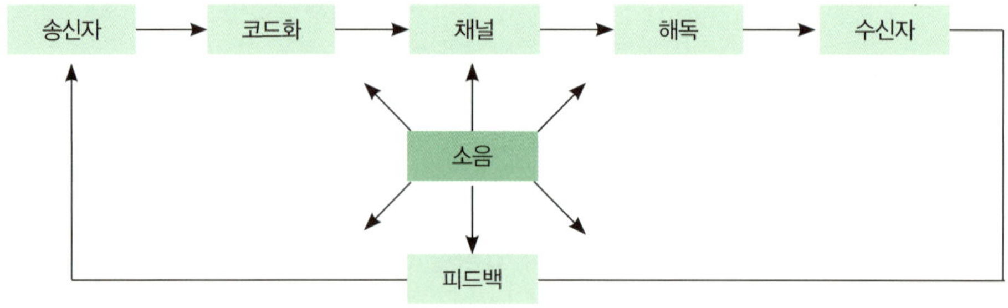

과정을 통해 한 사람에게서 다른 사람에게로 의미가 전달된다. 의사소통과정은 [도표 9-1]에서 보는 바와 같다.

송신자는 생각을 부호화하여 말이나 글 또는 제스처 등의 메시지를 만든다. 채널은 메시지를 전달하는 매개체를 말한다. 이것은 공식적인 채널, 비공식적인 채널이 있다. 조직은 공식적인 채널을 통해 구성원의 업무와 관련된 메시지를 전달한다. 공식적인 채널은 조직의 명령계통과 일치한다. 개인적 메시지나 사회적 메시지는 조직의 비공식적 채널을 이용한다. 비공식적 채널은 자발적이고 선택적이다.

수신자는 메시지를 받기 전에, 우선 메시지 안에 있는 상징들을 이해할 수 있는 형태로 전환한다. 이 단계를 메시지 해독이라고 한다. 의사소통과정의 마지막 연결은 피드백 고리이다. 피드백은 메시지가 원래의 의도대로 얼마나 성공적으로 전달되었는지를 점검하는 것이다. 피드백을 통해 수신자가 메시지를 이해했는지를 확인할 수 있다. 소음은 메시지가 명확하게 전달되는 것을 방해하는 의사소통의 장애요인을 말한다. 소음의 원천에는 지각적 문제, 정보과중, 해석하기 어려운 어의, 문화적 차이가 있다. 이러한 소음(noise)은 의사소통의 전 과정에서 발생할 수 있다.

코드화된 메시지에 영향을 미치는 상황으로는 능력, 태도, 지식, 사회 · 문화적 시스템 등이 있다.

첫째, 조직에서 보고서를 작성하여 상사에게 성공적으로 전달하는 데는 보고서 작성자의 글 쓰는 능력이 필요하다. 그리고 전반적인 커뮤니케이션의 성공 여부는 말하고, 듣고, 추리하는 능력에 달려 있다.

둘째, 사람들의 태도가 그들의 행위에 영향을 미친다. 사람들은 수많은 주제에 대하여 사전에 형성된 어떤 아이디어를 가지고 있어서 이러한 태도가 커뮤니케이션에 영향을 준다.

셋째, 어떤 특정 주제에 대한 지식의 정도에 따라서도 커뮤니케이션은 제약을 받는다. 잘 알지 못하는 것은 성공적으로 커뮤니케이션하기가 불가능한 일이다. 그리고 또 너무 폭넓은 지식을 소유하고 있는 경우에도 수신자가 그의 메시지를 이해하지 못하게 될 가능성이 있다.

넷째, 사람들이 속해 있는 사회 · 문화적 시스템 내의 지위도 그들의 행위에 영향을 미친다. 사람들의 신념과 가치관은 문화를 형성하는 부분으로서 커뮤니케이션의 정보원에 영향을 미친다.

커뮤니케이션과정에서 메시지 그 자체가 왜곡의 원인이 될 수 있다. 메시지는 발신자의 코드화로부터 만들어지는 실제적인 물리적 산물이다. 사람들이 말을 할 때 그 말의 내용이 메시지이며, 글을 쓸 때 그 글의 내용이 메시지이다. 또한 사람들이 몸짓을 하고 있을 때의 팔의 움직이나 얼굴표정이 메시지가 된다. 그리고 메시지는 사용되는 코드나 상징, 메시지 자체의 내용 그리고 코드와 내용의 순서 배열의 방법 등에 의해서 그 의미가 영향을 받게 되고, 이것 때문에 메시지가 왜곡되는 경우도 생긴다. 그러므로 정확한 의사전달을 위해서는 각 과정에서 발생할 수 있는 소음을 최대한으로 줄여야 하며 정확한 부호화와 해석, 올바른 매체의 선택이 중요시된다.

전통적으로 커뮤니케이션을 개인의 의사소통만으로 취급하였던 관점이 의사소통의 중요성이 커짐에 따라 범위가 확대되어서 비언어적 의사소통까지 포함하게 되었다. 실제로 커뮤니케이션은 송신자와 수신자 간의 커뮤니케이션뿐만 아니라 전체적 시스템 속에서 많은 요소들 간의 상호작용 속에서 나타나고 있다는 것이다.

시스템적 관점에서 인간의 모든 행동 자체는 의도가 있든지 없든지 상대방에게 어떤 메시지를 전달하는 것으로 보았다. 따라서 커뮤니케이션 연구범위도 의사전달에 영향을 미치는 모든 인간행동의 연구로 확대하게 되었다.[02]

3. 의사소통의 분류

의사소통은 조직생활의 모든 국면에서 활력의 근원(lifeblood)이 된다. 기업 내에서 개방적 의사소통채널을 통하여 메시지가 자유롭게 흐르는 것은 조직이라는 기관의 기능을 원활하게 하는 데 필수적이다. 의사소통채널은 수직적(상향적, 하향적), 수평적인 것이 있다. 관리자의 의사소통기능(communication skills)은 좋은 인간관계를 위한 분위기를 창조하고 종업원에게 효과적 동기부여를 가능하게 만든다. 의사소통기능 역시 모든 계층의 관리자에게 중요한데 관리자의 의사소통망이 얼마나 복잡한지 [도표 9-2]에서 알 수 있다.

의사소통은 수직적 또는 수평적으로 이루어질 수 있다. 수직적 의사소통은 하향적 의사소통과 상향적 의사소통으로 분류된다.

1) 하향적 의사소통

집단이나 조직의 한 계층에서 아래 계층으로 이루어지는 의사소통을 하향적 의

| 도표 9-2 | A Manager's Interpersonal Communication Networks

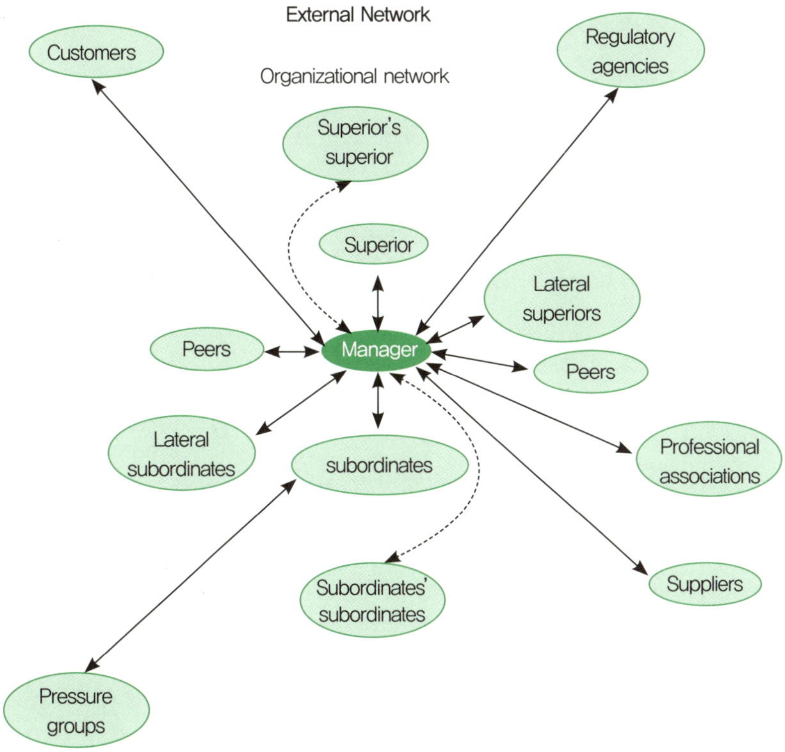

자료 : Hellriegel, D., et. al.(1989), *op. cit.*, p.184.

사소통이라고 한다. 하향적 의사소통은 부하직원에게 목표를 부과하고, 작업을 지시하고, 정책과 절차를 구성원에게 알리고, 관심을 가져야 할 문제를 지적하고, 성과에 대한 피드백을 제공하기 위해 집단의 리더와 경영자가 사용한다. 하향적 의사소통을 할 때 경영자는 그 의사결정을 내린 이유를 설명해야 한다. 그래야 구성원의 몰입과 지지를 증가시킬 수 있다. 하향적 의사소통의 다른 문제는 일방적인 속성에 있다. 일반적으로 경영자는 구성원에게 정보를 제공하지만 조언이나 의견을 구하려고 하지 않는다. 가장 훌륭한 의사소통자는 하향적 의사소통의 이유를 설명할 뿐만 아니라, 그들의 부하직원의 의견을 듣는다. 이것이 바로 상향적 의사소통이다.

2) 상향적 의사소통

상향적 의사소통은 집단이나 조직의 하위계층에서 상위계층으로 이루어진다. 상향적 의사소통은 상위계층에 피드백을 제공하고, 목표달성 정도를 알리고, 현재의 문제를 보고하기 위해 사용된다. 상향적 의사소통은 경영자들에게 부하직원들이 직무, 동료, 조직 전반에 대해 어떻게 느끼고 있는지를 알려준다. 경영자들은 또한 상황을 개선하기 위한 아이디어를 얻기 위해 상향적 의사소통을 이용한다.

3) 수평적 의사소통

동일한 작업집단의 구성원 사이에서, 동일한 계층에 있는 여러 작업집단의 구성원 사이에서, 동일한 계층에 있는 경영자들 사이에서, 기타 수평적으로 대등한 사람들 사이에서 의사소통이 이루어질 때, 이것을 수평적 의사소통이라고 한다.

또한 지위가 다르더라도 구성원 간에 자유로운 의사소통이 가능하거나 리더가 권한위임을 충분히 함으로써 리더와 구성원 간에 수시로 의견교환을 할 수 있는 경우도 이에 해당된다. 수평적 의사소통은 시간을 절약하고 조정을 촉진하기 위해 필요하다. 모든 의사소통이 공식적인 수직구조를 통해서만 이루어지면 정보를 정확하고 효율적으로 전달할 수 없기 때문에 수평적 의사소통은 유익한 결과를 가져다줄 수 있다.

9.2 의사소통방법

구성원들 간에 서로 의미를 전달하는 의사소통은 어떤 매체를 이용하는지에 따라 언어적 의사소통과 비언어적 의사소통으로 구분한다.

1. 언어적 의사소통

오랫동안 커뮤니케이션연구는 언어적 의사소통(verbal communication)만을 대상으로 이루어져 왔다. 언어를 이용한 커뮤니케이션은 다시 구두(oral) 커뮤니케이션과 문서(written) 커뮤니케이션으로 구분할 수 있다.

1) 구두 의사소통

구두에 의한 의사소통(oral communication)은 생각을 직접 교환하는 기회를 제공한다. 이 경우 송신자는 수신자에게 아이디어를 정확하게 표현하여 전달하는 것이 핵심이다. 이 교환은 직접적으로 얼굴을 마주 대하는 접촉(face-to-face contact)에서 또는 전화로 이야기할 때 발생한다. 연설, 공식적인 일대일 면담과 집단면담, 비공식적인 소문이나 그레이프바인이 구두 의사소통의 대표적인 예이다.

구두 의사소통의 장점은 속도와 피드백이다. 언어 메시지는 금방 전달되고 반응이 바로 온다. 수신자가 받은 메시지가 불확실할 경우 신속하게 피드백함으로써 송신자에게 그 사실을 바로 알려주고 즉시 수정할 수 있게 한다. 또한 자기의 생각을 더 잘 더 많이 표현할 수 있기 때문에 오해의 소지가 적어진다. 구두 의사소통의 단점은 메시지가 많은 사람을 거쳐 전달될 때 나타난다. 메시지가 여러 사람을 거쳐 갈수록 의사소통의 왜곡이 더 커진다. 조직의 의사결정과 공식발표가 권한계층 상하 간에 구두로만 이루어지면 메시지가 왜곡될 가능성이 상당히 높다.

어떤 조사에 의하면 대부분의 관리자들은 보고를 받거나 지시할 때에 문서 커뮤니케이션보다는 구두 커뮤니케이션을 압도적으로 선호하고 있음을 발견했는데, 그 이유는 말로 하는 것이 즉각 전달이 가능하고 자기가 하고 싶은 얘기, 궁금한 부분을 자세히 알 수 있기 때문이었다.[03] 부하의 보고, 보고 시 의문점에 대한 질문, 부하의 재답변 등이 문자로만 이루어진다면 많은 시간이 걸릴 뿐 아니라 오해의 소지가 많이 쌓일 것이다. 이런 이유 때문에 하위계층보다 비교적 재량권이 있는 관리자계층에서는 직접 대면하는 구두 커뮤니케이션을 선호한다.

2) 문서 의사소통

문서 의사소통(written communication)의 대상은 회사 내 · 외의 모든 사람들에게 해당되며 그 내용은 크게 대내적 · 대외적 의사소통으로 구분된다.

조직시스템은 대내적 의사소통의 움직임을 개선하기 위해 노력해 왔다. 대내적 메시지는 특정 양식(form)으로 기술되며, 조직구성원이 사용하는 내부양식에는 사무실 간의 연락메모, 회계기록, 보고서양식이 포함된다. 대외적 의사소통은 외부의 관계당사자들과의 의사소통으로서 조직생활에서 종합적 역할을 한다. 편지, 보고서, 판매송장, 구매주문서, 재무제표 등을 통하여 기업은 외부세계에, 즉 고객, 주주, 채권자, 공급자 등에게 기업의 이미지를 투영하게 된다. 이러한 의사소통은 기업의 긍정적 이미지를 표현할 뿐만 아니라 기업과 외부 간에 필요한 이해 및 협동을 구축하도록 도와줄 수 있다.

문서 의사소통의 종류는 메모, 편지, 품의서, 팩시밀리, 전자메일, 메신저, 정기간행물, 공지사항, 문자나 상징을 통해 메시지를 전달하는 기타 장치 등을 포함한다. 일반적으로 송신자와 수신자 모두가 의사소통을 기록하고 메시지를 오랫동안 저장할 수 있다. 메시지의 내용에 어떤 의문이 생기면 그것을 찾아볼 수 있다. 어떤 중요한 계획을 문서로 작성해 놓으면 과업을 실행하는 동안 그것을 참고할 수 있다. 문서 의사소통의 마지막 장점은 과정 자체에 있다. 사람들은 글로 메시지를 전달할 경우 말로 할 때보다 전달하려는 것에 대해 더 깊게 생각하기 때문이다. 따라서 문서에 의한 의사소통은 더 깊게 생각하고, 논리적이고, 명확한 경향이 있다. 물론 글로 된 메시지도 단점을 가지고 있다. 문서를 작성하는 데 시간이 많이 걸리며 피드백의 결여 등이 단점이 될 수 있다.

3) 전자 의사소통

현대조직에서는 많은 의사소통(의사소통의 약 71%)이 전자정보통신기술을 통해 이루어진다. 전자 의사소통에는 이메일, 메신저, 네트워킹 소프트웨어, 블로그, 화상회의 등이 있다.

(1) 이메일

이메일은 인터넷을 이용하여 컴퓨터로 작성한 텍스트나 문서를 전달하고 받는 것이다. 이메일의 장점은 많다. 이메일 메시지는 쉽게 작성되고, 편집되고 저장될 수 있다. 이메일은 한 사람에게는 물론이고 한 번에 수천 명에게도 보낼 수 있다. 이메일은 수신자가 편리할 때 읽을 수 있다.

반면에 이메일에는 단점도 있다. 이메일의 한계와 대안을 찾아보면 다음과 같다.

첫째, 메시지를 잘못 해석할 수 있다는 점이다. 언어 메시지를 잘못 해석하는 일은 흔히 일어난다. 그러나 이메일을 잘못 해석할 가능성은 더 크다. 사람들의 대부분은 명확한 메시지를 전달하고 해석할 수 있다고 과대평가한다. 따라서 중요한 메시지를 보내고 있다면 명확하게 작성되었는지를 확인하기 위해 그것을 다시 읽어보아야 한다.

둘째, 부정적인 메시지를 전달하기 어렵다는 것이다. 이메일은 부정적인 정보를 전달하는 데 좋은 방법이 아니다. 어떤 회사는 이메일로 해고를 통보함으로써 회사의 안팎에서 많은 비난을 받았다. 이메일을 통해 부정적인 메시지를 전달할 때는 특히 유의해야 한다.

셋째, 이메일은 시간을 빼앗는다는 점이다. 캐나다의 경영자를 조사한 한 연구에서는 그들 중 58%가 이메일을 읽고 답하는 데 하루 2~4시간을 소비한다고 밝혔다. 대부분의 많은 직장인들은 이메일을 관리하는 데 어려움을 겪고 있다. 전문가는 이메일관리를 위한 방법을 다음과 같이 제시하고 있다.

① 이메일을 체크하기 전에 중요한 과업을 먼저 수행해야 한다.

② 하루 내내 계속 이메일을 체크하지 말고 오전, 오후로 나누어서 한꺼번에 체크하는 것이 효과적이다.

③ 실제로 필요하지 않은 뉴스레터와 기타 구독물 등은 받지 않도록 한다.

넷째, 이메일은 감정적이다. 우리는 이메일을 일종의 특징이 없는 몰개성적인 의사소통이라고 생각하는 경향이 있다. 그러나 이메일은 매우 감정적일 수 있다. 어떤 사람들은 이메일로 말다툼하다가 결국 직장을 그만두기도 한다. 이메일로 감정적 표현을 전달하는 경우 상대방의 얼굴표정을 보지 않기 때문에, 송신자는 사람들 앞에서는 편하게 하지 못하는 말을 글로 쓰게 된다. 이메일을 쓰는 동안에 화가 났다는 것을 스스로 알게 된다면 그것을 임시 저장하여 안정된 상태에서 다시 그 내용을 보는 것이 좋다. 반대로 화를 내는 이메일을 받는 경우 당황하지 말고 차라리 그 메일에 대응하지 않는 것이 좋다.

다섯째, 사생활을 침해한다. 이메일과 관련된 사생활 이슈는 두 가지가 있다. 우선 이메일은 감시받을 수 있고 또 흔히 감시받고 있다는 사실이다. 또한 이메일을 받는 사람이 비밀을 유지할 것이라고 항상 믿을 수는 없다. 이런 이유로 인해 공개하기를 원치 않는 내용은 이메일로 쓰지 않는 것이 낫다. 그리고 회사의 이메일 계정에서 개인적이거나 '대중적인'(예를 들면, Gmail, Yahoo!, MSN) 이메일

계정으로 이메일을 전달하는 것을 조심해야 한다. 이러한 계정은 흔히 기업계정만큼 보안이 유지되지 않는다. 그래서 회사 이메일을 그 계정에 전달하는 것은 조직의 정책을 위반하거나 무의식적으로 대외비를 폭로하는 것이 될 수 있다.

(2) 인스턴트 메신저

이메일처럼 인스턴트 메신저(Instant Messaging : IM)와 문자 메시지(Text Messaging : TM)도 전자매체를 사용한다. 그러나 이메일과 달리 IM과 TM은 실시간으로 의사소통이 이루어지며, 휴대용기기를 사용할 수 있다. 불과 몇 년 사이에 IM과 TM은 널리 보급되었다. IM은 일반적으로 데스크톱 컴퓨터와 노트북을 통해 전달하지만, TM은 휴대폰이나 블랙베리와 같은 휴대용기기를 통해 전달된다.

TM의 성장속도는 엄청나다. TM의 가장 큰 장점은 유연하다는 것이다. TM은 때와 장소에 관계없이 연결할 수 있다. 부정적인 측면에서 볼 때 IM과 TM은 업무를 방해하고 주의를 분산시킨다는 점이다. 메신저에 계속 연결되어 있으면 구성원은 집중해서 일할 수 없다. 마지막으로 인스턴트 메신저는 쉽게 외부에서 침입할 수 있기 때문에 많은 조직이 IM과 TM의 보안에 신경을 쓰고 있다.

또한 비공식적이고 은어적인 문자메시지가 회사 이메일로 확산되지 않도록 하는 것이 필요하다. 많은 사람이 회사에서는 상대적으로 공식적인 의사소통을 하기 원한다. 경영자들을 조사한 결과 58%가 이메일 메시지에서 문법, 절차, 구두점이 "매우 중요하다"고 평가하였다. 은어와 속어는 피하고, 공식적인 직함을 사용하고, 회사의 공식적인 이메일 주소를 사용하고, 메시지를 정확하고 간결하게 작성해야 한다.

(3) 화상회의

화상회의(video conference)는 조직구성원들이 공간적으로 다른 장소에 있는 사람들과 화상으로 회의를 하는 것이다. 구성원들은 서로 보고, 듣고, 말할 수 있다. 모일 필요 없이 거리와 장소에 관계없이 회의를 할 수 있게 되었다. 화상회의를 함으로써 비용과 시간을 줄일 수 있다. 반면에 집중하지 않는 사람이 없도록 하기 위해 질문을 활발하게 하고 모든 참석자를 참여시키는 것이 특히 중요하다.

2. 비언어적 의사소통

사람들은 언어 메시지를 전달할 때마다 표정이나 제스처 등 비언어적 메시지도 함께 전달한다. 어떤 경우에는 비언어만으로 의사소통을 하기도 한다. 비언어 의사소통(non verbal communization), 즉 신체동작, 말의 억양이나 강조, 표정, 송신자와 수신자 간의 공간적 거리 등을 고려하지 않고는 의사소통을 완전히 설명할 수 없다.

1) 신체언어

모든 신체동작은 의미를 가지고 있으며, 사람들은 신체언어(body language)를 이용하여 현재의 상태를 행동으로 보여준다. 신체언어는 구두 의사소통과 함께 전달된다.

신체동작은 정확하거나 보편적인 의미를 갖고 있는 것이 아니다. 그것이 말과 함께 사용될 때 송신자의 메시지를 보다 완전하게 전달할 수 있다. 예를 들면 회의에 참석하지 않았거나 비디오로 그 회의를 보지 않고 단지 회의록만 읽는 경우, 사람들은 그 회의에서 나온 이야기를 제대로 파악하지 못한다. 왜 그럴까? 비언어적 의사소통에 대한 기록이 없기 때문이다.

2) 얼굴표정

얼굴표정은 말보다 더 정확한 표현수단이 될 수 있다.[04] 언어로 아무 일 없다고 해도 슬픈 표정을 하고 있으면 무슨 일이 있음에 틀림없다. 또는 "나는 매우 놀랐다"라고 하는 것보다 놀란 얼굴표정을 짓는 것이 훨씬 정확하다. 동양인보다 서양인의 얼굴표정은 훨씬 다양하고 대담해서 의사소통 시에 계속해서 보충수단으로 사용한다.

3) 눈접촉

얼굴표정과는 별도로 눈접촉(eye contact)은 상당히 많은 것을 전달하는 매체이다. 관심이 많을수록 상대를 응시한다든지 놀란 표정, 슬픈 표정, 무관심한 표정, 혼내는 표정이 모두 눈에 나타난다.[05] 말하는 상대의 눈을 회피하는 것은 무관심, 순종, 거짓, 사죄 등의 표현이기도 한다.

4) 이미지

전체적으로 풍기는 자세와 이미지 역시 커뮤니케이션 수단이 된다. 체격, 말하는 태도, 입은 옷의 모양이나 종류, 넥타이 색상까지도 앞에서 그의 말을 듣는 사람에게 송신자의 의도가 있든지 없든지 무엇인가를 전달해 주고 있는 것이다.

5) 발신자와 수신자와의 거리

사람들이 물리적 거리, 즉 다른 사람과의 일정한 거리간격을 유지하는 방법도 역시 의미를 갖는다. 다른 사람과의 사이에 유지해야 할 거리간격은 그 사회의 문화적 규범에 달려 있다. 어떤 사람이 적절하다고 생각한 것보다 더 가까이 접근하면 그것은 공격성이나 무례함을 나타낼 수도 있다. 그러나 보통보다 더 멀리 떨어져 있으면 오히려 흥미가 없다거나 불쾌감을 느끼고 있음을 나타낼 수도 있다.

6) 시간

사람들은 자기보다 신분이 높거나 중요한 사람을 만나러 약속장소에 갈 때는 일찍 가서 기다린다. 그럼으로써 "나는 정확한 사람이다" 또는 "나는 당신을 존경한다"라는 뜻을 전달할 수 있다. 반대로 회의석상에 사장이 맨 나중에 들어오는 것은 "내가 너희보다 지위가 높다"는 사실을 알리고 싶어서인지도 모른다. 친구끼리도 시간을 상대에게 적게 할애함으로써 "나는 매우 할 일이 많다"는 의미를 전하기도 하고 약속시간을 연기해도 그러한 뜻을 전하는 셈이다.

수신자는 의사소통의 비언어적 측면에 주의를 기울여서, 송신자가 말하는 문자 그대로의 의미뿐만 아니라 비언어가 제공하는 의미도 찾아야 한다. 메시지들이 서로 상반되는 경우 특히 유의해야 한다. 대화를 하면서 시계를 자주 보는 사람은 그가 실제로 말하는 것이 무엇이든지 간에 대화를 끝내고 싶다는 메시지를 주고 있다. 말로는 "너를 믿는다"고 하면서, "너에 대한 확신을 가지고 있지 않다"는 상반된 비언어적 메시지를 전달하기도 한다.

9.3 의사소통 네트워크

1. 소집단 네트워크 유형

집단에서 정보가 전달되는 경로는 여러 가지가 있는데 이러한 경로의 집합을 의사소통 네트워크라 한다. 조직 내에서의 상호작용을 통하여 구성원들은 자신들의 과업과 규범, 작업조건과 개인적 특성 등을 중심으로 자신에게 가장 적합한 의사소통 패턴을 형성하게 된다.

일반적인 소집단 네트워크는 사슬형, 바퀴형, 완전연결형의 세 가지 유형이 있다([도표 9-3] 참조).

도표 9-3 소집단 네트워크 유형

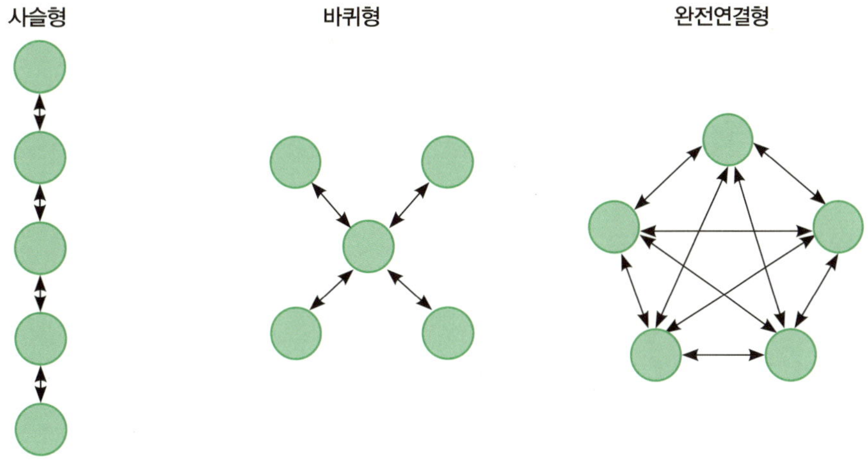

1) 사슬형 네트워크

사슬형 네트워크는 공식적인 명령계통을 따른다. 이 네트워크는 계층형 조직에서 찾아볼 수 있는 의사소통채널과 유사하다. 사슬형(chain)은 구성원 간의 의사소통이 연결되지 않은 패턴으로 두 가지 경우가 있다.

첫째, 수직적 계층구조의 경우에는 정보가 단계적으로 최종 중심인물에 집합되는 경우이다. 이때는 구성원 간에 뚜렷한 서열체계가 있어 상위 중심인물이 모든 정보를 종합하고 문제를 해결하므로 단순업무에 있어 신속성과 효율성이 비교적 높다. 그러나 정보가 단계적으로 전달되므로 정보의 왜곡이 나타날 수 있다.

둘째, 횡적인 구조에서는 중앙에 위치한 구성원이 중심 역할을 하게 된다. 쇠사슬형은 일반적으로 상호 간의 피드백이 복잡하고 어려우므로 의사소통효과가 전반적으로 낮다.

2) 바퀴형 네트워크

바퀴형(wheel)은 집단구성원 간에 중심인물이 존재하고 있는 경우 흔히 나타나는 의사소통 유형으로서 구성원들의 정보전달이 어느 중심인물이나 집단의 지도자에게 집중되는 패턴이다. 이 유형은 신속한 정보수집과 중심인물이 정보를 종합할 수 있으므로 문제해결 시 정확한 상황파악과 신속한 문제해결이 이루어질 수 있는 장점을 지니고 있다. 하지만 문제의 성격이 간단하고 일상적일 때만 유효하고 문제가 복잡하고 어려운 때에는 그 유효성이 발휘되지 않는다.

3) 완전연결형 네트워크

완전연결형(all channel)은 가장 바람직한 의사소통 유형으로서 구성원들 사이의 정보교환이 완전히 이루어지는 유형이다. 구성원 모두 정보를 교환하기 때문에 수레바퀴형에 비하여 종합적인 상황파악과 실제 문제해결의 소요시간은 더 걸리지만 상황판단의 정확성이 높고 복잡하고 어려운 문제나 구성원의 창의성이 요구되는 문제에 가장 효과적이며, 구성원의 만족도도 가장 높게 나타난다.

각 네트워크의 효과성은 사람들이 관심을 가지고 있는 기준에 따라 달라진다([도표 9-4] 참조). 바퀴형 구조는 리더의 출현을 촉진하고, 구성원의 높은 만족을 원한다면 완전연결형 네트워크가 가장 효과적이며, 사슬형은 정확성이 가장 중요할 때 효과적이다. 즉 모든 상황에 적합한 네트워크 유형은 존재하지 않는다는 것을 알 수 있다.

| 도표 9-4 | 소집단 네트워크 유형과 효과성기준

기준	사슬형	바퀴형	완전연결형
의사소통의 속도	중간	빠름	빠름
의사소통의 정확성	높음	높음	중간
리더(권한집중)	중간	높음	극히 낮음
구성원 만족도	중간	낮음	높음

2. 그레이프바인

집단이나 조직에 자생적으로 존재하는 비공식적인 의사소통 네트워크를 그레이프바인(grapevine)이라고 부른다. 그레이프바인이 비공식적으로 형성된 것일지라도 매우 중요한 정보의 원천이 된다. 그레이프바인은 세 가지 특성을 가지고 있다.

첫째, 이것은 경영자에 의해 통제되지 않는다.

둘째, 대부분의 구성원은 그레이프바인이 믿을 만하고 경영자의 공식적인 발표보다 신뢰할 수 있다고 생각한다.

셋째, 이것은 대체로 조직구성원의 개인이익을 충족하기 위해 사용된다.

그레이프바인을 통해 전달되고 있는 정보의 정확성에 대한 연구에서 전달된 정보의 75%가 정확한 것으로 나타났다. 우리에게 중요한 관계가 있는 상황일 때, 애매모호한 상황, 그리고 갈등을 유발하는 상황이 생길 때 이에 대한 반응으로 소문이 발생한다. 작업상황은 이러한 세 가지 요소를 모두 포함하고 있기 때문에 조직 내에 무성한 소문이 흘러 다니는 것이다. 기업에 일반적으로 널리 퍼져 있는 비밀과 경쟁(새로운 직속상사의 임명, 사무실의 재배치, 인력감축결정, 업무조정)이 그레이프바인을 통해 소문을 만들고 퍼지게 한다.

그레이프바인은 집단이나 조직의 의사소통 네트워크의 중요한 부분이다. 이것은 조직의 사기를 느끼게 해주고, 구성원들이 중요하다고 생각하는 이슈와 갈등을 유발하는 이슈를 경영자들에게 알려준다. 또한 그레이프바인은 구성원들 간에 소문을 공유함으로써 친밀감과 우정을 느끼게 한다. 그러나 부정적인 영향을 주기도 한다.

소문의 부정적인 결과를 최소화할 수 있는 방법들은 다음과 같다.

첫째, 소문은 공식적인 의사소통이 이루어지지 않을 때 확대되는 경향이 있으므로 미리 관련 정보를 제공한다.

둘째, 일관성이 없거나 공정하지 않거나 비밀스러워 보이는 의사결정이나 행동에 대해 설명한다.

셋째, 소문을 조직생활의 자연스런 부분으로 인식하고 조용히, 합리적으로, 예의바르게 대응하고 엉뚱한 사람에게 화풀이하지 않도록 주의한다.

넷째, 의사소통채널을 열어놓고 구성원이 관심사, 제안, 아이디어를 제시할 수 있도록 끊임없이 격려한다.

9.4 효과적인 의사소통의 관리

1. 의사소통의 장애요인

많은 장애요인이 의사소통을 방해하거나 왜곡하고 있다. 이들을 살펴보면 다음과 같다.

1) 여과

수신자에게 호의적으로 보이도록 송신자가 그 정보를 의도적으로 조작하는 것을 여과(filtering)라고 한다. 조직구성원이 상사가 듣고 싶어 할 것이라고 생각하는 것을 상사에게 말할 때 그는 정보를 여과하고 있는 것이다.

조직의 계층수가 많을수록 정보가 여과될 기회가 더 많다. 지위 차이가 있는 상황에서도 여과가 발생할 것이다. 나쁜 소식을 전달하는 것에 대한 두려움과 상사를 즐겁게 해주고 싶은 마음과 같은 요인이 흔히 상사가 듣고 싶어 하는 것만을 말하게 하며, 결국 상향적 의사소통을 왜곡시킨다.

2) 선택적 지각

의사소통과정에서 수신자는 자신의 욕구, 동기, 경험, 배경, 기타 개인적 특성에 근거하여 선택적으로 지각(selective perception)한다. 또한 수신자는 메시지를 해석하는 과정에서 자신의 관심과 기대를 투영한다. 여성들이 일보다 가정을 더 중요시한다고 생각하는 면접관은 어떤 여성 지원자들이 실제로 그렇게 생각하든 안 하든 상관없이 면접할 때 그러한 성향을 보려는 경향이 있다. 사람들은 현실을 그대로 보는 것이 아니다. 자기가 보는 것을 해석하고 그것을 현실이라고 부른다.

3) 정보과부화

개인은 정보를 처리할 수 있는 능력을 가지고 있다. 정보량이 처리능력을 초과할 때 정보과부화(overloading)가 발생한다. 정보과부화를 관리하는 것은 개인이나 조직에서 중요한 과제이다.

사람들은 자신들이 분류하고 활용할 수 있는 양보다 더 많은 정보가 주어질 때 특정 정보를 선택하거나 무시하거나 빠뜨리거나 잊어버린다. 또는 사람들은 그 상황이 끝날 때까지 처리를 미룬다. 여하튼 정보과부화는 정보손실을 초래하고 의사소통을 비효과적으로 만든다.

4) 감정

사람들은 동일한 메시지를 받더라도 화가 나 있거나 정신이 혼란스러울 때와 행복할 때는 매우 다르게 해석한다. 극단적인 감정은 효과적인 의사소통을 방해하는 경향이 있다. 그런 경우 사람들은 합리적이고 객관적인 사고과정을 무시하고 감정적으로 판단한다.

5) 언어

같은 언어로 의사소통을 하여도 단어가 갖는 의미는 사람에 따라 각기 다르다.

연령과 상황이 그런 차이를 만드는 가장 중요한 요인이다. 우리가 사용하는 언어는 획일적이지 않다. 사람들이 언어를 어떻게 수정하는지를 안다면 의사소통의 어려움을 최소화할 수 있을 것이다. 송신자는 자신들이 사용하는 단어와 용어를 수신자가 같은 의미로 받아들일 것이라고 가정하는 경향이 있지만 사실은 아니다. 은어나 속어 등은 문제가 더욱 커진다.

6) 침묵

침묵하거나 의사소통이 없으면 정보의 부재로 생각되어 무시하기가 쉽다. 그렇지만 침묵을 지키고 의사소통을 하지 않는 것은 많은 문제를 야기한다. 사람들은 자신이 상당히 관심이 있는 이슈에 대해서도 침묵을 하는 경우가 많기 때문이다. 차별, 성희롱, 부패, 비행에 대한 침묵은 최고경영자가 이런 행동에 대한 조치를 취할 수 없다는 것을 의미한다. 중요한 이슈에 대해 침묵하는 구성원은 심리적으로 스트레스를 경험한다.

2. 의사소통 개선방안

1) 적극적 경청

대개의 사람들은 말하기는 좋아하더라도 듣는 것은 대강 듣고 만다. 또한 사람들이 아는 것이 많아질수록, 자기중심적이 되어갈수록, 그리고 자기 PR이 더 요구되어질수록 자기 말만 하려고 하는데 이럴수록 상대방 말에 적극적으로 귀를 기울이는 자세가 필요하다. 상대방의 입장이 된다면(감정이입, 感情移入, empathy) 상대편이 말하는 모든 것이 쉽게 이해가 가고 동의할 수 있게 된다. 즉 상대의 욕구, 경험, 관심, 기대, 태도가 무엇일까를 미리 추측하여 자신의 욕구, 관심, 태도도 그렇다고 생각하면서 들어주는 것이 바로 적극적 경청이다.

2) 비공식 네트워크의 이용

그레이프바인(grapevine)은 비생산적인 소문을 만들기도 하고 부서 간, 개인 간의 갈등을 불러일으킬 소지를 가지고 있지만 동시에 이를 잘만 이용하면 순기능의 여지도 많다. 정보의 신속한 전달을 위해 또는 직접 전하기 곤란한 조직의 비밀정보 등은 비공식 네트워크를 사용해야 한다. 하의상달을 꺼리는 분위기에서 비공식 그레이프바인을 하급직원들의 불만이나 탄원창구로 이용한다면 상급자는 훨씬 쉬운 관리를 할 수 있고 또한 지시사항이나 상부의 전달사항이 전달된 다음 그 전달상태를 파악하기 위한 피드백시스템도 비공식채널을 이용하면 골고루 알아낼 수 있을 것이다.

3) 감정의 억제

고도로 흥분된 감정상태에서는 의사소통을 제대로 할 수 없다. 이 경우에는 감정이 가라앉을 때까지 기다리는 것이 좋다. 또 어떤 메시지를 상대방으로부터 들었을 때 액면 그대로 해독하는 것보다 송신자의 정서상태는 어떤 것인지, 나의 정서는 어떤 수준인지를 고려하면서 해독을 하면 오해가 덜할 것이다.

4) 피드백의 활용

메시지가 올바로 전달되었는지 수시로 피드백을 받아 송신의 정확성을 검증할 필요가 있다. 피드백의 방법은 언어매체에 국한될 필요는 없다. 상대의 눈빛, 표정을 보고도 내 말을 잘 듣고 이해하는지 알아볼 수 있거니와 상급자나 회사의 지시사항이 제대로 전달되었는지 수개월 후에 성과를 평가해보아도 확인할 수 있다.

5) 조하리창

조하리창(Johari Window)은 경영자의 커뮤니케이션 유형을 평가하고 분류하여 효과적인 커뮤니케이션이 일어나게 하는 도구로써 폭넓게 사용되고 있다. 조하리창은 이것을 개발한 조셉 루프트(Joseph Luft)와 해리 잉햄(Harry Ingham) 두 사람의 이름에서 명칭이 붙여졌다.

조하리창은 자신(self)과 타인(others)에게 투영되는 자신의 모습을 통하여 대인관계에서 갈등원인을 설명하고 그 해결방안을 제시함으로써 대인관계적 효과성을 높이기 위한 것이다([도표 9-5] 참조).

| 도표 9-5 | 조하리창

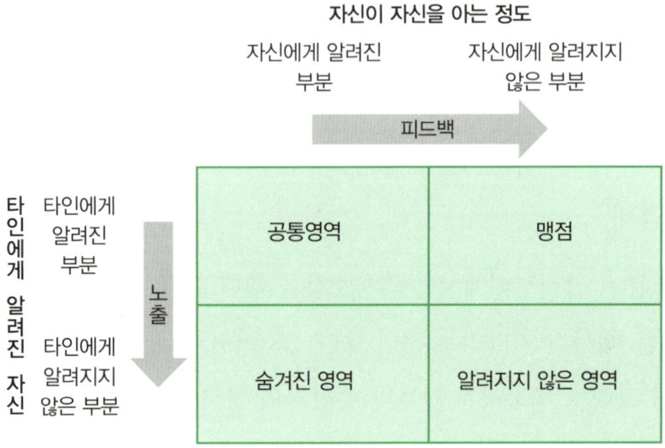

첫째, 공통영역(arena)은 '개방의 장'이라고도 하며, 자신에 대한 정보가 나와 타인 모두에게 알려진 부분이다. 커뮤니케이션이 이러한 영역에서 일어난다면 가장 이상적이다.

둘째, 자신에 대한 정보가 다른 사람에게는 알려져 있지만 자신은 알지 못하는 부분으로서 맹점(blindspot)이라고 한다.

셋째, 자신이 고의적이든 고의적이 아니든 정보를 타인에게 제공하지 않는 숨겨진(hidden) 부분이다.

넷째, 정보가 자신도 알지 못하고 타인에게도 알려지지 않은(unknown) 부분이다. 이 영역에서는 상호 간의 전반적인 관계에서 오해가 발생할 소지가 증가한다.

따라서 효과적인 커뮤니케이션이 되기 위해서는 노출과 피드백을 통하여 공통영역을 넓히는 것이 중요하다. 노출(exposure)은 사람이 커뮤니케이션을 할 때 공개적으로 그리고 솔직하게 자신의 감정과 정보를 내보이는 정도이다. 피드백(feedback)은 다른 사람들로부터 노출을 성공적으로 끌어내는 정도를 가리킨다.

토 | 의 | 문 | 제

01 의사소통의 과정은 무엇인가?

02 하향적 의사소통과 상향적 의사소통의 차이점은 무엇인가?

03 그레이프바인의 세 가지 특성은 무엇인가?

04 조하리창의 네 가지 영역은 무엇인가?

참 | 고 | 문 | 헌

01 Bowditch, J. L., and A. F. Buono(1985), *A primer on Organizational Behavior*, New York : John Wiley and Sons, p.81.

02 임창희(2008), 조직행동, 비앤엠북스, p.281.

03 Mintzberg, H.(1980), *The Nature of Managerial Work*, Englewood Cliffs, N.J. : Prentice-Hall.

04 Bavelas, A., Hastorf, A. H., Gross, A. E., and W. R. Kite(1965), "Experiments on the Alteration of Group Structures," *Journal of Experimental Social Psychology*, Vol.1, pp.55-70.

05 Ellsworth, P. C., and J. M. Carlsmith(1973), "Eye Contact and Gaze Aversion in an Aggressive Encounter," *Journal of Personality and Social Psychology*, Vol.28, pp.280-292.

CHAPTER

10 갈등과 협상

여는 이야기 어린 왕자에게 배우는 갈등해결의 지혜

인간관계는 소통을 통해 형성되며 재정의된다. 쌩텍쥐페리가 쓴 『어린 왕자』란 책은 관계의 어려움과 갈등해결을 위해 무엇을 해야 하는지 여러 시사점을 던져 준다. "나를 길들인다면, 우리는 서로를 필요로 하게 돼. 너의 장미꽃이 그토록 소중한 것은 그 꽃을 위해 네가 공들인 시간 때문이야. 길들인 것에 대해서는 책임을 져야 해." 여우는 『어린 왕자』에서 서로 관계가 형성되기 위해서는 많은 시간과 노력, 책임이 필요하다고 말하고 있다.

관계를 형성하고도 우리는 서로 다른 사고방식을 갖고 살아가기에 많은 부분들이 부딪치고 갈등이 생긴다. 어린 왕자도 우리의 일상과 마찬가지로 자신이 살고 있는 행성의 장미꽃과 관계를 형성했지만, 계속 불평을 하는 장미꽃에게 감정이 상해 지구로 여행을 떠나게 된다.

여행을 하며 다시 여러 관계를 맺으려 노력하지만, 결국 장미꽃에 대한 소중함을 느끼고 다시 원래 살던 행성으로 되돌아간다. 비 온 뒤에 땅이 굳어지는 것처럼 갈등을 해결한 뒤 우리는 서로에 대해 더 이해할 수 있는 계기가 되어 관계를 개선시키고 향상시킬 수 있다. 그러면 소통에 있어서 어떻게 갈등을 해결할 수 있을까?

갈등해결을 위해 먼저 감정의 통제가 필요하다. 자신의 감정을 있는 그대로 쏟아내는 것이 아니라, 말을 하기 전 상대방의 감정을 고려해 생각해보고 관계의 균형을 맞추어 말하는 것이다. 사람은 감정적 동물이고 감정을 적극적으로 표현함으로써 부정적 감정이 해소될 수도 있다. 하지만 일방적인 감정의 표현은 상대방에게 되돌릴 수 없는 치명적 상처를 남길 수 있다. 어린 왕자가 떠난 이유도 바로 장미꽃의 일방적인 감정표현 때문이었고 어린 왕자는 그런 장미의 말을 공감하거나 이해하려고 하지 않았다.

갈등을 풀기 위해 일방적으로 솔직하게 감정을 표현하는 것은 오히려 갈등을 양산하고 단절을 불러일으킬 수도 있기에 감정의 상호작용에 대해 먼저 균형을 맞추려는 감정통제가 중요한 것이다. 우리는 소통을 할 때, "너는 틀리기 때문에, 나처럼 이렇게 해야 돼."라고 충고하는 것을 좋아한다. 하지만 "틀린 것이 아니라 나와 다르기 때문에 충분히 그럴 수도 있지."라는 생각으로 감정을 통제하며 소통하는 것이 갈등해결의 출발점이 될 수 있다.

"길들여진다는 것은 무슨 뜻이야?" "나를 길들여주겠니?" "내가 어떻게 해야 해?" 어린 왕자는 여우에게 답을 얻을 때까지 관계에 있어 계속적인 물음을 던지며, 자신의 문제를 해결하려는 적극적인 시도를 한다. 우리는 관계의 갈등을 겪을 때 갈등해결을 위한 시도보다 가만히 상대방의 양보와 화해의 손길을 기다리는 경우가 많다. 이렇게 되면 갈등해결의 적절한 시기를 놓치게 되고 쉽게 해결될 수 있는 갈등의 문제를 더 악화시키게 된다.

갈등을 해결하고 관계를 개선시키기 위해 가장 필요한 것은 바로 관계를 회복하려는 적극적인 시도와 노력이다. "그 동안 잘 지내 왔는데 다시 그렇게 될 수는 없을까? 서로 노력이 필요하지 않을까?" 이렇게 관계에 대해 먼저 말한다는 것 자체가 관계개선을 위해 필요한 것이다.

"사막이 아름다운 건 어딘가에 우물이 숨어있기 때문이야. 눈으로 찾을 수 없고 마음으로 찾아야 해."라는 어린 왕자의 말처럼 갈등으로 세상이 힘든 사막처럼 느껴지고 삶의 갈증과 목마름이 생길 때 마음으로 보려는 노력으로 먼저 다가선다면 아름다운 우물을 찾을 수 있지 않을까? 세상에서 가장 어렵다고 말하는 사람의 마음을 얻는 일. 이것을 위해 시간과 노력을 들여 소통하며 길들이고 책임지려는 노력이 필요하다.

자료 : 매일경제, 최윤정 스피치 아카데미 라엘 대표, 2017.11.7.

10.1 갈등의 개념

1. 갈등의 정의

오늘날 갈등은 보편화된 현상이다. 조직이 다양한 욕구와 이해를 지니고 있는 사람들로 구성되어 있고 이들은 서로 밀접하게 상호작용을 하는 반면에 자원은 한정되어 있기 때문이다. 갈등(conflict)은 어떤 사람이 관심을 갖고 목적을 추구하는 과정에서 다른 사람이 방해를 하거나 부정적인 영향을 미치거나 또는 그것을 지각할 때 시작되는 과정이라고 정의할 수 있다.[01] 사람들은 조직에서 경험하는 목표의 상충, 사실에 대한 해석 차이, 행위적 기대에 대한 불일치 등과 같이 다양한 갈등을 경험하게 된다.

조직행위에서의 갈등이란 개인이 혼자서 마음속으로 갈등하는 것이 아니다. 타인과의 관계에서 발생하는 불일치를 대상으로 한다. 또한 개인 간 갈등뿐만 아니라 조직 간 갈등이 더 문제가 될 수도 있다. 이러한 갈등은 스트레스를 만들고, 스트레스는 사람들의 마음을 보다 폐쇄적이고 적대적으로 만든다. 모든 갈등은 신뢰, 존경, 집단응집력을 떨어뜨리고 이로 인해 조직의 장기적인 생존가능성을 떨어뜨린다. 이와 같이 구성원들 간의 갈등과 협동의 정도는 조직행동뿐만 아니라 조직유효성에 영향을 미친다.

2. 갈등에 대한 관점

1) 전통적 관점

갈등에 대한 초기 접근법은 모든 갈등은 파괴와 비능률을 초래하며 가능한 한 이를 회피하는 것이 좋으며, 이미 생긴 갈등은 제거해야 한다고 가정했다.[02] 갈등은 무조건 나쁜 것이고 갈등을 일으키는 사람도 나쁘고 관리자는 갈등을 최소화해야 한다고 생각했다. 이러한 전통적 관점은 1930년대와 1940년대에 집단행동에 대해 널리 형성되었던 태도와 일관된다. 갈등은 사람들 간의 의사소통단절, 개방성과 신뢰부족, 구성원의 욕구에 부응하지 못함에 기인된 것이므로 이런 문제를 관리적으로 해결하여 갈등을 예방하려고 했다. 집단과 조직의 성과를 개선하기 위해서는 갈등의 원인에 초점을 맞추고 역기능을 바로 잡아야 한다는 것이다.

2) 상호작용 관점

상호작용 관점은 어느 정도의 갈등이 있어야 집단에 긍정적인 효과가 나타나며 또한 집단이 효과적으로 일하게 하는 데 갈등이 필요하다는 견해이다.[03] 즉 구성원들이 조직 내에서 상호작용하면서 경쟁도 하고 신뢰도 주고받으면서 갈등의 순기능을 느낄 수 있다는 것이다. 이와 같은 갈등의 순기능과 역기능을 살펴보면 [도표 10-1]과 같다.

기능적 갈등(functional conflict)은 집단의 목표를 지원하고 성과를 향상시켜주는 건설적인 갈등이다. 집단의 성과를 방해하는 갈등은 파괴적 또는 역기능적 갈등(dysfunctional conflict)이다. 기능적 갈등과 역기능적 갈등을 구분하는 기준은 갈등의 유형(과업갈등, 관계갈등, 과정갈등)에 따라 달라진다. 과업갈등(task conflict)은 일의 내용이나 목표와 관련된 것이다. 관계갈등(relationship conflict)은 주로 인간관계상황에 관련된 갈등이며, 과정갈등(process conflict)은 작업수행방법과 관련된 것이다.

과업갈등은 낮거나 적당한 수준일 경우 집단성과를 향상시키기 위한 지속적인 논의를 촉진하기 때문에 집단성과에 긍정적인 작용을 하는 것으로 나타나지만, 너무 높은 수준의 과업갈등은 역기능적인 효과를 나타낸다. 관계갈등에 내재되어 있는 상호 간의 마찰과 적대감은 충돌을 유발하고 상호이해를 저하시켜 조직의 업무를 완수하는 데 방해가 된다. 과정갈등은 누가 무엇을 해야 되는가에 대한 논쟁으로 인해 업무역할에 대한 불확실성을 야기하고, 업무완수에 걸리는 시간을 증가시키고, 구성원의 목표가 서로 어긋나게 하기 때문에 역기능적인 작용을 한다.

| 도표 10-1 | 집단 내 갈등의 순기능과 역기능

순기능	역기능
• 문제의 발견 • 활동력 증가 • 충성심 증가 • 혁신풍토 조성 • 도전적 분위기 상승 • 다양성과 창조성 증대	• 커뮤니케이션 감소 • 독재자 출현 • 편견의 증가 • 파벌의식 고조 • 상호경계의식 증가 • 융통성 없는 공식화

3. 갈등의 원인

조직 내 각 집단의 환경은 매우 다르다. 집단의 구조 역시 서로 다르기 때문에 구성원의 행동이 달라지고 서로 부딪히게 되므로 갈등의 원인이 될 수 있다. 보다 구체적으로 원인을 살펴보기로 한다.

1) 목표의 차이

조직은 여러 집단으로 이루어져 있고 각 집단의 많은 역할과 기능이 다르기 때문에 때로는 이들 목표 간에 충돌이 있을 수 있다. 기업의 부서 간에, 정부의 각 부처 간에 각각 자기 부서의 목표를 효율적으로 달성하기 위해 타 부서와 갈등상태에 놓이게 된다.

2) 자원의 부족과 할당문제

조직은 인적, 물적, 금전적 자원을 산하 집단에게 지원하여 목표를 달성하도록 한다. 각 집단은 이러한 자원을 더 차지해야 목표를 더 쉽게, 더 많이 달성할 수 있으므로 상호경쟁적으로 자원을 할당받으려 하며, 이러한 과정에서 갈등이 발생한다.

3) 제도와 규정의 미성숙과 불확실성

조직의 제도가 아직 체계화되어 있지 않거나 책임과 기능이 각 집단별로 구체화되어 있지 않다면 마치 게임 룰 없이 경기를 할 때처럼 서로 자기에게 유리하게 모든 것을 해석하여 갈등을 초래한다. 규칙과 법규가 다양하게 정해져 있더라도 조직의 구성원들이 융통성 없이 할 경우 마찬가지 결과를 낳는다.

4) 보상제도

보상제도가 능력급 또는 성과급제도일 경우 구성원들은 보상을 잘 받으려고 경쟁(갈등)을 한다. 그러나 이런 갈등은 건설적인 것이며 기업은 오히려 이런 갈등을 바라고 있다고도 볼 수 있다. 보상이 돈이 아니고 무형의 것(승진, 포상, 칭찬)일 때도 불평이 있을 수 있으며 개별이 아닌 집단적 보상이 이루어질 때는 일을 많이 한 개인은 집단에 대한 불만이 있게 된다.

5) 상호의존성

갈등이 존재하기 위해서는 당사자 간에 상호의존성(interdependence)이 있어야 한다. 상호의존성이란 원료, 정보, 피드백 또는 여타 협동적 행위를 위해 다른 당사자에 의존하는 두 당사자 간의 관계를 말한다. 이러한 상호의존성은 집합적 상호의존성, 순차적 상호의존성, 교호적 상호의존성으로 나눌 수 있다.

집합적 상호의존성(pooled interdependence)은 공유한 목표를 달성하거나 또는 성과를 올리기 위해서 각 당사자의 업적을 단순히 집합시키는 관계에 있는 경우(공유관계)이다. 예를 들어 은행이 몇 개의 지점으로 구성되어 있는 경우에 각 지점들의 관계가 이에 속한다.

순차적 상호의존성(sequential interdependence)은 당사자가 한쪽 방향으로의 연결고리로 연속되어 있는 경우(연속관계)이다. 예를 들어 연속조립라인상의 작업자나 집단 또는 부서가 이에 속한다.

마지막으로 교호적 상호의존성(reciprocal interdependence)은 당사자들 간에 쌍방의 연결관계가 있는 경우(상호의존관계)이다. 예를 들어 판매원과 사무직원 사이의 관계가 이에 해당된다. 작업흐름에서 개인 간, 집단 간의 상호의존성과 상호관계가 많을수록 갈등의 소지가 많아진다. 이상에서 살펴본 작업흐름의 상호의존성을 그림으로 나타내면 [도표 10-2]와 같다.

| 도표 10-2 | 작업흐름의 상호의존성

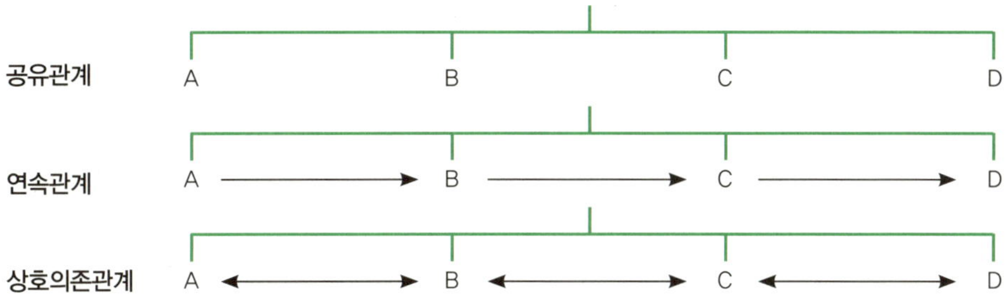

6) 집단 간 특성의 차이

개인의 특성(가치관, 인식, 행동양식)이 서로 다르면 오해와 갈등이 생기듯이 집단의 특성이 서로 달라도 갈등이 많아진다. 집단이 간직해 온 전통과 행동관습이 달라서 오해가 생긴다든지 가치관이 달라서 충돌할 수도 있다.[04] 또한 집단 간의 상대방 인식(지각)과정에서 오류를 범하여 갈등이 일어나는 수도 많다.

4. 갈등과정

갈등은 발생에서 행위까지 여러 과정을 거치고 그 과정에는 많은 요인들이 작용한다. 일반적으로 과정은 잠재적 대립 혹은 상충, 인지와 개인화, 의도, 행위, 결과라는 5단계로 구성되어 있다. 이러한 과정은 [도표 10-3]에 제시하였다.[05]

1) 1단계 : 잠재적 갈등단계

갈등과정에서의 첫 단계는 갈등을 유발할 수 있는 여러 가지 조건이 존재하는 잠재적 갈등(latent conflict)단계이다. 갈등의 원인이나 원천이 되는 상황조건은 의사소통, 구조, 개인특성이라는 세 가지가 있다.

도표 10-3 갈등과정

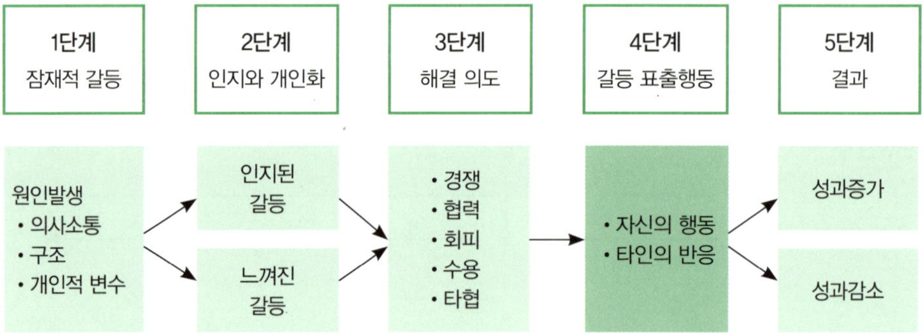

자료 : 김광점 외 옮김(2011), 핵심조직행동론, p.244 재인용

(1) 의사소통

일반적으로 의사소통은 갈등의 원천이 될 수 있다. 의사소통과정에서 나타나는 어의 해석상의 어려움, 오해, 의사소통채널에서의 '소음' 등으로 인한 문제가 그것이다. 의사소통이 너무 적거나 너무 많은 경우에도 갈등의 발생가능성이 증가한다. 의사소통의 증가는 어느 시점까지는 순기능적으로 작용하지만 그 시점을 넘으면 오히려 과한 의사소통이 되어 갈등유발 가능성이 높아지게 된다.

(2) 구조

구조에는 규모, 과업의 전문화 정도, 관할영역의 명확성, 구성원과 목표의 적합성, 리더십 스타일, 보상시스템, 집단 간의 의존성 등과 같은 다양한 변수들이 포함된다. 집단의 규모가 커질수록 그리고 집단활동이 전문화될수록 갈등이 나타날 가능성은 높아진다. 근속연수와 갈등은 반비례관계에 있는 것으로 알려졌다. 집단구성원들이 젊고 이직률이 높을수록 갈등이 나타날 가능성이 높다. 책임이 모호할수록 갈등이 커질 수 있다. 집단 간 목표의 다양성 역시 갈등의 주요한 원천이다. 보상시스템 또한 한 구성원이 다른 구성원의 손실로 인해 이익을 볼 경우 갈등이 발생한다. 마지막으로 만약 한 집단이 다른 집단에 의존하고 있을 경우 혹은 의존성으로 인해 다른 집단의 손실을 기반으로 한 집단의 이익이 만들어질 경우 집단 간 갈등이 커진다.

(3) 개인특성

갈등을 유발하는 마지막 범주로 개인특성을 들 수 있는데, 여기에는 개인의 성격, 감정, 가치관 등이 포함된다. 성격은 갈등과정에서 중요한 역할을 한다. 어떤 사람은 갈등을 많이 일으키는 성향이 있다. 특히 까다롭고, 신경질적이고, 자기중심적인 특성이 높은 사람들은 다른 사람과 더 자주 다투는 성향이 있고, 갈등이 발생한 경우에도 잘 대응하지 못한다. 매우 권위적이고 독선적인 사람은 다른 사람들과 자주 싸운다. 감정 역시 갈등의 원인이 될 수 있다.

2) 2단계 : 인지와 개인화

갈등이 현실화되려면 당사자들이 선행조건의 존재를 지각해야 한다. 즉 문제를 쉽게 지각하며 갈등에 연루된 모든 사람들이 갈등의 존재를 알게 된다. 그렇지만 갈등이 지각되었다고 해서 그것이 개인화되었다는 것을 의미하지는 않는다. 인지된 갈등(felt conflict)을 느꼈을 때 비로소 감정이 개입되며 당사자들은 불안, 긴장, 좌절, 적대감 등을 경험하게 된다.

여기에서 다음의 두 가지 중요 사항을 유념해야 한다. 첫째, 인지와 개인화단계에서 갈등의 이슈가 정의된다는 것이다. 즉 갈등이 무엇에 관한 것인지를 결정하는 것이다. 이것은 해결책의 방향을 결정한다는 점에서 중요하다. 둘째, 감정은 지각을 형성하는 데 매우 중요한 역할을 한다는 것이다. 부정적 감정은 문제를 지나치게 단순화하고, 신뢰를 잃고, 상대방의 행동에 대해 부정적인 해석을 하게 만든다. 이와는 대조적으로 긍정적인 감정은 문제요소들 간에 존재할 수 있는 관계를 살펴보고, 폭넓은 관점에서 상황을 바라보고 보다 혁신적인 해결책을 개발하려는 성향을 증가시킨다.

3) 3단계 : 해결의도

의도(intention)는 어떤 방향으로 행동하고자 하는 의사결정과 관계가 있다. 다른 사람의 행동에 대해 어떻게 반응해야 할지 알기 위해서는 다른 사람의 의도를 추론해야 한다. 어느 한쪽이 다른 사람의 의도를 잘못 파악하였기 때문에 갈등이 증폭되는 경우가 많다. 또한 의도와 행동 간에는 상당한 차이가 있을 수 있기 때문에 행동이 항상 개인의 의도를 정확하게 반영하는 것은 아니다. 의도가 고정되어 있지 않고 변할 수 있다. 갈등이 진행되는 동안 상대방의 관점을 파악하거나 다른 사람의 행동에 감정적으로 반응한다면 의도는 달라질 수 있다. 이와 같은 해결의도는 자신의 입장을 주장하는 단호함(assertiveness)과 협동(cooperativeness)의 두 차원을 결합하여 다음의 5가지로 나눌 수 있다.

① 경쟁(competition) : 자신의 입장을 주장하고 협력하지 않는 방법이다. 상대방에게 미치는 영향은 전혀 고려하지 않고 한 당사자가 어떤 목표를 달성하거나 자신의 이익을 증진시키려고 하는 상태이다. 이것은 비상상황이거나 상대방을 믿을 수 없을 때 사용된다.

② 수용(accommodation) : 수용이란 자신의 이익보다는 상대방의 이익을 우선시하여 상대방을 달래고, 관계를 유지하기 위해 자기희생을 감수하는 경우를 말한다. 이것은 상대방이 우선권이 있고 자신의 주장이 잘못된 것임이 밝혀졌을 때 사용된다.

③ 회피(avoidance) : 회피란 갈등이 존재한다는 것을 인지하고 있지만 그것을

피하거나 억누르고 있는 경우이다. 예를 들어 갈등을 무시하려고 노력하거나 자신의 의견에 반대하는 사람을 피하려고 하는 경우가 해당된다. 이것은 사소한 문제이거나 자신이 상대방보다 열세에 있을 때 사용하는 것이 좋다.

④ 협력(collaboration) : 갈등당사자들 각자가 서로의 이해를 모두 만족시키려고 할 때, 그들은 협력하여 서로에게 이익이 되는 결과를 찾는다. 협력에서는 당사자들이 상이한 관점에 순응하기보다는 차이를 명확하게 함으로써 문제를 해결하려 한다. 예를 들면 만약 구성원들이 서로의 목표를 모두 달성할 수 있는 윈윈 해결책을 찾고 있다면 협력하고 있는 것이다.

⑤ 타협(compromise) : 타협에서는 명확한 승자도 없고 패자도 없다. 대신 갈등의 목적을 제한하고, 양 당사자의 관심사를 충족하기에는 불충분하지만 적당한 선에서 해결책을 수용하려 한다. 따라서 타협에서 두드러지는 특징은 각 당사자가 무엇인가를 어느 정도 포기할 의도가 있어야 한다는 것이다. 단체협상 등에서 가장 많이 사용되는 방법이다.

4) 4단계 : 갈등표출행동

갈등상황을 생각할 때 대부분의 사람들은 갈등이 표출된 행동에 초점을 두는데 그 이유는 여기서 갈등이 가시화되기 때문이다. 행동단계는 갈등당사자들이 자신의 의도를 실행하기 위한 시도로서 말이나 행동이 나타난다. 그러나 원래 의도에서 벗어나서 잘못된 계산이나 미숙한 방법으로 행동을 하기도 한다.

갈등의 강도에 따라 달라지는 행동변화를 시각화해보면 [도표 10-4]에서 보는 바와 같다. 낮은 수준에서는 미묘하고, 간접적이고, 고도로 통제된 형태의 긴장이 있다.[06] 갈등의 강도는 연속선을 따라 위로 갈수록 강해지며 결국 파괴적인 갈등이 된다. 파업, 폭동, 전쟁은 분명 최상위행동에 해당된다. 연속선에서 최상위수준까지 올라온 갈등은 대부분 거의 항상 역기능적이라고 볼 수 있다.

| 도표 10-4 | 갈등강도와 행동

자료 : 김광점 외 옮김(2011), 핵심조직행동론, p.248.

5) 5단계 : 결과

갈등당사자 간의 행동–반응의 상호작용은 다음과 같은 기능적 · 역기능적 결과를 가져온다.

(1) 기능적 결과

갈등이 어떻게 집단성과를 증가시킬까? 갈등을 표출하는 행동 중에서 폭력적인 공격이 기능적 역할을 하는 경우를 찾아보기는 어렵지만 낮은 수준이나 중간 수준의 갈등이 집단효과성을 개선하는 경우는 많이 볼 수 있다.

기능적 결과는 의사결정의 질을 개선하고 창의성과 혁신을 촉진한다. 집단구성원 사이에 관심과 호기심을 불러일으키고, 잠재된 문제를 인식하고 긴장을 완화시킬 수 있는 매체를 제공한다. 구성원들이 자기평가와 변화를 촉진하기도 한다. 또한 집단사고(group think)를 방지할 수 있다. 갈등은 현재의 상태에 도전하며, 새로운 아이디어창출을 증진시키고, 집단목표와 활동에 대한 재평가를 촉진하며, 변화대응능력을 강화할 수 있다. 상위목표에 초점을 둔 공개토론은 이러한 기능적 결과를 만들어낼 가능성이 더 높다.

(2) 역기능적 결과

갈등이 집단 혹은 조직의 성과에 미치는 파괴적인 결과는 일반적으로 잘 알려져 왔다. 많은 연구에서 역기능적인 갈등이 어떻게 집단의 효과성을 떨어뜨리는지를 제시하고 있다. 의사소통의 지체, 집단응집성 감소, 구성원들 간의 내분으로 인한 집단목표 경시 등을 들 수 있다. 모든 형태의 갈등은 그것이 기능적인 다양성이라고 하더라도 집단구성원의 만족과 신뢰를 떨어뜨리는 것으로 나타났다. 적극적인 토론으로 인해 구성원 간의 갈등이 공개된 갈등으로 바뀔 경우 구성원 간의 정보공유는 현저히 감소되는 것으로 나타났다. 최악의 경우 갈등은 집단의 기능을 못하게 하거나 생존을 위협할 수도 있다.

10.2 갈등의 유형

1. 개인적 갈등

조직 내의 개인은 많은 욕구와 역할을 갖고 있는데 이들은 동시에 나타나기도 한다. 그리고 욕구와 역할이 나타나는 방법은 다양한데, 그들이 목표를 달성하는 과정에서 장애를 받을 때 개인은 갈등을 경험하게 된다. 이러한 개인적 갈등은 다시 좌절갈등, 목표갈등, 역할갈등으로 구분할 수 있다.

1) 좌절갈등

좌절갈등(frustration conflict)은 어떤 동기화된 동인(動因)이 목표에 도달하는 과정에서 장애에 부딪칠 때 나타난다. 이러한 장애에는 정신적 · 심리적인 것 또는 물질적 · 외형적인 것이 있다. 개인이 좌절을 느낄 때는 일반적으로 공격

(aggression), 철수(withdrawal), 집착(fixation), 타협(compromise) 등의 자기방어적 반응을 일으킨다.

이러한 좌절이 조직과 개인의 업적에 미치는 부정적 영향은 널리 알려져 있으나, 반면에 긍정적 영향은 간과되고 있다. 예를 들면 직무수행을 잘하고 자신감이 있는 구성원의 경우 좌절하게 되면 자기방어적 행동도 하지만 그 장애를 극복하기 위해 더 많은 노력으로 업적을 향상시키는 등의 긍정적 영향도 있다.

2) 목표갈등

목표가 두 가지 이상이 존재하고, 이 목표들이 서로 경쟁적일 경우 구성원들은 목표갈등을 겪게 된다. 목표갈등(goal conflict)이란 둘 이상의 동인들이 상호 간에 장애가 되는 경우이다. 이러한 목표갈등은 다음과 같은 세 가지 상황으로 구분될 수 있다.

첫째, 조직 내의 개인이 둘 이상의 긍정적 목표를 경합적으로 갖는 상황인 쌍방접근적 갈등(approach-approach conflict)이다. 이 경우 목표들이 상호배타적(mutually exclusive)일 때 발생한다.

둘째, 조직 내의 개인이 갖는 하나의 목표가 긍정적인 성격과 부정적인 성격을 동시에 내포하고 있는 상황인 접근회피적 갈등(approach-avoidance conflict)이다.

셋째, 조직 내의 개인이 둘 이상의 부정적 목표를 경합적으로 갖는 상황인 쌍방회피적 갈등(avoidance-avoidance conflict)이다.

3) 역할갈등

역할은 어떤 사회적 단위에서 특정한 직위(position)를 가진 사람에게 기대되는 행위를 의미한다. 역할갈등은 역할 내의 갈등(intrarole conflict)과 역할 간의 갈등(interrole conflict)으로 구분된다. 역할 내 갈등은 어떤 직위에 있는 사람이 동시에 상반된 역할기대를 갖는 경우에 발생한다. 역할 간 갈등은 어떤 사람이 동시에 두 가지 이상의 역할을 수행해야 할 때 발생한다.

역할갈등에 대처하는 방법은 개인의 성격과 개인 간 관계의 특성에 따라 달라진다. 일반적으로 외향적인 사람보다도 내향적인 사람이 역할갈등을 경험할 때 업무수행에 어려움을 겪으며, 갈등해결 또한 더욱 어렵다. 그러나 역할수행자의 개인 간 관계가 신뢰적이고 우호적이라면 갈등의 해결도 성공적으로 이루어지기 쉽다.

2. 개인 간 갈등

1) 개인 간 갈등의 성격

조직 내의 개인 간 갈등(interpersonal conflict)은 상사와 부하 또는 구성원 간의 상호작용과정에서 발생하는 패턴이다. 이러한 개인 간 갈등은 실질적 쟁점의 불일치와 감정적 관계의 두 가지 원인에 의해 나타난다. 실질적 쟁점의 불일치란 정책, 실무, 계획활동에서의 견해차이와 같은 상태를 말하며, 감정적 관계란 불안, 불신, 거부와 같은 부정적 감정을 느끼는 상호관계를 말한다. 처음에는 실질적 쟁점에 의해 유발된 갈등이 심각한 감정적 갈등으로 이행되기도 한다. 따라서 두 가지 원인을 명확히 구분하기는 어렵다.

그러나 개인 간 갈등의 해결책은 달라질 수 있다. 즉 실질적 갈등은 협상과 문제해결에 중점을 두어야 하며, 감정적 갈등은 당사자들의 지각을 수정하고 긍정적 감정을 높이도록 해야 한다. 또한 실질적 갈등과 감정적 갈등은 모두 제3자에 의한 조정에 의해서도 해결될 수 있다.

또한 개인 간 관계가 어떤 상황인가에 따라 갈등이 달라진다.

첫째, 개인 간 관계가 경쟁상태에 있는 경우이다. 당사자들은 과업달성에 있어서 적대적 이해에 중점을 두고서 상대방 세력을 약화시키려고 한다. 또한 상대방의 약점을 알아내려고 의심하면서 상대방 요구에 부정적 반응을 보이므로 상호 간의 의사소통은 없거나 왜곡된다.

둘째, 개인 간 관계가 협동상태에 있는 경우이다. 과업달성에 있어서 분업과 기능의 전문화로 상호이해와 협력에 중점을 두고 상대세력을 증진시키려 한다. 또한 상대방의 복지에 긍정적인 관심을 갖는 신뢰적 태도로서 상대방요구에 후원적 반응을 보임으로써 개방적이고 정직한 의사소통이 이루어진다. 개인 간 관계에서의 협동 및 경쟁상황은 당사자가 지각하는 상호의존성의 정도와 일치한다. 다시 말하면 개인 간의 갈등현상은 당사자의 행동과 태도에 의해 그 차원이 크게 달라질 수 있다는 것이다.

2) 개인 간 갈등의 해소방안

(1) 당사자의 입장

당사자 입장에서 본 개인 간 갈등의 해소방안은 [도표 10-5]에서 보는 바와 같이 개인의 입장을 굽히지 않는 단호함(assertiveness)과 협동(cooperativeness)의 두 차원을 결합함으로써 경쟁, 순응, 회피, 협력, 타협의 다섯 가지 방법을 도출할 수 있다. 이의 상세한 내용은 앞에서 살펴본 갈등과정의 해결의도에서 설명하고 있다.

도표 10-5 갈등해소방안의 두 차원 모형

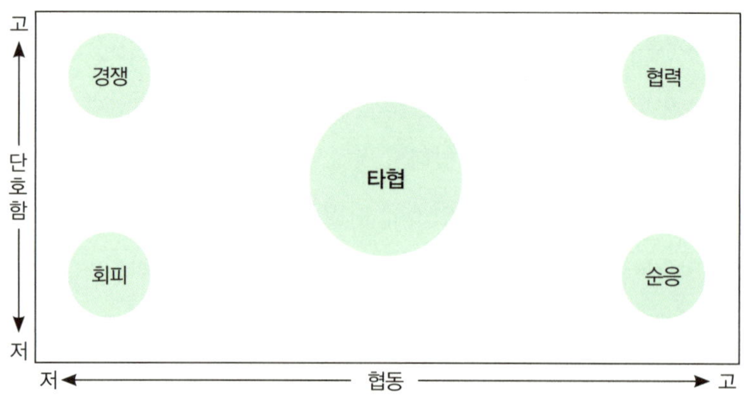

(2) 관리자의 입장

갈등당사자가 아니라 갈등을 관리하는 관리자의 입장에서 본 관리방안으로는 회피, 무마, 타협, 대결, 강제 등이 있다.[07]

① 회피(avoidance)란 관리자가 갈등이 예상되는 기회를 가능한 한 피하는 방법이다. 예를 들면 갈등적 견해를 표현하지 않고 엄격한 중립을 지킨다거나 곤란한 문제에 대한 대답을 지연함으로써 관리자는 단순히 상사와 부하 사이에서 생각을 전달하는 의사소통 연결자의 역할만을 수행하라는 것이다. 그러나 갈등이 그 관리자가 과업수행에 영향을 미칠 수 있다면 이러한 회피수단은 조직을 위해 유용하지 못하다는 약점이 있다.

② 무마(smooth over)란 관리자가 그 갈등은 시간이 지나면 쉽게 해결될 것처럼 행동하고 또한 협동의 필요성만을 호소하는 방법이다. 이때 관리자는 당사자들에게 확신을 주고 도와줌으로써 긴장을 감소시켜야 한다. 이 방법은 실제적 쟁점에 의한 갈등보다는 감정적 쟁점에 의한 갈등의 경우에 더 유용하다.

③ 타협 또는 차이분할(split-the-difference)은 회피나 무마보다는 적극적 수단이 된다. 그러나 당사자 간에 얼마간의 양보가 이루어지므로 모두가 절대적 만족을 얻는 것은 아니다. 또한 관리자는 근본적 갈등보다도 노출된 쟁점에 대해서만 타협을 시도하기 쉽다. 그러므로 차이분할은 갈등해결의 유일한 수단이 되지 못하는 경우가 있으며, 문제해결과 같은 다른 수단과의 보완적 방법이 요구되어야 한다.

④ 대결(confrontation)은 갈등이 나타나고 있는 당사자 간에 공개적으로 그 쟁점을 토의하고 평가하는 방법이다. 이렇게 정면 돌파함으로써 갈등의 원인이 규명되고 그 대책이 개발되므로 당사자들이 갈등을 해결할 가능성은 다른 방법들보다 높아진다. 그러나 관리자들은 전통적으로 방법을 피하고 오히려 갈등이 없는 것처럼 가장하거나 갈등당사자를 징계함으로써 갈등의 해결을 어렵게 하고 갈등을 내재화시키는 경우가 많았다.

효과적인 대결방법으로 제3자인 전문상담역의 도움을 얻어 갈등당사자 간의 대화를 이끌어 가는 과정자문(process consultation)이 있다. 이때 당사자들은 상대방의 인격을 존중하고 불평이 아닌 합리적 변화를 위해 인내력을 가지고 주요 쟁점을 확인하고 상대방 입장을 고려하도록 분위기를 조성한다.

⑤ 강제(forcing)는 공식적 지위를 이용하여 일방적으로 만족하는 해결책을 내리는 것이다. 예를 들면 부하들 간의 갈등을 다룰 때 관리자가 처벌을 하겠다고 위협하거나 실제로 처벌을 함으로써 강제로 일방적인 해결을 하는 것이다. 그러나 너무 과도한 강제적 수단으로 인해서 결정이 시행될 때 당사자들이 소극적으로 대처하거나 심지어는 필요한 정보를 왜곡시키는 경우도 생길 수 있다.

3. 집단 간 갈등

1) 집단 간 갈등의 원인

집단 간 갈등은 집단 간에 자원이나 권력을 획득하기 위하여 조직 내에서 쉽게 나타나는 갈등이다. 이러한 갈등은 대체로 계층 간 갈등, 기능 간 갈등, 라인과 스태프 간의 갈등, 공식적 및 비공식적인 조직 간의 갈등 등의 형태로 나타난다. 이러한 갈등의 원인은 다음과 같다.

(1) 업무의 상호의존성

업무의 상호의존성이란 두 부서가 자신들의 과업과 목표를 완수하기 위한 서비스, 정보 및 기타 활동에 대해 상호 간에 의존하고 필요로 하는 정도를 말한다. 기본적으로 협동적 상황이 되어야 하는데도 부서들은 상당한 갈등을 갖게 된다. 단위부서 간이든 동일부서 내의 동료 간이든 또는 상사와 부하 간이든 업무와 관련된 갈등의 중요한 원인이 되고 있다. 또한 특정 업무에 대한 부서 간의 책임소재의 불명확성이 가장 큰 부서 간 갈등의 원인이 될 수도 있다. 왜냐하면 단위부서들은 업무에 대한 책임을 회피하는 데 그 불명확성을 이용하려 하기 때문이다.

(2) 불균형적 종속성

불균형적 종속성은 한 단위 부서가 다른 부서에 서비스, 정보 등에 대해 전적으로 의존해야 할 때 일어난다. 상대적으로 독립적인 부서는 종속적 부서와 협동하는 데 소극적으로 하기 때문에 종속적 부서는 필요한 도움을 얻기 위한 압력을 일으키게 된다. 예를 들면 조립부서는 다른 부서로부터의 부분품의 조달에 크게 의존하고 있는데 그 부분품이 필요한 만큼 도착하지 않거나 또는 주문서와 다를 때 조립부서는 작업수행에 지장을 받기 때문에 다른 부서에 대한 압력을 유발시키며 이것이 갈등을 일으킨다.

(3) 대립적 업무기준 및 보상

이것은 부서 간의 업무기준이나 보상이 다를 경우에 발생한다. 즉 공동이해보다는 개별적 또는 경쟁적 이익을 우선시하도록 업적을 평가하고 보상을 받는 경우에 발생하는 문제이다. 즉 부서 간의 상호의존성이 크면 클수록 또는 경영자가 부서 간의 결합적 업무보다 개별적 업무를 더 강조할수록 부서 간의 갈등은 커지게 마련이다.

(4) 부서 간의 차별성

각 부서들의 업무는 각각 상이하고 조직환경과의 접촉대상도 상이하기 때문에 내부적 차이를 갖는데 이것이 부서 간 갈등의 잠재적 원인이 된다. 예를 들면 연구부서, 판매부서, 생산부서들은 업무의 목표가 다르고, 규칙의 엄격성이나 통제의 폭 등이 다르다. 이러한 차별성이 부서 간에 클수록 부서 간 갈등의 원인이 된다.

(5) 공동자원의 분배

여러 부서가 자원(장비, 기계 운영자금 등)을 공동으로 이용 배분해야 하는 경우 자원이 부족할 때 부서 간 갈등의 원인이 된다. 왜냐하면 각 부서들은 자원을 획득하기 위해 경쟁하기 때문이다.

2) 집단 간 갈등의 해소방안

개인적 갈등이나 개인 간 갈등의 해결방법 중 일부는 집단 간 갈등의 경우에도 적용될 수 있다. 그 예로는 사회적 접촉, 인간관계훈련, 협상 내지는 경쟁 등이 있다.

집단 간 갈등의 해소방안은 다음의 세 가지가 있다.

첫째, 갈등적 집단의 목표보다 상위에 속하는 일련의 상위목표(superordinate goal)를 도입하는 것이다.[08] 즉 갈등상태에 있는 당사자(개인 혹은 집단)들이 개별적 목표를 초월하여 서로 협조할 수 있는 공동목표를 설정하여 단합을 조성하는 방법이다. 상위목표를 위하여 집단들이 협조할 때 리더의 결정은 집단성원들로부터 지지를 받게 된다.

둘째, 집단 간 갈등이 제로섬일 경우 관리자는 조직의 구조적 측면으로 접근하여 갈등을 해소시킬 수 있다. 예를 들면 공동자원에 대한 의존성을 줄인다든가 재고나 긴급자금과 같은 완충 역할을 할 수단을 도입하는 것이다. 그 이외에도 작업구조를 바꾼다든지 보상구조를 변경하는 방법이 있을 수 있다. 이러한 것들이 소위 구조적 변경에 의한 갈등의 해결방법이다.

셋째, 조정과 중재가 있다. 조정(mediation)이란 갈등관계에 있는 당사자들에게 신임을 받는 제3의 중재자가 당사자들을 대면시켜서 양쪽의 의견을 듣고 대안을 제시하고 서로 양보하도록 획득하고 합의하도록 도와주는 것이다. 그리고 갈등관계에 있는 두 집단 스스로가 공동으로 표준적인 관리지침(Standard Operating Procedure : SOP)을 만들어 놓음으로써 조정에 도움이 되는 경우도 있다. 또한 두 집단이 고도로 상호의존적일 경우 통합부서의 설치가 필요하다. 중재(arbitration)란 권한이 있는 제3자가 양쪽의 의견을 듣고 잘잘못을 가려 주거나 강제로 판단을 내려 주는 것이다. 이때 당사자들을 그 결정에 승복해야 한다. 이의가 있는 경우 다른 상급기관에 재심을 요청할 수 있다.

넷째, 공동의 적을 설정하는 것이다. 외부의 위협이 집단내부의 응집성을 강화시키는 것처럼 갈등관계에 있는 두 집단에 공통되는 적을 설정하고 나면 이 두 집단은 공동의 적에 대한 효과적인 대처를 위하여 집단끼리의 차이점이나 갈등을 잊어버리게 된다. 이 방법이 성공을 거두기 위해서는 위협은 피해야 하며 공동노력이 개별적인 노력보다 낫다는 것을 인식하여야 한다.

10.3 협상

1. 협상의 정의 및 유형

1) 협상의 정의

갈등을 해결하기 위한 최선의 방법으로 협상전략이 있다. 협상(negotiation)이란 개인 간, 집단 간, 조직 간, 나아가서 국가 간 등 두 당사자 간에 상호작용을 통하여 자신이 원하는 무엇인가를 얻어내는 과정을 의미한다.[09] 사람들은 협상이라는 단어를 인식하지 못하지만 실제로 협상을 하며 원하는 것(돈, 정의, 사랑, 자유, 지위 등)을 얻어내고 있다. 즉 협상은 복잡하게 얽혀 있는 긴장과 대립 속에서 자신에게 유리한 결과를 얻기 위해 정보와 힘을 사용하는 것이다.

협상은 또한 두 사람 이상의 당사자들이 희소한 자원을 어떻게 할당할지를 결정하는 과정이다. 대표적인 예는 경영진과 노동조합 간의 노사관계협상이다. 부서 간의 협상, 영업사원과 고객 간의 협상, 구매담당자와 공급업자 간의 협상 등 다양한 형태의 협상이 존재한다. 느슨하게 구조화된 조직에서 직접적인 권한관계가 아니고 다른 팀원과 일할 기회가 많은 조직구성원들의 경우 협상기술은 더욱 중요하다.

조직에서의 모든 협상은 협상자들 간의 관계와 협상당사자들의 느낌에 따라 달라진다. 즉 상대방과 얼마나 상호작용을 하는지 사회적 관계를 유지하고 윤리적으로 행동하는 것도 협상에 큰 영향을 미친다. 또한 상하관계보다는 대등한 관계에서 협상이 필요해지고 가까운 관계보다는 잘 모르는 사람들 간의 관계에서 협상이 요구된다.

2) 협상의 유형

협상전략에는 그 성격에 따라 두 가지 접근방법, 즉 분배적 협상과 통합적 협상이 있다.

(1) 분배적 협상

가. 분배적 협상의 정의

분배적 협상(distributive bargaining)은 정해진 파이를 나누어 갖는 제로섬(zero-sum)조건, 즉 한 사람이 이익을 보면 다른 사람은 손해를 본다(win-lose 관계)는 전제에서 이루어진다. 따라서 분배적 협상의 본질은 한정된 자원에서 더 많은 부분을 얻으려고 하는 경쟁적이고 갈등적인 협상이다. 분배적 협상의 대표적 예는 노사 간의 임금교섭이다. 협상자가 직면하는 협상상황은 대부분이 분배적 협상이고 많은 사람들은 거의 배타적으로 분배적 협상을 하려 한다. 노사 간의 임금교섭, 공급자와의 구매가격교섭, 고객과의 판매가격교섭 등은 모두 분배적 협상의 예이다.

나. 분배적 협상의 중요 포인트[10]

분배적 협상을 하기 전에 정해야 할 몇 가지 중요한 사항이 있다. 자기회사의 기준을 정해 놓고 상대의 기준도 파악하면서 협상에 임하면 훨씬 성공적이다.

첫째, 목표수준(가격)(target level)이 있는데 자신이 협상을 마무리 짓고자 희망하는 가격수준을 의미한다.

둘째, 저항수준(가격)(resistance level)은 협상에서 상대에게 지불할 수 있는 최고가격으로서 상대방에게 절대 노출되어서는 안 되는 중요한 정보를 말한다.

셋째, 요구수준(가격)(asking price)이다. 이것은 협상상대가 제시한 최초가격으로서 상대방의 요구수준을 파악할 수 있는 최초의 정보이며 이 가격을 토대로 협상과정에서 상대방의 목표가격과 저항가격을 추정할 수 있다.

넷째, 협상개시수준(가격)(starting price)이다. 최초로 협상상대에게 제시하는 가격으로 통상 목표가격보다 낮다. 협상개시가격과 목표가격과의 차이가 너무 크면 협상에서 양보할 수 있는 여지가 많고 시간도 벌 수 있지만 처음부터 거절당하거나 완고한 태도에 부딪칠 수도 있다.

협상 전에 협상당사자들은 각각 시작가격과 목표가격 그리고 저항가격을 설정해 둔다. 그리고 저항가격은 상대방에게 알려지지 않도록 보안을 유지하여야 하며 때로는 협상이 끝난 후에도 비밀이 되기도 한다.

다. 협상믹스

협상에 있어서 어떤 항목은 당사자에게 모두 중요하지만 어떤 항목은 한 당사자에게만 중요할 수도 있다. 나에게 무엇이 중요한 포인트가 되며, 다른 당사자들에게는 어떤 것들이 더 중요한지를 간파할 수 있어야 협상을 계획하거나 진행하는 과정에서 이러한 우선순위를 계산할 수 있게 된다. 예를 들면 임금 · 단체협상 체결 시 기본급 인상보다는 복리후생에 중점을 두거나, 등산용 아웃도어 의류를 구매하면서 등산용 양말을 요구하는 등이 협상믹스(bargaining mix)의 활용 예라 할 수 있다.

라. 분배적 협상영역

분배적 협상의 본질은 [도표 10-6]에 나타나 있다. A와 B는 협상의 두 당사자이다. 각각은 자신들이 달성하고자 하는 목표점을 가지고 있다. 또한 각자는 수용할 수 있는 최소의 결과를 나타내는 저항점도 가지고 있다. 저항점 아래로 내려가면 자신들에게 유리하지 않은 타협안을 수용하기보다는 협상을 깨뜨린다. 양 당사자의 저항점 사이에 있는 영역이 바로 각자의 기대영역이다. A와 B의 기대영역이 겹쳐지는 경우에는 양 당사자의 기대가 충족될 수 있는 타결영역이 존재한다.

양보는 협상의 중심이다. 한쪽에서 양보하지 않으려 하면 상대방은 무조건 항복해야 하거나 협상은 결렬될 것이다. 따라서 사람들은 양보를 기대하며 협상에 임한다. 유능한 협상가일수록 교섭범위에서 충분한 여지를 남겨둔 채 협상을 시작하여 많은 것을 양보하고도 그들의 목표가격보다 더 나은 대안에서 협상을 마무리 지으려 할 것이다. 최상의 협상결과는 서로가 승자라고 여기는 것이라고 볼 수 있다.

| 도표 10-6 | 분배적 협상에서의 협상영역

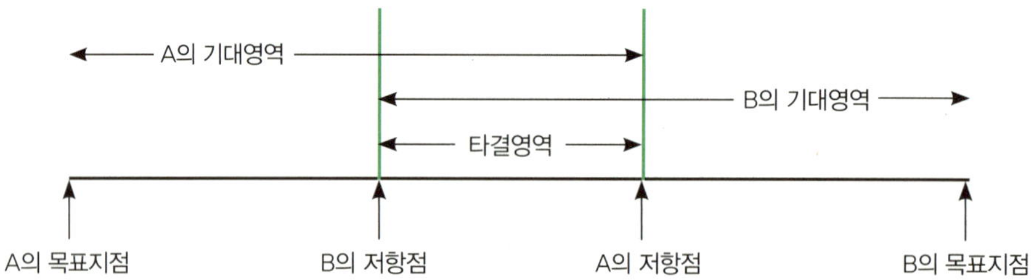

자료 : 김광점 외 옮김(2011), 핵심조직행동론, p.252.

(2) 통합적 협상

분배적 협상이 양측 모두 이기려고 경쟁하고 상호배타적인 목표설정으로 인해 갈등이 초래되는 상황이라면, 통합적 협상은 협력적이고 공동의 이익을 위해 문제를 풀어가려고 하는 협상(plus-sum, positive-sum, win-win협상)이라고 말할 수 있다. 통합적 협상의 특징은 양측의 차이점보다는 공통점에 초점을 두고 양측의 필요와 관심을 강조하며 모두의 요구사항을 충족시키고자 정보와 아이디어를 교환해 나간다는 점이다. 참여자들이 모두 자발적인 협조와 노력을 통해 협상의 내용과 과정 모두를 관리해 나간다.

성공적인 통합적 협상을 하기 위해서는 공통의 목표를 가지고 목표를 공유할 수 있어야 하며 서로의 목표를 절충하고자 하는 노력이 있어야 한다.

가. 통합적 협상의 과정

통합적 협상은 다음과 같은 과정을 통하여 이루어진다.[11]

① 문제의 정의 : 명확한 문제정의는 문제해결을 위한 출발점이다.

② 상대방의 관심과 욕구에 대한 이해 : 상대방이 가지고 있는 관심과 욕구가 무엇인지, 그리고 상대방이 왜 그러한 입장을 취하고 있는지 등을 이해하는 것이 통합적 협상의 성공을 위해 중요하다.

③ 대체안의 탐색 : 협상 양측이 선택가능한 대체안을 탐색한다. 이를 위해서는 이전에 'win-lose'로 인식되던 문제를 'win-win'의 관점에서 재정의하고 재조명하는 것도 필요하다. 이와 같은 대체안을 모색하는 방법은 [도표 10-7]에 제시되어 있다.

도표 10-7 | 대안모색방법

주제	내용
자원의 확대	갈등의 원인이 되는 자원을 확대하는 방법
통합적 대안의 탐색 (logrolling)	이슈를 다양화하고 이슈에 대한 각 당사자의 중요도 및 선호도를 반영한 새로운 대안 개발
새로운 보상의 활용	협상에서 양보하는 당사자에게 그에 상응하는 다른 보상을 제공하는 것
양보에 따른 비용감소	상대방의 입장을 수용했을 경우 수반되는 고통이나 비용을 줄여주는 방법
의사결정기법의 활용	브레인스토밍이나 명목집단법 등을 활용하여 대체안을 탐색

④ 대체안의 평가와 선택 : 대체안의 평가와 선택의 내용은 다음과 같다.

- 질적 수준과 수용성에 기초해서 대안을 평가한다.

- 평가기준을 협상자들이 합의한 후 평가한다.
- 특정안에 대한 선호를 하면 그에 대한 이유를 충분히 설명한다.
- 특정안의 선택 시 가능한 모든 영향을 분석한다.
- 다양하고 복잡한 안이 서로 얽혀 있을 때는 분야별로 소그룹화해서 평가한다.
- 당사자들 간에 감정적 갈등이 발생하면 냉각기간을 갖는다.

나. 통합적 협상의 성공요인

통합적 협상의 성공요인을 살펴보면 다음과 같다.

① 공통의 목표 : 당사자들 간에 공통의 목표가 존재하고 협력하는 것이 이익이라는 믿음이 있을 때 협상이 성공하게 된다.

② 문제해결능력에 대한 믿음 : 자신의 능력을 믿는 협상자는 더 개방적으로 협상에 임하는 경향이 있다. 협상당사자 간에 서로 협력할 수 있다고 믿으면 실제를 성공하게 된다. 이러한 믿음이 없는 경우 경쟁적이고 갈등적인 관계를 설정하는 경향이 있으므로 문제해결능력에 대한 믿음을 갖는 것이 중요하다.

③ 자신의 입장과 상대방의 관점 인정 : 자신의 가치와 입지만을 옹호하고 상대방의 관점을 인정하지 않으려는 분배적 협상과는 달리 통합적 협상에서는 자신과 상대방의 태도와 정보, 욕구를 모두 고려하고 인정한다.

④ 공동협력에 대한 동기부여와 몰입 : 성공적인 통합적 협상에 도달하기 위해서는 경쟁보다는 협력에 대한 동기부여가 있어야 한다. 즉 자신의 일방적인 이익추구가 아니라 양방의 이익을 위해 노력해야 한다. 이를 위해 공동운명이라는 인식, 협력을 통해 얻는 이익이 손실보다 크다는 믿음, 협상 전에 이루어지는 사전 이해노력 등이 필요하다.

⑤ 신뢰 : 신뢰하지 않는 관계에서는 방어적으로 행동하게 된다. 상대방을 신뢰할 때 자신의 욕구, 입장, 상황판단 등에 대해 보다 정확히 의사소통을 하게 된다. 협상초기의 협력적이고 개방적이며 친화적인 말과 행위는 상대방에게

신뢰를 주게 된다. 또한 협력적이고 믿음이 가는 행위가 반복될 때 신뢰하는 경향이 있다. 신뢰는 일단 구축되면 지속되는 경향이 있으며, 한번 무너진 신뢰는 재구축하기가 매우 어렵다.

⑥ 정확한 의사소통 : 통합적 협상이 성공적으로 이루어지기 위해서는 명확하고 정확한 의사소통이 필수적이다. 어떤 발언이나 행위에 대해 당사자들이 동일한 방식으로 해석하고 이해하는 것이 중요하다.

⑦ 통합적 협상의 동태성 이해 : 통합적 협상의 동태적 특성을 이해하는 것이 중요하다. 통합적 협상의 기술, 예를 들면 당사자들의 이슈별 선호도와 우선도에 대한 정보교환, 상위의 목표설정 등을 훈련함으로써 협상의 가능성과 성과가 높아질 수 있다.

그런데 현실적으로는 통합적 협상을 하기 어렵다. 그 이유는 통합적 협상이 성공하려면 여러 가지 전제조건을 충족해야 하기 때문이다. 즉 당사자들이 정보를 공개하고, 그들의 관심사에 대해 솔직하고, 다른 사람의 욕구와 신뢰에 대해 민감하고, 유연성을 유지해야 하는 것 등이 포함된다. 이러한 조건이 조직 내에 존재하지 않는다면 반드시 이겨야 한다는 분배적 협상이 진행되는 것이다. 또한 윈윈 합의를 도출하려는 협상에서 가장 큰 걸림돌은 타협이라는 사실을 인식해야 한다. 쉽게 적당히 타협한다면 어느 누구도 윈윈을 위한 창의적인 아이디어를 제시하지 않을 것이다.

3) 분배적 협상과 통합적 협상의 비교

지금까지 살펴본 분배적 협상과 통합적 협상의 비교는 [도표 10-8]에서 보는 바와 같다.

❙ 도표 10-8 ❙ 분배적 협상과 통합적 협상

협상적 특징	분배적 협상	통합적 협상
목표	가능한 한 많은 파이를 차지함	양 당사자 모두 만족할 만큼 파이를 확대함
동기	승-패	승-승
초점	위치(이 문제에 대해서 저항점 이하는 갈 수 없음)	관심(이 문제가 왜 그렇게 중요한지 설명해 줄 수 있는가?)
관심사	서로 반대	서로 일치
정보공유	낮음(정보를 공유하면 상대방이 이익을 차지할 것임)	높음(정보를 공유하면 서로의 이익을 만족시킬 수 있는 방법을 찾을 수 있음)
관계의 지속성	단기	장기

자료 : 김광점 외 옮김(2011), 핵심조직행동론, p.252 재인용

2. 협상과정

협상과정은 일반적으로 다음과 같은 5단계를 거쳐 이루어진다. 즉 ① 준비와 계획, ② 기본규칙 정의, ③ 명료화와 정당화, ④ 협상과 문제해결, ⑤ 종료와 실행이 그것이다. 협상과정은 [도표 10-9]에서 제시하고 있다.

❙ 도표 10-9 ❙ 협상과정

① 준비와 계획 → ② 기본규칙 정의 → ③ 명료화와 정당화 → ④ 협상과 문제해결 → ⑤ 종료와 실행

1) 준비와 계획

협상내용과 상대방의 상황에 대하여 정확히 알고 나서 협상에 임해야 하므로 많은 정보수집과 준비가 필요하다. 협상을 시작하기 전에 협상당사자들은 다음과 같은 과제를 해결해야 한다([도표 10-10] 참조).

| 도표 10-10 | 협상준비를 위한 과제

분류	과제
당사자 입장	• 갈등의 성격이 무엇인가? • 협상의 배경이 무엇인가? • 누가 참여하는가? • 갈등을 어떻게 지각하고 있는가? • 협상에서 무엇을 원하는가? • 당신의 목표는 무엇이며, 수용할 수 있는 최소범위는 무엇인가?
상대방 입장	• 그들이 무엇을 요구할 것인가? • 그들의 입장을 얼마나 고수할 것인가? • 그들에게 중요한 무형의 혹은 숨겨진 관심사는 무엇인가? • 그들이 기꺼이 타결하고자 하는 것은 무엇인가?

이상과 같은 내용을 준비해서 상대방의 입장을 예측할 수 있다면 협상에서 유리한 입지를 갖게 될 것이다.

2) 기본규칙 정의

다음에는 상대방과 함께 협상을 위한 기본규칙과 협상의 절차를 약정해야 한다. 누가 협상을 할 것인가, 어디에서 할 것인가, 시간제약은 얼마나 되는가, 협상주제의 범위는 어디까지인가, 만약 협상이 교착상태에 빠지면 어떠한 특정 절차를 따를 것인가 등에 대한 규칙을 정하는 것이다.

3) 명료화와 정당화

양 당사자는 서로의 요구사항을 제시하고, 설명하고, 명료화하고, 정당화한다. 또한 상대방이 제대로 알고 있는지 확인해야 한다. 이것은 대립적일 필요는 없다. 오히려 왜 그것이 중요한지, 어떻게 해서 이러한 요구사항을 제시하게 되었는지 상대방에게 알려줄 수 있는 기회이다.

4) 협상과 문제해결

협상과정의 핵심은 협의안을 끌어내기 위해 서로 간에 의견을 주고받는 것이다. 직접 주장과 양보를 거듭하면서 상호동의점을 찾아 약정하는 단계로서 당사자들이 서명한 약정서를 만든다.

5) 종료와 실행

협상과정의 마지막 단계는 약정서대로 실행에 옮기는 단계이다. 이때 제대로 이행되는지 관찰과 감시가 필요하다. 노사협상, 부동산 임대협상, 고위 임원직 협상에 이르기까지 주요 협상에서는 공식적인 계약서에 구체적인 사항들을 기재하는 것이 필요하다.

3. 협상과 개인차이

어떤 사람이 협상을 더 잘할 수 있는지 효과적 협상에 영향을 미치는 요인을 살펴보기로 한다.[12]

1) 협상과 성격특성

연구결과 성격과 협상결과 간에는 약하기는 하지만 관련성이 있는 것으로 나타났다. 예를 들면 상냥하고 외향적인 성격을 가지고 있는 협상가는 분배적 협상에서 실패하기 쉽다. 외향적 성격의 사람은 사교적이고 우호적이기 때문에 필요한 정보보다 더 많은 것을 공유하는 경향이 있다. 또한 상냥한 사람들은 싸우는 것보다는 협력적인 방식을 찾는 데 더 관심이 많다. 이러한 특성들은 통합적인 협상에서는 도움이 되지만 이해관계가 상충되는 경우에는 상당한 부담이 된다.

최상의 분배적 협상가는 성격적으로 까다롭고 내성적인 사람이다. 이들은 상대방과의 우호적 관계보다는 자기자신의 결과에 더 많은 관심을 보이기 때문이다. 반면에 다른 사람과 긍정적인 관계유지를 좋아하고 자기자신의 결과에는 관심이 별로 없는 사람들은 특히 협상가로서는 적합하지 않다. 이러한 사람들은 의견불일치를 매우 불안해하는 성향이 있고, 심지어 협상을 시작하기도 전에 불유쾌한 갈등을 피하기 위해 신속하게 대응함으로써 결과적으로 상대방을 유리하게 하는 경향이 있다.

2) 협상에서의 기분과 감정

기분과 감정은 협상에 확실히 영향을 주고 있지만 영향을 미치는 방식은 협상의 유형에 따라 달라진다. 분배적 협상의 경우 권력이 있거나 동등한 지위에 있는 협상가가 상대방에게 분노를 나타내면 양보를 하기 때문에 더 좋은 협상결과를 얻을 수 있다. 반면에 상대적으로 권력이 적은 사람이 분노를 나타내면 좋지 않은 결과를 가져온다. 이와 대조적으로는 통합적 협상에서 긍정적인 기분과 감정은 통합적인 협의안을 만드는 데 보다 효과적이다.

토 | 의 | 문 | 제

01 갈등의 원인은 무엇인가?

02 갈등의 유형 중 개인적 갈등 세 가지는 무엇인가?

03 분배적 협상의 중요 포인트는 무엇인가?

04 협상과정은 무엇인가?

참 | 고 | 문 | 헌

01 Robbins, S. P.(1974), *Managing Organizational Conflict : A Nontraditional Approach*, Englewood Cliffs, New Jersey : Prentice-Hall, p.23.

02 O'Leary-Kelly, A. M., Griffin, R. W., and D. J. Glew(1996), "Organization Motivated Aggression : A Research Framework," *Academy of Management Review*, January, pp.225-53.

03 Amason, A. C., Thompson, K. R., Hochwater, W. A., and A. W. Harrison(1995), "Conflict : An Important Dimension in Successful Management Teams," *Organizational Dynamics*, Autumn, pp.20-35.

04 M. Sherif(1966), *In Common Predicament : Social Psychology of Intergroup Conflict and Cooperation*, Boston : Houghton-Mifflin.

05 김광점 · 박노윤 · 설현도 옮김(2011), 핵심조직행동론, 시그마프레스, p.244.

06 김광점 · 박노윤 · 설현도 옮김(2011), 핵심조직행동론, 시그마프레스, p.248.

07 김주엽 외 공저(2013), 조직행위론, 경문사, pp.370-372.

08 Sherif, M.(1958), "Superordinate Goals in the Reduction of Intergroup Conflict," *American Journal of Sociology*, LXIII.

09 임창희(2008), 조직행동, 비앤엠북스, p.463.

10 김주엽 외 공저(2013), 조직행동론, 경문사, p.378.

11 Lewicki, R. J., Saunders, D. M., and J. W. Minton(2000), *Essentials of Negotiation*, McGraw-Hill.

12 김광점 · 박노윤 · 설현도 옮김(2011), 핵심조직행동론, 시그마프레스, p.256.

PART 04

조직행동의 이해 : 조직차원

Organizational Behavior

O r g a n i z a t i o n a l   B e h a v i o r

CHAPTER

11 조직문화

여는 이야기 기업문화의 목표는 조직의 비전 · 미션 달성

#1. 업계 선두주자인 한 스타트업(신생 벤처기업)의 K대표는 조직이 커지면서 최근 고민이 깊어졌다. 직원은 대부분 20~30대 초반으로 구성됐는데, 자유로운 분위기를 넘어 동아리활동을 하는 것처럼 보였기 때문이다. 한 직원은 팀 분위기에 적응하기 어려워하며 갑자기 퇴사를 선언했다. 일부 팀장은 중요한 과제임에도 팀원들의 눈치를 살피느라 내용을 정확히 전달하지 않거나 왜 지금 꼭 해야만 하냐는 질문으로 임원들을 당황하게 했다. K대표는 스타트업의 수평적 조직문화가 무조건 좋은 것만은 아니라는 생각이 들었다. 대기업 업무 경력이 있는 직원을 채용해 분위기를 잡는다면 조직충성도와 업무효율성을 높일 수 있지 않을까 고민 중이다.

#2. 국내 대기업 계열사를 맡은 H대표는 취임 직후 인사제도와 더불어 기업문화프로그램 개선을 추진 중이다. 격의 없는 문화를 만들어야 아이디어가 나오고 성과로 이어지는데, 지금 같은 상명하복식 보수적인 분위기에서는 어렵다는 판단에서다. 점점 치열해지는 시장환경과 새로운 먹거리를 발굴해야 하는 상황에서는 조직 내 소통이 원활해야 한다. 담당부서에서는 최근 업계에서 주목받고 있는 스타트업을 벤치마킹해 소통 활성화프로그램을 적용 중인데, 직원들은 잠깐의 이벤트성이 아니냐는 반응이다.

위 두 상황은 실제 기업이 겪고 있는 사례다. 여기서 몇 가지 질문을 던져보자. 각 기업에서 보이는 현상(fact)과 핵심문제(key issue)는 무엇일까. 문제를 해결하기 위해 상반된 업계의 가치를 적용하려는 것은 효과적일까. 문화란 특정 주체가 만드는 것일까, 만들어지는 결과물일까.

기업문화란 조직구성원이 공유하고 있는 가치관과 신념, 규범과 전통, 지식과 기술 등을 말한다. 다시 말해 특정 조직이 일정기간 운영되며 생성된 조직구성원들의 공통된 신념, 규범, 가치관, 행동 패턴이다. 비전과 경영전략이 겉으로 드러난 의식이라면 기업문화는 빙산 아래 잠겨 있는 무의식에 빗대어 설명하기도 한다. 기업문화를 제대로 이해하는 것이 왜 중요할까. 기업문화는 기업 전체를 지배하는 보이지 않는 힘이기 때문이다. 기업에는 두 가지 중요한 언어가 있다. 숫자와 가치다. 이 둘은 날실과 씨실처럼 서로 얽혀 있다. 그런데 숫자는 말처럼 명확해 눈에 띄는 반면 가치는 몸짓 언어처럼 눈에 잘 띄지 않는다. 개인에게 가치는 일하는 방식, 회사에서는 채용과 평가의 기준이 된다. 조직몰입도에도 영향을 미쳐 성과와 직간접적으로 연계되기도 하고, 때로는 조직의 운명을 가르기도 한다. 고유한 가치들이 한데 모여 발현된 것이 기업문화다. 기업문화가 가진 특징은 무엇일까.

기업문화는 가치가 모여 발현된 것

첫째, 문화는 상대적인 것이다. 옳고 그른 기준이 아니다. 우리 조직과 잘 맞고 적합한가가 중요하다. 고객중심, 소통과 협력 등 모든 기업이 추구하는 보편적 가치를 무조건 적용하기보다는 우리 조직이 추구하는 비전을 명확히 하고 이와 연계된 가치에 구성원이 얼마나 공감하느냐가 중요하다. 바람직한 기업문화의 목표는 조직의 비전과 미션 달성으로 귀결돼야 한다. 둘째, 문화는 양면성을 가지고 있다. 기업문화는 조직 내 일하는 방식을 통일하고, 의사결정기준이 되는 등 순기능 역할을 하지만, 때로는 기존의 가치체계로 인해 변화에 저항하고 새 직원이 융합하는 데 장벽을 만들기도 하는 등 역기능도 존재한다. 셋째, 문화는 자의적 해석이 가능하다. '고객만족'이라는 키워드만 해도 고객을 누구로, 어디까지, 만족을 어떻게 정의할 것인가에 따라 무게가 달라진다. 미국 본사의 매니저가 생각하는 '팀워크'와 한국 부서장이 생각하는 '팀워크'가 다를 수 있다는 의미다. 구성원들은 살아오면서 학습하고 경험한 가치와 환경에 따라 각자 다르게 인식하는 것이다.

가치관 체계는 비전–미션–핵심가치

넷째, 문화는 눈에 보이지 않지만 나름의 체계를 지니고 있다. 제너럴일렉트릭(GE), 존슨앤드존슨 등 100년이 넘는 글로벌기업은 다양한 배경과 가치관을 가진 인력이 모여 소통하고 공동의 목표를 위해 협업하는 방법을 오래전부터 고민해왔다. 그 결과 수많은 시행착오 끝에 최적의 방법을 찾아냈다. 그것이 바로 비전(vision), 미션(mission), 핵심가치(core value)라 불리는 기업의 가치관체계다. 기업의 비전을 성취하려면 외부환경, 내부경영자원, 조직구조 그리고 고유의 기업문화가 유기적으로 연계돼야 한다. 이를 실현하기 위해서는 현재 조직이 갖고 있는 현상과 이슈를 명확히 구분하고 과제를 구체화할 수 있어야 한다.

다시 처음의 사례로 돌아가서 생각해보자. 스타트업과 대기업 각자가 가진 고유의 문화적 특성은 상대적이며 상황에 따라 양면성이 존재한다. 우선, 겉으로 드러나는 불편한 현상을 개선하기 위해서가 아니라 근본적인 문제가 무엇인지 파악하는 것이 중요하다. 이와 함께 경영환경이 요구하는 문화적 특성을 강화하거나, 과거 성장을 지속하게 한 핵심적 역량을 정의하고 우리 조직의 성장 DNA를 조직문화로 내재화하려는 노력이 필요하다. 조직은 살아 있는 유기체와 같다. 기업문화란 주체와 객체의 명확한 구분 없이 상호영향을 주고받으며 성장, 유지, 쇠퇴한다.

자료 : 한경 BIZ School, 2017.6.15.

11.1 조직문화의 개념

1. 문화와 조직문화

1) 문화의 정의

문화란 사회를 구성하고 있는 모든 사람들이 공통적으로 지니고 있는 가치관과 신념, 이념, 관습, 그리고 지식과 기술 등을 총칭하는 것으로서 그 문화권에 속한 인간의 행동에 영향을 끼치는 법칙들에 대한 가장 거시적인 개념이다. 따라서 문화란 한 사회를 형성하고 나서 그 사회를 유지, 발전시키기 위하여 사회구성원의 행동과 의식을 통합하고 조정하는 종합요소라 할 수 있다.[01]

문화는 인간사회의 생존과 밀접하게 연계되어 있다. 어떤 사회든지 성공적으로 생존하기 위해서는 그 사회가 계속적으로 직면하게 되는 두 가지 궁극적인 문제를 해결할 수 있어야 한다. 그 하나가 외부적응(external adaptation)과 관련된 문제이고, 다른 하나는 내부통합(internal integration)과 관련된 문제이다. 문화는 인간사회시스템이 생존과정에서 반복적으로 부딪치게 되는 두 가지 궁극적인 문제에 대한 해법들을 갖고 있다. 어느 인간사회시스템도 문화를 발달시키지 못하면 생존을 담보하기 어렵다. 인간은 본능을 통해 충분히 생존을 도모할 수 있는 다른 동물과 달리, 문화를 통하여 자신의 모자라는 점을 보완해야 생존이 가능한, 불완전하고 미완성된 동물인 까닭이다.[02]

2) 조직문화의 연구배경

학자나 기업실무자들이 조직문화연구에 관심을 갖기 시작한 것은 1970년대로 보고 있다. 1970년대 말부터 미국의 강력한 경쟁상대로 일본이 떠오르기 시작하였고, 따라서 일본기업에 대한 연구를 통해서 생산성문제를 해결하고자 하였다. 대표적인 일본기업에 대한 연구는 오우치(William Ouchi)의 Z이론이다.[03] 오우치는 [도표 11-1]에서 보는 바와 같이 미국식 기업관리방식과 일본식 관리방식을 비교하면서 생산성향상에 대한 해답으로 일본식 관리방식을 제시하였다. 즉 관리방식이 기업성과에 지대한 영향을 준다는 것이다.

딜과 케네디(Terrence Deal & Allan Kennedy), 피터스와 워터맨(Thomas Peters & Robert Waterman)의 저술들[04]도 생산성이나 성과증진에 대한 해답을 보편타당한 일반관리이론이나 최신경영기법에서 찾기보다는 경영이념이나 핵심가치관 또는 일에 대한 규범이나 태도 같은 관리방식에서 찾을 것을 역설하였다. 즉 조직문화에서 찾을 수 있다는 것이다. 특히 피터스와 워터만은 『초우량기업의 조건』에서 문화와 관련된 경영기법의 우수성을 강조하였고 경영담당자들에게 문화의 중요성을 역설하였다. 이와 같이 1980년대부터 조직문화의 개념이 조직이론에 도입되어 조직개발과 혁신에 응용되었고 조직활성화를 위한 도구로 전문가들이 사용하게 되면서 기업을 경영하는 데 중요한 변수로 떠오르게 되었다.

| 도표 11-1 | 미국식 관리방식과 일본식 경영방식의 비교

관리방식	A형(American Style)	J형(Japanese Style)
고용정책	단기고용	장기고용
목표	단기적인 목표추구	장기적인 목표추구
평가	즉각적인 평가	장기적인 평가
경력	전문적인 경력관리	일반(비전문화) 경력관리
통제방법	규칙과 절차 등 명시적 통제	자기규제, 집단규범 등 암묵적 통제
의사결정	개인결정 · 개인책임	집단결정 집단책임
개인과 조직	조직과 개인의 계약	조직이 개인 전체를 받아들임

3) 조직문화의 정의

조직구조가 조직구성원의 행동을 지배하는 공식적 시스템이라면 조직문화는 역시 조직구성원의 행동을 지배하는 비공식적 분위기라고 할 수 있다. 이는 조직구조(structure)와는 다르게 공식적인 조직도에 나타나지는 않지만 구성원들의 대인관계, 업무수행과 관련한 태도와 행동을 결정하는 집단적 가치관이나 보이지 않는 규범(values and norms)이다. 역시 이것도 조직구조처럼 조직목표달성을 향한 구성원들의 행동을 조정하고 지배한다.[05] 사람으로 말하면 구조가 육체(hardware)라면 문화는 정신(software)이라고 비유될 수 있다([도표 11-2] 참조).

| 도표 11-2 | 조직구조와 조직문화

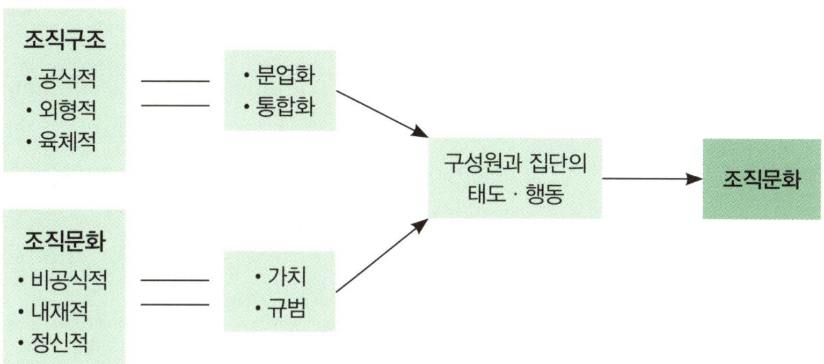

거시적인 문화의 개념을 미시적인 조직수준에 적용한 것이 바로 조직문화(organizational culture)의 개념이다. 즉 조직문화는 한 조직의 구성원들이 공유하고 있는 가치관, 신념, 이념, 관습 그리고 지식과 기술을 총칭하는 것으로서 조직구성원과 조직의 행동에 영향을 주는 기본적 요인으로 볼 수 있다. 그러나 조직문화의 개념은 연구자들의 관점에 따라 다양하게 정의되고 있는데 그 내용을 정리하면 [도표 11-3]과 같다.

조직문화의 대가인 샤인(E. H. Schein)은 조직문화를 "외부환경에 적응하고 조직내부를 통합하는 문제를 해결하는 과정에서 특정 집단이 고안 · 발견 · 개발하는 기본 믿음들로, 이것은 오랜 기간 동안 조직구성원이 타당한 것으로 여겨와 그들 사이에서 아무런 의심 없이 당연한 것으로 받아들여지고, 새로운 구성원에게는 조직의 대내외적 문제를 해결하는 올바른 방법으로 학습되어지는 것"으로 정의하고 있다.[06]

이와 같이 조직구성원이 조직 내외의 문제를 해결하는 과정에서 중요한 경험을

도표 11-3 | 조직문화의 정의

연구자	정의
스펜서(J. C. Spencer)	A belief system shared by an organization's members
오렐리(C. O'Reilly)	Strong, widely shared core values
딜 & 케네디 (T. E. Deal & A. A Kennedy)	The way we do things around here
호프스테드(G. Hofstede)	The collective programming of the mind
밴 마넨 & 발레이 (J. Van Maanen & S. R. Barley)	Collective understandings
쿠제스 & 캘드웰(J. M. Kouzes & D. F. Caldwell)	A set of shared, enduring beliefs communicated through a variety of symbolic media, creating meaning in people's work lives
오우치(W. G. Ouchi)	A set of symbols, ceremonies, and myths that communicates the underlying values and beliefs of that organization to its employees
피터스 & 워터맨(T. J. Peters & R. H. Waterman Jr.)	A dominant and coherent set of shared values conveyed by such symbolic means as stories, myths, legends, slogans, anecdotes, and fairy tales
샤인(E. H. Schein)	The pattern of basic assumptions that a given group has invented, discovered, or developed in learning to cope with its problems of external adaptation and internal integration

자료 : 임창희(2008), 조직행동, 비앤엠북스, p.523.

공유하게 되고, 이 공유된 경험이 시간이 지남에 따라 주위 세계에 대한 공유된 견해로 발전하게 되며, 이 견해가 오랜 시간 작용함에 따라 당연시되고 무의식적이게 된다. 그러므로 조직문화는 상당한 역사를 갖고 있는 조직의 경우에만 발견될 수 있는 것이다.

2. 조직문화의 역할

조직문화는 정확하게 표현할 수 없는 것이면서도 기업을 이끄는 동인(動因)이라고 말할 수 있으며, 기업의 밑바닥에 흐르고 있는 정신적 배경이라고도 볼 수 있다. 또한 조직문화는 구성원들의 사고와 행동에 방향과 힘을 주는 바탕으로서, 조직구성원들을 결합시키고 그들의 직장생활에 의미와 목적을 부여해 주면서 그들의 행동을 결정하는 중요한 요소가 된다. 그렇기 때문에 조직문화는 강하든 약하든, 긍정적이든 부정적이든 조직 전체에 커다란 영향을 미치게 된다.

1) 조직문화의 순기능

조직문화의 기본적인 기능적 측면은 다음과 같다.[07]

첫째, 조직문화가 수행하는 기능 중에서 가장 중요한 것은 조직의 생존에 기여한다는 점이다. 조직은 생존을 위해서 환경적응과 함께 구성원들의 협동과 응집력을 유지해야 한다. 조직문화는 구성원들이 공유하는 의미체계이므로 조직과의 공감대를 갖고 신속하게 변화에 대처한다. 동시에 공동의 문화 속에서 동질감이 높아지고 의사소통도 잘되어 응집력이 커진다.

둘째, 조직문화는 구성원들에게 소속감과 조직정체성(organizational identity)을 제공함으로써 구성원들이 단합하고 조화를 이룰 수 있게 된다. 조직문화는 구성원이 공유하는 의미체계이기 때문에 많은 상황에 대해서 동일한 시각을 갖고 동일한 해석을 하게 된다. 이러한 동질감은 상호 간에 친근감과 신뢰를 일으키고 소속감을 증대시킬 것이다. 뿐만 아니라 한 조직의 조직문화는 그 조직을 다른 조직과 구별하게 하는 자신만의 독특한 것이기 때문에 구성원들에게 조직정체성을 제공한다.

셋째, 조직문화는 구성원들의 조직몰입도를 높일 수 있다. 연구에 따르면 사람들에게 타 집단의 존재를 의식하는 것만으로도 그들이 속한 집단에 대한 신뢰도와 호감도를 높일 수 있다고 한다. 조직문화는 구성원들에게 조직정체성을 제공하고, 그를 통해 타 집단과의 비교를 통하여 조직몰입도를 높일 수 있게 된다.

넷째, 조직문화는 구성원의 태도와 행동에 대한 행동지침을 제공함으로써 통제 메커니즘으로 작용한다. 따라서 조직의 효율성과 안정성에 공헌한다. 조직문화가 구성원들에게 잘 스며들어 있으면 구성원들이 정상적으로 수행할 과업과 절차에 대해서 일일이 지시를 하지 않아도 조직문화가 그것을 알려주고 조정 · 통제하는 역할을 수행한다. 조직구조가 플랫(flat)화되면서 구성원의 자율권이 확대되고 공식적인 규제와 지침이 줄어드는 경우 조직문화의 영향은 더 커지게 된다.

2) 조직문화의 역기능

조직문화는 다음과 같은 부정적인 영향을 미칠 수도 있다.

첫째, 조직문화가 구성원들의 사고와 관점을 좁힐 수 있다. 조직문화는 구성원들에 의해서 공유되고 있는 의미체계라는 점에서 구성원들의 시야를 제한할 가능성이 상존한다. 우리는 아는 것만큼 보고, 보는 것만큼 알 뿐이다. 예를 들어 안정적인 환경에서 안정적인 성장을 해온 기업은 환경의 변화가 제공하는 기회를 보지 못함으로써, 결국 환경적응에 실패할 수 있는 것이다.

둘째, 조직문화가 환경의 변화에 맞추어 혁신하고자 하는 조직의 노력에 저항하는 방향으로 작용할 수 있다. 조직문화는 상당한 시간을 거쳐 증명된 역사적 산물이다. 사람들은 불확실한 것보다 확실한 것을 더 선호하는데 변화는 불확실성을 초래한다. 조직문화는 구성원들에게 그러한 불확실성을 회피하면서 과거의 안전한 방식에 집착하도록 하여 혁신노력에 저항하는 것이다. 특히 과거에 훌륭한 조직문화로서 성공한 기업이 환경변화에 적응을 못해서 어려움을 겪는 경우가 많다.

3) 기업에 미치는 영향

한 기업의 문화는 기업운영의 모든 면에 영향을 미치면서 기업의 효과성을 결정하는 중요한 요소이다. 조직문화가 기업경영의 어떤 측면에 영향을 미치는지를 구체적으로 살펴보면 다음과 같다.

첫째, 기업의 전략수행에 영향을 미친다. 새로운 전략의 수행을 위해서 기존의 문화와 전혀 다른 가치관, 행동양식, 작업방식 등을 필요로 하는 경우에 그동안 형성되어 온 조직문화를 일시에 변화시킬 수 없으므로 그 전략의 실현을 기대하기는 어렵다. 따라서 기업은 반드시 그 문화를 분석하여 그에 알맞은 방식으로 전략을 수립해야 한다.

둘째, 합병 또는 다각화를 시도하는 경우에도 문화적 요소를 고려하여야 한다. 합병이 이루어진 두 기업이 서로 조화될 수 없는 상이한 문화적 특징을 지니고 있으므로 진정한 내부적 통합이 이루어지지 못하고 심각한 어려움을 겪는 사례가 많다. 또한 다각화를 시도하여 새로운 사업 분야에 진출하는 경우에는 새로운 기술과 생산방식이 도입되어야 하고 새로운 시장에서 활동해야 하기 때문에 관리방식이 변화해야 한다. 이 경우 구성원들은 현재의 문화와는 다른 새로운 문화를 익혀야 하므로 저항하게 되고 두 문화적 특징이 서로 조화될 수 없는 것일 때, 그 기업은 새로운 사업 분야에서의 성공을 기대할 수 없다.

셋째, 조직 내의 집단 간 갈등에 영향을 미친다. 한 집단이 형성되어 시간이 흐르면 그 집단의 문화도 함께 형성되므로 한 기업 내에서도 집단별로 상이한 문화를 가질 수 있다. 부서별 · 공장별 · 계층별 하위문화(sub-culture)가 존재하는 것은 자연스러운 현상이지만 모든 하위문화를 통합해 주는 기업의 공통문화가 존재하지 않는 경우에는 문화적 특성의 차이로 인하여 심각한 집단 간 갈등이 발생하게 된다.

넷째, 의사소통에 영향을 미친다. 동일기업 내에서도 상이한 문화적 특성을 지닌 집단의 구성원들 간에는 상황을 해석하는 방식과 지각내용이 달라질 수 있으며, 사용하는 언어의 개념에도 차이가 있게 되므로 상호 간의 효율적인 의사소통이 어려워진다.

다섯째, 생산성에 영향을 미친다. 실제 작업현장에서 근무하는 구성원들이 자신의 성장과 기업의 발전을 일체로 생각하는 경우와 그렇지 않은 경우를 생각해보면 문화적 특성이 생산성에 영향을 미친다는 사실을 이해할 수 있다.

3. 조직문화의 수준

샤인은 조직문화를 더 구체적으로 설명하기 위하여 세 가지 수준에서 고찰하고 있다. 조직문화는 세 가지 수준으로 구성되어 있으며 이 수준들 간의 상호작용을 통해 변화 · 발전해 나간다는 것이다.[08]

첫 번째 수준은 그 문화권에 소속된 사람들이 당연하다고 생각하는 가장 기본적인 가정(basic assumptions)들이다. 이것은 외부에서 관찰이 불가능할 뿐만 아니라 의식하지 못하는 상태에서 작용하는 것으로 모든 문화의 가장 핵심적 부분이다. 기본적인 가정 또는 믿음은 잠재적 수준의 전의식적 가치로서 구성원들의 태도와 행동에 커다란 영향을 미치며, 궁극적으로는 조직문화 형성에 가장 근본적인 요소로 작용하게 된다. 이것은 너무나 당연하기 때문에 평상시에는 의식하지 않고 생활하고 있지만 그 내용의 타당성이나 옳고 그름에 대한 도전이 심각한 수준에 이르게 되면 그때에 비로소 그 존재가 의식의 영역 안으로 들어오는 전의식수준의 문화이다.

샤인은 전의식적 수준의 문화를 구성하는 기본 가정들을 문화인류학의 가치지향성(value orientation)의 개념을 빌어 정의하고 있다. 샤인이 제시한 기본 가정들은 [도표 11-4]에 제시되어 있다.[09]

두 번째 수준은 기본적인 믿음이 표출되어 인식적 수준으로 나타난 것으로, 물리적인 환경에 비추어 또는 구성원들의 합의에 의해서 옳고 그름이 결정되는 가치관들이다. 이와 같이 조직구성원들이 일반적으로 인식하고 있는 행동의 지침인 가치관은 가시적 수준의 인공적 창작물을 지배한다.

세 번째 수준은 가치관이 표출되어 인간이 창출한 인공물들, 즉 기술이나 예술 또는 어떤 행동양식들이며, 조직문화형태(cultural form)라고도 한다. 이러한 가시적 수준의 문화는 조직에 대한 전체적인 인상과 이미지 그리고 조직의 문화적 특징을 형성하는 데 중요한 요소로 작용한다.

이상에서 살펴본 조직문화의 수준을 그림으로 나타내면 [도표 11-5]와 같다.

도표 11-4 샤인이 제시한 기본 가정의 예

기본 가정	근본적인 질문들
인간의 본성	• 인간은 본래 착한 존재인가, 악한 존재인가? • 인간의 본성은 변화가 가능한가? • 인간답다는 것은 무엇을 의미하는가, 완벽해질 수 있는가?
인간과 환경의 관계	• 인간과 환경 중 누가 주인인가?
행동양식	• 과정이 우선인가, 결과가 우선인가, 속성이 우선인가? • 누가 했느냐가 중요한가, 무엇을 성취했느냐가 중요한가? • 일과 놀이를 가르는 기준은 무엇인가?
시간에 대한 가정	• 시간은 흘러가버리는 것인가, 윤회하는 것인가? • 과거, 현재, 미래에서 어느 것이 가장 소중한가? • 일을 하나씩 처리하는가, 아니면 동시다발로 처리하는가?
인간관계에 대한 가정	• 개인과 집단의 이익이 상충할 때 어느 쪽이 우선인가? • 세상의 기본 구성단위는 개인인가, 인간관계인가? • 삶은 경쟁적인가, 협조적인가?
공간에 대한 가정	• 공간은 소유될 수 있는가? • 공간은 유한한가, 무한한가?

자료 : Schein, E. H.(1983), "The Role of the Founder in Creating Organization Culture," *Organizational Dynamics*, Summer, pp.13–28.

이와 같이 외부로 표출된 정도를 기준으로 세 계층으로 분류될 수 있는 문화는 그 뿌리를 기본적인 가정에 두고 있다. 이러한 기본적 가정은 찾아내기가 어렵지만 조직의 인공적 창작물이나 가치관을 주의 깊게 검토함으로써 그것들을 결속시켜 주고 있는 기본적인 가정을 추론해낼 수 있다.

샤인은 이러한 문화모형을 제시하면서 조직문화란 조직이 생존해가는 과정에서 효과적인 문제해결방식으로 개발하고 고안해낸 역사적 산물로, 그 속에는 구성원들에 의해서 상당한 기간 당연한 것으로 여겨져 왔던 기본 가정을 담고 있기 때문에, 그러한 기본 가정을 그대로 둔 채 기존의 조직문화의 변경을 시도하는 것은 어리석은 일이 될 것이라 추론했다. 이러한 이유로 그는 미국인의 기본 가정인 개인주의에 기반하고 있지 않은 일본식 경영이 미국기업에 용이하게 전이될 수 있으리라는 생각은 문제를 너무 단순하게 보는 것이라고 비판했다.[10]

| 도표 11-5 | 조직문화의 수준

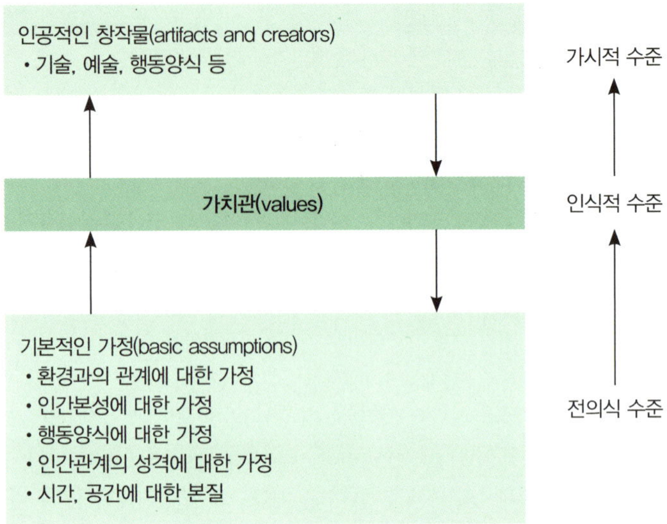

자료 : Schein, E. H.(1985), *Organizational Culture and Leadership*, San Francisco, C.F. : Jossey-Bass Inc., p.14.

4. 조직문화의 종류

1) 강한 문화와 약한 문화

(1) 강한 문화

강한 문화(strong culture)란 문화의 중심가치가 강하게 널리 스며들어 있는 문화로서 조직이 강한 문화를 가졌다는 뜻은 다음과 같다.[11]

① 공통성 : 문화가 구성원 모두의 몸에 배어 있다.

② 상호보완성 : 문화의 구성요소(인지, 상징, 이미지 등)가 서로 비슷하거나 일관성이 있고 상호보완적이다.

③ 독특성 : 내부구성원 사이에서는 모두 공통적이지만 다른 조직의 것과는 다른 아주 독특한 것이다.

④ 안정성 : 문화가 변덕스럽지 않고 특성이 꾸준히 지속된다.

강한 문화는 조직의 핵심가치가 구성원들 사이에 강하게 널리 공유되어 있음을 의미한다. 많은 구성원들이 조직의 핵심가치를 공유하고 있고 그것에 강하게 몰입되어 있으면 있을수록 그만큼 그 조직문화가 구성원들의 가치관이나 태도에 미치는 영향력이 클 것이고, 행동일치에 대한 압력도 클 것이다. 강한 조직문화가 끌어내는 조직정체성과 높은 조직몰입감, 집단규범에 대한 순응압력 등이 조직에서 강력한 통제메커니즘으로 작동할 것이기 때문이다. 이러한 근거를 바탕으로 초기에 조직문화연구들은 강한 조직문화가 높은 성과를 끌어낸다고 주장하였다.

그러나 강한 조직문화는 조직변화의 커다란 장애가 될 수 있음을 배제할 수 없다. 환경변화에 대한 조직의 적응노력이 기존의 조직문화에 반하는 경우, 조직문화의 강도가 강할수록 조직의 혁신노력은 커다란 저항에 직면하게 될 것이다. 또한 강한 조직문화는 조직의 전략적 관점을 단기적이고 미시적인 것으로 만들고, 조직의 다양성과 창의성을 떨어뜨릴 수 있다는 문제점도 가진다.

(2) 약한 문화

어떤 조직의 사람들은 자기조직에서 뚜렷이 제시할 만한 무엇이 있는지도 잘 모른 채 그저 피상적으로 느끼고 있다. 조직에 대한 특별한 이미지도 없고 신념, 상징, 로고 등의 문화 구성요소는 거의 발견되지 않는다. 이런 경우 문화는 약하다고 할 수 있다. 대개 새로 생겼거나 또는 너무 오래된 조직, 구성원들이 대거 교체되었거나 강력한 지도자 없이 수년을 지탱해 온 조직에서 흔히 발견할 수 있는 현상이다.

약한 문화(weak culture)에서 사람들은 조직의 전략 수립이나 그에 대한 협동심은 약하고 부분적인 자기부서의 이해관계에는 지나치게 집착한다. 문화가 약하다는 것은 게임의 룰이 희미하다는 뜻이므로 불필요한 권력게임과 갈등이 많고 중재자와 중재할 기준이 없다.[12]

2) 상위문화와 하위문화

한 조직에는 하나의 문화만 존재하기는 힘들다. 조직은 대개 여러 부서로 나누어져 있고, 각각의 부서가 업무를 수행하는 과정에서 직면하는 문제들도 다르고, 유효성에 대한 기준도 다르다. 예를 들어, 마케팅부서는 주로 외부환경에 대한 적응이나 고객만족과 관련한 문제에 직면하지만, 생산부서는 오히려 생산일정의 차질이나 공정라인의 고장 또는 비용절감 같은 효율성과 관련된 내부문제에 더 노출될 가능성이 크다. 마케팅부서는 상대적으로 인간관계가 중요하지만, 생산부서는 기술의 전문성이나 안전성이 더 중요할 수 있다. 따라서 마케팅부서와 생산부서는 서로 다른 조직문화를 발달시킬 가능성이 크다.

그러나 한 조직의 조직문화가 여러 개의 하위문화(subculture)로만 구성되어서 제각각 존재한다면, 그 조직은 부서 상호 간의 이해부족과 조정의 어려움으로 심각한 생존문제에 직면하게 될 것이다. 따라서 조직이 생존하기 위해서는 각각의 하위문화를 다시 하나로 엮는 조직 전체수준의 의미체계가 필요해지게 되는데, 이러한 조직 전체의 조직문화를 하위문화에 대하여 상위문화(dominant culture) 또는 지배적 문화라고 부른다. 대기업은 지배적인 문화와 함께 많은 하위문화를 가지고 있다. 지배적인 문화는 조직구성원 대다수가 공유하고 있는 핵심가치를 나타내며, 조직의 독특한 특징을 규정해 준다. 대개의 하위문화들은 상위문화의 중요한 특성을 공유한 채, 같은 부서나 지역에 있는 구성원들이 직면하고 있는 공통적인 문제나 상황, 경험을 반영한 문화적 특성을 담게 된다.

11.2 조직문화의 형성과 구성형태

1. 조직문화의 형성과정

1) 환경적응과 내부통합

조직문화는 조직의 역사를 통한 경험과 여기에서 파생된 전통 및 조직이 직면하는 두 가지 문제, 즉 ① 외부환경에 대한 적응과 ② 내부통합문제를 해결하는 과정에서 형성된다([도표 11-6] 참조). 외부환경에 대한 적응문제는 조직이 끊임없이 변화하는 환경 속에서 어떻게 활동영역을 찾아내고 그 환경을 어떻게 다룰 것인가에 관한 것이다. 내부통합문제는 조직구성원들 사이에 효과적인 작업관계를 어떻게 수립하고 유지할 것인가에 관한 것이다.

조직문화는 구성원들이 이 두 가지 문제를 해결하는 방법을 발견하거나 개발해내는 과정에서 지식과 믿음을 공유할 때 형성된다. 이때 개발된 해결방법은 구성원들 사이에 올바른 방법으로 인식될 수 있을 정도로 충분히 제기능을 발휘하는 것이어야 한다.[13]

| 도표 11-6 | 조직문화의 형성과정

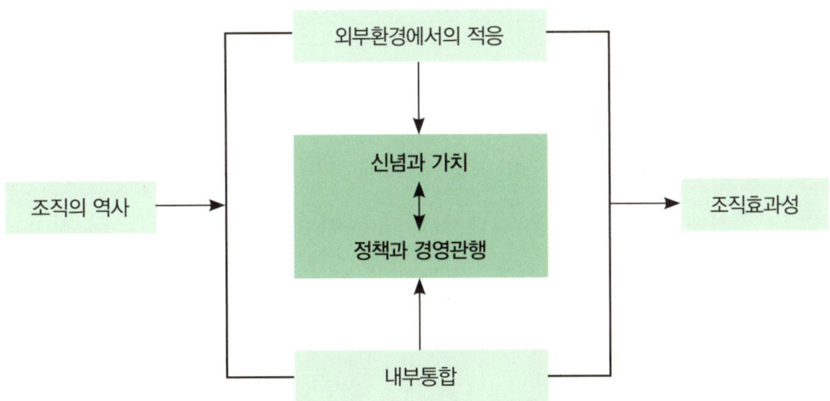

자료 : Denison, D. R.(1990), *Corporate Culture and Organizational Effectiveness*, John Wiley & Sons, p.5 ; 김인수(1999), 거시조직이론, 무역경영사, p.551 재인용

이와 같이 문화는 생존과정에서 반복적으로 직면하게 되는 외부적응 및 내부통합문제들을 계속하여 성공적으로 해결해가면서 구축되고 강화된다. 이러한 문제해결과정을 거치면서 조직문화가 구축되고 나면, 그 후로 부딪치는 많은 문제들은 조직문화를 통하여 해석되고 그로부터 '올바른' 해법도 마련할 수 있게 된다.

2) 조직문화의 형성과 유지

(1) 창업자

조직문화의 형성에 영향을 미치는 중요한 요인은 조직의 역사가 쌓여 있는 전통이다. 따라서 설립초기에 창업자의 설립목적과 비전, 에피소드, 일처리방식 등이 '초기 문화형성'에 큰 영향을 준다.

창업자는 자신과 같은 방식으로 생각하고 느끼고 행동하는 사람을 선발하고, 그들에게 자신의 사고방식과 경영에 대한 '자신의 이론'을 주입하고, 그들의 역할모형을 수행하면서 창업초기의 문화를 만들어간다. 조직의 생존과 관련된 문제에 직면하게 되면, 창업자에 의해 해법이 결정될 수밖에 없을 것이다. 다행히 그 해법의 실행결과가 성공적인 것으로 판명이 나고, 그 후에도 유사한 문제들에 직면할 때마다 그 해법의 적용이 성공적인 것으로 확인되면, 그 해법은 창업멤버들에 의해서 그 문제에 대한 당면한 문제해결방식으로 자리매김을 하게 될 것이고, 새로운 구성원들에게 올바른 경영방식으로 학습되기 시작한다.

(2) 최고경영자

최고경영자의 행동과 관리스타일도 문화에 미치는 영향이 크다. 그들이 항상 강조하는 원칙대로 구성원들은 그대로 따를 것이며 최고경영자로부터 칭찬과 높은 보상을 받은 사람은 다른 사람들의 모델이 될 것이기 때문이다. 또한 최고경영자는 조직의 인사권을 갖고 있으므로 자기가 뜻하는 문화에 맞는 사람은 영입하고 반대되는 사람은 탈퇴시킴으로써 문화를 형성 내지는 변경할 수 있다. 최고경영자의 문화에 대한 영향은 하위부서나 팀의 경우에 부서장이나 팀장의 팀문화에 대한 영향력에도 똑같이 적용될 수 있다.

(3) 조직사회화

조직은 인적자원의 다양성으로 인해 발생하는 불확실성을 줄이기 위해서 자기 조직에 걸맞은 인적자원을 선발하고, 선발된 인적자원을 지속적으로 조직에 합당한 사람으로 만들어간다. 이렇게 구성원을 조직에 적합한 자원으로 만들어가는 일련의 과정을 조직사회화과정이라고 한다. 조직문화는 이러한 사회화과정을 통하여 구성원들에게 주입된다. 또한 신입사원의 경우에도 새로운 상황에서 성공적으로 조직문화에 적응하기 위해서는 사회화과정이 필요하다.

(4) 국가와 사회의 문화

앞에서 살펴본 것 이외에 동종 산업문화와 국가문화도 조직문화의 형성에 상당한 영향을 미칠 수 있다. 동일한 산업에 속해 있는 기업들은 유사한 대외 적응문제를 공유하게 되고, 비슷한 직업훈련과 업무경험을 가진 구성원들로 인해 동일한 직업문화를 발달시키고 있기 때문에 산업문화와 조직문화 사이에 연관성을 발견할 수 있다. 국가문화도 조직문화의 형성에 영향을 미친다. 구성원들 대부분이 조직에 들어오기 전 상당한 기간을 한 나라의 문화의 영향을 받으면서 성장하였기 때문에 국가문화가 조직문화의 상위문화라고 할 수 있다. 한국기업의 대부분이 보여주는 혈연관계의 중시와 권위적 계층문화의 특징은 그러한 연계성을 반영한다.

2. 조직문화의 구성형태

조직문화는 다양한 형태로 구성원에게 전달된다. 조직문화의 형태(cultural forms)는 상징물(symbols), 언어(language), 이야기들(narratives), 그리고 관행

(practices)의 네 가지로 구분되는데, 각각의 카테고리에 속하는 것들은 다음 [도표 11-7]과 같다.

| 도표 11-7 | 조직문화의 형태

분류	예
상징(symbols)	대상물(objects), 주위환경(settings), 연기자(performers), 기능원(functionaries)
언어(language)	전문속어(jargon), 은어(slang), 제스처(gestures), 수신호(signals), 사인(signs), 노래(songs), 유머(humor), 농담(jokes), 가십(gossip), 소문(rumors), 비유(metaphors), 격언(proverbs), 슬로건(slogans)
이야기(narratives)	스토리(stories), 전설(legends), 영웅담(sagas), 신화(myths)
관행(practices)	예식(rituals), 금기사항(taboos), 의례(rites), 의식(ceremonies)

자료 : Trice, H. M., and J. M. Beyer(1993), *The Culture of Work Organizations*, Englewood Cliffs, N.J. : Simon & Schuster, p.78 ; 김인수(1999), 전게서, p.501 재인용

1) 상징

상징은 조직문화형태 중에서 가장 기본적인 것으로 조직의 존재와 특성과 정체성을 나타내는 징표(signs)들이다. 국어사전에서 상징은 "사물을 전달하는 매개적 역할을 하는 것을 통틀어 이르는 말"이며, "말로는 설명하기 힘든 개념 따위를 구체적인 것에 의해서 나타내는 것 또는 그 대상물"을 의미하기도 한다. 예를 들면 LG의 로고는 행복하게 웃는 사람의 얼굴을 상징하고 있으며, 봉황무늬는 대통령을 상징하며, 펜은 언론을 상징한다.

이와 같이 로고, 상표마크, 슬로건, 건물장식, 발표문, 손님 접대법, 전화응대법 등을 통해 조직의 특징을 나타낸다. 또한 복장의 규범, 사무실 빌딩의 모양과 위치, 인사법, 결재서류 등에서도 어떤 통일성을 가지고 있다. 이러한 상징물은 그 조직의 문화적 특성을 갖고 있기 때문에 이를 통하여 구성원이나 외부에게 조직의 문화를 알리게 된다.

2) 언어

조직의 중요한 문화특성이 언어로 만들어지므로 언어는 조직문화 습득의 주요 수단이 된다. 언어는 한 문화권의 구성원들에게 공유되어 있는 목소리, 문자, 제스처의 시스템으로서, 이를 이용하여 구성원들은 정해진 의미를 주고받게 된다. 언어는 문법 또는 어법이라고 하는 틀을 만들어 주는 카테고리와 규칙을 가지고 있어서 상징보다는 훨씬 정교하고 다양한 의미를 전달할 수 있다.

많은 조직과 부서에서는 독특한 용어를 사용하여 제품을 설명한다. 또한 상사나 고객에 대해서도 마찬가지이다. 이와 같이 독특한 용어를 사용함으로써 외부인과 구별되면서 자기들만의 독특성과 응집성을 표현하고 느낄 수 있게 된다. 예를 들면 의사들은 환자들과 자신들을 분리하고 자신들만의 의사소통을 가능하게 하기 위해서 많은 전문용어와 영어를 섞어서 사용하며, 경찰이나 법관, 기술자들도 일반인이 이해하기 힘든 자신들 집단만의 전문용어들을 만들어 사용한다.

상사를 부르는 용어와 사용언어에서도 조직마다 차이점을 보일 수 있다. 일부 벤처회사들은 회사 내에 평등문화를 고취할 목적으로 일부러 영어이름을 지어 부름으로써 상사와 부하직원의 거리감을 줄이려는 노력을 하기도 한다. 또한 신입사원들은 조직에서 사용되는 약어나 은어로 인해 당황하기도 하지만 용어를 습득하고 나면 구성원으로서 자리매김하게 된다.

3) 이야기와 영웅담

아마도 조직문화의 형태와 관련하여 가장 많이 언급되고, 연구의 대상이 되는 것이 이야기일 것이다. 여러 종류의 이야기가 있지만 그 중에서도 스토리와 영웅담이 주로 많이 인용된다. 이야기는 비교적 단순하고 일상적으로 벌어지는 일들을 좀 더 극적인 것으로 만들어서 전달된다. 신화는 조직의 과거 역사 속에서 만들어진 이야기(에피소드, 스토리 등)로서 조직의 신념과 가치관의 근원이 되는 것이다. 대개 희생적, 영웅적, 도덕적인 것들로서 현존하는 어떤 것과 반드시 연결되어 있다.

삼성의 이건희 회장이 제2의 창업을 선언하는 현장에서 TV 리모컨을 벽에 던져 박살을 내는 연기를 통해 양보다 질을 주장한 일도 삼성에 관한 일화로 자주 등장한다. 현대의 고 정주영 회장이 선박을 건조할 조선소도 없이 거의 빈손으로 선박을 수주받은 일 등을 통해서 우리는 현대의 조직문화의 단면을 볼 수 있다.

이와 같이 창업자의 영웅적인 이야기, 조직이 난관을 극복한 이야기, 신상품개발에 성공한 이야기 등도 주요 소재가 된다. 이야기 속에 등장하는 주인공들이 영웅이 되어서 구성원들의 모델이 되기도 한다.

4) 관행

조직에서 이루어지는 많은 관행들이 조직구성원이나 외부인에게 조직의 문화를 전달하는 수단이 되기도 한다. 어느 인간사회나 마찬가지로 조직에도 수많은 금기사항(taboos)들이 존재한다. 조직에는 부끄러운 일, 두려운 일, 상사에 대한 비난 등이 있을 수 있다. 이런 일들은 모두 알고 있지만 함부로 말해서는 안 되고, 알지만 모르는 척해야 하는 일들을 금기사항이라고 한다. 조직에 따라 터부시하는 내용이 다르다.

사업의 실패가능성에 대해서 공개적으로 이야기해서는 절대로 안 되며, 회의 중에는 어떤 농담도 해서는 안 된다는 등의 관행들이 금기사항의 예가 될 것이다. 즉 조직에서 금기하고 있는 것이 무엇인지를 아는 것만으로 우리는 조직문화에의 접근이 가능해지는 것이다.

또한 관행의 가장 대표적인 것이 의례(rite)이다. 조직의 규정과 관습에 따라서 특별한 상징적 의미를 지니고 규칙적으로 지켜지는 조직의 행사나 행동을 의례라고 한다. 이와 관련한 특별한 공개행사는 예식(rituals)이라 한다. 대부분의 조직들이 신입사원이나 퇴직임원에 대한 통과의례를 마련하고 있다. 이와 같은 의례 · 의식의 행사는 타 조직과의 경계를 분명히 하여 공동체인식을 심어준다. 또한 조직체의 가치를 행동으로 옮겨서 가치를 강화시키며 결국 구성원들의 응집력을 높여준다.

이상에서 살펴본 조직문화의 형태는 공식적 또는 사회화과정들을 통하여 수시로, 그리고 지속적으로 구성원들에게 이전되면서 조직문화의 학습이 이루어진다.

11.3 조직문화의 유형

1. 가치시스템의 구성요소

조직문화의 핵심은 조직구성원들이 의미 있다고 판단하여 공통적으로 지니고 있는 가치관이다. 가치관을 구성하는 요소가 무엇인지, 그 요소들을 각각 어느 정도 가지고 있는지에 따라 문화의 형태가 달라진다. 조직의 성격을 서로 다르게 하는 주요 가치요인은 일반적으로 다음과 같은 여섯 가지에 관한 가치관으로 나누어진다.[14]

① 구성원과 고객의 욕구를 감지하고 충족시키려는 민감성 정도
② 새로운 아이디어를 창출하는 사람을 확보하고 유지하려는 정도
③ 위험을 택하려는 정도
④ 조직이 구성원을 존중하는 정도
⑤ 정보교류와 의사소통의 용이성 정도
⑥ 구성원 상호 간의 인간관계의 친밀한 정도

또 다른 연구자들이 지적하는 가치시스템의 기본적 구성요소는 다음과 같다.
① 혁신과 위험선택 : 혁신과 위험을 택하는 정도
② 구체적 관심과 주의 : 사소한 것까지 명료하게 분석하고 입증해 보이는 정도
③ 결과지향성 : 수단과 과정보다 목표달성과 결과에 관심을 기울이는 정도
④ 팀지향성 : 업무추진 시 개인보다는 팀과 집단에 의존하는 정도

⑤ 도전성 : 무사안일보다 도전, 공격, 경쟁적인 정도
⑥ 안정성 : 성장, 변화보다 현상유지를 원하는 보수성 정도

이상의 특성들에 대하여 조직마다 정도가 다를 것인데 이들의 조합이 그 조직의 문화가 되며 그것이 구성원들의 태도와 행동을 결정하는 기초가 되는 것이다. 가치시스템의 기본요소들을 기준으로 조직을 비교해보면 다양한 문화가 있는데 어느 요소를 기준으로 구분하는지에 따라 다르다. 그러나 학자들 간에 일치된 공동의 개념틀(typology of cultural style)은 없으며 학자들 나름대로 중요한 요소라고 여겨지는 것만 선택하여 분류기준을 삼아 문화 유형을 만들었다. 조직의 특성과 전통, 구성원들의 특성과 환경에 따라 어떤 유형이 좋은 것인지 달라진다.

2. 딜과 케네디의 모험성과 시간성

딜(T. E. Deal)과 케네디(A. A. Kennedy)는 다음 두 가지 차원을 기준으로 하여 네 가지 유형의 문화를 구분하였다.

① 모험성(risk propensity) : 위험을 감수하고 변화를 쉽게 택하는 정도로서 벤처업계는 많고 관료조직은 약하다.
② 시간성(result feedback) : 어떤 업무를 수행할 때 최종결과가 나올 때까지의 시간이며 은행 · 정부조직은 길고, 컨설팅 · 할인점은 짧다.

이 두 가지의 축을 중심으로 [도표 11-8]에서 보는 바와 같이 네 가지 유형의 문화로 구분된다.

① 무법 · 남성형 문화(tough guy/macho culture) : 모험감수성이 높고 단기적으로 거칠고 협동이 없는 개인주의이다. 과거에서 교훈을 얻지 못하고 현재 흐름과 유행만 따른다(예 : 전자, 건설, 화장품, 컨설팅회사).

| 도표 11-8 | 딜과 케네디의 모형

		모험감수성	
		고	저
시간성	단기	무법 · 남성형 (레슬링)	노력 · 유희형 (탁구)
	장기	전심전력형 (골프)	관료 · 절차형 (마라톤)

② 노력 · 유희형 문화(work hard/play hard culture) : 단기적이나 위험감수는 낮은 문화이다. 따라서 서로 협조하며 팀으로 일하되 저돌적이고 회식과 스포츠를 자주 한다. 대신 과거로부터 교훈은 얻지 못하고 빨리 결정하여 실천하고는 그만이다(예 : 할인점, 자동차판매, 부동산사업, 컴퓨터업계).

③ 전심전력형 문화(bet your company culture) : 장기적이나 모험성이 강하여 창조적이며 의사결정을 신중히 한다. 기술력도 강하고 질서와 규정을 중시하되 환경변화에는 약하고 시간이 걸린다(예 : 항공, 정유, 플랜트장치산업, 자본집약산업).

④ 관료 · 절차형 문화(process culture) : 모험도 피하고 장기적으로 일의 속도가 매우 느리며 차근차근 처리한다. 방어적이고 위계적 지시와 절차를 따르며 꼼꼼하되 창의적이지 못하다(예 : 은행, 보험회사, 정부, 대학).

3. 퀸의 유연 · 질서지향과 내 · 외지향성

퀸(R. E. Quinn)은 조직은 몇 가지 상호모순되는 가치를 동시에 충족시킬 수 있어야 한다고 주장한다. 다음 네 가지 문화속성 중에서 일시적으로는 어느 한쪽 면이 강조될 수는 있지만 지나치게 한쪽으로만 치우치면 생존이 어려우며 균형을 유지하는 것이 성공의 관건이라고 한다.

| 도표 11-9 | 퀸의 모형

	내부통합	외부지향
유연성	**인적자원형**	**개방체계형**
질서	**위계질서형**	**생산중심형**

① 인간중심문화(human resource development culture) : 내부지향이며 비공식적인 유연한 문화로서 가족적 공동체와 비슷해서 참여, 충성, 안락을 중시하고 상호배려와 팀을 기반으로 움직인다.

② 개방체계문화(open systemv culture) : 공식이 없어 모험을 감수하고 외부지향이기 때문에 창의적이고 도전적이며 혁신과 자율이 보장되는 분위기이다.

③ 위계질서문화(hierarchical culture) : 질서를 중시하고 내부통합적이며 예측가능한 일만 하고 비용통제와 철저한 관리로 안정적인 조직을 지향한다.

④ 생산중심문화(production oriented culture) : 질서와 규정이 배어 있지만 외부지향이기 때문에 경쟁우위를 위해 시장에 침투하고 생산성향상에 주력한다.

토 | 의 | 문 | 제

01 조직문화의 순기능은 무엇인가?

02 조직문화가 기업에 미치는 영향은 무엇인가?

03 딜과 케네디가 분류한 조직문화 유형은 무엇인가?

참 | 고 | 문 | 헌

01 신형재 · 권용만 · 권혁기(2015), 조직행동론, 삼영사, p.446.

02 Geertz, C.(1973), *The Interpretation of Cultures*, New York : Basic Books.

03 Ouchi, W.(1981), *Theory Z : How American Business Can Meet the Japanese Challenge*, Reading, Mass. : Addison-Wesley.

04 Deal, T. E., and A. A. Kennedy(1982), *Corporate Cultures : The Rites and Rituals of Corporate Life*, Reading, Mass. : Addison-Wesley ; Peters, T. J., and R. H. Waterman(1982), In Search of Excellence : Lessons from America's Best Run Companies, New York : Harper & Row.

05 George, J. M., and G. R. Jones(1999), *Organizational Behavior*, 2nd ed., MA : Addison-Wesley, p.553.

06 Schein, E. H.(1985), *Organizational Culture and Leadership*, San Francisco, C.F. : Jossey-Bass Inc., p.168.

07 Smircich, L.(1983), "Concepts of Culture and Organizational Analysis," *Administrative Science Quarterly*, Vol.28, pp.339-358.

08 Schein, E. H.(1985), *Organizational Culture and Leadership*, San Francisco, C.F. : Jossey-Bass Inc., p.14.

09 Schein, E. H.(1983), "The Role of the Founder in Creating Organizational Culture," *Organizational Dynamics*, Summer, pp.13-28 ; 김인수(1999), 거시조직이론, 무역경영사, p.493.

10 김주엽 외(2013), 조직행위론, 경문사, p.494.

11 Thompson, J. D.(1967), *Organizations in Action*, New York : McGraw-Hill.

12 임창희(2008), 조직행동, 비앤엠북스, p.552.

13 Denison, D. R.(1990), *Corporate Culture and Organizational Effectiveness*, John Wiley & Sons, p.5.

14 임창희(2008), 조직행동, 비앤엠북스, pp.527-528.

CHAPTER

12 조직학습

여는 이야기 조직 내 '학습문화'가 중요한 이유와 육성방법

IT산업의 변화는 놀라운 속도로 진행되고 있다. '배움의 문화'를 키우지 않는 조직들은 분명히 뒤처지게 될 것이다. CIO를 비롯한 리더들은 배움의 문화를 만들어내야 한다. 이를 통해 새로운 정보와 혁신을 적극적으로 도입하고 경쟁우위를 창출해야 한다.

페이스케일(PayScale)의 마케팅 부회장 팀 로우는 "IT는 아주 빠르게 변화한다. 매일 신기술이 나오고, 같은 일을 다르게 하는 새로운 방법이 나오고, 비즈니스를 더 스마트하게 만드는 새로운 혁신이 나온다. 배움의 문화는 사업체가 최신기술을 유지하고, 새롭고 떠오르는 기술을 항상 익히고, 시장에서 유리한 상황을 가져가는 데 중요하다"라고 말했다.

『배움의 문화 만들기』(*Creating a Culture of Learning*)라는 제목의 최근 페이스케일 조사보고서는 '배우는 조직'에 대해 "적극적으로 정보를 수집하고, 그 정보를 반영하고, 발견점을 공유해 조직 내 성과를 향상시키는 조직"이라고 정의하고 있다. 그리고 그 결과 배우는 조직은 예측 불가능한 상황에 직면해 빠르게 적응할 수 있다고 보고서는 강조했다.

일상적인 배움과 교육은 모든 직원의 임무 중 하나가 되어야 한다. GE캐피탈(GE Capital)의 CIO 케빈 그리핀은 "배움은 닥쳐서 하면 안 된다. 모든 조직은 배움에 초점을 집중해야 한다. 배움이 문화의 일부가 되면, 배움이 규정을 벗어나는 무언가로 그다지 두드러지지 않는다"라고 강조했다.

그는 이어 "예를 들어 배움에 초점을 맞춘 조직은 주기적인 학습 행사나 일상적인 근무와 별개로 워크숍을 열지 않는다. 그 대신 배움이 모든 프로젝트나 작업에 함께 포함되고 직원들이 어려움에 직면했을 때 직접 참여하고 질문을 통해 배우는 것이 장려된다"라고 설명했다.

그리핀은 또 GE캐피탈 또한 직원의 전체 경력에 걸친 폭넓은 기술훈련, 리더십훈련, 전문성개발 등 배움에 초점이 맞춰져 있다고 전했다 그는 "우리 GE캐피탈은 말단에서 최고위 경영진까지 모두에 대한 훈련, 재능 육성에 있어서 포괄적인 접근방식을 취한다"라고 말했다. 예를 들어 GE는 자체 IT 부서 내에서 최근 모든 IT 임직원들에게 일년에 최소 40시간의 교육을 이수하도록 권유하고 있다며 그는 "GE캐피탈에서 일하는 동안 당신이 배움과 떨어지는 시간은 없다"라고 말했다.

배움의 사업적 혜택

배움을 핵심 사업가치로 강조함으로써 조직들은 현재를 유지하는 것뿐 아니라 지속적인 향상을 도모할 수 있다. 기술적인 능력에 리더십, 커뮤니케이션, 협상력 같은 소프트스킬을 더하는 것 역시 사업적 성공에 열쇠가 된다. 즉 배움의 문화 육성은 시장출시시간을 단축시키고 기업 민첩성을 향상시킬 수 있고, 당신의 가장 중요한 자산인 인재들을 잡아둘 수 있는 가치 있는 도구라는 설명이다.

그리핀은 "효과적으로 인재를 교육하고 개발하는 조직들은 성공에 가장 중요한 핵심 기술, 즉 기술적 능력과 리더십 및 커뮤니케이션 등의 소프트스킬 모두에 초점을 맞춘다. 이를 통해 조직은 변화하는 비즈니스경향에 더욱 민첩하게 대응할 수 있고, IT의 핵심 목표인 신제품 생산의 시장출시기간을 더욱 빠르게 가져갈 수 있다"라고 말했다.

이직률 하락에 도움이 되는 교육

추가적으로 배움의 문화는 이직률을 낮추는 효과를 발휘한다. 그리핀은 "훈련 참여는 자신들의 가치에 대한 투자이자 회사에 남는 유인책으로 직원들에게 받아들여진다"라며, 직원들의 교육프로그램에 대한 투자는 현재 경쟁이 치열한 인재와 지적 재산권 유출을 막는 데 도움을 준다고 말했다.

자료 : 'CIO FROM IDG', Sharon Florentine, 2014.11.6.

12.1 지식사회와 학습

1. 산업사회와 지식사회

오늘날과 같은 무한경쟁시대에 직면해 있는 상황에서는 혁신이 그 어느 때보다 중요하다. 혁신적인 제품이나 기술을 개발하는 과정은 곧 새로운 지식을 창출하고 축적하는 학습이다. 새로운 기술은 세상을 바꾼다. 증기기관의 발명은 농경사회를 산업사회로 바꾸었고, 컴퓨터와 통신기술의 발달은 산업사회를 정보사회로 바꾸어 놓았다. 지금은 지식사회에 도달해 있다.

지식사회에서는 지식이 부를 창출하는 원천이며, 권력은 자본소유자에서 지식소유자에게로 넘어가며 생산의 기본요소는 전통적인 요소에서 지식이라는 새로운 요소로 변화되고, 그로부터 부가가치가 창출된다. 작업의 특성도 단순, 숙련, 육체노동에서 다기능적이고 과학적 지식을 필요로 하는 지식작업으로 변화하게 되며, 조직형태는 관료제조직에서 학습조직으로 변화하게 된다. [도표 12-1]은 산업사회와 지식사회의 이러한 특징을 몇 가지 차원에서 비교 · 제시하고 있다.

도표 12-1 산업사회와 지식사회의 비교

구분	산업사회	지식사회
부의 원천	자본	정보, 지식
권력의 이동	자본소유자	지식소유자
생산의 기본요소	토지, 노동, 자본	지식
작업자	단순기능/숙련노동/육체노동 중심	다기능/과학적 지식/지식노동 중심
조직	관료조직	학습조직
주도산업	철강, 자동차, 석유화학 등	소프트웨어, 정보서비스, 통신, 의료, 멀티미디어, 레저 등

자료 : Drucker, P. F.(1993), *Post-Capitalist Society*, New York : Harper Collins ; 김인수(1999), 거시조직이론, 무역경영사, p.497 재인용

지식사회에서 기업이 성공하기 위해서는 지식중심의 새로운 경쟁요소를 확보해야 한다. 과거처럼 생산요소의 효율성만으로는 경쟁력을 갖출 수 없기 때문이다. 현대의 기업은 노동, 토지, 자본 등의 경영자원 이외의 지식이 더 중요한 자원으로써 생산활동에 기여한다. 기업의 부가가치창출은 노동이나 자본, 재화의 기타능력보다는 지식의 획득, 창조, 공유 및 활용능력에 의해 더 좌우되고 있다.[01] 이러한 기업의 지식창조과정은 기업의 혁신과 변화과정으로 볼 수 있으며 그 본질은 바로 조직학습에 있다. 즉 조직학습을 통해서 지식을 개발하고 축적함으로써 지속적으로 조직을 한 단계씩 변화시키는 조직변화전략이 되는 것이다.

2. 조직학습과 지식

1) 조직학습의 정의

학습(學習)은 "무엇인가를 배우고 익힌다"는 의미이다. 학습에 대한 연구는 오래전부터 심리학자들이 개인의 학습에 관한 이론을 발전시켜 왔으나, 1980년대 이후 기업에서 학습의 중요성이 높아지면서 경영학에서 조직학습의 연구가 시작되었다.

조직학습(organizational learning)에 대한 정의나 개념은 연구자에 따라 다양하게 나타나고 있다. 예를 들면 경제학자들은 조직학습을 지속적인 경쟁의 효율성과 동일시하고 있으며, 혁신론자들은 혁신의 효율성을 촉진하는 것으로서 학습을 다루고 있고, 조직이론과 심리학자들은 학습의 과정 또는 그 결과물로서 행동의 개선에 초점을 두고 있다. 이와 같은 다양한 견해들을 종합하여 스타타(Stata)는 조직학습을 "공유된 통찰력, 지식, 정신모델을 통하여 경험과 지식을 축적하는 것"이라고 정의하였다.[02] 이에 따르면 지식을 축적하는 것이 곧 학습이며, 지식축적과정이 곧 학습과정이라고 할 수 있다. 즉 조직학습이란 "조직이 환경변화에 대응하여 새로운 지식과 통찰력을 창출 · 습득 · 전파 · 공유하며, 저장하고 활용하는 과정"이다.

이것은 조직학습을 통해 조직행동이 변화되는 것을 의미한다. 즉 구성원들의 집단적 학습과정을 통해서 개인학습의 결과가 조직차원으로 발전하게 된다. 또한 조직수준에서 학습이 이루어지므로 결과적으로 그 조직은 학습조직이 되는 것이다. 조직학습은 조직 내 한 사람의 변화가 다른 사람의 행동변화를 촉발하고 영향을 미쳐서 상호적 행동변화가 수반되어야 한다.

2) 지식의 개념

조직학습의 핵심이 되는 지식의 개념과 종류에 대해 살펴보기로 한다. 리베스킨드(Liebeskind)는 지식을 "타당성이 검증된 정보"로 정의하고, 검증되지 않은 의견이나 추측, 신념 및 정보와는 구분이 된다고 하였다. 그는 지식에는 기록된 문서, 청사진 등과 같은 부호화된 지식뿐만 아니라 부호화되지 않은 루틴(routine)과 같은 묵시적인 지식까지도 포함된다고 하였다.[03] 나스(Nass)는 "지식이란 조직 내에서 공식적으로 설정된 사실, 규칙, 정책, 절차를 말하며, 기존에 만들어진 정보를 포함한다"고 하였다.[04] 이에 비해 드러커는 "지식이란 작업방식을 개선 또는 개발하거나 기존의 틀을 혁신함으로써 부가가치를 증가시키는 것"이라고 말하고 있다.[05]

지식의 분류방법은 [도표 12-2]에서 보는 바와 같이 요소별 접근과 속성별 접근, 존재수준별 접근의 세 가지로 나눌 수 있다. 여기서 요소별 접근(component approach)이란 지식을 구성요인별로 파악하는 방법으로서 'know-how'와 'know-why'로 구분하는 것이 대표적인 예이다.

도표 12-2 지식의 분류방법

구분	요소별 분류	속성별 분류	존재수준별 분류
유형	• 노하우, 노와이 • 요소지식, 건축지식 • 인지적 지식, 체화된 지식	• 묵시적 지식, 명시적 지식 • 관찰가능, 교육가능, 부호화가능, 종속적, 독립적	• 개인수준, 집단수준, 조직수준, 사회전체수준

자료 : 김인수(1999), 전게서, p.500 재인용

속성별 접근(attribute approach)은 지식을 그 특성이나 인식론적 차원에 의해 파악함으로써 지식의 차원별 관리, 차원 간의 관계에 대한 이해를 높일 수 있는 방법이다. 이와 관련한 지식의 분류 중에서 가장 대표적인 경우는 폴라니(Polanyi)가 제시한 묵시적 지식과 명시적 지식의 구분이다. 명시적 지식(explicit knowledge)이란 부호화되고, 공식적 · 체계적인 언어로 전달가능한 지식을 말한다. 명시적 지식은 책, 기술사양서, 설계도형태로 부호화되어 있고 관찰이 가능하므로 손쉽게 습득하고 이전될 수 있다. 묵시적 지식(tacit knowledge)은 인간의 정신과 신체 속에 체화되어 있기 때문에 부호화나 전달이 어렵고, 특정 상황하에서 오직 행동과 노력을 통해서만 표출되고 이전될 수 있는 지식을 말한다. 명시적 지식과 묵시적 지식의 특징은 [도표 12-3]에서 보는 바와 같다.

존재수준별 접근은 지식이 어디에 존재하는가에 따라 구분한 것으로 개인수준, 집단수준, 조직수준, 사회전체수준으로 나눌 수 있다.

도표 12-3 | 지식의 두 가지 유형 비교

구분	명시적 지식	묵시적 지식
정의	• 언어로 표현가능한 객관적 지식	• 언어로 표현할 수 없는 주관적 지식
특징	• 언어를 통해 습득된 지식 • 전수가 상대적으로 쉬움	• 경험을 통해 몸에 밴 지식 • 전수하기 어려움
속성	• 구체성 • 공식적 • 체계적	• 추상성 • 개인적 • 비체계적
예	• 비행기 조정매뉴얼, 프로그램	• 비행체험과 훈련에 의해 생긴 것

자료 : 임창희(2008), 전게서, p.576.

3) 지식의 변환과정

노나카와 타케우치(Nonaka & Takeuchi)에 따르면 지식의 창출은 존재론(개인, 집단, 조직)과 인식론(명시적, 묵시적)차원의 상호작용에 의해서 이루어진다. 인식론차원에서는 명시적 지식과 묵시적 지식의 상호작용을 통해서 새로운 지식이 창출되고 확장된다. 명시적 지식은 누구나 이해 또는 전달할 수 있는 객관적 지식이며 문서, 규정 매뉴얼, 컴퓨터프로그램 등의 형태로 표현될 수 있다. 이에 반해 묵시적 지식은 어떤 유형이나 규칙으로 표현하기 어려운 주관적이면서 내재적인 지식이며 개인이나 조직의 경험, 이미지 혹은 숙련된 기능, 조직문화 등의 형태로 존재한다.

우리가 가진 지식은 모두 이 두 가지 형태로 되어 있으며 지식의 창조와 증대도 역시 이 두 가지가 증가되는 것이다. 이러한 상호작용을 '지식변환'(knowledge conversion)이라고 한다. 지식이 창출 · 변환되는 경로는 [도표 12-4]와 같이 네 가지가 있다. 이 과정을 거치면서 개인과 조직의 지식으로 증대되고 발전하게 된다.[06]

도표 12-4 지식변환의 네 가지 방식

원천지식(From) \ 창출된 지식(To)	묵시적 지식	명시적 지식
묵시적 지식	사회화 (Socialization)	외재화 (Externalization)
명시적 지식	내재화 (Internalization)	결합 (Combination)

자료 : Nonaka, I., and H. Takeuchi(1995), *The Knowledge-creating Company*, New York : Oxford University Press, p.62 ; 김인수(1999), 전게서, p.501 재인용

(1) 사회화

사회화는 한 사람의 묵시적 지식이 다른 사람의 묵시적 지식으로 변환되는 과정이다. 이 과정에서는 구성원들 간의 경험 공유를 통해서 정신모델, 기술(skill) 등과 같은 새로운 묵시적 지식이 창출된다. 즉 각자가 가진 지식을 서로 알려주고 남의 지식도 배우는 과정이다. 대표적인 예가 숙련기능의 전수나 도제제도이다. 스승에게 체화되어 있는 원천지식을 제자가 습득하기 위해서는 오랜 시간 동안의

관찰과 모방 및 연습이 필요하다. 기업에서는 현장학습이나 현장훈련이 이와 같은 원리이다. 이처럼 사회화는 경험의 공유를 통해서 새로운 지식이 창출되는 방식이기 때문에 구성원들이 직접적으로 상호작용할 수 있는 장(field)을 만들어 주는 것이 중요하다.

(2) 외재화

외재화는 명료화(articulation)라고도 하며, 개인이나 집단의 묵시적 지식이 공유되고 통합되면서 가능한 한 명료하게 객관화시키려는 노력을 통하여 새로운 명시적 지식으로 만들어지는 과정이다. 구성원들이 갖고 있는 생각이나 지식을 실천에 옮기는 과정에서 새로운 지식이 얻어지게 된다. 제품개발, 고객욕구와 구체화, 숙련기능이나 비법을 문서화하는 것 등이 모두 외재화에 해당된다. 개인이 어떤 이미지를 표현할 경우 말이나 글 혹은 그림으로 표현을 하는데 이것이 바로 묵시적 지식을 명시적 지식으로 변환하는 외재화행위이다. 외재화를 통해 새로 추가된 명시적 지식은 조직의 지식기반을 훨씬 폭넓게 만들어 주며 새로운 지식역량을 축적하게 된다.

(3) 결합

결합(combination)은 기존에 존재하던 객관적인 정보와 지식이 연결되면서 새로운 통합적인 지식으로 생성되는 과정이다. 개인은 서류, 회의, 전화나 컴퓨터로 연결된 의사소통 네트워크를 통해서 지식을 교환하고 결합한다. 조직은 다양한 방법으로 기존 지식을 분류하거나 조합함으로써 새로운 지식을 만들어낼 수 있다. 예를 들면 고객 데이터베이스에서 다양한 고객정보를 수집 · 분석해서 고객들의 구매성향 보고서를 작성하는 것이나, 회계담당자가 여러 회계자료를 수집하여 체계적인 재무제표로 완성하는 과정 등이 있다. 결합과정은 사용될 정보와 지식을 연결해 주는 네트워킹이 잘 되어 있어야 효과적으로 이루어진다. 반면에 결합으로 생성된 지식은 기존의 자료와 정보를 재구성하는 과정이므로 조직의 지식기반을 획기적으로 확장하거나 전환시키지는 못한다.

(4) 내재화

내재화는 글이나 문서형태로 표현된 명시적 지식을 묵시적 지식으로 개인의 머리와 몸속에 체화시키는 과정이다. 우리가 책을 읽고 그 속에 있는 지식을 자신의 것으로 만드는 것과 유사하다고 해서 흔히 좁은 의미의 학습이라고도 한다. 기업에서는 종업원이 표준작업절차, 업무매뉴얼, 기계사용설명서 등으로부터 작업에 필요한 지식을 얻어 자신의 머릿속에 기억하고 저장하는 것을 말한다. 지식이 문서화나 매뉴얼화되어 있으면 이를 내재화하거나 다른 사람에게 이전하는 것이 용이하게 이루어질 수 있다.

내재화과정은 '실행에 의한 학습'(learning by doing)에 의해 촉진될 수 있다. 또한 간접적인 경험을 통해서도 일어날 수 있다. 예를 들면 다른 사람이 성공한 이야기를 읽거나 들음으로써 그 성공체험의 실상과 본질을 느낄 수 있고, 그 경험이 묵시적인 정신모델로 변화될 수도 있다. 그리고 그러한 정신모델은 구성원들에 의해 공유됨으로써 조직문화의 일부분이 된다.

이상에서 살펴본 네 가지의 지식변환방식은 각각 그 자체만으로는 지식창출에 한계가 있다. 조직에서 진정한 지식창출은 묵시적 지식과 명시적 지식의 역동적인 상호작용과 지식변환방식들 간의 연결을 통해서 이루어진다. 이러한 인식론적 차원의 지식변환활동을 통해서 창출된 지식들은 존재론적 차원의 단계(즉 개인 → 부서 → 조직)를 거침으로써 조직적으로 확장되고 증폭된다.

조직에서 지식창출의 근본적 주체는 개인이며, 조직은 개인의 지식창조를 지원하는 상황을 마련해 주어야 한다. 즉 개인의 묵시적 지식이 조직지식창출의 기초이며, 조직은 개인수준에서 창출되고 축적된 묵시적 지식을 조직차원에서 유동화하고 증폭시켜야 한다. 이렇게 개인의 묵시적 지식이 지식변환과정을 통해서 조직수준으로 확장되는 과정을 거침으로써 조직의 지식이 창출되는 것이다.

12.2 개인학습과 조직학습

1. 개인학습

조직은 궁극적으로 개별 구성원을 통해서 학습하기 때문에 개인학습에 대한 이해가 필요하다. 개인학습은 심리학, 언어학, 교육학 등 다양한 분야에서 오랜 기간 연구되어 왔다. 예를 들면 파블로프(I. Pavlov)의 고전적 조건화, 스키너(B. Skinner)의 조작적 조건화, 반두라(A. Bandura)의 사회적 학습이론 등 많은 이론들이 제시되고 검증되어 왔다. 이러한 개인학습에 관한 이론들은 자극-반응의 관계에 초점을 둔 초기의 행동주의적 관점으로부터 기억과 지식에 초점을 두는 인지론적 시각으로 발전해 왔다. 인지론의 발전은 학습을 단순한 자극-반응관계가 아닌 지식상태의 변화과정으로 이해하는 계기를 마련해 주었다.

개인학습(individual learning)이란 조직내부에 있는 구성원들이 개인차원에서 이루어지는 모든 학습활동을 말한다. 바우어와 힐가드(Bower & Hilgard)는 "학습이란 반복적인 경험을 통하여 현재의 행동이 변화하거나 잠재적 행동상의 변화가 이루어진 상태를 말하며, 자연적인 성숙이나 일시적인 요인(예 : 피로, 음주, 충동)에 의해서 나타나는 일시적인 행동변화는 진정한 의미에서의 학습이 아니다"라고 하였다.[07] 즉 학습은 경험을 통하여 실제 행동이나 잠재적 행동상의 변화를 가져올 수 있도록 지식을 습득하는 것으로 볼 수 있다. 조직은 그 자체로서는 학습을 할 수 없고, 오직 개인을 통해서 학습할 수 있다는 관점에서 보면 학습의 주체는 결국 개별 구성원이다. 따라서 조직학습은 개인에 의해 창출된 지식이 조직수준으로 확장되어 가는 과정으로 보아야 한다.

2. 조직학습

1) 조직학습의 관점

조직학습은 학자들의 관심영역에 따라 환경적응과정, 가정공유 및 지식축적과정, 경험의 제도화과정 등으로 다양하게 설명되고 있다. 이러한 연구들은 모두 조직학습이라는 동일한 현상을 설명하고 있지만, 주요 관심영역이 외부와의 관계인지, 아니면 내부 측면인지 혹은 산출물 측면인지에 따라 다르게 설명하고 있다.[08]

먼저 환경적응에 초점을 두는 연구들은 조직이 환경에 적응하기 위하여 행동을 변화시키는 과정에서 학습이 일어난다고 보고 있다. 즉 조직이 환경의 변화를 인식하고 성공적으로 대처할 때 얻어지는 성과의 향상이나 지속적인 생존가능성을 강조한다.

가정공유 관점은 조직구성원들이 실제 사용하고 있는 상용이론(theories-in-use)이나 기본적인 행동원칙의 변화를 인지적 · 해석적 측면에서 설명하고 있다. 조직의 상용이론과 행동이론은 구성원들이 의사결정이나 행동의 기초가 되는 조직의 기본가정과 인지지도(cognitive maps)를 공유함으로써 형성되는 것이다. 조직구성원들은 이와 같은 상용이론을 유지하기 위해 오류를 검출하고 수정함으로써 환경변화에 대응한다. 이러한 과정에서 개인이나 집단의 문제제기에 의하여 상용이론이 수정되고 구축될 때 비로소 조직학습이 일어난다는 것이다.[09]

한편 지식관리 관점은 지식의 창출과 활용을 강조하고 있다. 즉 조직은 환경변화에 단순히 수동적으로 적응하는 것이 아니라, 구성원 간의 상호작용을 통해 스스로 불확실한 환경에 적극적으로 대처하고 변화할 수 있다는 것이다. 이처럼 급변하는 환경에 조직이 적극적으로 대응하기 위해서는 기존의 정보와 지식을 효율적으로 처리하는 것뿐만 아니라, 새로운 정보와 지식을 동태적으로 창출할 수 있어야 한다.

경험의 제도화로서의 조직학습에 대한 연구는 경제학적 관점을 가진 학자들에 의해서 경험곡선과 학습곡선효과를 중심으로 연구되어 왔다. 이들의 핵심 주장은 조직구성원들이 생산경험을 축적해감에 따라 생산능력이 증가하는데, 그 이유는 구성원이 경험을 통해서 학습하기 때문이라는 것이다. 최근의 연구에서는 경험의 단순한 축적보다 지식의 이전이나 상호연결관계에 초점을 맞춤으로써 학습에서 지식의 역할을 강조하고 있다.

2) 조직학습의 유형

조직학습은 [도표 12-5]에 나타난 바와 같이 분류기준에 따라 여러 가지 유형으로 구분될 수 있다. 다음에서는 학습의 내용, 원천, 단위, 속도, 과정, 깊이 등에 따라서 조직학습의 유형을 살펴보기로 한다.

(1) 학습내용

먼저 학습의 내용에 따른 분류는 학습의 내용이 무엇인가에 따라 행동학습과 인지학습으로 구분된다. 행동학습은 조직의 실제 행동상에 변화가 일어난 경우를 말하며, 인지학습은 조직이 가지고 있는 신념체계가 정교화되거나 변화하는 경우를 말한다.

도표 12-5 | 조직학습의 유형 분류

분류기준	학습의 유형
학습의 내용	행동학습, 인지학습
학습의 원천	내부학습, 외부학습
학습의 단위	부분학습, 전체학습
학습의 속도	빠른 학습, 느린 학습
학습의 과정	창출, 공유, 저장, 폐기학습
학습의 깊이	저차원학습, 고차원학습, 학습방법의 학습

자료 : 김인수(1999), 전게서, p.509 재인용

(2) 학습원천

학습의 원천이란 조직이 학습에 필요한 지식이나 자료를 어디에서 얻는가를 말

하며, 이러한 지식이나 자료가 조직내부에 있으면 내부학습, 외부에 있으면 외부학습으로 구분한다.

내부학습에는 경험학습, 실험학습, 공유학습 등이 포함된다. 경험학습(experiential learning)은 과거의 경험이 지식과 능력으로 전환되는 것이다. 즉 반복적인 행동을 통해 지식을 점진적으로 수정 · 발전시키는 것으로, 경험이 축적됨에 따라서 조직구성원의 능력이 증대되고 지식이 효과적으로 활용되는 것을 말한다. 실험학습(experimental learning)은 새로운 실험적 행동으로부터의 학습을 의미한다. 즉 당면한 문제의 해결보다는 새로운 기회를 탐색하고 사업영역을 확대하는 이용되는 것으로 주로 시행착오를 통해서 학습이 이루어진다. 공유학습(shared learning)은 개인이나 조직의 하부단위가 갖고 있는 국지적인 지식을 의도적으로 표출화시키고, 재구성하여 전파시킴으로써 일어나는 학습을 말한다. 또한 비전, 전략, 지식 및 신념, 정보 등의 공유를 통해서 회사의 비전과 전략을 구성원에게 알리고 이해를 넓힐 수 있다.

외부학습은 다른 조직이나 개인의 행동 유형과 지식체계를 관찰하거나 모방함으로써 간접적으로 학습하는 것을 말한다. 경쟁업체의 전략이나 새로운 기술을 관찰하고 모방하는 것이 전형적인 예이다. 경쟁사나 선도기업의 제품, 서비스, 업무절차 등을 자신과 비교 · 분석해서 차이를 개선하는 벤치마킹(benchmarking)은 외부학습의 대표적인 예이다.

(3) 학습단위

학습단위에 따른 분류는 학습이 조직의 특정 부분에서만 일어나는지 아니면 조직 전체에서 일어나는지에 관한 것으로 부분학습과 전체학습으로 분류된다. 부분학습은 개인이나 소집단에서 이루어지는 학습을 말하며, 전체학습은 조직 전체에 일어나는 학습을 말한다.

(4) 학습속도

학습속도에 따라서는 단기적으로 짧은 시간 내에 이루어지는 빠른 학습과 장기적으로 오랜 기간에 걸쳐 이루어지는 느린 학습이 있다. 빠른 학습이 항상 바람직한 것만은 아니다. 최근의 급격한 환경변화에 대응하기 위해서는 빠른 학습이 중요하기는 하지만, 속도만 강조하다 보면 잘못된 의사결정을 할 수 있는 가능성이 높아지기 때문이다. 또한 기술, 기능 등은 빠른 학습이 가능하지만 가치관, 기업문화 등은 느린 학습으로 파악할 수 있다.

(5) 학습과정

학습과정에 따른 분류는 학습이 어떠한 과정을 통해서 이루어지는가에 따라 창출학습, 공유학습, 저장학습, 폐기학습(unlearning) 등으로 구분하고 있다. 이는 지식이 창출되고, 창출된 지식이 다른 구성원이나 집단으로 이전되고 공유되며, 저장되는 과정과 더 이상 가치가 없는 쓸모없는 지식을 폐기하는 과정에 따라서 분류된 것이다.

(6) 학습깊이

학습의 깊이에 따른 분류는 연구자들에 따라 다양한 유형이 제시되고 있으나 크게 보면 저차원학습, 고차원학습, 학습방법의 학습(learning to learn)이라는 세 가지로 구분이 가능하다.

저차원학습은 기존의 규칙이나 행동신념, 루틴이 점진적으로 정교화되고 개선되는 것을 말한다. 품질관리운동이나 기능별 문제해결 등이 대표적인 예이다. 조직이 저차원학습만을 추구하는 경우에는 보다 과감한 혁신을 못하게 되고, 장기적으로는 변화하는 환경에 적응이 어려워진다.

고차원학습은 경영행동을 지배하는 기본 가정과 규범 및 통찰력이 변화되는 학습을 말하며, 비교적 어렵고 오랜 기간이 소요된다. 고차원학습은 기존 규칙이나 가정이 더 이상 효과를 발휘하지 못하는 상황, 환경으로부터 부정적인 피드백을 받은 경우, 심각한 재무위기나 최고경영층의 변화에 의해서 일어난다. 예를 들어 IMF 상황하에서 조직이 핵심역량을 강화하기 위하여 최고경영진을 교체하고 구조조정을 하는 것이 대표적인 예이다. 조직이 고차원학습만을 추구하는 경우에는 과도한 탐색비용을 부담해야 하고, 성과가 실제로 나타나기까지는 오랜 시간이 소요되며, 잘 나타나지 않거나 눈에 보이지 않는 경우도 많다. 따라서 각 학습의 차이점을 숙지하여 저차원학습과 고차원학습을 적절히 조화시키는 것이 중요하다([도표 12-6] 참조).

| 도표 12-6 | 저차원학습과 고차원학습의 비교

구분	저차원학습	고차원학습
목표	• 주어진 규범규칙 내에서의 문제수정 • 효율성 강조	• 전반적인 규칙, 규범의 조정 • 효과성 강조
범위	• 단기적, 즉각적인 것에만 영향	• 장기적, 조직 전체에 대한 영향
학습방법	• 일상적 반복	• 비일상적 휴리스틱과 통찰력에 의존
상황	• 이해가능하고 경영자가 통제가능한 상황 • 조직의 전체수준에서 일어남	• 모호하고 잘 정의되지 않은 상황 • 대부분 조직의 상층에서 일어남
결과	• 특정한 행동, 성과의 변화	• 새로운 통찰력, 규범개발
학습조건	• 기능적 합리성 : 과거의 문제처리방식에 근거한 합리성	• 새로운 전략, 새로운 리더, 극적인 시장변화 등이 있는 경우
역기능	• 기존의 패러다임에서 벗어나기 어려움	• 피상적인 연상, 규범 등을 만들 수 있음 • 변화에 대한 저항, 무력감을 낳음
예	• 공식적 규칙 제도화 • 경영시스템의 개선 • 문제해결기술 • 품질개선, 제품개선	• 새로운 사명과 방향 정의 • 안건설정 • 문제정의기술 • 새로운 신화, 일화, 문화의 개발

자료 : 김인수(1999), 전게서, p.511 재인용

마지막으로 학습방법의 학습(learning to learn)은 학습과정 자체를 평가하고 개선시킬 수 있는 능력을 습득하는 것을 의미한다. 즉 과거의 경험, 상황 등을 살펴보고 새로운 학습상황에서 새로운 전략과 행동방침을 지속적으로 만들어낼 수 있어야 한다는 것을 의미한다.

이상에서 살펴본 학습깊이에 따른 내용을 정리해보면 가장 근본적인 차이는 문제제기의 질적 수준의 차이라고 볼 수 있다. 즉 학습의 깊이를 증가시키려면 의문과 문제를 제기하는 풍토가 조성되어야 하며 그런 행동이 가치 있는 것이라고 인

정해 줄 수 있어야 한다.

3. 개인학습과 조직학습의 관계

1) 개인학습과 조직학습의 비교

학습에 관한 연구를 살펴보면 개인을 강조하는 흐름과 조직을 강조하는 흐름이 있다. 다음의 [도표 12-7]에 나타난 바와 같이 학습의 주체로서 개인을 강조하는 학자들은 인간만이 뇌와 정신을 가지고 생각하고 행동하고 학습할 수 있으며, 개인을 통하지 않고서는 조직은 학습할 수 없다는 것을 강조하고 있다.

도표 12-7 개인학습과 조직학습의 비교

구분	개인학습 강조	조직학습 강조
학습의 주체	개인	조직
특징	• 인간만이 뇌와 정신을 가지고 생각하고 행동하며 학습할 수 있다. • 조직에서 실제로 행동하고 학습하는 것은 개인이다. • 조직은 개인을 통하지 않고서는 학습할수 없다.	• 조직은 뇌가 없지만 인지시스템과 기억을 가지고 있고, 이를 통해 학습할 수 있다. • 조직학습은 개인의 단순총합 이상이다. • 개인이 떠나도 조직의 지식은 남아 있다.

자료 : 김인수(1999), 전게서, p.507 재인용

이에 비해 조직을 강조하는 학자들은 조직학습은 개인학습의 단순한 합(合) 이상이며, 개인이 조직을 떠나더라도 조직의 지식은 남아 있고, 조직이 비록 뇌를 가지고 있지는 않지만 인지시스템과 기억을 가지고 있어서 이를 통해 학습할 수 있다고 주장한다. 즉 개인이 그들의 성격, 습관, 신념을 시간에 따라 발전시키는 것과 마찬가지로 조직 역시 세계관과 이데올로기를 발전시킨다. 또한 구성원이 바뀌고 경영진이 달라져도 조직의 기억 속에는 특정한 행동방식이나 규범, 규칙 등이 남아 있고, 이러한 규범이나 규칙, 가치 등은 조직의 행동과 학습에 영향을

미칠 뿐만 아니라 개인의 학습에도 영향을 미치고, 새로운 구성원에게 상속된다. 이들은 조직의 기능적 유사성을 지닌 해석시스템으로 파악하고 있다.

기능적 유사성이란 개인이 외부정보를 받아들여 처리하고 기억으로 저장하는 것처럼 조직도 환경으로부터 정보를 받아들여 처리하고 저장하므로 기능적인 측면에서 개인과 조직이 서로 비슷함을 의미한다. 해석시스템이란 조직이 환경에 관한 자료를 수집해서 조직 내에 공유된 가치에 근거해서 수집된 자료에 의미를 부여하고 이를 바탕으로 행동하는 것을 말한다.

2) 개인학습과 조직학습의 관계

개인학습과 조직학습은 어떤 관계인가? 조직학습에서 일차적인 행동주체는 개인이다. 그러나 조직학습이 비록 개인을 통해서 일어나지만 개인학습의 결과가 축적된 것이 조직학습은 아니다. 조직학습은 개인에 의해 창출된 지식이 조직 전체에 널리 확산되어 구성원들에 의해서 공유되고, 타당성을 인정받아 조직의 전략과 관리에 통합되는 과정이다. 따라서 개인학습은 조직학습의 필요조건이기는 하지만 충분조건은 될 수 없다. 이처럼 조직학습은 개인의 통찰력과 기술(skill)이 조직 루틴, 관행, 신념으로 체화(embodied)될 때에 일어나며 효과적인 조직만이 개인학습을 조직학습으로 변화시킬 수 있다.

개인학습이 조직학습이 되기 위해서는 변환조건(transformation condition)이 필요하다. 클리메키 등(Klimecki, Probst & Eberl, 1994)은 다음과 같은 세 가지 요소를 그 변환조건으로 제시하였다.

① 조직 내 의사소통(communication) : 의사소통이 원활하지 못하면 개인이 획득한 지식과 정보가 조직 내에서 물 흐르듯이 흐르지 못한다. 따라서 조직 내 수직적 의사소통과 수평적 의사소통이 원활해야 개인학습이 조직학습으로 변환될 수 있다.

② 조직의 투명성(transparency) : 조직의 경영방침, 핵심가치, 조직의 역사, 핵심역량 등 자료가 축적 · 저장되어 누구든지 이 정보에 접근이 가능할 수

있도록 보장되어야 한다.

③ 조직 내 통합(integration) : 조직 내 모든 지식이 시스템화와 네트워크화를 통해서 부서 간의 벽이나 위계상 장애가 없이 언제, 어디서나, 누구에게 개방될 수 있는 메커니즘이 확립되어야 한다. 다시 말해 '지식경영'(knowledge management) 또는 '지식기반경제'(knowledge-based economy)가 마련됨으로써 조직 내 모든 지식과 정보가 통합되어 있어야 개인학습이 조직학습으로 쉽게 변환될 수 있다.

지금까지의 내용을 요약하면 지식은 근본적으로 개인에 의해서 창출되며, 조직은 개인이 지식을 창출할 수 있는 환경적 여건을 제공한다. 조직의 지식창출은 개인이 창출한 지식을 조직수준으로 확장하고 지식 네트워크 속에 저장하는 과정으로 파악해야 한다.

12.3 학습조직

1. 학습조직의 개념

1) 학습조직의 정의

학습이란 새로운 것을 배우고 익혀 나가는 것이다. 조직 역시 급변하는 환경 속에서 생존하기 위해서 새로운 방법을 배우고 익혀서 조직을 개발하는 일이 더욱 중요해졌다. 학습조직(learning organization)은 1990년대 후반부터 관심을 끌고 있다. 조직학습을 통해 지식의 개발과 축적을 계속하여 지속적으로 조직을 변화시키는 실행도구의 역할을 해왔기 때문이다.

학습조직이란 변화에 적응하는 능력을 계속 습득해 나가는 조직을 말한다. 센게(Peter Senge)는 학습조직을 다음과 같이 정의하였다. "학습조직은 조직원들이 원하는 성과를 달성하도록 지속적으로 역량을 확대시키고 새롭고 포용력 있는 사고능력을 함양하며, 집단적 획일성에서 해방되어 열의가 자유롭게 설정되고, 학습방법을 서로 공유하면서 지속적으로 배우는 조직이다." 가빈(D. A. Garvin)은 학습조직을 "지식을 창조 · 습득 · 교환함으로써 새로 지식을 추가하고 이러한 지식들을 활용하여 행동을 계속 변화시키는 조직"이라고 정의하는데 이 속에 학습조직의 특성이 모두 내재되어 있다.[10] 학습조직의 특성은 주로 다음과 같이 요약된다.

첫째, 새로운 아이디어가 학습의 필수요건이다. 조직은 외부환경, 즉 고객이나 경쟁사 또는 신입사원을 고용하면서도 항상 새로운 아이디어를 습득해야 한다.

둘째, 습득된 새 아이디어나 지식은 조직 안에 두루 이전되어야 한다. 그러므로 조직은 지식의 교환을 막는 모든 장벽을 허물고 커뮤니케이션을 촉진시켜야 한다.

셋째, 새로운 지식은 행동으로 실행되어 변화가 있어야 한다. 따라서 새로운 지식이 실제 행동으로 구현될 수 있도록 촉진하고 여건을 마련해 주어야 한다.

2) 조직학습과 학습조직

조직학습에서도 일단 학습이란 개인들의 행위에서부터 시작되는 것이며, 이러한 개별 학습행위가 조직 내에 확산되고 공유되어 그 해당 행위가 더 이상 특정 개인에게만 국한되지 않을 때 조직학습이 행해지는 것으로 간주한다. 따라서 개인의 행동뿐만 아니라 새로운 능력들에 대해서도 습관적으로 조직적 차원에서 학습이 반복되는 수준까지 이르게 되면 그것이 학습조직이며 그 조직은 학습하는 방법을 알게 되어 항상 새로운 지식을 추가해가는 조직이 된다.

조직 안에서 조직학습이 습관적으로 항상 반복되면 학습조직이 되는 것처럼 개인차원에서도 학습이 반복되면 그 사람은 학습인(학습할 줄 아는 사람)이 된다. 무엇이든지 의문을 품고 새로운 시도를 생활화하는 사람들은 학습인이지만 어떤 사람은 새로운 것에 흥미도 없고 그저 어제 했던 일만 생각 없이 반복하는 사람도

| 도표 12-8 | 조직학습과 학습조직의 의미

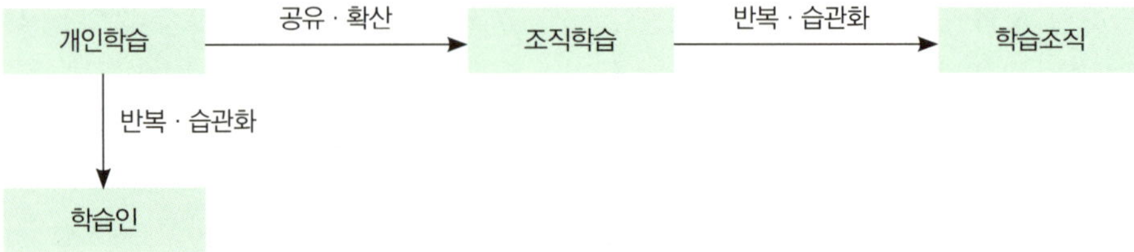

자료 : 임창희(2008), 전게서, p.571.

있다. 조직도 마찬가지이기 때문에 보통의 조직을 학습조직으로 만드는 것이 조직을 변화시키는 지름길이다.

3) 학습조직의 구성요소

센게(P. Senge)는 학습조직을 형성하는 다섯 가지 구성요소를 [도표 12-9]에서 보는 바와 같이 제시하였다.

| 도표 12-9 | 센게의 학습조직 구성요소

학습조직 구성요소	내용
자아완성 (personal mastery)	자기 연마를 꾀하고자 하는 개인의 향상심과 프로세스이다.
비전공유 (shared vision)	조직 내의 모든 구성원이 기업의 장래모습을 공유, 리더가 개개인과 지속적으로 대화를 반복해서 보급시켜간다.
팀학습 (team learning)	공유 비전을 달성하기 위해 의견교환과 토론을 반복하면서 서로 협력해 팀의 능력을 향상시켜 나가는 과정이다.
사고모형 (mental models)	사람들 사이에 공유되고 있는 고정적이고 경직된 견해를 시정한다.
시스템 사고 (system thinking)	복잡한 문제에 직면했을 때 시 · 공간적으로 떨어져 있기 때문에 발견하기 어려운 인과관계를 찾아내 근본적인 문제해결을 꾀한다.

자료 : Senge, P. M.(1990), *The Fifth Discipline*, New York : Doubleday.

2. 학습조직의 구축

센게는 학습조직의 활동을 지원하고 학습을 보다 효과적으로 관리하기 위해서 다음과 같은 것이 필요하다고 한다.

1) 체계적인 문제해결활동

조직에서 어떤 문제가 생겼을 때 즉흥적으로 해결하지 않고 계획을 세워 체계적으로 접근하는 것이 필요하다. 그리고 문제를 해결하고 나서도 해결과정과 결과를 잘 정리하였다가 다음번에 다시 사용하든지 더 좋은 해결법을 찾아내는 데 이용해야 한다.

2) 실험을 통한 시범적 운용

새로운 아이디어가 있으면 실제로 시도를 하고 테스트해봐야 비로소 산지식이 된다. 머릿속에는 존재하지만 실제문제에 부딪쳤을 때에는 사용이 불가능하거나 시행착오를 겪을 수 있다. 생각을 실행하면 새로운 것이 발명되기도 하지만 실행과정에서 생각이 잘못된 부분을 수정하여 더 나은 지식으로 만들 수 있기 때문이다. 외부로부터 새로운 관행과 기술을 배웠을 때에도 학습한 것을 일상적인 작업에 실제로 적용해보아야 실제로 학습된 것이다.

3) 과거의 경험으로부터의 학습

기업은 학습조직을 구축하기 위해 성공과 실패의 내용을 버리지 말고 이를 재검토하고 평가하여 구성원들이 공개적으로 이용할 수 있도록 여건을 마련해 주어야 한다. 그러나 많은 조직들이 과거경험에 무관심하거나 심지어 적대시하여 소중한 지식을 신중하게 반영하지 못하는 수가 있다.

4) 벤치마킹 : 다른 조직으로부터의 학습

모든 학습이 반성과 자기분석으로부터만 이루어지는 것은 아니다. 경우에 따라서는 외부환경에 눈을 돌릴 때 생기기도 한다. 남의 아이디어를 빌려오거나 성공한 조직을 모방하는 벤치마킹(benchmarking)을 통해서 학습할 수 있다.

5) 정보와 지식의 이전

학습이 지엽적인 일로 국한되지 않으려면 정보와 지식이 모든 구성원들에게 빠르고 효율적으로 확산되어야 한다. 아이디어는 몇 사람이 독점하기보다 폭넓게 공유될 때 상승작용을 하면서 시너지효과를 가져온다.

6) 파괴학습

모든 조직은 변하지 않으려는 관성도 내포하고 있다. 과거의 성공경험과 관습은 새 것을 습득할 때 커다란 장애요인이 된다. 과거의 성공방법을 따라가고 싶기 때문이다. 그러나 환경이 과거와 다를 수 있으며 혹시 동일환경이라고 하더라도 과거보다 한층 더 좋은 방법이 있을 수 있기 때문에 과거의 노하우를 버리는 파괴학습 내지는 이완학습(unlearning)이 먼저 선행되어야 한다.

3. 관료제조직과 학습조직의 특징

조직학습을 효과적으로 하기 위해서는 조직이 어떤 풍토에 서있는지 배경을 살펴볼 필요가 있다. 그동안 사회환경의 급격한 변화로 인하여 조직형태가 변화되어 왔다. 즉 산업사회에서 주요한 조직형태인 관료제조직과 지식사회의 주요 조직형태인 학습조직이 그것이다. 따라서 전통적인 관료제조직과 학습조직의 특징을 비교할 필요가 있다([도표 12-10] 참조).

전통적인 관료제조직은 높은 계층, 수직적 구조, 단일 분야에 대한 전문성을 가지고 있으며, 부서 간 경계는 고정적이다. 또한 통제와 지시에 의한 공동체의식을 강조하며, 상사와 부하의 관계는 명령과 복종으로 이루어지고, 권한은 최고경영진에 집중되어 있다. 구성원들은 책임부담을 꺼리며, 정보는 주로 공식적 의사소통채널을 통해서만 흐르고 특정 계층에 의해 정보가 독점되고 있어서 변화에 대한 반응이 느리다. 이러한 관료제조직에서 지식창출의 담당주체는 최고경영진이다.

반면에 학습조직에서는 낮은 계층, 교차기능팀을 주축으로 하는 수평적 구조를 가지고 있고, 구성원들은 다양한 분야의 전문성을 기반으로 관련 업무에 따라 자유로운 이동과 참여가 가능하다. 또한 상사와 부하는 대등한 관계를 유지하며 상호신뢰와 목표공유를 통해 공동체의식을 형성하고 분권화하여 구성원 스스로 책임을 맡아 일을 수행하게 한다. 정보는 공식적 의사소통채널뿐만 아니라 비공식적인 의사소통채널을 통해서 자유롭게 흐르고 공유되므로 변화에 대해서 유연하

도표 12-10 관료제조직과 학습조직의 특징

구분	관료제조직의 특징	학습조직의 특징
계층	많음	적음
구조	기능에 의한 분리, 수직적	교차기능팀, 수평적
전문성	단일 분야에 집중	다양한 분야의 전문성 필요
경계선	고정적	자유로운 이동 및 참여가능
공동체의식	통제와 지시에 의함	신뢰와 목표공유에 의함
상하관계	명령과 복종의 관계	대등한 관계
권한의 소재	최고경영진에 집중	구성원에 분산
책임의 소재	책임의 전가	자발적 책임
정보활용	정보의 독점	정보의 공유 및 이전
정보의 흐름	공식적 의사소통채널	공식적 · 비공식적 의사소통채널
변화에 대한 반응	경직, 지연	유연, 신속
지식창출 담당자	최고경영진	모든 구성원

자료 : 신영욱(1996), "학습조직과 지식관리," 학습조직의 이론과 실제, 삼성경제연구소, p.341 ; 김인수(1999), 전게서, p.523 재인용

고 신속한 반응을 할 수 있다. 이러한 학습조직에서는 모든 구성원이 지식창출의 주체가 된다.

위에서 살펴본 바와 같이 전통적 조직과 전혀 다른 특징을 가진 학습조직을 효과적으로 운영하기 위해서는 새로운 관리방식이 요구된다. 노나카와 타케우치는 지식창출조직에 적절한 관리방식으로서 '미들업다운관리'(middle-up-down management) 개념을 제시하고 있다.[11] 과거에는 일반적으로 하향식(top-down) 관리방식과 상향식(bottom-up) 관리방식을 다루어 왔다. 하향식 관리방식에서는 최고경영진이 지식과 정보를 창출하고 중간관리자와 구성원은 단순히 주어진 정보를 처리하기만 한다. 따라서 지식변환과정에서 기존 명시적 지식을 이용하는 결합과 내재화에는 적절하지만, 조직의 현장에 존재하는 다양한 묵시적 지식의 가치를 간과하고 활용하지 못할 가능성이 높다. 이에 비해 상향식 경영방식은 창의적 아이디어를 가지고 있는 기업가적인 개인에 의해서 다양한 묵시적 지식을 끌어내는 데에는 적절하지만, 과도한 자율권으로 인해 구성원 간의 조정 · 통합이 곤란하고, 구성원들의 지식을 다른 부문으로 이전하거나 공유하는 것이 어렵다.

이러한 두 가지 관리방식에 비해 미들업다운관리는 중간관리자가 중심이 되어 최고경영진과 구성원 사이를 흐르는 정보와 지식을 주도적으로 연결 · 관리함으로써 효과적인 지식창출을 가능하게 한다. 즉 중간관리자는 최고경영진에 의해 창출된 비전과 목표를 현장 종업원들이 잘 이해하고 실행할 수 있도록 구체화시켜 전달해 주고, 현장의 기술과 제품, 시장을 가장 잘 알고 있는 종업원들의 정보나 지식을 통합하여 변환시켜 최고경영진이 제시한 비전과 목표를 달성할 수 있도록 한다. 이때 중간관리자는 지식창출팀의 리더로서 최고경영진과 실무작업층을 연결하는 통합과 변화관리자로서의 역할을 수행한다. 이러한 관리방식은 지식창출과정에 필수적인 다양성, 자율권, 혼란을 인정하고 구성원 간의 강도 높은 상호작용을 가능하게 함으로써 지식변환과정이 효과적으로 이루어질 수 있도록 해준다.

토 | 의 | 문 | 제

01 지식변화의 네 가지 방식은 무엇인가?

02 조직학습과 학습조직의 차이는 무엇인가?

03 학습조직의 구성요소는 무엇인가?

참 | 고 | 문 | 헌

01 홍정범(1988), "지식사회의 도래와 지식경영," 신한리뷰, 여름, pp.96-105.

02 Stata, R.(1989), "Organizational Learning : The Key To Management Innovation," *Sloan Management Review*, Spring, pp.63-74.

03 Liebeskind, J. P.(1996), "Knowledge, Strategy, and the Theory of the Firm," *Strategic Management Journal*, Vol.17, Winter Special Issues, pp.93-107.

04 Nass, C.(1994), "Knowledge or Skills : Which Do Administrators Learn from Experience?" *Organization Science*, Vol.5, No.1, Feb., pp.38-50.

05 Drucker, P. F.(1993), *Post-Capitalist Society*, New York : Harper Collins.

06 Nonaka, I., and H. Takeuchi(1995), *The Knowledge-creating Company*, New York : Oxford University Press, p.62.

07 Bower, G. H., and E. R. Hilgard(1981), "The Nature of Learning Theory," Chapter 1, *Theories of Learning*, 5th ed., Prentice-Hall.

08 김인수(1999), 거시조직이론, 무역경영사, p.505.

09 Argyris, C., and D. Schon(1978), *Organizational Learning*, Reading, M.A. : Addison-Wesley.

10 Garvin, D. A.(1993), "Building a Learning Organization," *Harvard Business Review*, July-August, pp.78-91.

11 Nonaka, I., and H., Takeuchi(1995), *op. cit.*

CHAPTER

13 조직개발과 변화

여는 이야기 불황기시대의 경영전략은 혁신경영

최근 미국과 중국 간의 무역전쟁 장기화로 중간재 수출을 하는 우리나라의 기업들에 비상이 걸리고 있으며, 국제금리와 유가, 달러가치가 동시에 올라가는 '신(新) 3고(高) 현상'이 나타나고 있다. 미국과 중국 간 무역전쟁과 경기침체 여파로 삼성전자를 비롯한 주요 기업의 실적도 내리막길을 걷고 있어 위기감이 증폭되고 있다.

요즈음은 '위기경영의 관리시대'라고 할 수 있다.

한국의 기업 5년 생존율은 30.2%, 독일은 39.8%, 영국은 41%라고 하며 한국의 10대 그룹의 평균연령은 69세라 한다. 두산그룹이 121세, 삼성그룹이 80세이며 한국에도 장수기업이 늘어나고 있는 추세지만 앞으로 어떤 기업이 100세 시대를 기록할지는 알 수가 없다. 왜냐하면 현재의 생존이 미래의 생존을 담보하는 시대가 아니기 때문이다. 모든 기업은 생존이 1차 목표라고 할 수 있다.

장수기업을 연구하는 학자들은 기업이 장수하는 데는 정형화된 틀은 없다고 한다. 일본의 곤고구미(金剛組)처럼 한우물만 파서 1428년을 살아남는 기업도 있으며 컴퓨터 하드웨어산업을 선도하던 컴퓨터 하드웨어 제조전문업체에서 통합솔루션업체로 과감히 변신한 IBM의 성공사례도 있다.

최근에는 생존가능성이 갈수록 어려워지면서 기업의 노력들도 치열해지고 있다. 이런 불황기시대에는 변화와 혁신을 통해 기업의 생존력을 높일 필요가 있다고 본다. 경쟁기업들보다 차별화된 경쟁우위를 최대한 유지하면서 끊임없는 변화와 혁신의 몸부림이 필요한 시대가 되었다.

얼마 전 세계적인 인사컨설팅업체 헤이그룹(Hay Group)의 게오르그 비엘미터(George Vielmetter) 유럽총괄이사는 인터뷰에서 세계 최대의 휴대폰업체였던 핀란드의 노키아(Nokia)의 몰락의 이유를 '리더'에서 찾고 있었다. 세계적인 휴대폰업체로 우뚝 섰던 노키아의 2008년도 시장점유율이 40%였을 때 노키아의 경영진은 더 이상 직원들과 외부의 목소리에 귀를 기울이지 않았다. 그 결과 2012년 1/4분기에는 8.2%로 시장점유율이 추락하고 결국에는 시장을 잃고 말았는데, 결국 노키아는 스마트폰 시대에 제대로 대응하지 못하고 몰락의 길을 걷다가 마이크로소프트(MS)에 피인수된 후 지금은 완전히 시장에서 사라졌다. 즉 짐 콜린스가 설파한 기업쇠퇴의 5단계 중에서 '큰 성공을 거두고 자만심에 빠져드는 [몰락의 1단계]'에서 노키아는 실패했다고 볼 수 있다.

한국의 기업들도 이런 문제에서 자유롭지는 않다. 예를 들어 2014년 시장규모 7조 원대에 이르는 폭발적인 성장세를 보여 온 한국 아웃도어시장의 매출규모가 2017년에는 4조 5천억 원으로 대폭 감소하면서 업계 전체가 공멸하는 것이 아니냐는 말까지 나돌고 있는 현실이다. 그 이유를 보면 등산복을 입고 일상생활을 하는 문화가 사라지고 있다는 점이다.

시장이 포화상태인 국내시장을 탈피하여 해외시장 진출전략도 필요하겠지만 근본적으로 지금까지의 성장기의 경영전략을 수정하지 않으면 노키아의 전철을 밟지 말라는 법도 없다. 이런 상황에서 과거의 성장전략을 계속해서 사용한다는 것은 아주 위험한 전략이 될 수 있는 것이다. 불황기 기업환경에서는 기업의 대응하는 전략 자체가 달라져야 한다는 것을 의미한다. 불황기에는 매출감소, 가격경쟁 격화 등으로 수익성 악화 및 현금흐름 악화로 이어질 것이다. 따라서 원가경쟁력 및 제품서비스의 경쟁력을 강화하여 현금흐름을 개선할 필요가 있다. 이를 위하여 기존의 기업경영전략을 재점검하고 현재의 비용 및 원가분석 외에 비용절감을 위한 목표설정 및 선택가능한 대안파악 등의 절차가 필요할 것이다. 여기에는 과거의 사업방식, 인력조직, 프로세스 및 경영의 효율성을 추진하기 위한 전반적인 전략을 재검토하고 혁신경영 수립이 필요할 것이다. 이러한 급격한 기업환경변화는 혁신적인 변화를 통한 적응을 기업들에게 요구하고 있다. 적응하지 못한 기업들은 노키아처럼 도태될 것이며 앞으로의 기업환경변화는 더 가속화되고 다양화되리라 본다. 지난 산업의 역사에서 나타났던 대부분의 현상은 성공적인 모든 기업들은 대부분 실패했다는 것이다. 결국 기업의 혁신역량은 사느냐 죽느냐의 문제로 귀결되고 있다.

몇 년 전 래리 엘리슨 오라클 창업자가 최고기술책임자(CTO)로 자리를 옮기면서 CEO에 오른 그는 "포천 500대 기업에 10년, 20년이 지나도 살아남아 있는 기업은 공통적으로 시대의 변화에 맞춰 끊임없이 변신해 왔다"고 지적했다. 역경을 딛고 일류기업을 일구어낸 CEO들은 비록 수익이 나는 사업이라도, 장래성이 없다면 과감히 털어버릴 줄 아는 변신의 귀재들이었다고 한다. CEO는 시장상황에 따라 사업구조를 유연하게 바꾸는 전략적 변화관리능력이 필요한 것이다. 경영활동의 핵심에 대해서도 현재로서는 반세기 전 조지프 슘페터(J. Schumpeter)가 설파한 지속성장의 두 핵심요소인 '끊임없는 혁신과 진취적인 기업가정신을 근간으로 꾸준히 노력하는 것' 이상을 말하기는 어렵다고 본다. 일류기업이 되기 위해서는 CEO 스스로 최고가 되겠다는 분명한 경영철학을 가지고 불굴의 의지를 바탕으로 과감하게 경영환경에 도전해야 할 것이다. 또한 기업경영환경의 변화에 유연하게 대처하면서도 상황이 어려울 때에는 돌아갈 수도 있는 전략적인 사고도 필요할 것이다. 결론적으로 기업현장에서 CEO의 적절한 용기와 지혜가 서로 조화를 이룰 때 초일류기업을 만들고자 하는 꿈은 가까운 시일 내에 이루어질 것이다.

자료 : 강영수 칸전략경영연구원(주) 대표, 2018.8.6.

13.1 조직변화의 이해

1. 조직변화의 정의

조직변화란 조직유효성을 높여 현재상태보다 더 나은 상태로 전환시키는 과정으로 일종의 동태적인 조직론 주제라고 볼 수 있다. 조직변화는 크게 조직의 '자연적 변화', 즉 인위적 개입이 없거나 있어도 영향력이 거의 없는 변화와 적극적이고 의도적인 '계획적 변화'로 대별할 수 있다. 여기서 계획적 변화를 조직변화로 보는 시각이 일반적이다.

계획적 변화의 목적은 조직의 가치창출활동을 증가시키거나 이해당사자의 부(富)를 향상시키기 위한 방법을 찾는 것이다. 쇠퇴기에 있는 조직은 환경과의 적합관계를 향상시키기 위해 조직을 재정비하려고 할 것이다. 예를 들어 IBM이나 GM사의 경우 1990년대 초에 제품의 판매가 감소하는 것을 경험하였다. 그래서 옛 명성을 되찾고 성과를 향상시키기 위한 새로운 방식을 찾고자 노력하였다. 그에 비해 꾸준히 수요가 유지되고 비교적 잘나가는 회사라도 변화가 필요하다. 이러한 회사는 기존의 제품으로 새로운 시장을 개척하거나 신제품개발을 위한 새로운 방식을 원하기 때문이다.[01]

2. 조직변화의 종류

광의의 조직변화는 [도표 13-1]과 같이 변화과정에 인위적, 적극적, 계획적, 개입 여부에 따라 협의의 조직변화, 조직적응, 조직혁신 등으로 구분할 수 있다.

| 도표 13-1 | 조직변화의 종류

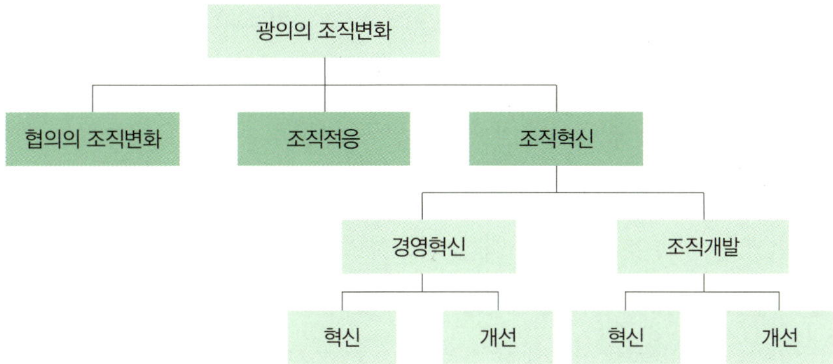

협의의 조직변화는 조직의 자연발생적 변화를 중시하는 접근법이며, 조직혁신은 의도적 · 계획적 개입의 정도가 가장 강한 접근법이고, 조직적응은 그 중간형태이다.

조직혁신은 조직목적의 달성과 생존 및 발전에 주된 초점을 두는 경영혁신과 조직구성원들의 인간적 성장을 통하여 조직을 인본주의적으로 변화시키려는 조직개발로 구분할 수 있다.

경영혁신도 변화의 폭이나 정도가 조직 전체적이며 혁명적일 경우의 혁신과 변화의 폭이 좁고 점진적일 경우의 개선으로 구분할 수 있다. 한국기업이 현재 처한 환경의 도전을 볼 때 조직 전체적이며 계획적이고 의도적인 변화를 시도하는 경영혁신과 조직개발 접근법을 취해서 경영에 대한 패러다임 자체를 변화시키는 것이 적절하다.

경영혁신은 조직혁신(organizational transformation)으로서 급진적이고, 기본적이며, 전체적인 변화이다. 이것은 조직의 일부를 개선하거나 발전시키는 것과는 다르다. 조직혁신은 조직을 이전과는 전혀 상이하게 기능하도록 하는 것으로 조직의 사명, 목표, 구조, 문화 등 조직의 모든 차원을 변화시키는 것으로 2차적 변화(second-order change)라고 부르기도 한다.

변화의 압력에 반응하는 방법에는 여러 가지가 있다. 어떤 반응은 비효율적이거나 심지어 어떤 경우에는 조직을 파괴할 수도 있다. 조직변화를 조직혁신

(Organization Transformation : OT)과 조직개발(Organization Development : OD)로 구분하는 사람도 있다. OT는 조직의 형태와 외양이나 조직의 힘을 한 형태에서 다른 형태로 변화시키는 활동이다. 이것은 조직이 위기나 라이프사이클 상의 문제로 일정한 체제 내에서 비계획적인 변화를 하는 것으로 2차적인 변화이며 조직의 틀과 가정 자체를 혁신하는 것이다.

반면에 OD는 대부분 1차적 변화를 의도하며 외부인의 개입과 주도하에 계획적인 변화에 초점을 둔다. OD와 OT의 핵심적인 차이는 변화의 크기와 걸리는 시간, 그리고 진화냐 혁명이냐에서 발생한다. OT에서는 단기간에 거대한 변화를 추구하고 생존과 위기와 관련된 문제를 처리하기 위한 것이다. OD에서는 단계적이고 점진적인 방법으로 장기간에 걸쳐서 대규모 변화를 추구한다.[02]

3. 조직개발과 변화과정

조직개발은 변화의 성격과 문제집단 등 상황적 조건에 따라서 그 구체적인 활동내용이 다르지만, 조직개발을 진행하는 단계는 대부분 공통점을 갖고 있다. 조직개발에서 적용되는 단계적 변화과정과 계획적 변화모형을 살펴본다.

1) 행동변화의 단계적 과정

조직개발이 추구하는 변화는 조직구성원들에게 여러 가지의 불편을 유발하고 불안감을 가져올 수 있다. 따라서 조직구성원들은 조직개발에 대하여 저항감과 비협조적인 태도를 보이게 되며, 조직은 이러한 구성원들의 반응을 우려하여 필요한 변화를 제대로 집행하지 못할 수 있다. 이러한 경우 조직은 환경변화에 대한 적응능력을 잃게 되는 동시에 조직효율성이 점점 저하되어 침체경향을 면치 못하게 된다. 또한 변화가 구성원들에게 미치는 충격과 이에 대한 그들의 반응을 전혀 고려하지 않고 상위경영계층이 일방적으로 변화를 추진하는 경우 구성원들의 저항에 못 이겨 변화프로그램을 성공적으로 추진하지 못할 수 있다.

이러한 결과가 일어나지 않도록 조직개발은 변화과정에 구성원들을 적극 참여시켜 그들로 하여금 변화의 필요성을 인식하고, 변화방법도 공동으로 모색하여 변화에 따른 구성원의 불안감을 해소시키려고 노력한다. 그뿐 아니라 조직개발은 보다 근본적인 측면에서 변화에 저항하는 잠재의식 자체를 개혁하는 데 역점을 둔다. 변화에 대한 긍정적인 행동을 조성하는 데 있어서 조직개발은 다음과 같은 순서의 과정을 강조하고, 그 개념을 단계적 행동개발에 적용한다.[03]

(1) 변화의 필요성인식

행동변화의 첫 단계는 구성원으로 하여금 현재의 시스템이나 자신의 행동에 문제가 있고, 이로 인하여 집단 및 조직성과에 영향을 준다는 것을 인식시킴으로써 변화에 대한 필요성을 느끼게 하고 이에 대한 관심을 갖게 하는 것이다. 이 단계에서 변화담당자들은 문제집단이나 조직의 성과 및 효율성에 관한 자료, 그리고 구성원 간의 상호작용에 관한 조사자료 등을 중심으로 문제의 증상을 구성원들에게 피드백해 줌으로써 시스템개선 및 행동변화의 필요성을 인식하게끔 한다.

(2) 해빙(unfreezing)

행동변화의 두 번째 단계는 해빙으로서 구성원들이 기존에 갖고 있는 관점, 가치관과 행동방식을 깨뜨리고 이로부터 탈피하는 것이다. 구성원들이 고정관념과 기존 사고방식에 사로잡혀 있는 경우 새로운 관점, 가치관과 행동방식이 들어설 여지가 없기 때문에 행동변화가 성공적으로 이루어지기 위해서는 우선 기존의 관점과 가치관을 깨뜨리는 것이 요구된다. 이 단계에서 구성원은 폐쇄적인 관점, 불신적 태도, 안일한 과업행동 등 기존 가치관과 행동경향에 대하여 자신의 인식도를 높이는 동시에 이러한 고정관념에서 탈피하여 새로운 관점과 가치관을 수용할 수 있는 의식구조상의 변화를 거쳐 나간다.

(3) 변화주입(change conversion)

행동변화의 세 번째 단계는 새로운 관점과 가치관을 습득하게 함으로써 조직이 기대하는 바람직한 상태를 만들어나가는 것이다. 새로운 관점과 태도가 형성되려면 구성원들이 새로운 변화가 좋은 결과를 가져올 것이라는 확신을 가질 수 있어야 한다. 새로운 직무내용과 작업방법으로부터 얻는 직무내재적 만족감, 새로운 집단구성원과의 관계에서 얻을 수 있는 사회적 욕구충족 등 새로운 변화의 효과를 이 단계에서 실제로 체험함으로써 구성원의 기본 관점과 가치의식이 변화되고, 이에 따라서 바람직한 새로운 행동이 형성될 수 있다.

(4) 재동결(refreezing)

이와 같이 형성된 새로운 가치관과 태도 및 행동방식은 계속 반복되고 강화됨으로써 영구적인 행동패턴으로 정착될 수 있다. 즉 행동변화의 마지막 단계는 재동결로서 집단구성원과의 상호관계나 조직의 보상제도 등 환경조건을 조성하여 새로운 행동을 강화시켜 주는 것을 가리킨다. 이러한 강화작용이 없으면 새로운 행동이 점차적으로 소멸되어버리며 결국 종전의 태도와 행동으로 되돌아갈 가능성이 커진다.

2) 계획적 변화모형

이러한 행동변화의 단계적 과정은 조직개발의 계획적 변화과정에 매우 중요한 개념적 틀을 제공해 준다. 조직개발은 상황에 따라서 구체적인 과정이 다르지만, 위에서 설명한 단계적 행동변화 개념을 적용하여 일반적으로 다음과 같은 기본적이고 순서적인 변화과정을 거쳐나간다.[04]

(1) 문제의 진단(problem diagnosis)

계획적 변화의 첫 번째 과정은 문제의 증상을 인식하고 핵심문제를 진단하는 것이다. 문제의 증상은 문제집단의 성과와 효율성 등 여러 자료를 통하여 상위경영계층이나 문제집단의 관리자 또는 집단구성원들 자신에 의하여 지각되며, 변화담당자에게 체계적이고 전문적인 문제분석을 의뢰함으로써 개입활동이 시작된다. 변화담당자는 상위경영층과 협의한 후 문제집단에 대한 정보자료를 수집하며, 문제집단 구성원들과의 토론과 협의를 거치면서 공동으로 문제를 진단한다.

(2) 변화계획(change strategy)의 수립

계획적 변화의 다음 과정은 문제의 요인을 조직구조, 기술 및 구성원 행동 측면에서 분석하고, 조직에 존재하고 있는 여러 가지의 제약조건을 고려하여 실행가능한 변화전략과 방법을 설정하는 것이다. 이 과정에서도 변화담당자는 문제집단의 구성원들과의 토의를 통하여 변화에서 기대되는 성과수준을 목표로 설정하고 이를 달성하기 위한 세부적인 계획을 공동으로 수립한다.

(3) 변화집행(change implementation)

변화를 집행하는 단계로서 변화담당자의 개입하에 조직의 구조개편은 물론 교육훈련, 감수성훈련, 팀구축, 목표관리, 관리그리드 등 여러 가지의 조직개발기법이 적용된다. 조직변화에 실제로 적용되는 조직개발기법과 단계적 과정은 문제의 성격과 추구하는 성과에 따라서 다르다.

(4) 결과평가(evaluation)

변화집행의 결과와 효과는 주기적으로 측정 · 평가되고 변화전략과 방법에 피드백되어 변화과정을 조정하고 수정해나간다. 그리고 평과결과는 문제집단의 구성원들에게도 피드백되어 변화과정을 효율화하고 촉진해나간다.[05]

13.2 조직변화의 관리

1. 변화압력

조직변화의 필요성에도 불구하고 조직구성원들과 집단구성원들은 변화에 대해 저항하는 것이 일반적인 현상이다. 따라서 조직은 조직개발을 추진할 때 변화과정에 작용하는 변화압력과 저항요소를 잘 이해하고 이를 극복하기 위해 적절한 개입전략을 구상해야 한다.

어떠한 조직을 막론하고 조직관리에서 절대적으로 피할 수 없는 과제가 변화이다. 변화는 모든 조직이 당면하는 문제로서 효과적인 변화관리를 하느냐 그러지 못하느냐에 따라서 조직의 생존이 좌우된다. 한편 변화과정에서 구성원들은 조직변화를 수용하지 않고 이에 저항할 수 있다. 변화는 이처럼 여러 가지의 복잡한 요소들로 구성된 과정이라고 할 수 있다. 장이론(field theory) 관점에서 볼 때 변화는 시간의 흐름에 따라 변화를 요구하는 압력과 이에 저항하는 요소들 사이의 복잡한 균형을 형성하고 있고, 이러한 균형관계를 원하는 변화방향으로 얼마나 잘 유도하느냐에 따라서 변화의 효과성이 결정된다. 따라서 변화과정을 효율적으로 계획하고 집행하는 것이 조직개발의 중요과제이다. 이하에서는 변화과정에 작용하는 압력과 저항요소를 살펴본다.

1) 조직 내외적 영향요인

조직변화에 영향을 미치는 요인에는 여러 가지가 있다. 첫째, 환경적인 변화요인이다. 조직은 경제, 사회, 문화, 정치 · 법규, 기술 등 외부환경으로부터 많은 영향을 받는 만큼, 이들 환경의 변화는 조직에 변화압력으로 작용한다(Lucker, 2000). 예컨대 급속한 세계화와 정보화환경, 그리고 치열한 글로벌경쟁은 우리나라 기업조직에 많은 변화를 요구해 왔다. 새로운 기술과 제품의 개발뿐만 아니라 경영관리시스템의 변화, 구성원들의 태도와 행동변화, 직무재설계, 조직구조 개편 등 여러 경영 분야의 혁신을 필요로 하였다.

드러커의 '단절의 시대'(Age of Discontinuity), 토플러의 '제3의 물결'(Third Wave), 베니스의 '임시조직'(Temporary Organization), 켄터의 '변화주역'(Change Master), 핸디의 '비합리성의 시대'(Age of Unreason), 웰치(J. Welch)의 '무한계'(Boundaryless)환경 등은 모두 점점 심화되어 가는 환경변화와 조직변화를 강조하는 상징적 표현들이다.[06]

2) 변화의 역기능

조직변화는 그 과정에서 많은 문제를 초래할 수 있다. 예를 들어 직무의 기계화는 생산직이나 사무직에 있어서 업무를 전문화 · 세분화 · 단순화 · 표준화시키고 직무를 일상적이고 반복적인 내용으로 변화시킴으로써, 조직구성원의 직무에 대한 보람을 감소시키고 직무소외를 증대시키는 결과를 가져올 수 있다. 전체적인 조직구조도 전문화된 직무구조 속에서 전문기능의 증가와 이에 따른 각종 기능의 표준화 및 권한의 집권화 등 통제적이고 관료적인 경향이 커지게 된다.

이러한 구조화경향은 조직구성원의 직무소외 증가와 사기저하를 한층 더 심화시키는 주요 요인이 된다. 특히 사회 · 경제발전에 따라서 개인의 욕구수준과 기대수준이 점점 높아가고 있는 점에 비추어볼 때, 이러한 현대조직의 기계화 및 관료화경향은 조직과 구성원 사이에 심각한 갈등관계를 초래할 수 있다. 또한 급속한 과학기술의 발전은 조직의 시설 · 설비와 제품을 급속도로 진부화시킬 뿐 아니라, 조직구성원들의 기술도 급속히 도태시킴으로써 조직구성원들의 인력개발문제가 심각한 과제로 등장하게 된다. 근래 우리나라 기업조직에서 경쟁력강화를 위한 구조조정도 정리해고와 조기퇴직 등을 초래함으로써 구성원들을 불안하게 만들고 노사관계도 악화시켜 왔으며, 성과와 능력위주의 신인사제도도 구성원들 간의 화합을 저해하는 요인이 되어 왔다.

이와 같이 조직변화는 조직에 예기치 않은 문제를 초래하면서 조직성과에 부정적인 영향을 미칠 수 있다. 조직구성원의 사기저하, 불안감유발, 구성원들 간 또는 집단 간 갈등, 조직방침에 대한 비협조적 태도, 나아가서는 경영층에 대한 반항행위, 고의적인 태업, 사보타주 등 여러 가지 문제가 발생할 수 있고 이들 문제는 결근율과 이직률, 사고율의 증가는 물론 생산성, 성장률과 이익률의 저하 등 조직성과를 저하하는 요인이 된다. 따라서 성공적인 조직개발이 되기 위해서는 변화가 가져오는 역기능적 결과를 이해하고 이를 최소화해야 한다.

3) 변화관리의 유형

조직이 환경에 적응하여 변화를 관리하는 모델은 [도표 13-2]와 같이 표시할 수 있다. 세로축은 조직환경의 안정성을 나타내는 차원이고 가로축은 그러한 환경의 특성에 반응하여 적응하는 정도를 나타내는 차원이다. 조직이 직면하는 환경의 특성이 다양하고 이러한 환경에 반응하는 조직의 적응 유형이 상이하기 때문에 여러 가지 형태의 적응스타일이 있을 수 있다.

도표 13-2 | 조직의 환경적응모형

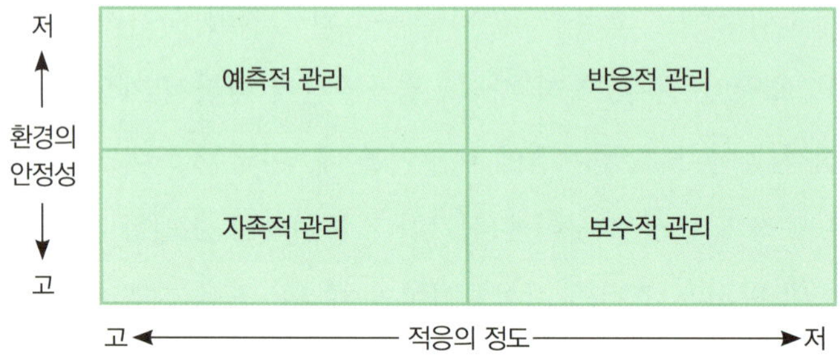

(1) 보수적 관리(안정적 환경, 적응수준 낮음)

보수적 관리 유형은 위험부담이 저조하고 공식화되어 있으며 일상화된 절차, 그리고 높은 구조화와 통제에 의한 관리를 선호한다. 전형적으로 이런 조직은 매우 안정적인 목표와 집권화된 구조를 가지고 있다. 뿐만 아니라 이런 조직들은 많은 경영계층을 가지고 있어서 상사와 부하의 비율이 높고 공식적 통제를 강조한다. 항상 일을 처리하던 방식대로 시행하고 전통을 중요하게 생각하고 성과보다는 연공을 강조하고 새로운 가치의 수용을 거부한다. 심각한 결과를 초래할 문제조차 통상적 태도로 관리한다. 이런 조직은 현상유지를 추구하기 때문에 장기적으로 심각한 문제를 발생시켜 경쟁에서 뒤지게 된다.

(2) 반응적 관리(역동적 환경, 낮은 적응)

반응적 관리는 문제를 단기적이고 위기관리적인 방식으로 변화를 관리하는 유형이다. 환경이 변화하여 문제가 발생한 후에야 반응하는 유형으로 말하자면 소 잃고 외양간 고치는 것과 같다. 문제해결을 위해 중요인물을 교체하고, 성급하게 재조직화를 시도하고, 인원과 생산라인을 급격하게 감축하는 것과 같은 단기적, 위기관리적으로 변화를 관리하기 때문에 적절한 적응을 할 수 없다.

(3) 자족적 관리(안정적 환경, 높은 적응)

이것은 안정적인 환경에서 문제해결을 위해서는 최고경영자의 허가를 받아야 하는 집권적인 의사결정구조를 갖는 변화관리 유형이다. 환경이 안정적이기 때문에 경영계층이 많고, 공식적 위원회에 의한 조정을 한다. 계획화와 의사결정은 최고경영자에게 집중되어 있고 절차와 역할이 명백하다. 환경변화의 압력이 낮기 때문에 자족적인(good enough) 변화관리를 한다.

(4) 예측적 관리(역동적 환경, 높은 적응)

급격하게 변화하는 환경에서 예측적인 변화관리로 높은 수준의 적응을 하는 조직이다. 어떤 일이 발생하기 전에 미리 미래의 조건을 예측하여 변화를 시도한다.

이상 설명한 네 가지의 변화전략 중에서 보수적 관리는 안정적인 환경에서 변화의 압력이 거의 없기 때문에 변화에 적응할 능력이 없다. 반응적 관리는 급격하게 변화하는 환경 속에 있지만 변화를 위한 융통성을 갖고 있지 않다. 자족적 관리는 천천히 변화하는 환경 속에 있으면서 변화에 적응할 능력은 가지고 있으나 환경변화에 적합한 변화의 관리에는 문제가 있다. 예측적 관리만이 환경의 변화압력에 적합한 변화관리능력을 가지고 있다. 현대조직의 환경적 특성을 감안한다면 예측적 관리가 가장 적합한 변화관리방법이라 할 수 있다.[07]

2. 변화에 대한 저항요소

조직변화는 외부요인으로 인한 변화이거나 또는 내부경영상황의 악화로 인한 변화이거나, 이를 집행하는 과정에서 조직구성원으로부터 많은 저항을 받을 수 있다. 이로 인해 조직에서 의도한 변화가 계획한 대로 효율적으로 추진되지 못하는 경우가 많이 있다. 일반적으로 변화는 조직구성원의 안정된 직무와 지위 및 인간관계를 위협하는 요소로 지각됨으로써 변화에 대한 저항이 생기게 된다. 변화에 대한 저항행동에 작용하는 중요한 요인들을 다음과 같이 요약할 수 있다.[08]

1) 고용불안에 대한 두려움

변화에 대한 구성원의 저항은 변화가 고용안정을 저해할 것이라는 위기의식에서 비롯된다. 구성원들은 변화가 그들의 고용안정을 위협한다고 느낄 때 변화의 정당성이나 타당성에 관계없이 변화에 대해 강하게 그리고 맹목적으로 저항한다. 이와 같은 현상은 특히 기업의 구조조정과 정리해고에 대한 노조의 단체행동에서 두드러지게 나타난다.

2) 지위손실에 대한 불안감

구성원들은 조직구조나 직무내용 그리고 업무환경의 변화로 인하여 안정된 지위나 대우가 위협받는다고 예측되는 경우 이를 두려워하고 새로운 변화에 저항하게 된다. 또한 구성원들은 변화로 인한 새로운 직무나 지위 그리고 역할이 그들 자신의 경력진로에 도움이 되지 않는다고 생각할 때 이에 불안감을 느끼면서 변화에 저항한다.

3) 새로운 직무와 인간관계에 대한 불편함

특히 새로운 기술이 도입되거나 업무수행방법이 달라지는 경우에는 안정된 기존 업무패턴에 변화를 가져오게 된다. 따라서 구성원들은 새로운 업무수행방법과 업무환경에 익숙해지기 위해 교육훈련을 받아야 하는 등의 부가적인 노력을 기울여야 하고 여러 가지 불편도 감수해야 한다. 특히 이러한 노력과 불편이 오랫동안 계속될 것으로 예상될수록 구성원들의 저항은 더욱 거세진다. 또한 조직개편으로 집단구성이 바뀌거나 직무관계에 변화가 있는 경우 기존의 인간관계가 해체되어 새로운 인간관계를 맺어야 하고 새로운 구성원들과 상호작용을 해야 된다. 따라서 구성원들은 기존 시스템에서 느끼던 안정감을 잃고 새로운 관계를 맺는 데 대한 불확실성과 불안감을 느끼면서 변화에 저항하게 된다.

4) 무관심태도와 무사안일의식

현대조직에서 권한의 집권화와 업무체계의 관료화는 구성원들을 소외시키고 조직의 효율성증대를 위한 개혁이나 변화에 대하여 무관심하게 만든다. 특히 관료조직의 경직된 문화는 구성원들로 하여금 목적의식을 잃게 하고 현재의 신분유지에만 관심을 기울이게 함으로써 어떠한 개혁에도 저항하는 역기능적 행동을 조성한다. 그리고 한때 성공적이었던 조직문화도 구성원들로 하여금 과거 성공에만 집착하고 기존 관행을 버리지 못하게 만듦으로써 결국 새로운 변화에 저항하게 만드는 결과를 가져올 수 있다. 이와 같은 경향은 우리나라 기업에서도 흔히 볼 수 있었다. 우리나라 기업은 과거 40년간에 걸쳐서 정부 주도의 계획경제에 적합한 기업문화를 정착시켜 왔는데, 이처럼 강하게 정착된 기존 문화는 세계화와 개방화시대에 맞는 새로운 기업문화를 창출하는 데 걸림돌로 작용하기도 했다.

3. 변화에 대한 저항의 관리

조직변화가 성공적으로 추진되기 위해서는 변화에 대한 구성원들의 저항을 적절하게 관리해야 한다. 구성원들의 저항에 대처하고 이를 극복하기 위한 방법으로 다음과 같이 여섯 가지 접근방법을 제시할 수 있다.[09]

1) 조직변화 관련 교육훈련과 의사소통

조직변화와 관련된 부정확한 정보를 갖고 있거나 부족한 경우 구성원들은 조직변화에 대해 무조건적으로 저항할 수 있는데, 교육훈련과 의사소통은 이러한 유형의 저항을 극복하기 위한 효과적인 방안이다. 조직변화의 필요성, 추진내용과 그 효과에 대한 정보를 제공하고 교육을 실시함으로써 변화노력에 대한 이해를 증진하고 변화와 관련된 근거 없는 소문을 차단하는 것이다.

2) 조직변화과정에의 참여

변화주도자가 조직변화와 관련된 충분한 정보를 갖고 있지 않은 경우 또는 변화대상자들이 상당한 영향력을 갖고 있는 경우, 조직변화를 성공으로 이끌기 위해서 조직구성원들의 협조가 무엇보다 중요하다. 이러한 상황에서는 변화대상자들을 변화과정에 참여하고 몰입하게 하면 변화에 대한 저항을 효과적으로 줄일 수 있다.

3) 후원과 지지

조직구성원들이 변화에 따른 환경에 적응하는 문제 때문에 저항을 하는 경우, 구성원들에 대한 지지와 후원(예 : 특별교육, 심리상담 등)이 저항을 줄일 수 있는 효과적인 방안이 된다. 특히 상담프로그램, 후원적 리더십 등 조직의 체계적 후원은 변화의 과도기에 나타날 수 있는 구성원들의 두려움과 불안을 줄여줄 수 있다.

4) 협상과 협의

조직변화로 인한 지위손실의 가능성 때문에 조직구성원들이 저항을 하는 경우, 협상과 협의과정을 통해 변화에 대한 인센티브를 제공함으로써 저항을 줄일 수 있다. 변화에 저항하는 사람들에게 변화프로그램들 중에서 자신들에게 불리한 일부 변화에 대해 거부할 수 있는 권리(veto)를 제공하거나 또는 조직변화의 결과로 긍정적인 성과가 창출되었을 때 인센티브를 제공하는 것으로 협약을 체결함으로써 변화에 대한 저항을 줄이고 변화에 동참하도록 만들 수 있다.

5) 상황조작과 포섭

저항을 극복하기 위한 다른 방법들이 효과적이지 않거나 너무 비용이 많이 드는 경우, 변화에 저항하는 사람들을 포섭하는 등 조종방법을 쓸 수도 있다. 변화에 저항하는 사람들의 리더를 변화계획을 수립하고 실행하는 의사결정기구에 포함시킴으로써 변화에 대한 저항을 제도적인 차원으로 제한할 수 있다. 즉 저항세력의 리더를 제도권으로 흡수하여 그들의 참여를 형식적으로 보장하고 변화실행에 위협이 되지 않는 범위 내에서 의사결정과정에서의 상징적 역할을 부여함으로써 변화에 대한 저항을 관리하는 것이다.

6) 강압적인 수단

강압적인 수단은 변화를 신속하게 추진해야 하는 경우 최후의 수단으로 활용할 수 있다. 강압적인 수단이란 변화에 저항하는 경우 배치전환, 승진기회 박탈, 대기발령, 해고 등의 조치를 취하겠다고 압력을 행사하는 등 조직변화를 받아들이도록 구성원들에게 직접 또는 간접적으로 압력을 행사하는 것을 말한다.[10]

13.3 조직개발의 기법

1. 감수성 훈련

감수성 훈련(sensitivity training)은 대인관계의 감수성 증대를 통해서 인간관계능력과 조직유효성을 향상시키려는 기법으로 T그룹 훈련이라고도 한다.

감수성 훈련은 제2차 세계대전 이후 행동과학자인 레빈(K. Lewin)이 중심이 되어 T그룹 활동을 모체로 하여 발달한 조직개발프로그램이다. 그 후 감수성 훈련은 여러 차례 수정되어 개방적인 분위기를 갖는 자유로운 상황하에 무작위로 추출된 사람들이 상호 간에 깊은 관계를 맺게 하고 관계집단에서 분리시켜, 소위 '문화의 고도'라고 하는 사회적 고립조건하에서 여러 주 동안 집단생활을 하게 함으로써 그동안 자기가 타인에게 어떠한 영향을 미치고 있으며, 자기가 타인으로부터 어떻게 인지되고 있는가 등을 감지하는 능력을 개발하는 데 중점을 둔 훈련방법으로 발전하여 왔다.

구체적인 목적은 다음과 같다. 첫째, 자신의 행동에 대해 다른 사람들이 어떻게 반응하는가를 정확하게 지각할 수 있는 능력, 즉 감수성을 증가시키는 것이며, 둘째, 다른 사람들 사이에 일어나고 있는 행동을 파악할 수 있는 진단능력을 향상시키는 것, 셋째, 행동기술(action skill)을 개발하는 것으로서 특정 상황이 요청하는 행위가 어떠한 것이며 어떻게 하면 그러한 요청에 부합되는 행동을 선택하고 그 행동을 수행할 수 있을까에 대한 능력을 향상시키는 것이다.

감수성 훈련으로부터 기대되는 효과는 조직구성원들의 기존 가치체계를 확대하고 변화시키며 대인관계에 있어서 감수성을 개발시켜 조직의 관리자, 특히 최고경영자가 자기의 관리 스타일이 구성원과 조직의 유효성에 어떤 영향을 미치고, 거기에 대해 구성원들이 실제로 어떻게 반응하는가를 진단하고 분석하며 이해할 수 있도록 해준다는 것이다.

그러나 몇 가지의 문제점이 있는데 그 중 하나는 사람들이 훈련을 마치고 실제의 조직에 돌아왔을 때 훈련에 의해 변화된 행동으로 기존의 조직에 적응하는 데 문제가 있다는 것이다. 반면에 다른 사람들의 연구는 감수성 훈련을 받은 사람이 받지 않은 사람보다 작업행동을 더 쉽게 변화시킨다고 말하고 있다. 뿐만 아니라 감수성 훈련의 효과에 대해서는 아직도 찬반양론이 있는데 그것은 훈련효과에 대한 평가기준이 없기 때문이다.

2. 팀 구축법

팀 구축법(team building)은 구성원집단의 효율성을 향상시키기 위한 개입활동으로 과업에 대한 문제 또는 상호관계에 관한 문제를 해결하는 등 여러 가지의 개입형태가 활용된다. 가장 일반적으로 사용되는 것은 특정 프로젝트의 문제를 처리하기 위해서 일시적으로 팀을 구축한다. 이때 자발적인 협력과 조정을 전제로 문제를 해결 및 개선하며 과업성과에 직접 초점을 맞추는 기법이다.

팀 구축법과 감수성 훈련은 유사한 점이 많다. 우선 일상적인 조직생활로부터 탈피하여 특별훈련에 참가하게 된다. 그리고 집단토론을 하는 동안 개방적이고 솔직한 견해와 반응의 교환이 이루어진다. 그러나 팀 구축법과 감수성 훈련의 가장 큰 차이점은 토론주제의 차이점에 있는데, 감수성 훈련은 개인적 · 사회적 통찰력을 높임으로써 조직효과성을 증대시키는 데 있지만 팀 구축법은 과업성과와 관련된 문제들에 관심을 갖는다. 따라서 팀 구축법의 훈련에서 작업집단의 구성원들은 생산성에 미치는 여러 요인에 대해 토론하게 된다.[11]

팀 구축법은 개방적이고 참여적인 분위기하에서 활동하는 팀을 만들 수 있고, 의사전달과 문제해결능력이 증진되며 구성원의 심리적 성장과 대인관계의 기술이 향상된다고 하는 장점이 있으며 이에 대한 실증적 연구도 많다.

그러나 무엇이 팀 구축활동을 유효하게 하는지, 그리고 팀 밖에서 일반화시키기 위한 조건이 무엇이며, 실제 조직의 업무수행에 팀 구축법이 어떤 영향을 미치는지에 대한 명확한 개념정의가 없다는 약점이 있다.

3. 그리드 훈련

그리드 훈련(grid training)은 리더십개발을 통해 조직유효성을 높이는 조직개발기법의 하나로서 블레이크(Robert Blake)와 무튼(Jane Mouton)이 개발한 '매너지리얼 그리드'(managerial grid)이론에 바탕을 두고 전개된 것이다.

그리드 훈련의 목적은 조직의 리더로 하여금 사람에 대한 관심도 가장 높고 업적에 대한 관심도 가장 높은 9.9형이 되도록 유도하는 데 있다. 감수성 훈련과 같은 OD기법은 조직개발을 위한 수단적 접근방법인 데 비해 그리드 훈련은 조직개발을 위한 하나의 완성된 계획이라 말할 수 있다.

그리드 훈련은 조직구성원의 지각, 인지, 태도 등을 변화시킬 뿐만 아니라 궁극적으로는 조직 전체의 구조를 변화시킨다. 매너지리얼 그리드에 대한 개념으로부터 시작한 이 훈련은 세미나와 기타의 활동을 통해서 획득한 안목에 의해 개인의 행동변화와 아울러 조직 전체를 변화시키는 것이다. 이와 같은 그리드 훈련결과 조직의 유효성이 증대된다고 블레이크와 무튼은 말하고 있다.

그러나 여기에는 문제점이 있는데 첫째, 훈련효과에 대한 평가기준이 없다는 점과 둘째, 모든 경영자, 관리자, 리더를 9.9형의 스타일로 변화시키는 것이 이 훈련의 목적인데 실제로 그것이 가능하겠는가에 대한 의문이 그것이다.

토 | 의 | 문 | 제

01 조직변화의 종류는 무엇인가?

02 변화에 대한 저항요소는 무엇인가?

03 감수성 훈련과 팀 구축법의 유사점과 차이점은 무엇인가?

참 | 고 | 문 | 헌

01 임창희 · 홍용기(2013), 조직론, 비앤엠북스, p.377.

02 신구범(2012), 조직행위론, 형설출판사, pp.478-479.

03 Lewin, K.(1947), "Frontiers in Group Dynamics," *Human Relations*, Vol.1, pp.5-41.

04 French, W. L., and C. H. Bell(1999), *Organizational Development : Behavioral Science Interventions for Organization Improvement*, Upper Saddle River, N.J. : Prentice-Hall.

05 이학종 · 김영조(2014), 조직행동의 이해와 관리, 도서출판 오래, pp.465-468.

06 Drucker, P. F.(1969), *The Age of Discontinuity : Guidelines to Our Changing Society*, N. Y. : Harper & Row.

07 신구범(2012), 조직행위론, 형설출판사, pp.480-481.

08 Kotter, J. P., and J. L. Heskett(1991), *Corporate Culture and Performance*, New York : Free Press.

09 Kotter, J. P., and L. A. Schlesinger(1979), "Choosing Strategies for Change," *Harvard Business Review*, March-April, pp.106-114.

10 이학종 · 김영조(2014), 조직행동의 이해와 관리, 도서출판 오래, pp.470-474.

11 정동섭 외(2013), 조직행동의 이해, 탑북스, p.504.

찾아보기

[ㅈ]

[ㅊ]

[ㅋ]

| 저자소개 |

권혁기(權赫奇)

동의대학교 상경대학을 졸업하고, 동의대학교에서 경영학 박사(인사 · 조직전공)를 취득하였다. 2012년부터 동의대학교 경영학과 교수로 재직하고 있다. 한국인적자원관리학회 편집위원장을 역임했으며, 한국산업정보학회, 대한경영학회 이사로 활동하고 있다. 저서로는 『인적자원관리』, 『행동과학론』, 『현대경영의 이해』, 『경영과 리더십』 등이 있다.

한나영(韓娜瑛)

동아대학교 경영학과를 졸업하고, 부경대학교에서 경영학 박사(인사 · 조직전공)를 취득하였다. 동의대학교, 부경대학교 강사를 거쳐 2014년부터 고신대학교 IT경영학과 조교수로 재직하고 있다. 수산기업연구소 객원연구원, 한국산업정보학회 이사로도 활동하고 있다. 저서로는 『인간행동의 이해』, 『현대경영의 이해』가 있다.

조직행동의 이해

2019년 2월 20일 1판 1쇄 인쇄
2019년 2월 25일 1판 1쇄 발행

저 자 | 권혁기 · 한나영
발행인 | 이수영
발행처 | 도서출판 청람
서울시 마포구 독막로 288(대흥동, 세양상가 109호)
전 화 | 02)3272-2601(대)~2
팩 스 | 02)3272~2603
이메일 | crbooks@daum.net
홈페이지 | http://www.crbooks.co.kr
등 록 | 2000년 8월 26일 제6-0509호

ISBN 978-89-5972-675-2 93320 [정가 25,000원]